普通高等教育“十三五”汽车类规划教材

汽车测试技术

樊继东　贺焕利　编

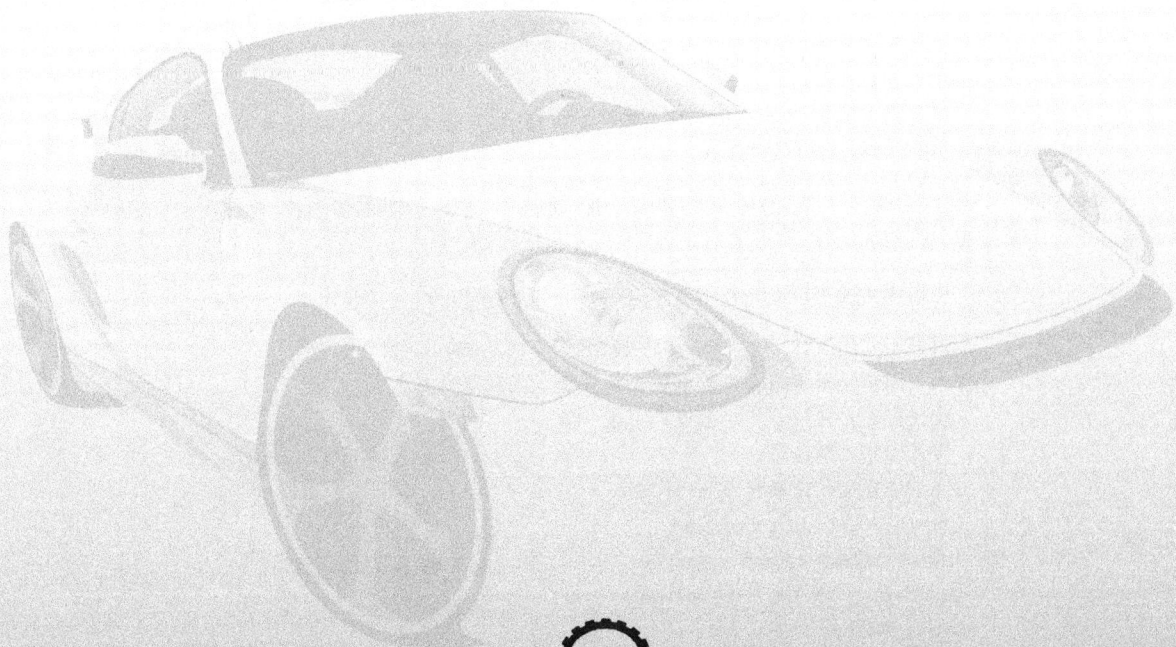

机 械 工 业 出 版 社

本书配以典型案例，强化工程实际应用，力求体现先进性、实用性。本书主要内容涵盖了测试的基本概念及基础理论、组成测试系统的传感器、信号的描述方法、测试系统的基本特性、信号调理电路的基本概念和原理、信号的相关分析及其应用、功率谱分析及其应用、数字信号处理的基本概念、工程测试（汽车物理量）的典型应用，包括振动测试、流体参量的测试、噪声的测试和扭矩的测试等，该部分内容是从理论过渡到实践的重要部分。

本书可作为高等学校机械类各专业的教材，也可供大专、职大、成人高校各相关专业选用，还可供从事测试工作的工程技术人员参考。

本书配有 PPT 课件及有关视频资源，PPT 课件免费赠送给采用本书作为教材的教师，可登录 www.cmpedu.com 下载，或联系编辑（tian.lee9913@163.com）索取；视频资源可通过扫二维码进行观看。

图书在版编目（CIP）数据

汽车测试技术/樊继东，贺焕利编. —北京：机械工业出版社，2017.6（2025.2 重印）

普通高等教育“十三五”汽车类规划教材

ISBN 978-7-111-56711-0

Ⅰ.①汽… Ⅱ.①樊… ②贺… Ⅲ.①汽车-测试技术-高等学校-教材 Ⅳ.①U467

中国版本图书馆 CIP 数据核字（2017）第 092040 号

机械工业出版社（北京市百万庄大街 22 号　邮政编码 100037）
策划编辑：宋学敏　责任编辑：宋学敏　张利萍　王小东
责任校对：杜雨霏　封面设计：张　静
责任印制：单爱军
北京虎彩文化传播有限公司印刷
2025 年 2 月第 1 版第 7 次印刷
184mm×260mm · 15 印张 · 353 千字
标准书号：ISBN 978-7-111-56711-0
定价：45.00 元

电话服务　　网络服务
客服电话：010-88361066　　机　工　官　网：www.cmpbook.com
010-88379833　　机　工　官　博：weibo.com/cmp1952
010-68326294　　金　书　网：www.golden-book.com
封底无防伪标均为盗版　　机工教育服务网：www.cmpedu.com

前言

自20世纪80年代以来，各高校相继开设了“汽车工程测试”方面的课程。为此，编者根据近20年的本科教学实践，在充分研讨与总结了教学改革经验及教材体系建设的基础上编写了本书。

本书主要介绍了与车辆工程相关的测试技术的基本概念、基础理论和应用技术。全书围绕信号展开，讲述了信号的描述（信号的时域、频域描述）、信号的拾取（常用传感器的原理及应用）、信号的传递（信号的调理）和信号的分析（信号分析基础、数字信号处理）。以上内容构成了完整的测试系统，并讲述了测试系统组成、测试系统特性对信号的影响、测试系统的干扰及其抑制、汽车中常见量的测试等内容。

本书穿插有典型教学案例，以强化工程实际应用，突出学生能力培养。这些案例重点介绍如何根据具体测试任务制定测试方案、恰当选择器件和部件、合理设计测试系统各模块、构建满足特定功能和技术指标的测试系统、正确处理测试数据等，力求体现先进性、实用性，注意反映当今测试技术发展的新成果和新动向。同时，本书配有大量的视频资源，可通过扫二维码进行观看。

本书力求做到：

（1）重概念。用简单的语言讲解重要测试公式的物理意义，力争做到将抽象的概念具体化、形象化，以期达到易于理解和掌握的目的。

（2）强实践。从工程应用的角度出发，引用大量工程实例，以求加深知识的掌握。在信号分析相应章节最后一节用 MATLAB 设计简单程序，变抽象为具体。

（3）突出重点。在每章最后罗列出本章的知识点、重点、难点，并尽可能用一句话概括本章核心知识点。

本书由湖北汽车工业学院樊继东、贺焕利编写。在编写过程中，得到了湖北汽车工业学院张谭、郭一鸣等老师的大力支持，谨在此向他们表示诚挚的谢意。

由于作者水平有限，书中错误和疏漏之处在所难免，恳切希望广大读者批评指正。

编　者

目录

前言

第1章 绪论……1

1.1 测试技术概况……1

1.2 测量的基础知识……5

本章知识点……10

本章习题……10

第2章 常用传感器及应用……11

2.1 传感器概述……11

2.2 电阻式传感器……18

2.3 电容式传感器……24

2.4 电感式传感器……31

2.5 压电式传感器……37

2.6 磁电式传感器……42

2.7 霍尔式传感器……44

2.8 光电式传感器……46

本章知识点……51

本章习题……51

第3章 信号的描述……53

3.1 概述……53

3.2 周期信号及其频谱……57

3.3 非周期信号及其频谱……62

3.4 典型信号的频谱……71

3.5 随机信号……74

3.6 MATLAB在信号分析中的应用……76

本章知识点……80

本章习题……80

第4章 测试系统的基本特性……82

4.1 测试系统及其主要性质……82

4.2 测试系统的静态特性……83

4.3 测试系统的动态特性……83

4.4 不失真测试条件……87

4.5 典型测试系统的动态特性分析……88

4.6 测试系统动态特性参数的确定……96

4.7 MATLAB在系统特性分析中的应用……98

本章知识点……100

本章习题……101

第5章 信号的调理……102

5.1 信号放大……102

5.2 电桥……104

5.3 调制和解调……111

5.4 滤波器……118

5.5 模-数转换原理……128

5.6 MATLAB在信号调理中的应用……130

本章知识点……137

本章习题……138

第6章 信号分析基础……140

6.1 信号的相关分析……140

6.2 功率谱分析及其应用……146

6.3 相干函数分析及其应用……148

6.4 倒频谱分析及其应用……149

本章知识点……154

本章习题……154

第7章 数字信号处理基础……155

7.1 信号数字化的基本原理……155

7.2 快速傅里叶变换原理……161

7.3 快速傅里叶反变换……175

本章知识点……176

本章习题……177

第8章 汽车常见物理量的测量……178

8.1 振动的检测……178

8.2 噪声的测量……185

8.3 空气流量测量……194

8.4 位置测量……200

8.5 扭矩测量……204

8.6 汽车角速度测量……206

8.7 汽车转速测量……208

8.8　汽车车速测量 …………………………… 209
8.9　车辆周围识别用传感器 ………………… 211
8.10　EMC 检测 ……………………………… 215
本章知识点 ………………………………………… 219
本章习题 …………………………………………… 219
附录 ……………………………………………… 221
附录 A　传感器应用实例 ……………………… 221
附录 B　车用排气消声系统模态测试 ……… 226
参考文献 ………………………………………… 231

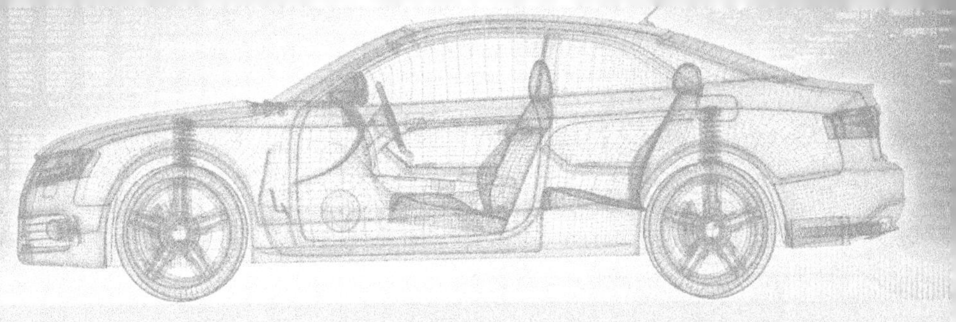

第1章 绪论

1.1 测试技术概况

1.1.1 测量和测试系统

1. 测试的概念

测试是指采用专门的技术手段和仪器，设计合理的试验方法并进行必要的数据处理，从而找到定性或者定量结果的过程，是测量与试验的综合。测量是以确定被测物属性、量值为目的的一系列操作；试验是有目的地使被测对象处于所需工作状态，了解其特性及状态的一系列操作。

测试是人类认识客观世界的手段，是科学的基础，所有的检测、控制、生产、加工都离不开对相关量的测量、试验。

2. 测试的作用和重要性

现代科学认为，物质、能量、信息是物质世界的三大支柱。例如，对一个控制系统来说，物质使其具有形体；能量使其具有力量；信息使其具有“灵魂”，没有信息，系统就不知如何工作。物质、能量、信息三位一体，相辅相成，其中信息驾驭全局。

信息技术是指可以扩展人的信息功能的技术，其主体内容包括信息收集、计算机技术、通信技术。信息收集技术包括信息的识别、检测、提取、变换等功能；计算机技术包括信息的存储、检索、处理、分析、产生决策、控制等功能；通信技术包括信息的变换、处理、传递、存储及某些控制和调节等功能；测试技术就是研究信息技术中普遍规律，属于信息科学的范畴。

测试的基本任务是获取有效的信息，是人们认识客观事物并掌握其客观规律的一种科学方法。测试不仅能对产品的质量和性能提供客观的评价，为生产技术的合理改进提供基础数据，并且是进行一切探索性的、开发性的、创造性的和原始的科学发现或技术发明的手段。

在工程技术领域中，工程研究、过程检测、产品开发、设备分析、生产监督、质量控制、性能试验和故障诊断等，都离不开测试技术。测试装置已成为控制系统的重要组成部分。甚至在日常生活用具，如汽车、家用电器等方面也离不开测试技术。

总之，测试技术已广泛应用在工农业生产、科学研究、内外贸易、国防建设、交通运输、医疗卫生、环境保护和人民生活的各个方面，成为国民经济发生和社会进步的一项必不可少的重要基础技术。

1.1.2 测试系统的一般组成

工程技术中涉及的量大致可分为物理量和化学量两大类。其中物理量又可分为电量（电流、电压等）和非电量（机械量、热学量、光学量、声学量等）。信息量蕴藏在这些物理量之中，并依靠它们来传输，这些物理量就是信号。信号是信息的载体，信息蕴含在信号当中。

信号中包含大量的信息，不同的测试目的，需要的信息是不同的。信号中包含有用信息和无用信息。无用信息通常被称作噪声。电信号在变换、处理、传输、分析处理和显示记录等方面具有明显的优点，一般都需要将非电信号转为电信号。

被测信号一般都是随时间变化的动态量。由于其中往往有动态的干扰噪声，测试过程中不随时间变化的静态量一般也可以按动态量来测量。由于被测信号是被测对象特征信息的载体，并且信号本身的结构对选用测试装置有重大影响，因而应当熟悉和掌握各种信号的基本特征和分析方法。

测试过程一般包含被测信号的拾取、转换、放大、传输、处理和分析等环节。有时为了能够从被测对象中提取所需要的信息，需要采用适当的方法对被测对象进行激励，使其处于所需的工作状态，从而使特征信息能够表现出来，以便于信号的检测。一个典型测试系统一般由传感器、信号调理装置、信号传输装置、信号处理装置、显示记录仪器、反馈控制装置和激励装置等组成，如图 1-1 所示。

传感器是测试系统的第一个环节，其主要作用是感知被测非电量并将非电量转换为电量。从理论上讲，凡是具有确定因果关系的物理现象、化学现象、生物现象等，都能成为传感器的设计依据。

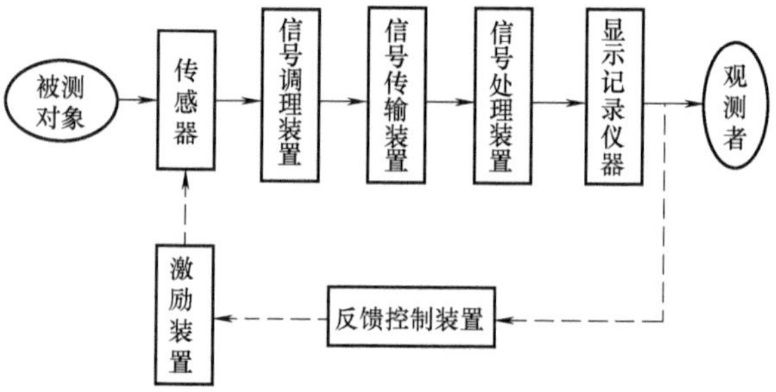

图 1-1 测试系统的基本组成

信号调理装置是把来自传感器的信号转换成更适合进一步传输和处理的形式。如将信号幅值放大，进行信号调制，将阻抗的变化转换成电压的变化和频率的变化等。这些信号转换更多的是电信号之间的转换。

不同装置之间的信号多采用有线或无线、光纤等形式进行传输，要求能量损耗尽量小，传输速度尽量快，传输过程中失真尽量小。

信号处理装置接收到信号后，进行各种运算、滤波、分析等处理后提取有用信息，如信号的强度信息、频谱信息、相关信息等。从这个意义上讲，信号分析是测试系统中更为重要的一个环节。

显示记录仪器可以通过数据或图像的形式输出人们感兴趣的信息，或将测量结果储存。

激励装置的作用是使被测对象处于所需的工作状态（如汽车百公里加速试验时，需要将车在良好路面按特定要求运行），并将被测对象的特征参数充分显示出来，以便有效地检测载有这些信息的信号。为了使激励装置得到预期效果，有时候可能需要反馈、控制装置加以调控。

在组成测试系统时，必须遵循的原则是各个环节的输出量与输入量之间应保持一一对应的关系，尽量不失真，且必须尽可能地减小或消除各种干扰。

在实际测试过程中，根据测试目的不同，测试系统可简可繁。例如，许多被测系统的特征参数在系统的某些状态下，已经充分地显现出来，就不需要激励装置了；有的被测量只需要一种简单的测量仪表，便可得到测量结果。本课程基本上按照以上典型的测试过程，对各个测试环节的基本原理、基本理论和基本方法进行分析和介绍。

1.1.3　测试技术的发展

随着科学技术的不断发展和生产技术水平的不断提高，测试技术也将向着高可靠性、高智能化的方向发展，其发展特征主要表现在如下几个方面：

1. 电路技术的改进

广泛采用运算放大器和各种集成电路，这大大地简化了测试系统，改善了系统特性，如有效减少负载效应、线性误差等。

2. 新型传感器层出不穷，可测量迅速增多

传感器向新型、微型、智能型发展。

（1）物性传感器的大量涌现　主要体现在新材料的开发，如半导体、光导纤维，及所谓“智能材料”（如生物材料、记忆合金等）。

（2）集成、智能传感器的开发　随着微电子学、微细加工技术、集成化工艺等方面的进展，出现了多种集成化传感器。如多种不同功能的敏感元件集成一体；或与放大、运算、温度补偿等电路集成一体；把部分信号处理电路集成一体成为智能传感器等。

（3）化学传感器的开发　近20年来，工农业、环境监测、医疗卫生和日常生活等领域，广泛应用化学传感器。如气体传感器、温度传感器、离子传感器和生物传感器等。

3. 广泛应用新型信息处理技术

新型信息处理技术，如数据融合技术、模糊信息处理技术、神经网络技术、大数据技术等，在现代测试技术中得到了有效的应用。随着新型信息技术的发展，现代测试系统的信息处理方法也必将有革命性的改变。

4. 集成仪器

近年来出现的虚拟仪器也不断丰富着测试手段。一般来说，将数据采集卡插到计算机的插槽上，利用软件在计算机屏幕上生成虚拟面板，在软件引导下进行数据采集、运算、分析处理，实现仪器功能并完成测试的全过程，这就是所谓的虚拟仪器。在此平台上调用不同的测试软件就可构成不同功能的虚拟仪器，可方便地将多种测试功能集成一体，便成为多功能集成仪器。

1
多功能虚拟仪器软件简介

5. 网络化

网络技术的普及与发展，为测试技术带来了前所未有的发展空间和机遇。将现代测试系统和网络相连接，不但能实现对测试仪器的远程操作与控制，而且还可以把测试结构通过网络显示在世界各地的Web浏览器中，以实现测试系统资源和数据的共享。

6. 采用高智能化软件

由于计算机技术在现代测试系统中的地位越来越重要，软件技术已经成为现代测试系统的重要组成部分。但是，计算机软件不可能完全取代测试系统的硬件。

7. 通用化和标准化

为了便于获取和传输信息，实现系统更改和升级，现代测试系统的通用化、标准化设计十分重要。目前，接口和总线系统较多，随着智能测试技术的发展，可望制定出全世界通用的几种统一接口和总线系统标准，或者制定出几种相互兼容的接口与总线系统标准，以便于系统的组建、更改、升级和连接。

1.1.4 课程的研究对象和要求

本课程是一门专业基础课程，研究对象主要是机械工程动态物理量测试中的常用传感器、信号调理的工作原理、测试系统的基本特性和评价方法、测试信号的分析处理以及常见汽车中物理量的测试方法。

本课程涉及的知识面较宽，在学习本课程之前，应具有物理学、工程数学（概率论与随机过程、复变函数、积分变换）、电子学、控制工程基础学科，以及相关的专业课知识。

通过本课程的学习，学生应能掌握动态测试技术的基本知识，对动态量的测试过程应有一个基本完整的概念，为在工程实际中完成测试任务打下必要的基础。

1）对工程测试工作的概貌和思路有一个比较完整的概念，对工程测试系统及其各个环节有一个比较清楚的认识，并能初步运用于工程中某些参数的测试产品或结构的动态特性试验。

2）了解常用传感器、常用信号调理电路的工作原理和性能，并能根据测试工作的具体要求合理选用。

3）掌握测试系统静、动态特性的评价方法和测试系统实现不失真测试的条件，掌握一阶、二阶系统动态特性和测定方法，以便能正确运用测试系统的分析方法。

4）掌握信号的时域及频域的描述方法，建立明确的信号频谱结构的概念；掌握频谱分析和相关分析的基本原理和方法；掌握信号分析中的一些基本概念。

本课程具有很强的实践性。在教与学的过程中，应紧密联系实际，既要注重掌握基本理论，同时，也必须加强动手能力的培养。

1.1.5 测试技术的主要知识点

信号分析是测试系统的核心。整个测试系统的工作都是围绕信号展开。传感器完成信号的拾取，测试系统实现信号的转换，信号调理和处理用于信号的分析。

为便于掌握本课程内容，将本课程核心内容总结如图 1-2、图 1-3 所示。

对于单一信号，通过傅里叶级数（周期信号）或傅里叶变换（非周期信号），可得到信号频谱图，最终可以找到主要成分。

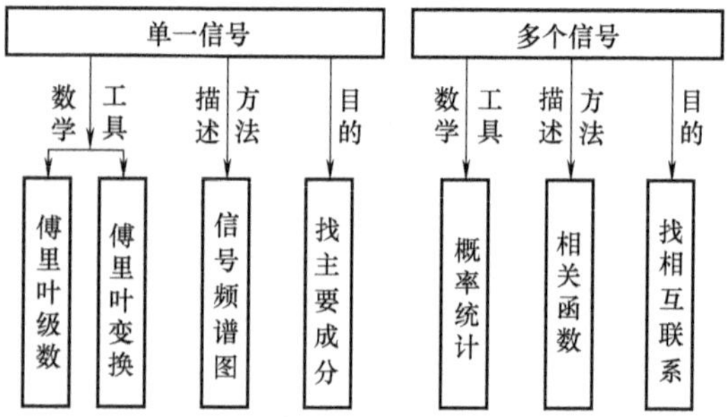

图 1-2　信号分析

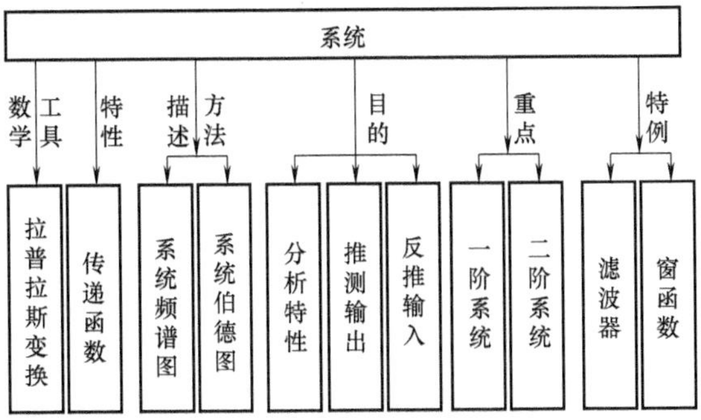

图 1-3 系统分析

对于多个信号，我们更关心的是两者之间存在相互联系，可通过相关函数实现。

对于整个系统，可通过拉普拉斯变换，分析得到其传递函数，此即系统特性，可通过系统频谱图、伯德图加以描述。如此，可推测输出或反推输入。本课程的重点是理解一阶、二阶系统特性。

1.2 测量的基础知识

1.2.1 测量方法和测量器具

1. 测量方法

测量方法指测量原理确定后，用什么方法测量被测量，或者说获取被测量的方法。常用的测量方法有直接测量和间接测量两种。

(1) 直接测量 将被测量与同性质的标准量进行比较或用标准量转换的中间量（或检定合格的仪器）进行比较。实际测量时后者居多。如：温度计测温，卡尺量工件，电压表测电压等。温度计、卡尺、电压表都是经过与标准量对比（即转换、检定）的。

(2) 间接测量 被测量不便于直接测量，而是通过直接测量与被测量有确定函数关系的相关量，然后经过计算得到被测量，称间接测量。如物体的密度等于质量除以体积。

2. 测量器具

计量器具是量具、量规、量仪和其他用于测量目的的测量装置的总称。它包括量具和量仪两大类。

量具：它是一种在使用时具有固定形态、用以复现或提供给定量的一个或多个已知量值的器具，如量块、游标卡尺等。

量仪：将被测的或有关的量转换成指示值或等效信息的一种测量器具，如光学比较仪等。

计量器具按结构特点和用途分为以下四种：

(1) 标准量具 测量中用作标准的量具。它是按基准复制出来的一个代表固定尺寸的量具和量仪，在测量中体现标准值。

(2) 极限量规 一种没有刻度的专用检验工具。用这种工具不能得到被检验工件的具体尺寸，但能确定被检验工件是否合格，如光滑极限量规、螺纹量规等。

（3）通用计量器具 有刻度并能量出具体数值的量具或量仪。一般分为：游标量具、螺旋测微量具、机械量仪、光学量仪、气动量仪、电学量仪、激光量仪、光学电子量仪。

（4）检测装置 量具、量仪和定位元件等组成的组合体，是一种专用的检验工具。如检验夹具、主动测量装置和坐标测量机等。它使测量工作变得迅速、方便、可靠。

1.2.2 测量误差

进行测量的时候，测量结果总是有误差的，误差自始至终存在于一切科学实验和测量过程中。这是由于测量设备、环境、人员、方法等因素造成的。随着科学水平的提高和人们的经验、技巧及专业知识的丰富，误差可以被控制得越来越小，但却无法使误差降低为零。这就是误差公理。

1. 测量误差定义

被测物理量客观存在的量值称为真值，记为 x_0。真值也可理解为“在一定的时间、空间和环境状态下，某量的客观实际值”。真值是一个理想概念，一般无法得到。比如：现在是什么时间？能准确地报出此时的北京时间吗？显然不能。在计算误差时，一般用约定真值或相对真值来代替。

约定真值是一个接近真值的值，它与真值之差可忽略不计。实际测量中以在没有系统误差的情况下，足够多次的测量值之平均值作为约定真值。

相对真值是指当高一级标准器的误差仅为低一级的 1/5（或 1/20~1/3）时，可认为高一级的标准器或仪表的示值为低一级的相对真值。

测量得到的测量结果称为测量值，记为 x。

测量值与真值之差称为测量误差。

2. 误差的表现形式

（1）绝对误差 测量值 x 与真值 L 之差称为绝对误差，它表示误差的大小。

$$\Delta x = x - L$$

绝对误差有单位，其单位与测得结果相同。绝对误差有大小（值）、有符号（+、-），表示测量结果偏离真值的程度。

（2）相对误差 相对误差有多种表现形式，一般用百分数表示。

1）真值相对误差：绝对误差与真值的比值，即

$$s = \frac{\Delta x}{L} \times 100\%$$

2）示值相对误差：绝对误差与仪器指示值的比值，即

$$s = \frac{\Delta x}{x} \times 100\%$$

3）引用（满刻度）相对误差：绝对误差与仪器满刻度值的比值，即

$$s = \frac{\Delta x}{x_{满}} \times 100\%$$

我国按允许误差的大小将仪表分为不同等级。用引用误差的百分数分子作为等级标志，等级标志越小，误差越小，精度越高。我国仪表精度等级有：0.005、0.02、0.05、0.1、

0.2、0.35、0.4、0.5、1.0、1.5、2.5、4.0 等。比如某电压表等级为 1.0，量程为 3V，表示该仪表测量误差为±3×1.0%V=±0.03V。

3. 误差的来源

(1) 测量装置误差 测量装置的误差包括仪器的原理误差和制造、调整误差，仪器附件及附属工具的误差，被测件与仪器的安置误差，被测量中测力及测力变化引起的误差等。

(2) 方法误差 由于测量方法不完善而引起的误差，如经验公式、函数类型选择的近似性引入的误差，在拟定测量方法时由于知识不足或研究不充分而引起的误差等。

(3) 环境误差 由于各种环境因素与要求不一致所造成的误差。如环境温度、预热时间、电源电压、电磁干扰等。

(4) 人为误差 由于测量者的分辨能力、疲劳程度、责任心等主观因素，使测量数据不准确引起的误差。

产生测量误差的因素是多种多样的，在分析误差时，应找出产生误差的主要原因，并采用相应的措施，以保证测量精度。

4. 误差按性质分类

(1) 系统误差 系统误差也称装置误差，它反映了测量值偏离真值的程度。凡误差的数值固定或按一定规律变化者，均属于系统误差。系统误差具有积累性，对测量结果影响大，但可通过一定的改正或观测方法加以消除。

(2) 随机误差 在同一条件下，多次测量同一被测量，误差以不可预见的方式变化，该误差称为随机误差。随机误差具有一定的统计规律。一般呈正态分布。根据随机误差的对称性和抵偿性，当无限次地增加测量次数时，测量误差的算术平均值的极限为零。因此尽可能地多次测量，可减少或消除随机误差。

(3) 过失误差 指明显超出规定条件下预期的误差。粗大误差主要是人为造成的，其次是环境条件变化的影响、使用严重缺陷的仪器等。图 1-4 为带宽不够引起的过失误差。含有过失误差的测量值会歪曲客观现象，严重影响测量结果的准确性。过失误差必须在测量列中找出来并加以剔除，以保证测量结果的正确性。

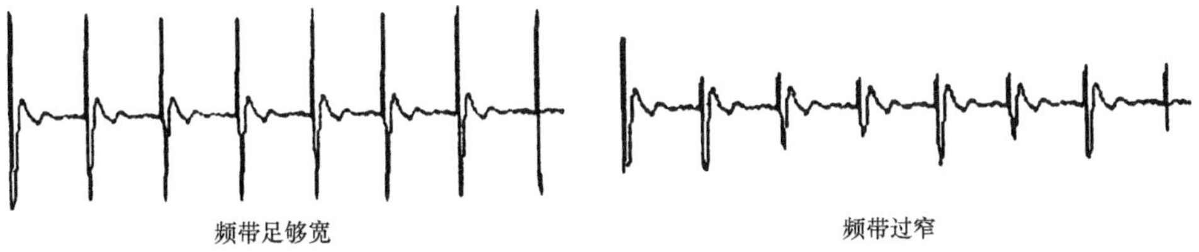

图 1-4 过失误差

5. 测量结果的精度

测量结果与真值接近的程度称为精度。

准确度：准确度表示测定值与真实值接近的程度，表示测定的可靠性。它反映系统误差的大小。

精密度：精密度表示各个测定结果相互接近的程度，表达了测定数据的再现性。它反映随机误差的大小。

准确度和精密度是两个不同的概念，它们是实验结果好坏的主要标志，如图 1-5 所示。在分析工作中，最终的要求是测定准确，要做到准确，首先要做到精密度好，没有一定的精密度，也就很难谈得上准确。但是，精密度高的不一定准确，这是由于可能存在系统误差。控制了偶然误差，就可以使测定的精密度好，只有同时校正了系统误差，才能得到既精密又准确的分析结果。

精确度：反映测量的总误差（简称精度），即测量结果偏离真值的程度。

图 1-5　测量结果的精度

1.2.3　测试系统中需要注意的因素

1. 测试系统的组成步骤

在组建测试系统时，其根本点是满足测试的目的和要求，要做到技术上设计合理、系统运行稳定可靠，同时要兼顾经济性、可靠性等因素。测试系统的组成步骤因系统差别而不尽相同，但大体按以下流程进行。

(1) 分析测试的目的和要求

1）全面掌握和分析被测对象结构、生产工艺及环境条件等各方面状况。

2）测试系统可行性分析，明确被测量，初步确定测试系统的基本构成形式。

3）分析测试系统的精度要求，以便于测量方法的选择与确定。

(2) 分析被测量特征

1）将被测量分类，估计或明确测量范围，判别被测量的性质。

2）通过分析被测量确定合适的传感方式和信号调理方式。

3）仔细确定传感器的安装位置，并考虑负载效应的影响程度。

(3) 确定测量方法

1）综合各种因素的考虑，选择合适的传感器，确定测量原理。

2）接触或非接触、直接或间接等测量方法的选择。

(4) 各功能部件的选择与设计

1）确定测试系统的总体构成框架。

2）传感器类型的确定。

3）设计或选择信号调理电路。

4）选择计算机系统、数据采集的位数和精度、总线形式等。

5）选择数据显示与存储装置。

(5) 测试与分析软件的选择、编制与调试

1) 软件开发平台的选择。

2) 测试与分析软件的选择、编制。

3) 程序的调试。

(6) 系统安装调试

1) 安装现场必要的改造和布置。

2) 环境条件等因素的考虑。

3) 测试系统标定或校准。

(7) 系统评价

1) 技术指标评价。

2) 经济指标评价。

3) 可靠性评价。

4) 测试系统操作使用说明。

2. 测试系统的负载效应及其减轻措施

(1) 负载效应 在实际测试工作中，测试装置和被测对象之间、测试系统内部各环节之间互相连接必然产生相互作用。测试装置构成被测量的负载；后续环节是前面环节的负载。前、后两者总存在能量交换和相互影响，并引起以下现象：一是两系统的连接处甚至整个系统的状态和输出都发生变化；二是两系统共同构成一个新系统，会保留原两系统的主要特征，但与原系统直接串联或并联后的特征不一致。这种现象称为负载效应。

负载效应产生的后果，有时可以忽略，有时却很严重。比如，用一个带探针的温度计测量芯片的温度，温度计会从芯片吸收热量，不仅不能正确测量芯片温度，而且还会造成芯片温度下降；又如，在一个单自由度振动系统的质量块 M 上连接一个质量为 m 的传感器，致使整个振动系统质量变为 $m+M$。从而导致系统固有频率下降。

(2) 减轻负载效应措施

1) 提高后续环节（负载）的输出阻抗。

2) 在原来两个相连接的环节之中，插入高输入阻抗、低输出阻抗的放大器，一方面减小从前面环节吸收的能量，另一方面在承受后一环节（负载）后又能减小电压输出的变化，从而减轻总的负载效应。

3) 使用反馈或零点测量原理，使后面环节几乎不从前面环节吸收能量。

3. 测量系统的干扰和抗干扰

在测试过程中，除了被测信号，测试系统还存在各种随机信号，与被测信号叠加在一起被测试装置获取，轻则测量结果偏离正常值，重则淹没了有用信号，无法获得测量结果。这些无用信号就是干扰。一个测试系统的抗干扰能力很大程度上决定了系统的可靠性，是测试系统的重要特征之一。

常用信噪比（S/N）衡量干扰对有用信号的影响。

$$S/N = 10\lg\frac{P_{\mathrm{S}}}{P_{\mathrm{N}}} = 20\lg\frac{U_{\mathrm{S}}}{U_{\mathrm{N}}}$$

式中，P_{S}为有用信号功率；P_{N}为干扰信号功率；U_{S}为有用信号电压有效值；U_{N}为干扰信号

电压有效值；信噪比越大，干扰的影响越小。

测试系统常见的抗干扰措施有：

（1）屏蔽技术 它是在普通非屏蔽布线系统的外面加上金属屏蔽层，利用金属屏蔽层的反射、吸收及趋肤效应实现防止电磁干扰及电磁辐射的功能，屏蔽技术综合利用了双绞线的平衡原理及屏蔽层的屏蔽作用，因而具有非常好的电磁兼容（EMC）特性。

（2）隔离技术 隔离是抑制干扰的有效手段之一，仪器中的隔离分空间隔离和器件隔离。空间隔离包括干扰源和信号之间的隔离。器件隔离包括隔离放大器、光隔离器和信号隔离变压器。

（3）接地技术 正确的接地能够有效地抑制外来干扰，同时可提高仪器本身的可靠性，减少仪器本身产生的干扰因素。

（4）滤波技术 根据信号及噪声的频率分布范围，将相应频带的滤波器接入信号传输通道中，滤去或尽可能衰减噪声，达到提高信噪比、抑制干扰的目的。

本章知识点

1）测试是测量与试验的综合。

2）一个典型测试系统一般由传感器、信号调理装置、信号传输装置、信号处理装置、显示记录仪器、反馈控制装置和激励装置等组成。

3）测量方法有直接测量和间接测量两种。

4）误差分为测量装置误差、方法误差、环境误差和人为误差。

5）测试系统应避免出现负载效应，输出阻抗应足够小，输入阻抗应足够大。

6）误差分为绝对误差和相对误差。

7）测试系统常见的抗干扰措施有：屏蔽技术、隔离技术、接地技术和滤波技术。

本章习题

1-1 欲测量100℃左右的温度，现有0~300℃、0.5级和0~120℃、1级的两支温度计，试问选用哪一支温度计较好，为什么？

1-2 什么是系统误差？产生系统误差的原因是什么？如何发现系统误差？减小系统误差有哪些方法？

第2章 常用传感器及应用

传感器是测试系统中不可缺少的首要环节，主要作用是获取被测对象的信息，它能将被测对象的测量参数转换为便于传输且易于被计算机处理的电信号，从而成为测量系统的基础。传感器处于测试系统的输入端，其性能直接影响到测试系统的测量精度。本章主要介绍几种常见传感器的工作原理、特性、测量电路及应用实例。

2.1 传感器概述

2-1 传感器

2.1.1 传感器的定义及分类

1. 传感器的定义

传统传感器广泛应用于工程测试中，是一种获取被测量信息的装置。现代社会中，所有以计算机为核心的测试系统，都离不开传感器，而系统中的信息处理、转换、存储和显示等都与计算机直接相关，属于共性技术，唯独传感器是千变万化、多种多样的，对传感器的定义也有多种说法，从广义上讲，传感器是借助检测元件接受某种形式的信息，并按一定的规律将所获取的信息转换成另一种信息的装置。从狭义上讲，传感器是能把外界输入的非电信号转换为电信号输出的装置。因此，传感器又被称为换能器、变换器等。

国家标准 GB/T 7665—2005《传感器通用术语》中对传感器的定义是：能感受被测量并按照一定的规律转换成可用输出信号的器件或装置。为了更好地理解传感器的定义，我们可以把处理及存储信息的计算机看成是人的大脑，那么传感器就可被视为人体五种感觉器官的延伸，传感器的存在和发展，让物体有了触觉、味觉和嗅觉等感官，让物体慢慢变得活了起来。因此传感器又可形象地称为计算机的“电五官”。

传感器的定义包括三层含义：

1）一个指定的传感器只能感受规定的物理量，如电量或非电量。

2）传感器的输出信号中载有被测量信息，且能远距离传送，如电信号、光信号和气动信号等，目前电信号的应用最为广泛。

3）输入与输出服从一定的关系，而且这种关系是可以复现的。

传感器一般由敏感元件、转换元件及转换电路三部分组成，如图 2-1 所示。

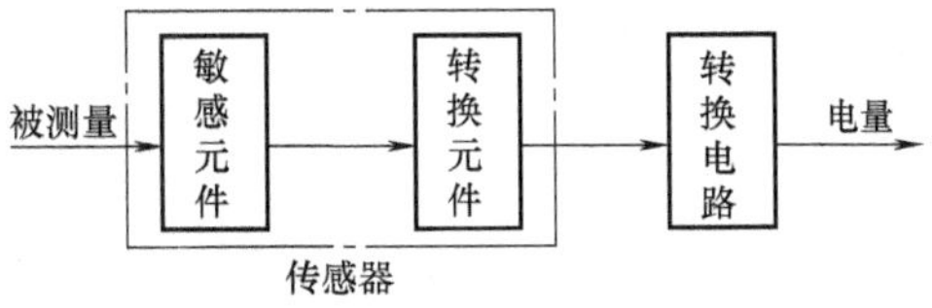

图 2-1 传感器的基本组成

(1) 敏感元件 它是传感器的核心部分，其作用是直接感受被测物理量，并将信号进行必要的转化后输出。如应变式压力传感器的弹性膜片就是敏感元件，它的作用是将压力转换为弹性膜片的变形。

(2) 转换元件 将敏感元件感受或响应的被测量转换成便于传输和测量的信号（一般指的是电信号），并非所有的传感器都包括敏感元件和转换元件，例如：热敏电阻、压敏电阻和光敏元件等，这些元件的敏感元件和转换元件可以合二为一。

(3) 转换电路 上述电参数接入转换电路转换成电量输出，并可以对获得的微弱电信号进行放大、运算、调制等，有些传感器没有转换电路。

2. 传感器的分类

一般来说，对于同一种被测参量，可能采用的传感器有多种。同样，同一种传感器原理也可能被用于多种不同类型被测参量的检测。因此，传感器的种类很多，分类方法也不尽相同，但主要按照被测物理量及工作原理进行分类，见表 2-1。

表 2-1 传感器的两种常用分类方法

按传感器的工作原理	按被测物理量	按传感器的工作原理	按被测物理量
电阻式传感器 电感式传感器 电容式传感器 电涡流式传感器 磁电式传感器	位移传感器 力传感器 重量传感器 速度传感器 振动传感器	压电式传感器 光电式传感器 磁致伸缩式传感器 谐振式传感器 ⋮	压力传感器 温度传感器 湿度传感器 密度传感器 ⋮

按照被测物理量进行分类，能够很方便地表示传感器的功能，也便于用户使用。按照这种分类方法，传感器可以分为温度、压力、流量、液位、位移、转速、力矩、湿度、黏度和浓度传感器等。生产厂家和用户都习惯于这种分类方法。

根据工作原理，传感器可以分为电阻式、电容式、电感式、压电式、光电式、热电式、光纤式、超声波式和激光式传感器等。这种分类方法较清楚地反映出了传感器的工作原理，研究人员及学习者常用这种分类方式。本书就是按传感器的工作原理进行分类编写的。

2.1.2 传感器的静态特性

传感器作为感受被测量信息的器件，我们总是希望它能按照一定的规律输出有用信号，因此需要研究其输出、输入之间的关系及其特性，以便用理论指导其设计、制造、校准及使用。

所谓传感器的静态特性，是指当被测量 x 不随时间变化，或者随时间变化程度远缓慢于传感器固有的最低阶运动模式的变化程度时，传感器的输出量 y 与输入量 x 之间的函数关系。在静态条件下，若不考虑迟滞及蠕变，则传感器的输出量 y 与输入量 x 的关系，即传感器的静态数学模型，通常表示为

$$y=f(x)=a_0+a_1x+a_2x^2+\cdots+a_nx^n$$

式中，x 为输入量；y 为输出量；a_0 为零位输出；a_1 为传感器的线性灵敏度或者静态增益；a_2，a_3，…，a_n 为非线性项待定常数。

理想传感器的输出、输入特性是线性的，即输出与输入之间的关系为

$$y=a_0+a_1x$$

其中，a_0、a_1 为常数。当 $a_0\neq0$ 时，表示即使在没有输入的情况下仍有输出，称为零点漂移（零漂）。通常传感器的零位是可以补偿的，因此传感器的静态特性可表示为

$$y=a_1x \quad 或 \quad y=kx$$

传感器输出、输入之间的关系曲线称为测试系统的静态特性曲线或静态标定曲线。只有在 k 为不随时间变化的常数（即理想情况）时，静态特性曲线才为直线。实际中通常将静态特性曲线拟合成直线，用拟合直线来近似表示测试系统的静态特性。拟合直线常用的确定方法有：

1）端点拟合法。将静态特性曲线上对应量程上、下限的两点连线成拟合直线。此方法较为简单，但不够精确。

2）最小二乘法。拟合直线通过坐标原点，与静态特性曲线上各输出量偏差的二次方和最小，此方法较为精确，但计算复杂。

3）最大偏差比较法。拟合直线与静态特性曲线的最大偏差比其他所有直线形成的最大偏差都小。

1. 非线性度

非线性度亦称非线性误差。在多数情况下，要求传感器的理想输入、输出特性应是线性的，实际上由于种种原因，传感器总是具有不同程度的非线性。因此，在量程范围内，传感器的线性度可用传感器校准曲线（实际特性曲线）与拟合直线（理想直线）之间的输出最大偏差 B 与满量程输出 A 之比来表示（见图 2-2），即

$$非线性度=\frac{B}{A}\times100\%$$

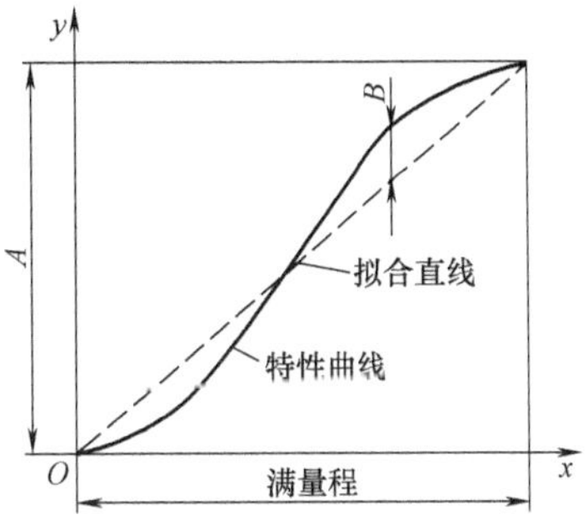

图 2-2　非线性度

非线性度求法

为了保证测量的精确度，传感器必须在线性区域内工作。例如，机械式传感器中的测力弹性元件，其材料的弹性极限是决定测力量程的基本因素，当超出测力元件允许的弹性范围时，将产生非线性误差。然而，在某些情况下，保证传感器绝对工作在线性区域内也是不容易的。在许可限度内，也可以取其近似线性区域。例如，变间隙型的电容、电感式传感器，其工作区域均选在初始间隙附近。而且必须考虑被测量的变化范围，令其非线性误差在允许限度以内。

2. 灵敏度

灵敏度是指传感器在稳态工作情况下输出改变量 Δy 与引起此变化的输入改变量 Δx 之比，即

$$S=\frac{\Delta y}{\Delta x}$$

对于其特性呈直线关系的传感器，$S=\frac{\Delta y}{\Delta x}=$常量，而非线性传感器的灵敏度就是其静态特性曲线上各点的斜率，如图 2-3 所示。市场上的传感器产品一般会为用户提供线性特性输出，表示为对应输入量的输出量值。例如某位移传感器的灵敏度为 100mV/mm，表明该传感

器对应 1mm 的位移量可引起 100mV 的输出量变化。

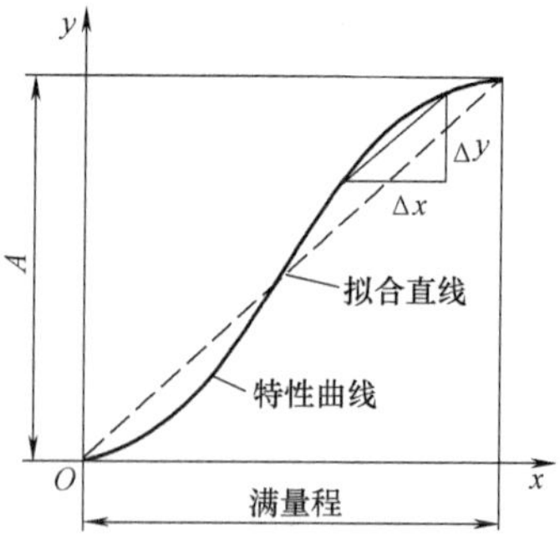

图 2-3 灵敏度

灵敏度是一个有量纲的量，其量纲取决于输入和输出的单位。当输入与输出单位一致时，灵敏度就成了一个量纲为一的常数，这时常称为“放大倍数”或增益。一般灵敏度越高越好，因为灵敏度越高，传感器所能感知到的被测量的变化量越小，即被测量稍有变化，传感器的输出就随之相应变化。当然，灵敏度越高，与测量无关的外界噪声也容易混入，并且噪声会被放大系统放大。这时必须考虑要能检测微小量值，又要使噪声小。为此，实际选择时往往要求传感器的信噪比越大越好，既要求传感器本身噪声小，又不易从外界引入干扰噪声。一般传感器的灵敏度是有方向性的，当被测量是单向量，而且对其方向性要求较高时，则应选择其他方向灵敏度小的传感器；如果被测量是多维向量，则要求传感器的交叉灵敏度越小越好。

3. 回程误差

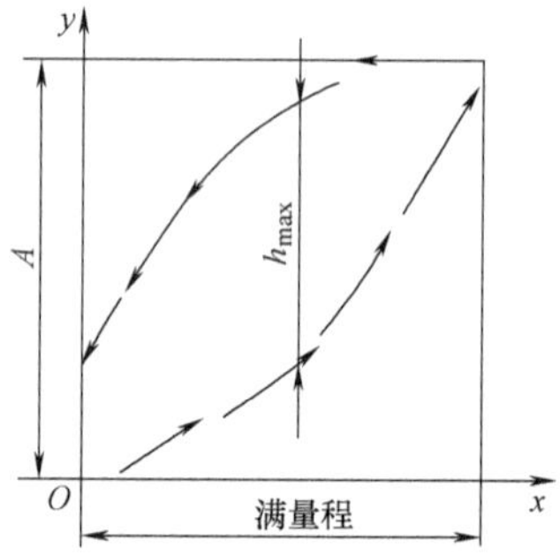

图 2-4 回程误差

回程误差也称迟滞误差，它表征传感器在正向（输入量增大）行程和反向（输入量减小）行程期间，输出与输入特性曲线不重合的程度，如图 2-4 所示。若在全量程范围内，对于同一个输入量所得到的两个数值不同的输出量之间差值的最大值为 h_{max}，定义回程误差为

$$回程误差=\frac{h_{max}}{A}\times 100\%$$

回程误差一般是由迟滞现象引起的。迟滞现象是由于磁性材料的磁化和材料受力变形，机械部分存在（轴承）间隙、摩擦、（紧固件）松动、材料内摩擦、积尘等造成的。要求传感器的回程误差越小越好。

2-3 回程误差

4. 重复性

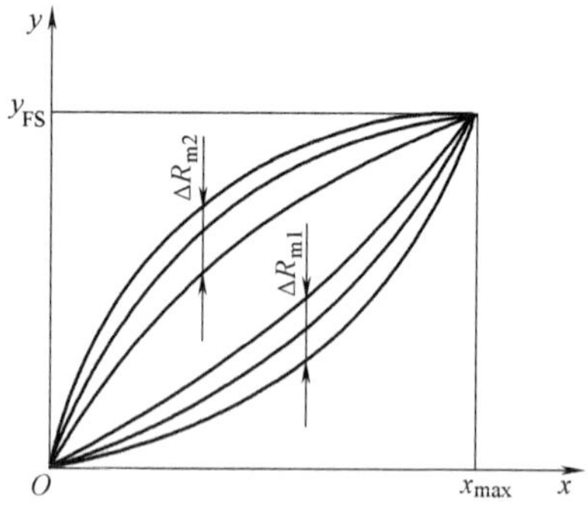

图 2-5 重复性

重复性表征传感器在输入量按同一方向做全量程连续多次测试时，所得特性曲线不一致的程度，如图 2-5 所示。图中 ΔR_{m1} 是正行程的最大重复性偏差，ΔR_{m2} 是反行程的最大重复性偏差。重复性是衡量传感器内部机理好坏的一个重要指标，重复性误差用满量程输出的百分数表示，即

$$\gamma_R=\pm(\Delta R_{max}/y_{FS})\times 100\%$$

式中，ΔR_{max} 取 ΔR_{m1} 与 ΔR_{m2} 中的最大值。

5. 精度

传感器的精度又称精确度，它表征传感器示值与被测量真值之间的最大偏差。这一指标可以用绝对误差值表示，也可用绝对误差相对于满量程的百分比形式表示。关于精度的定义及计算，在文献中有多种。常见的一种是：综合考虑室温下传感器的线性度、滞后及重复性三方面的

2-4 重复性

误差，按照下式计算传感器的精度：

$$\delta=\sqrt{\delta_{L}^{2}+\gamma_{H}^{2}+\gamma_{R}^{2}}$$

传感器处于测试系统的输入端，因此，传感器能否真实地反映被测量，对整个测试系统具有直接的影响。然而，在实际中也并非要求传感器的精度越高越好，既要考虑到测量目的，又要考虑到经济性。因为传感器的精度越高，其价格就越昂贵，所以应根据测试目的从实际出发来选择传感器。对于定性分析的试验研究，应要求传感器的重复精度高，而不要求测试的绝对量值准确；对于定量分析，必须获得精确量值。

6. 分辨力与分辨率

分辨力是指传感器能检出被测信号的最小变化量，是一个有量纲的量值。当被测量的变化小于分辨力时，传感器对输入量的变化无任何反应。通常传感器在满量程范围内各点的分辨力并不相同，因此常用满量程中能使输出量产生阶跃变化的输入量中的最大变化值作为衡量分辨力的指标。上述指标若用满量程的百分比表示，则称为分辨率。

7. 稳定度和漂移

(1) 稳定度　测试装置在规定条件下保持其测量特性恒定不变的能力。

(2) 漂移　测量装置的测量特性随时间的缓慢变化。点漂移是指在规定的条件下，对恒定输入的输出变化。零点漂移是标称范围最低值处的点漂移。

2.1.3　传感器的选用原则

现代传感器在原理与结构上千差万别，如何根据具体的测量目的、测量对象以及测量环境合理地选用传感器，是在进行某个量的测量时首先要解决的问题。当传感器确定之后，与之相配套的测量方法和测量设备也就可以确定了。测量结果的成败，在很大程度上取决于传感器的选用是否合理。

1. 根据测量对象与测量环境确定传感器的类型

要进行一个具体的测量工作，首先要考虑采用何种原理的传感器，这需要分析多方面的因素之后才能确定。因为，即使是测量同一物理量，也有多种原理的传感器可供选用，哪一种原理的传感器更为合适，则需要根据被测量的特点和传感器的使用条件考虑以下一些具体问题：量程的大小；被测位置对传感器体积的要求；测量方式为接触式还是非接触式；信号的引出方法，有线或是非接触测量；传感器的来源，国产还是进口，价格能否承受，还是自行研制。在综合考虑上述问题的基础上就能确定选用何种类型的传感器，然后再考虑传感器的具体性能指标。

2. 灵敏度的选择

通常，在传感器的线性范围内，希望传感器的灵敏度越高越好。因为只有灵敏度高时，与被测量变化对应的输出信号的值才比较大，有利于信号处理。但要注意的是，传感器的灵敏度高，与被测量无关的外界噪声也容易混入，也会被放大系统放大，影响测量精度。因此，要求传感器本身应具有较高的信噪比，尽量减少从外界引入的干扰信号。传感器的灵敏度是有方向性的。当被测量是单向量，而且对其方向性要求较高时，则应选择其他方向灵敏度小的传感器；如果被测量是多维向量，则要求传感器的交叉灵敏度越小越好。

3. 频率响应特性

传感器的频率响应特性决定了被测量的频率范围，必须在允许频率范围内保持不失真的测量条件，实际上传感器的响应总有一定延迟，希望延迟时间越短越好。传感器的频率响应高，可测的信号频率范围就宽，而由于受到结构特性的影响，机械系统的惯性较大，因此频率低的传感器可测信号的频率较低。动态测量时，应根据信号的特点（稳态、瞬态、随机等）响应特性进行，以免产生过大的误差。

4. 稳定性

传感器使用一段时间后，其性能保持不变化的能力称为稳定性。影响传感器长期稳定性的因素除传感器本身结构外，主要是传感器的使用环境。因此，要使传感器具有良好的稳定性，传感器必须要有较强的环境适应能力。在选择传感器之前，应对其使用环境进行调查，并根据具体的使用环境选择合适的传感器，或采取适当的措施，减小环境的影响。传感器的稳定性有定量指标，在超过使用期后，在使用前应重新进行标定，以确定传感器的性能是否发生变化。在某些要求传感器能长期使用而又不能轻易更换或标定的场合，所选用的传感器稳定性要求更严格，要能够经受住长时间的考验。

5. 精度

精度是传感器的一个重要的性能指标，它是关系到整个测量系统测量精度的一个重要环节。传感器的精度越高，其价格越昂贵，因此，传感器的精度只要能满足整个测量系统的精度要求就可以，不必选得过高。这样就可以在满足同一测量目的的诸多传感器中选择比较便宜和简单的传感器。如果是为了定性分析，选用重复精度高的传感器即可，不宜选用绝对量值精度高的；如果是为了定量分析，必须获得精确的测量值，就需选用精度等级能满足要求的传感器。对某些特殊使用场合，无法选到合适的传感器，则需自行设计制造传感器。自制传感器的性能应满足使用要求。

6. 其他因素

选择传感器时还应考虑价格因素，以及传感器储备、安装现场条件、环境条件（湿度、温度、振动等）、信号传输距离、量程、测试所需时间等实际因素。如，选择电阻应变式传感器时，应考虑温度的影响；又如，对变极距型电容式传感器和光电式传感器，环境灰尘油剂浸入间隙时，会改变电容器的介质和感光性质。对于磁电式传感器和霍尔元件等，应考虑周围电磁场带来的测量误差；电位器式传感器表面有灰尘时，将会引入噪声。

2.1.4 传感器的标定与校准

新研制或生产的传感器需要对其技术性能进行全面检定，以确定其基本的静、动态特性，包括灵敏度、重复性、非线性、迟滞、精度及固有频率等。例如，对于一个压电式压力传感器，在受力后将输出电荷信号，即压力信号经传感器转换为电荷信号。但是，究竟多大压力能使传感器产生多少电荷呢？换句话说，我们测出了一定大小的电荷信号，但它所表示的加在传感器上的压力是多大呢？这个问题只靠传感器本身是无法确定的，必须依靠专用的标准设备来确定传感器的输出-输入转换关系，这个过程就称为标定。简单地说，利用标准器具对传感器进行标度的过程称为标定。传感器的标定有两层含义：

1）确定传感器的性能指标。

2）明确这些性能指标所适用的工作环境。

具体到压电式压力传感器来说，我们用专用的标定设备，如活塞式压力计，产生一个大小已知的标准力，作用在传感器上，传感器将输出一个相应的电荷信号，这时，再用精度已知的标准检测设备测量这个电荷信号，得到电荷信号的大小，由此得到一组输出、输入关系，这样的一系列过程就是对压电式压力传感器的标定过程，如图 2-6 所示。

校准在某种程度上说也是一种标定，它是指传感器在经过一段时间存放或使用后，需要对其进行复测，以检测传感器的基本性能是否发生变化，判断它是否可以继续使用。因此，校准是指传感器在使用中或存放后进行的性能复测。在校准过程中，传感器的某些指标发生了变化，应对其进行修正。标定与校准在本质上是相同的，校准实际上就是再次的标定，因此，下面都以标定为例做介绍。

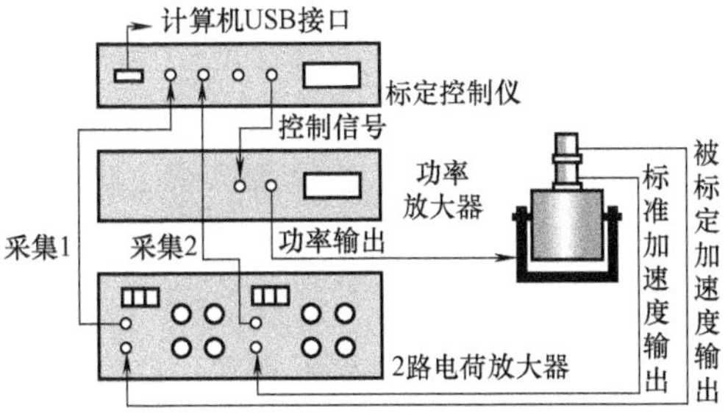

图 2-6 压电式压力传感器的标定

重复性与标定

传感器的标定分为静态标定和动态标定两种。

1. 静态标定

（1）静态标定的标准条件 静态标定的目的是确定传感器的静态特性指标，如线性度、灵敏度、滞后和重复性等。传感器的静态特性是在静态标准条件下进行标定的。所谓静态标准是指没有加速度、振动、冲击（除非这些参数本身就是被测物理量）及环境温度一般为室温（20±5)℃，相对湿度不大于 85%，大气压力为（101±7)kPa 的情况。

（2）静态标定的步骤

1）将传感器全量程分成若干等间距点。

2）根据传感器量程分点情况，由小到大逐点输入标准量值，并记录下与各输入值相对应的输出值。

3）将输入量值由大到小逐点递减，同时记录下与各点输入值相对应的输出值。

4）按照 2）、3）所示过程，对传感器进行正、反行程往复循环多次测试，将得到的输出-输入测试数据用表格列出或画成曲线。

5）对测试数据进行必要的处理，根据处理结果就可以确定传感器的线性度、灵敏度、滞后和重复性等静态特性指标。

例如，上述的压电式压力传感器，利用标准设备产生已知大小的标准压力，输入传感器后，得到相应的输出信号，这样就可以得到其标定曲线，根据标定曲线确定拟合直线，可作为测量的依据，如图 2-7 所示。

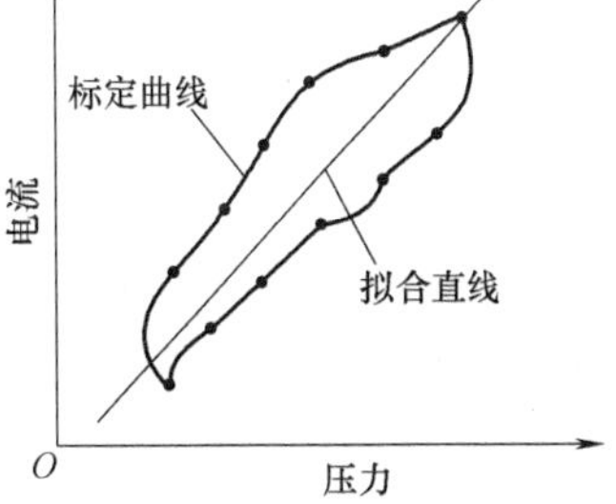

图 2-7 传感器的标定曲线与拟合直线

有时，输入的标准量是由标准传感器检测而得到的，这时的标定实质上是待标定传感器与标准传感器之间的比较，如图 2-8 所示。输入量发生器产生的输入信号同时作用在标准传感器和待标定传感器上，根据标准传感器的输出信号可确定输入信号的大小，再测出待标定传感器的输出信号，就可得到其标定曲线。

2. 动态标定

传感器动态标定的目的是确定传感器的动态特性参数，如频率响应、时间常数、固有频率和阻尼比等。有时，根据需要还要对横向灵敏度、温度响应、环境响应等进行标定。传感器动态标定实质上就是通过实验得到传感器动态性能指标的具体数值，实验确定法常因传感器形式不同而不完全一样，一般可以分为阶跃响应法、正弦信号响应法、随机信号响应法和脉冲信号响应法等。

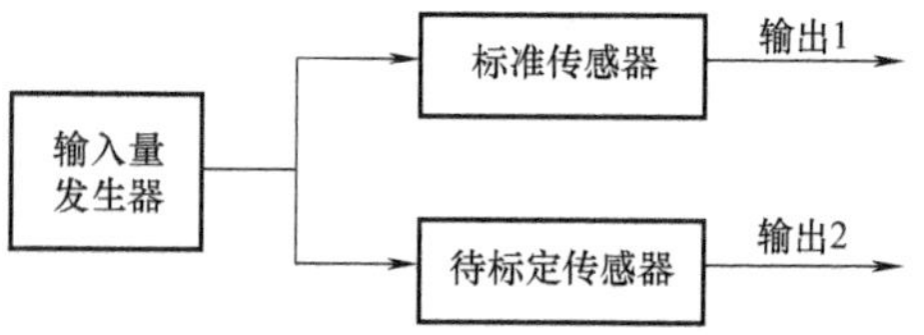

图 2-8　用标准传感器进行标定的方法

传感器的标定系统一般由以下两个部分组成：①被测非电量的标准发生器；②被测非电量的标准测试系统。

为保证标定的精度和可靠性，在标定过程中应注意这样几个问题：①为保证量值的准确一致，标定应按计量部门规定的规程和管理办法进行，只能用上一级精度的标准装置来标定下一级精度的传感器；②工程测试中所用的传感器，应在与其使用条件相似的环境下进行标定，以获得较可靠的标定精度；③为提高标定精度，可将传感器与其配用的电缆、滤波器、放大器等测试系统一起标定；④有些传感器标定时，应按传感器规定的安装条件进行安装。

2.2　电阻式传感器

电阻式传感器是一类根据电阻定律而设计的传感器，它能将被测非电量（如位移、应变、振动、温度、湿度、气体的浓度等）的变化转换成导电材料电阻的变化。按引起传感器电阻变化的参数不同，可将该传感器分为电位器式传感器和电阻应变式传感器两大类。

2.2.1　电位器式传感器

电位器式传感器是通过滑动触点改变电阻丝的长度从而改变电阻值的大小，进而再将这种变化值转换成电压或电流的变化值。这种传感器分为直线位移型和角位移型两种，一般由电阻元件、骨架和电刷（滑动触点）构成，如图 2-9a、b 所示。这种传感器除可以测量线位移或角位移外，还可以测量一切可以转换为位移的其他物理量，如压力、加速度等。

线圈绕于骨架上，触点可在绕线上滑动，当滑动触点在绕线上的位置改变时，即实现了将位移变化转化为电阻变化。根据电阻定律

$$R=\rho\frac{l}{A}$$

式中，ρ 为电阻率（$\Omega\cdot mm^2/m$）；l 为电阻丝长度（m）；A 为电阻丝截面积（mm^2）。

当电阻丝直径与材料一定时，电阻值将随导线长度的变化而变化。图 2-9a 给出了直线位移型电位器式传感器的原理，其中触点 B 沿电位器表面移动的距离 x 与 A、C 两点之间的电阻值 R 之间的关系为

$$R=k_l x$$

式中，k_l 是单位长度的电阻值，当导线分布均匀时为一常数，此时传感器的输出（电阻）

与输入（位移）呈线性关系，传感器的灵敏度为

$$S=\frac{\mathrm{d}R}{\mathrm{d}x}=k_l=\text{常数}$$

图2-9b给出了角位移型滑动触点式电位器的原理，其电阻值随着转角的变化而变化，该传感器的灵敏度为

$$S=\frac{\mathrm{d}R}{\mathrm{d}\alpha}=k_\alpha$$

式中，α 为触点转角（rad）；k_α 为单位弧度对应的电阻值。

非线性电位器式传感器如图2-9c所示。当输入位移呈非线性变化规律时，为了保证输入输出的线性关系，利于后续仪表的设计，可以根据输入的函数规律来确定这种传感器的骨架形状。例如，若输入量为 $f(x)=Rx^2$，则为了得到输出的电阻值 $R(x)$ 与输入量呈线性关系，传感器的骨架应采用三角形；若输入量为 $f(x)=Rx^3$，则传感器的骨架应采用抛物线形。

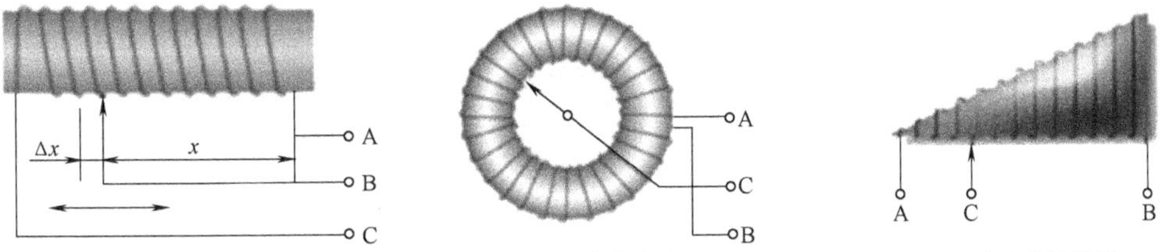

a) 直线位移型　　b) 角位移型　　c) 非线性型

图2-9　电位器式传感器原理图

电位器式
传感器原理

电位器式传感器一般采用后接电阻分压式测量电路，其工作原理如图2-10所示。在电压 u_i 的作用下，传感器将位移 x 的变化信号转变为输出电压 u_o 的变化。由于负载 R_l 的接入，使其输出电压 u_o 与输入位移 x 的关系为

$$u_o=\frac{1}{\frac{x_p}{x}+\frac{R_p}{R_l}\left(1-\frac{x}{x_p}\right)}u_i$$

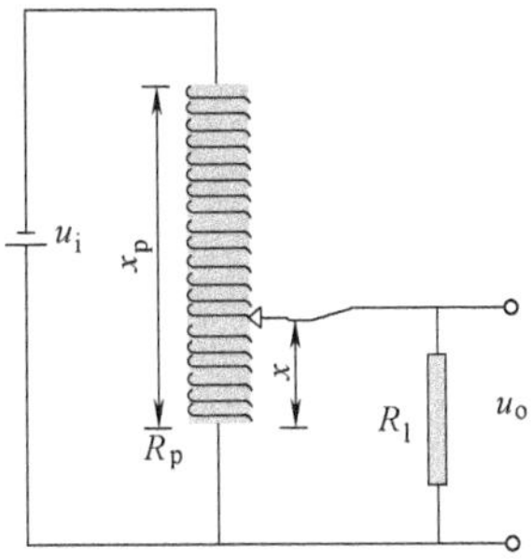

图2-10　电阻分压式测量电路

式中，R_p 是电位器式传感器的总电阻；x_p 为其总长度；R_l 为后续电路的输入电阻。只有当 R_p/R_l 趋于零时，输出电压 u_o 与输入位移 x 才呈线性关系。因此，为了改善测量电路中由于加载而引起的非线性关系，可适当增大负载 R_l 或减小电阻 R_p。但是过大的 R_l 会造成后接电路的输入阻抗增加，使干扰更容易进入；而过小的 R_p 则会降低传感器的灵敏度。变阻器式传感器主要用于各种自动化设备的直线位移、角位移测量，可在测量仪器中作为位置反馈伺服元件进行位置、行程控制。

滑移电阻

电阻传感器实例

电位器式传感器的优点是结构简单，性能稳定，使用方便；其缺点是分辨率不高，由于受到骨架尺寸限制，此外还有电噪声大、绕制困难等缺点。

2.2.2 金属应变片及应用

2-9 应变原理

1. 金属应变片

电阻应变片的工作原理是基于金属导体的应变效应，即金属导体在外力作用下发生机械变形时，其电阻值随着所受机械变形（伸长或缩短）的变化而发生变化的现象。它可以感受测量物体在受力或力矩时所产生的应变，并将应变变化转换为电阻变化，通过电桥进一步转变为电压或电流的变化。应变片主要分金属电阻应变片和半导体应变片两类，金属电阻应变片由敏感栅、基层、覆盖层和引线组成，如图 2-11 所示。图中 l 为应变片标距，反映应变片的有效测量长度。金属电阻应变片式传感器的敏感元件是栅形的金属敏感栅，其常用结构形式有丝式、箔式和薄膜式等。

现以金属电阻丝为例说明应变式传感器的变换原理。当金属电阻丝受拉或受压时，电阻丝的长度和横截面积将发生变化，且电阻丝的电阻率也发生变化（这一现象称为压阻效应），从而引起导线电阻值的变化。

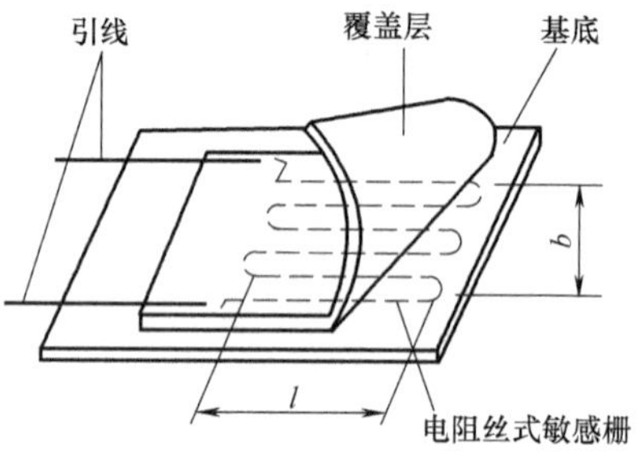

图 2-11 金属电阻应变片结构

对 $R=\rho\dfrac{l}{A}$ 进行微分，可得

$$\frac{dR}{R}=\frac{dl}{l}+\frac{d\rho}{\rho}-2\frac{dr}{r}$$

式中，$\dfrac{dl}{l}=\varepsilon$ 为电阻丝的纵向应变；$\dfrac{d\rho}{\rho}$ 是电阻丝电阻率的相对变化；$\dfrac{dr}{r}$ 为电阻丝的横向应变，或者称为径向相对变形。当电阻丝沿轴向伸长时，必沿径向缩小，两者之间的关系为

$$\frac{dr}{r}=-\mu\frac{dl}{l}$$

式中，μ 是电阻丝材料的泊松比。而电阻丝电阻率的相对变化与其纵向所受的应力 σ 有关，即

$$\frac{d\rho}{\rho}=\lambda\sigma=\lambda E\varepsilon$$

式中，λ 为材料的压阻系数；$E\varepsilon$ 为材料的弹性模量。所以

$$\frac{dR}{R}=(1+2\mu+\lambda E)\varepsilon$$

对于同一种材料，（$1+2\mu$）是常数，$\lambda E\varepsilon$ 是由于电阻丝的电阻率随应变的变化引起的，对于金属丝来讲，λE 相对于 $1+2\mu$ 的变化很小，可以忽略不计。因此，上式可简化为

$$\frac{dR}{R}=(1+2\mu)\varepsilon$$

即金属丝的电阻变化率 $\dfrac{dR}{R}$ 与纵向应变 ε 成正比。因此，金属应变片的灵敏度为

$$S=1+2\mu$$

金属电阻应变片的灵敏度较低（一般为 1.7~3.6），但是其温度稳定性好、非线性误差

小，一般用于测量精度要求较高的场合。

2. 应变片的主要应用

金属电阻应变片主要用于结构应力和应变分析，以及用于制作不同的传感器。

用于应力和应变分析时，常将应变片贴于待测构件的测量部位上，从而测得构件的应力或应变，用于研究机械零部件等在工作状态下的受力、变形等情况。

2-10 应变片测梁变形

用于制作传感器时，常将应变片贴在或成形在弹性元件上，用于制成测量力、位移、压力、力矩、加速度等物理量的传感器。此时，先通过弹性元件得到与被测量成正比的应变，再由应变片将应变量转换为电阻的变化。

3. 应变片使用步骤

(1) 分析构件所受应力方向　使用应变片应分析构件所受应力方向。并让应变片粘贴时长度方向与应力方向一致，如图 2-12 所示，目的是保证应变片感受最大应力，并减小横向应变。常见应变片与构件之间的关系如图 2-13 所示。

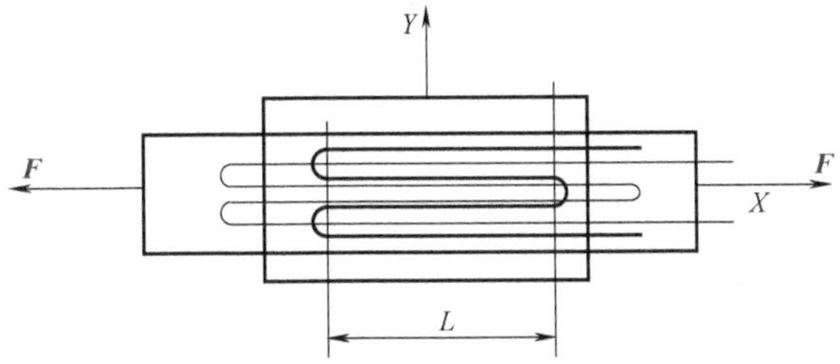

图 2-12　应变片与受力方向的关系

2-11 应变片使用步骤

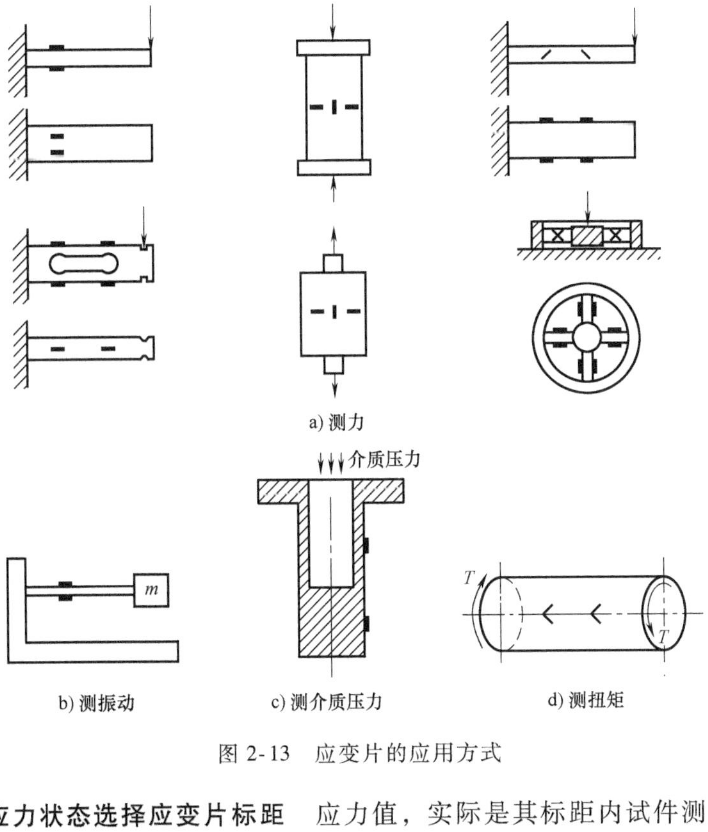

图 2-13　应变片的应用方式

(2) 根据应力状态选择应变片标距　应力值，实际是其标距内试件测点处的应力平均值，故标距的选取关系到测点数据的准确程度。在沿标距长度方向应力梯度较大时，应选用小标距应变片，尤其是在应力集中的部位更要坚持该原则。对混凝土、铸钢、铸铁等材料，由于材质不均匀有空隙，应采用大标距的应变片。测点处于两向或多向应力状态时，主应力方向不清楚，就应采用应变花且面积要尽量小。

(3) 构件表面除污 采用砂纸、砂轮等工具除去构件表面的油污、漆、锈斑等，并用细纱布交叉打磨出细纹以增加粘贴力，用浸有酒精或丙酮的纱布片或脱脂棉球擦洗。

(4) 贴片 在应变片的表面和处理过的粘贴表面上，各涂一层均匀的粘贴胶，用镊子将应变片放上去，并调好位置，然后盖上塑料薄膜，用手指揉和滚压，排出下面的气泡。

(5) 测量 从分开的端子处，用万用表测量应变片的电阻，避免应变片短路或断路。

(6) 焊接 将引线和端子用烙铁焊接起来，注意不要把引线扯断。

(7) 保护 因为应变片引线很细，为防止断裂或松脱，需要用胶布或凡士林、石蜡等保护起来。

(8) 接入电桥 将应变片接入惠斯顿电桥，并根据需要接入普通电阻或温度补偿片。具体见 5.2 节。

2.2.3 热敏电阻

热敏电阻是利用半导体的电阻值随温度显著变化的特性制成的测温元件，其特点是电阻率随温度变化而显著变化。它是由金属氧化物和化合物按照不同的配方比例烧结而成的，图 2-14 所示为几种热敏电阻的结构形式。热敏电阻分为正温度系数（PTC）、负温度系数（NTC）及临界温度系数（CTR）的热敏电阻三种。

2-12 热敏电阻

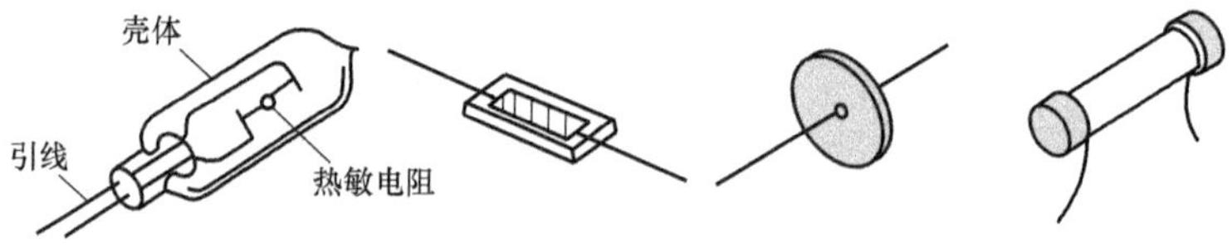

a) 玻璃罩珠状　b) 片状　c) 垫圈状　d) 杆状

图 2-14　热敏电阻的结构形式

热敏电阻的电阻-温度关系通常由下式确定，即

$$R_T = R_0 e^{\beta\left(\frac{1}{T} - \frac{1}{T_0}\right)} = R_0 e^{\beta\left(\frac{1}{273+t} - \frac{1}{273+t_0}\right)}$$

$$\beta = \ln\left(\frac{R_T}{R_0}\right) / \left(\frac{1}{T} - \frac{1}{T_0}\right)$$

式中，R_T、R_0 分别为热敏电阻在热力学温度 T、T_0 时的阻值（Ω）；T、T_0 分别为介质的起始温度和变化温度（K）；β 为热敏电阻材料常数，一般为 2000~6000K；t、t_0 分别为介质的起始温度和变化温度（℃）。

热敏电阻在其本身温度变化 1℃ 时，电阻值的相对变化量为

$$\alpha = \frac{1}{R_T} \frac{dR_T}{dT} = -\frac{B}{T^2}$$

β 和 α 值是表征热敏电阻材料性能的两个重要参数，热敏电阻的电阻温度系数比金属丝的电阻温度系数高很多，所以它的灵敏度很高。

热敏电阻特性曲线如图 2-15 所示。

热敏电阻主要由热敏探头、引线及壳体构成，图 2-16 给出了热敏电阻的几种典型结构形式。

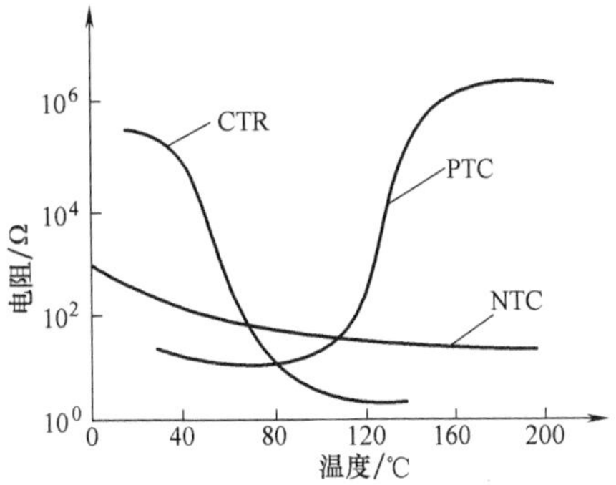

图 2-15　热敏电阻特性曲线

热敏电阻的主要特点是：①灵敏度较高，其电阻温度系数要比金属大 10~100 倍以上；②工作温度范围宽，常温器件适用于-55~315℃，高温器件适用温度高于 315℃（目前最高可达到 2000℃），低温器件适用于-273~55℃；③体积小，能够测量其他温度计无法测量的空隙、腔体及生物体内血管的温度；④使用方便，电阻值可在 0.1~100kΩ 间任意选择；⑤易加工成复杂的形状，可大批量生产；⑥稳定性好、过载能力强。由于半导体热敏电阻有独特的性能，所以在应用方面它不仅可以作为测量元件（如测量温度、流量、液位等），还可以作为控制元件（如热敏开关、限流器）和电路补偿元件。热敏电阻广泛用于家用电器、电力工业、通信、军事科学、宇航等各个领域，发展前景极其广阔。

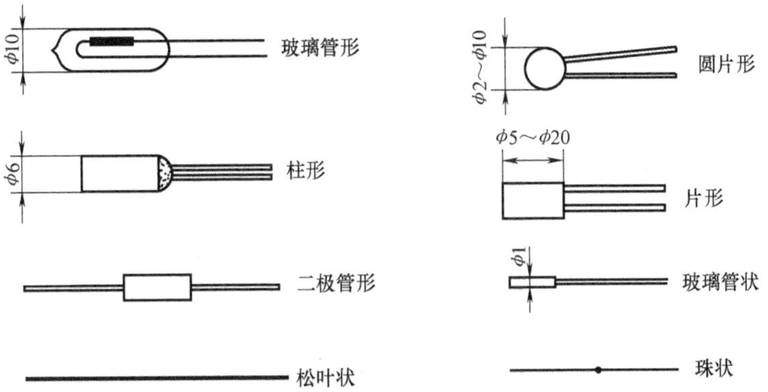

图 2-16　热敏电阻的结构形式

2.2.4　电阻式传感器的应用

1. 节气门位置传感器

节气门位置传感器

节气门位置传感器通常安装在节气门体上，可以将节气门开度、怠速工况、负荷大小、加减速等信号转换成电压信号发送至 ECU，以便控制系统可以根据发动机的运行工况对其喷油量及点火提前角进行最优控制。节气门位置传感器有线性输出和开关量输出两种形式。线性输出型节气门位置传感器的结构与工作原理属于电位器式传感器，如图 2-17a 所示。

当转动节气门时，电刷触点在印制电路基片上的滑片电阻上滑动，即可将节气门开度大小、变化速率等信号转变成电阻信号，再经测量电路转变为电压信号后输出给 ECU。传感器的电压信号输出特性如图 2-17b 所示，节气门开度与传感器输出电压信号成正比。

传感器上还设置了一个触点（开关），用于检测节气门全闭状态（即怠速工况），以便对发动机怠速时的转速、喷油量及点火提前角进行控制。

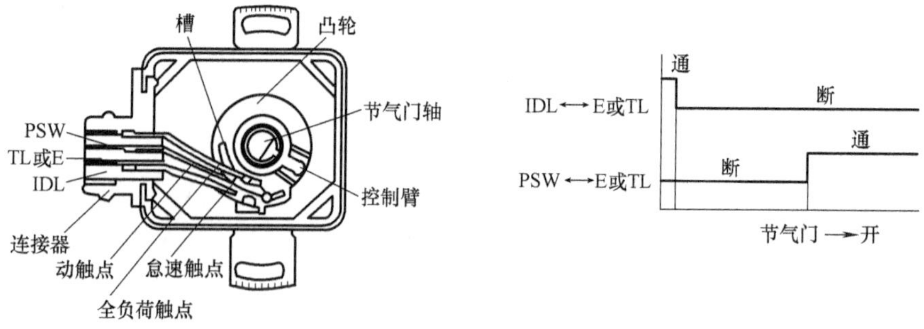

图 2-17　节气门位置传感器的结构与电压信号输出特性

2. 冷却液温度传感器

冷却液温度传感器安装于发动机冷却水套中，它的主要作用是将发动机冷却液的温度转变为电信号输送到电控单元（ECU），修正发动机的基本喷油量。冷却液温度低时，热敏电阻的阻值大，ECU 检测到高电压的信号，适当增加喷油量，满足发动机低温浓混合气的要求；冷却液温度高时，热敏电阻的阻值小，ECU 检测到低电压的信号，适当减小喷油量，满足发动机高温稀混合气的要求。

2-14 冷却液温度传感器

2.3 电容式传感器

电容式传感器是把被测的机械量，如位移、压力等转换为电容量变化的传感器。它的敏感部分就是具有可变参数的电容器。电容式传感器具有结构简单、功耗小、动态响应快、易于实现非接触测量等特点，被广泛应用于压力、位移、加速度、液位、成分含量等测量中。但电容式传感器的泄漏电阻和非线性等缺点也给它的应用带来一定的局限，随着电子技术的不断发展，特别是集成电路的广泛应用，这些缺点也得到了一定的克服，进一步促进了电容式传感器的广泛应用。

2.3.1 电容式传感器的原理及分类

以最简单的平行板电容器（见图 2-18）说明其工作原理。由物理学的基本理论知识可知：物体间的电容量与构成电容元件的两个极板的形状、大小、相互位置以及极板间的介电常数有关，即

$$C=f(\varepsilon,A,\delta)=\frac{\varepsilon_r\varepsilon_0 A}{\delta}$$

式中，A 为极板面积（m^2）；ε_0 为真空介电常数，$\varepsilon_0=8.85\times10^{-12}$F/m；$\varepsilon_r$ 为极板间介质的相对介电常数，当介质为空气时 $\varepsilon_r=1$；δ 为两极板间距离（m）。

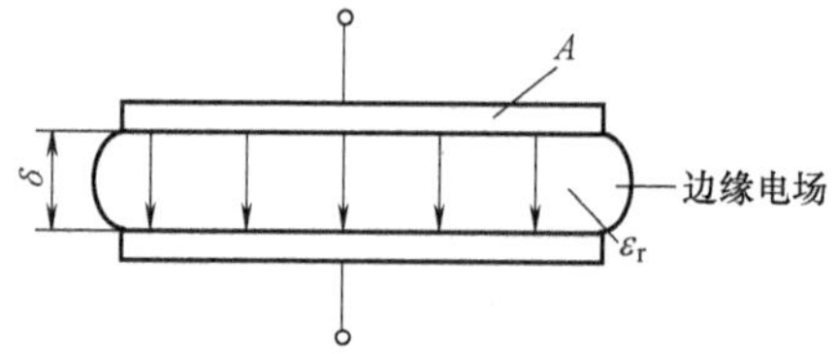

图 2-18　平行板电容器

改变 ε、A、δ 中的任何一个参数都能引起电容值 C 的变化，也就是说，如果被检测参数（如

位移、压力、液位等）的变化引起 ε、A、δ 三个参量中之一发生变化，就可利用相应的电容量的改变实现参数测量。据此，电容式传感器可分为以下三大类：变极距型、变面积型、变介电常数型。

2-15
电容

1. 变极距型电容式传感器

变极距型电容式传感器常常固定一块极板而使另一块极板移动，从而改变间隙 δ 以引起电容的变化（见图 2-19）。当极距 δ 减小 $\Delta\delta$ 时，则电容量增大 ΔC，此时有

$$\Delta C = C - C_0 = \frac{\varepsilon_0\varepsilon_r A}{\delta-\Delta\delta} - \frac{\varepsilon_0\varepsilon_r A}{\delta} = \frac{\varepsilon_0\varepsilon_r A}{\delta}\frac{\Delta\delta}{\delta-\Delta\delta} = C\frac{\Delta\delta}{\delta-\Delta\delta}$$

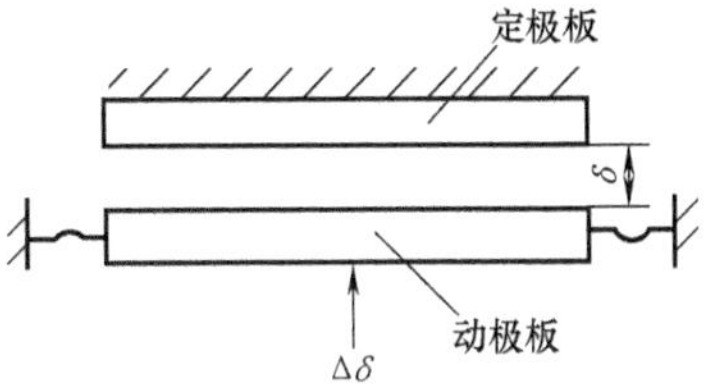

图 2-19　变极距型电容式传感器原理图

电容的相对变化量为

$$\frac{\Delta C}{C} = \frac{\Delta\delta}{\delta}\frac{1}{1-\Delta\delta/\delta}$$

当 $\Delta\delta/\delta \ll 1$ 时，上式可用泰勒级数展开，得

$$\frac{\Delta C}{C} = \frac{\Delta\delta}{\delta}\left[1+\frac{\Delta\delta}{\delta}+\left(\frac{\Delta\delta}{\delta}\right)^2+\cdots\right]$$

可见电容 C 的相对变化与位移之间呈现的是一种非线性关系。在误差允许范围内通过略去高次项得到其近似的线性关系为

$$\frac{\Delta C}{C} \approx \frac{\Delta\delta}{\delta}$$

电容式传感器的静态灵敏度为

$$S = \frac{\Delta C}{\Delta\delta} = \frac{C}{\delta} = \frac{\varepsilon_r\varepsilon_0 A}{\delta^2}$$

由以上分析可知：变极距型电容式传感器只有在 $\Delta\delta/\delta$ 很小时，才有近似的线性输出，且极距越小，灵敏度越高。如果只考虑二次非线性项，忽略其他高次项，则得到非线性误差为

$$\delta_L = \frac{|(\Delta\delta/\delta)^2|}{|\Delta\delta/\delta|}\times 100\% = |\Delta\delta/\delta|\times 100\%$$

非线性随极距的减小而增大，如图 2-20 所示，极距变化相同值 $\pm\Delta d$ 所对应的电容变化量不同，即 $\Delta C_1 > \Delta C_2$，为了减小这一误差，通常规定测量范围 $\Delta\delta \ll \delta$，一般取极距变化范围为 $\Delta\delta/\delta \approx 0.1$。为了提高灵敏度和减小非线性，以及克服某些外界条件如电源电压、环境温度变化的影响，常采用差动型电容式传感器，其结构原理如图 2-21 所示。

2-16
电容极距与容值的关系

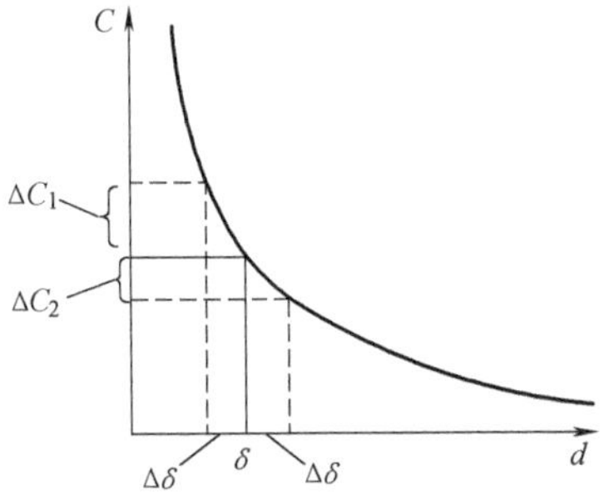

图 2-20　电容与极距的关系

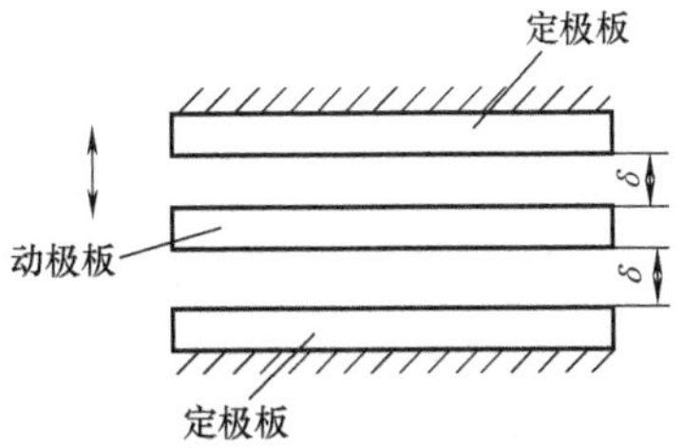

图 2-21　差动型电容式传感器的结构原理

工作时，差动电容器总电容变化为

$$\Delta C=C_1-C_2=\frac{\varepsilon_0 A}{\delta+\Delta\delta}-\frac{\varepsilon_0 A}{\delta-\Delta\delta}=-2C\frac{\Delta\delta}{\delta}\frac{1}{1-(\Delta\delta/\delta)^2}$$

当 $\Delta\delta/\delta\ll 1$ 时，将上式按泰勒级数展开，得

$$\frac{\Delta C}{C}=\frac{-2\Delta\delta}{\delta}\left[1+\left(\frac{\Delta\delta}{\delta}\right)^2+\left(\frac{\Delta\delta}{\delta}\right)^4+\cdots\right]$$

略去非线性高次项，得

$$\frac{\Delta C}{C}=-2\frac{\Delta\delta}{\delta}$$

变极距差动型电容式传感器的灵敏度为

$$S=\left|\frac{\Delta C}{\Delta\delta}\right|=\frac{2}{\delta}\cdot C=2\frac{\varepsilon_r\varepsilon_0 A}{\delta^2}$$

2-17 电容测物位高度

变极距差动型电容式传感器的非线性误差近似为

$$\delta_L=\frac{|2(\Delta\delta/\delta)^3|}{|2(\Delta\delta/\delta)|}\times 100\%=\left(\frac{\Delta\delta}{\delta}\right)^2\times 100\%$$

可见，电容式传感器做成差动型结构后，非线性误差大大降低了，而灵敏度比单极距电容式传感器提高了一倍。与此同时，差动型电容式传感器还能减小静电引力给测量带来的影响，并有效地减小由于环境影响所造成的误差。

2. 变面积型电容式传感器

改变极板间覆盖面积的电容式传感器，有角位移型和线位移型两种。

图 2-22a 为典型的平面线位移型电容式传感器，当动极板相对有效面积发生变化时，对应的电容值为

$$C_x=\varepsilon\frac{b(a-\Delta x)}{\delta}=C-\varepsilon\frac{b\Delta x}{\delta}$$

$$\Delta C=C_x-C=-\varepsilon\frac{b\Delta x}{\delta}=-C\frac{\Delta x}{a}$$

灵敏度为

$$S=-\frac{\Delta C}{\Delta x}=\varepsilon\frac{b}{\delta}=常数$$

由此可见该传感器灵敏度为一常数，输入-输出为线性。

2-18 变面积型电容式传感器

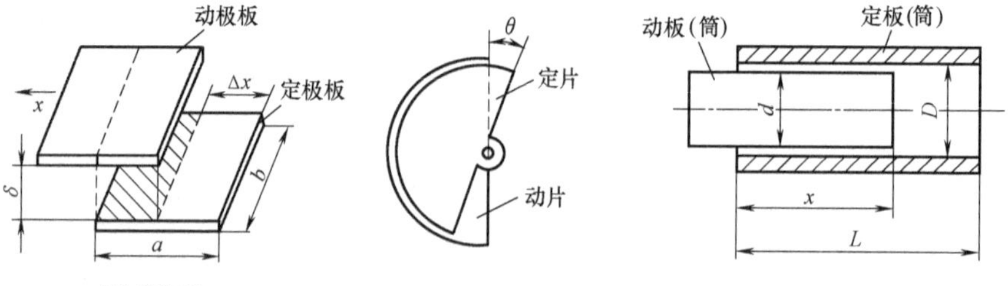

a) 线位移型　b) 角位移型　c) 圆柱线位移型

图 2-22　变面积型电容式传感器

图 2-22b 为典型的角位移型电容式传感器。当动片有一角位移 θ 时，两极板间的覆盖面积就发生改变，从而改变了电容量。当 $\theta=0$ 时，有

$$C_0=\frac{\varepsilon A}{\delta}$$

当转动 θ 时，有

$$C=\frac{\varepsilon\left(A_0-\frac{A_0}{\pi}\theta\right)}{\delta}=C_0\left(1-\frac{\theta}{\pi}\right)$$

$$\Delta C=C-C_0=-C_0\frac{\theta}{\pi}$$

可得到这种情况下的灵敏度为

$$S=-\frac{\Delta C}{\theta}=\frac{C_0}{\pi}=\text{常数}$$

由此可见角位移式电容传感器的灵敏度为常数，输出-输入亦为线性。

图 2-22c 为圆柱线位移型电容式传感器，变面积型电容式传感器中，平板形结构对极距变化特别敏感，测量精度受到影响，而圆柱形结构受极板径向变化的影响很小，因此成为实际中最常采用的结构。其电容计算式为

$$C=\frac{2\pi\varepsilon x}{\ln(D/d)}$$

当重叠长度 x 变化时，电容量变化为

$$\Delta C=C_0-C=\frac{2\pi\varepsilon L}{\ln(D/d)}-\frac{2\pi\varepsilon x}{\ln(D/d)}=\frac{2\pi\varepsilon\Delta x}{\ln(D/d)}$$

同理，可得其灵敏度为

$$S=\frac{\Delta C}{\Delta x}=\frac{2\pi\varepsilon}{\ln(D/d)}=\text{常数}$$

可见，其灵敏度是常数，输出-输入呈线性关系，但与极板变化型相比，圆柱形电容式传感器灵敏度较低，但其测量范围更大。

由以上分析可知变面积型电容式传感器的优点是输出-输入呈线性关系，根据结构特点，适用于较大角位移和线位移的测量。

3. 变介电常数型电容式传感器

这是利用介质介电常数变化将被测非电量转换为电量的一种电容式传感器。变介电常数型电容式传感器大多用来测量电介质的厚度、液位，还可根据极间介质的介电常数随温度、湿度改变而改变来测量介质材料的温度、湿度等，通常分为柱型和平板型两种。柱型传感器结构原理图及等效电路如图 2-23 所示，其初始电容为

$$C_0=\frac{2\pi\varepsilon_0 h}{\ln(r_2/r_1)}$$

测量时，电容器的介质一部分是被测液位的液体，另一部分是空气。设 C_1 为液体有效高度 h_x 形成的电容，C_2 为空气高度 $(h-h_x)$ 形成的电容，则

$$C_1=\frac{2\pi\varepsilon h_x}{\ln(r_2/r_1)}\quad C_2=\frac{2\pi\varepsilon_0(h-h_x)}{\ln(r_2/r_1)}$$

由于 C_1 和 C_2 并联，所以总电容为

$$C=\frac{2\pi\varepsilon h_x}{\ln(r_2/r_1)}+\frac{2\pi\varepsilon_0(h-h_x)}{\ln(r_2/r_1)}=\frac{2\pi\varepsilon_0 h_x}{\ln(r_2/r_1)}+\frac{2\pi(\varepsilon-\varepsilon_0)h_x}{\ln(r_2/r_1)}=C_0+C_0\frac{\varepsilon-\varepsilon_0}{\varepsilon_0 h}h_x$$

可见，电容 C 理论上与液面高度 h_x 成线性关系，只要测出传感器电容 C 的大小，就可得到液位高度。

平板型电容式传感器结构原理如图 2-24 所示。设电容器极板面积为 A，极距为 a，当有一厚度为 d、相对介电常数为 ε_r 的固体介质通过极板间隙时，相当于电容串联，因此电容器的电容值为

$$C=\frac{A}{\frac{a-d}{\varepsilon_0}+\frac{d}{\varepsilon_r\varepsilon_0}}=\frac{\varepsilon_0 A}{a-d+\frac{d}{\varepsilon_r}}$$

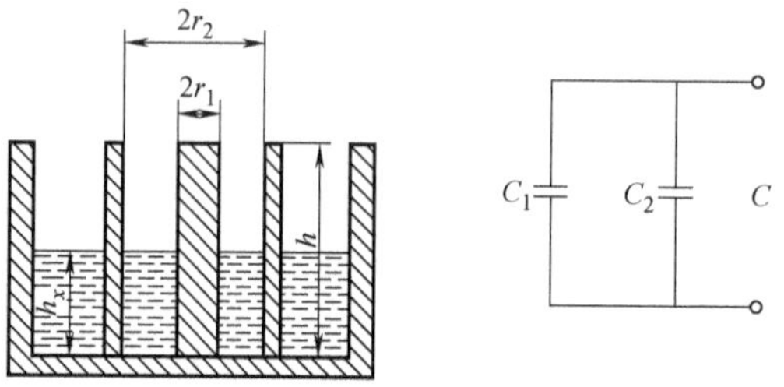

图 2-23　柱型传感器结构原理图及等效电路

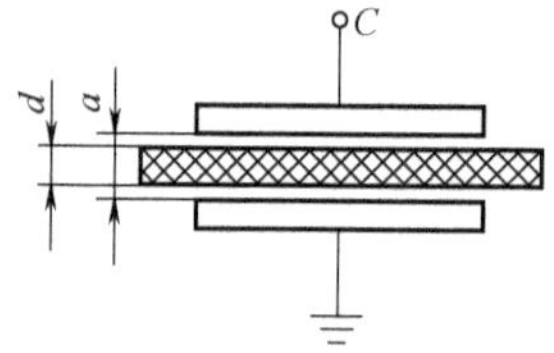

图 2-24　平板型电容式传感器结构原理

1）当 ε_r 不变时，即可作为被测物厚度测量。

2）当运动介质的厚度 d 保持不变，而相对介质常数 ε_r 变化时，电容将产生相应变化，因而它还可以作为被测物质介电常数 $\varepsilon=\varepsilon_0\varepsilon_r$ 的测量。常见物质相对介电常数见表 2-2。

表 2-2　常见物质相对介电常数

物质名称	相对介电常数 ε_r	物质名称	相对介电常数 ε_r
水	80	玻璃	3.7
丙三醇	47	硫黄	3.4
甲醇	37	沥青	2.7
乙二醇	35~40	苯	2.3
乙醇	20~25	松节油	3.2
白云石	8	聚四氟乙烯塑料	1.8~2.2
盐	6	液氮	2
醋酸纤维素	3.7~7.5	纸	2
瓷器	5~7	液态二氧化碳	1.59
米及谷类	3~5	液态空气	1.5
纤维素	3.9	空气及其他气体	1~1.2
砂	3~5	真空	1
砂糖	3	云母	6~8

2.3.2 电容式传感器测量电路

2-19
电容式传感器
测量电路

电容式传感器输出电容量以及电容变化量都非常微小，这样微小的电容量目前还不能直接被显示仪表所显示，无法由记录仪进行记录，亦不便于传输。借助测量电路检出微小的电容变化量，并转换成与其成正比的电压、电流或者频率信号，才能进行显示、记录和传输。用于电容式传感器的测量电路很多，常见的有电桥电路、调频电路、运算放大电路等。

1. 交流电桥电路

将电容式传感器作为电桥的一部分，即充当桥臂，组成惠斯顿或差动半桥形式，并依从电桥平衡原理及加减特性。图 2-25 所示为电容式传感器的电桥测量电路，由电容变化转换为电桥的电压输出，经放大、相敏检波、滤波后再输入显示或记录于仪器中。

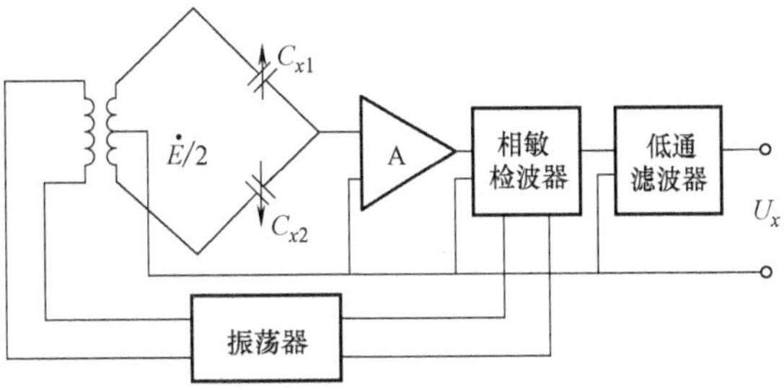

图 2-25 交流电桥测量电路

电桥的输出电压为

$$\dot{U}_o=\frac{\dot{E}}{2}\frac{C_{x1}}{C_{x1}+C_{x2}}-\frac{\dot{E}}{2}=\frac{\dot{E}}{2}\left(\frac{2C_{x1}}{C_{x1}+C_{x2}}-1\right)=\frac{\dot{E}}{2}\frac{C_{x1}-C_{x2}}{C_{x1}+C_{x2}}=\frac{\dot{E}}{2}\frac{\Delta C}{C_0}$$

若传感器为变极距型差动电容式传感器，则电桥输出为

$$\dot{U}_o=\frac{\dot{E}}{2}\frac{\Delta d}{d_0}$$

$\dot{U}_o$ 经放大、相敏检波和低通滤波后输出直流电压 U_x 的大小与位移呈线性关系，其正负极性反映位移的方向。

2. 调频电路

调频测量电路把电容式传感器作为振荡器谐振回路的一部分。当输入量发生变化时，振荡器的振荡频率就发生变化。虽然可以将频率作为测量系统的输出量，用以判断被测非电量的大小，但此时系统是非线性的，不易校正，因此加入鉴频器，并将频率的变化转化为振幅的变化，经过放大就可以用仪器指示或记录仪记录下来。调频测量电路的原理框图如图 2-26 所示，其中 C_x 为电容变换器。

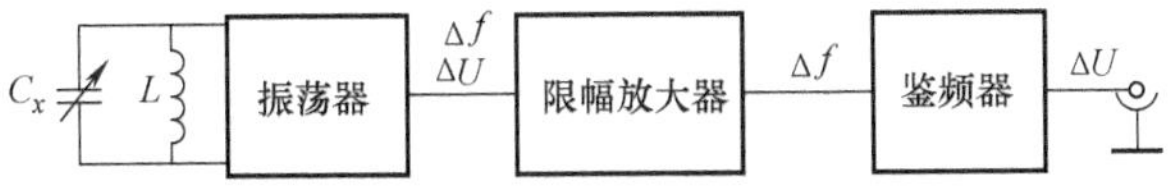

图 2-26 调频测量电路的原理框图

图中调频振荡器的振荡频率为

$$f=\frac{1}{2\pi\sqrt{LC}}$$

式中，L 为振荡电路电感。这种电路抗干扰能力强，稳定性好；灵敏度高，一般可测量

0.01μm 的微小位移变化量；能获得高电平的直流信号；而且由于输出是频率信号，易于用数组式仪器进行测量，可以发送、接收以实现遥测遥控的目的。缺点是电缆电容的影响较大，也易受温度变化的影响，给使用带来一定的困难。

3. 运算放大器电路

运算放大器式测量电路如图 2-27 所示，用电路可获得输出电压随输入电容值线性变化的关系。由于运算放大器增益很大，输出阻抗很高，可认为是一个理想运算放大器，则输出电压为

$$U_o = -\frac{C_0}{C_x} U_i$$

如果传感器是一只平板电容，则 $C_x = \frac{\varepsilon A}{\delta}$，代入上式有

$$U_o = -U_i \frac{C_0}{\varepsilon A}\delta$$

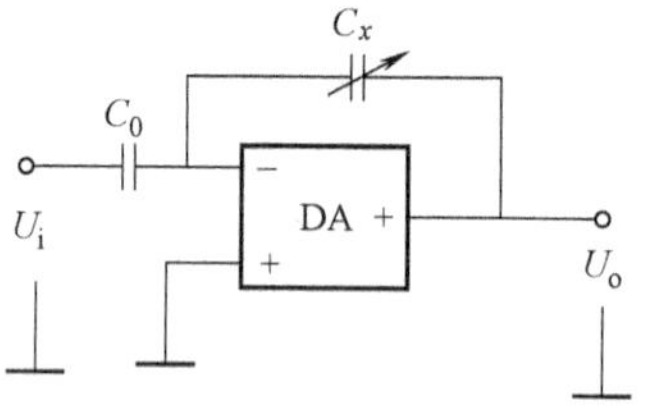

图 2-27　运算放大器式测量电路

上式说明运算放大器的输出电压与极板间距离 δ 成线性关系。运算放大器解决了单个变极距型电容式传感器的非线性问题。但要求运算放大器的开环放大倍数和输入阻抗都足够大，为了保证精度，还要求电源电压的幅值和固定电容 C_0 值稳定。

2.3.3 电容式传感器注意事项

1. 电容式传感器的灵敏度及非线性

从前面的分析中可知，要提高电容式传感器的灵敏度，应减小起始间隙 δ，而非线性误差随着 δ 的减小而增大。因此，在实际应用中，为了提高灵敏度、减小非线性误差，常常采用差动式结构。

以上对各种电容式传感器的特性分析，都是在纯电容的条件下进行的。若电容式传感器工作在高温、高湿及高频激励条件下，则电容的附加损耗等影响不可忽视，这时电容式传感器的等效电路如图 2-28 所示。

2. 边缘效应

边缘效应不仅使电容式传感器的灵敏度降低，而且产生非线性。为了消除边缘效应的影响，可以采用带有保护环的结构，如图 2-29 所示。

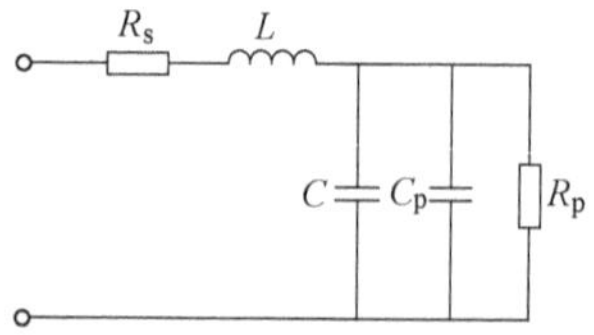

图 2-28　电容式传感器的等效电路

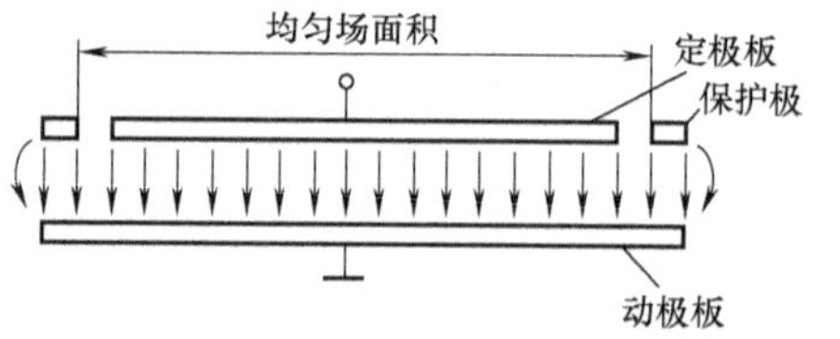

图 2-29　带有保护环的电容式传感器的结构

3. 静电引力

电容式传感器两极板间存在静电场，因而存在静电引力和力矩。静电引力的大小与极板

间的工作电压、介电常数、极板间距离有关。通常这种静电引力很小，但在采用推动力很小的弹性敏感元件的情况下，需考虑因静电引力造成的测量误差。

4. 寄生电容

电容式传感器由于受结构与尺寸的限制，其电容量都很小（一般约几十到几百皮法），属于小功率、高阻抗器件，因此极易受外界干扰，尤其是受大于它几倍、几十倍的且具有随机性的电缆寄生电容的干扰，它与传感器电容相并联，严重影响传感器的输出特性，甚至淹没有用信号而不能使用，因此必须加以消除或减小。消除和减小寄生电容可采用的方法有：“驱动电线”技术；组合式与集成技术；整体屏蔽法等。

2-20
电感式传感器原理

2.4　电感式传感器

电感式传感器是利用线圈自感或者互感的改变来实现测量的一种装置。可以测量位移、振动、压力、流量和密度等参数。电感式传感器的核心部分是可变的自感或互感，因此这种传感器的主要特征是具有电感绕组。它按其转换方式不同可以分为自感式（包括可变磁阻式和涡流式）、互感式（如差动变压器式）两大类型，电感式传感器由于工作可靠、寿命长；灵敏度高、分辨率高；精度高、线性好；性能稳定、重复性好等优点而得到广泛的应用。

2.4.1　可变磁阻式传感器

可变磁阻式传感器即自感式传感器：利用线圈自感量的变化来实现测量。可变磁阻式传感器的结构原理如图 2-30 所示。

它由线圈、铁心和衔铁三部分组合而成。铁心和衔铁由导磁材料如硅钢片等制成，在铁心和衔铁之间有间隙，气隙厚度为 δ，传感器的运动部分与衔铁相连。根据“法拉第电磁定律”，当线圈中通以交变电流 I 时，产生的磁通为 Φ_m，其大小与电流成正比。即

$$N\Phi_m = LI$$

又根据“磁路欧姆定律”，有

$$\Phi_m = \frac{NI}{R_m}$$

因此有

$$L = \frac{N^2}{R_m}$$

式中，N 为线圈总匝数；R_m 为磁路总磁阻。

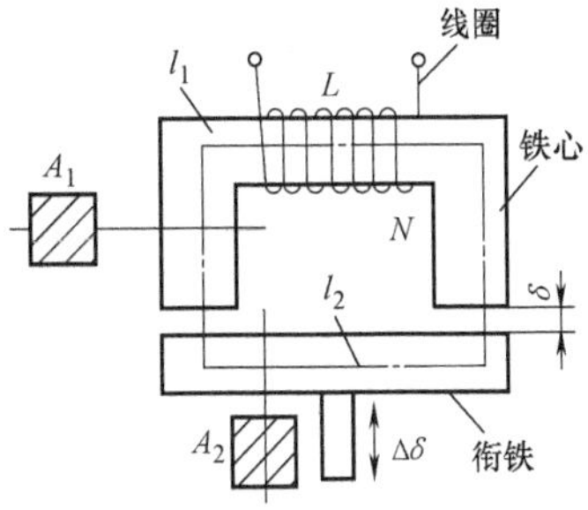

图 2-30　可变磁阻式传感器的结构原理

当传感器的线圈匝数为常数时，电感 L 仅仅是磁路中总磁阻的函数，可变磁阻式传感器也因此而得名。

对于图 2-30 所示的传感器结构来讲，因为气隙较小（0.1～1mm），所以认为气隙磁场是均匀的，若忽略磁路铁损，则磁路总磁阻为

$$R_m = \sum_{i=1}^{n} \frac{l_i}{\mu_i A_i} + \frac{2\delta}{\mu_0 A}$$

式中，l_i 为各段导磁体的长度；μ_i 为各段导磁体的磁导率；A_i 为各段导磁体的截面积；δ 为空气气隙厚度；A 为空气气隙截面积。

由于铁心磁导率远大于空气磁导率，因此铁心和衔铁的磁阻远远小于气隙磁阻，因而线圈的自感量为

$$L=\frac{N^2}{R_{\mathrm{m}}}\approx\frac{N^2}{2\delta/(\mu_0 A)}=\frac{\mu_0 N^2 A}{2\delta}$$

当线圈匝数 N 一定时，A、μ_0、δ 中任何一项发生变化（保持其他两项不变），都将导致自感 L 发生变化，并且呈单值对应关系。按此原理可以做成不同的传感器，自感式传感器的常见形式有：变气隙厚度型、变气隙面积型、螺管型等。

（1）变气隙厚度型 变气隙厚度型可变磁阻式传感器又称变间隙型自感式传感器，在其他参数保持不变的情况下，自感 L 与气隙间隙 δ 成反比，其灵敏度为

$$S=\frac{\mathrm{d}L}{\mathrm{d}\delta}=-\frac{N^2\mu_0 A}{2\delta^2}$$

变气隙厚度型可变磁阻式传感器的输出特性如图 2-31 所示，从图中曲线可看出，此类传感器的输出特性是非线性的，为了获得较高灵敏度，气隙间隙的初始值 δ_0 不宜过大；为了获得较好的线性关系，须限制测量范围，使衔铁位移在较小范围内变化（$\Delta\delta\ll\delta_0$），一般取 $\Delta\delta=(0.1\sim0.2)\delta_0$，因此变气隙厚度型可变磁阻式传感器适用于微小位移的测量，测量范围一般为 0.001～1mm。

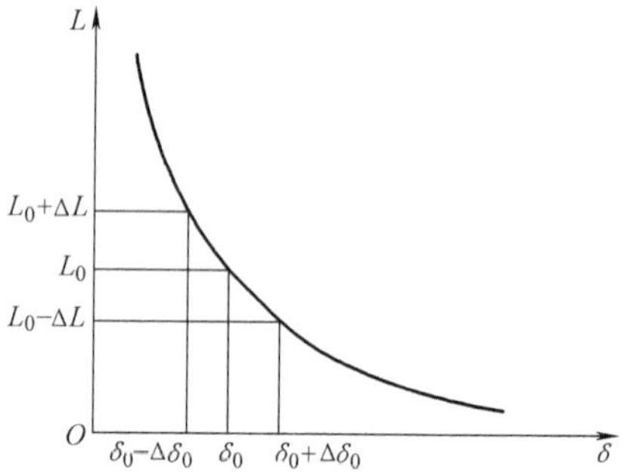

图 2-31 变气隙厚度型可变磁阻式传感器的输出特性

（2）变气隙面积型 若保持间隙 δ 不变，令衔铁随被测对象左右移动，则有效的导磁截面积发生变化，即构成变气隙面积型可变磁阻式传感器，如图 2-32 所示，其灵敏度为

2-21 变间隙式自感传感器输出特性

$$S=\frac{\mathrm{d}L}{\mathrm{d}A}=\frac{N^2\mu_0}{2\delta}=常数$$

由图 2-32 可知，变气隙面积型可变磁阻式传感器的输出特性为线性，这种传感器测量范围较宽，甚至可作为非接触式传感器使用。有时变面积型输出特性曲线两端有弯曲部分，并不是一条直线，那是由于磁漏造成的。

2-22 变面积型自感传感器

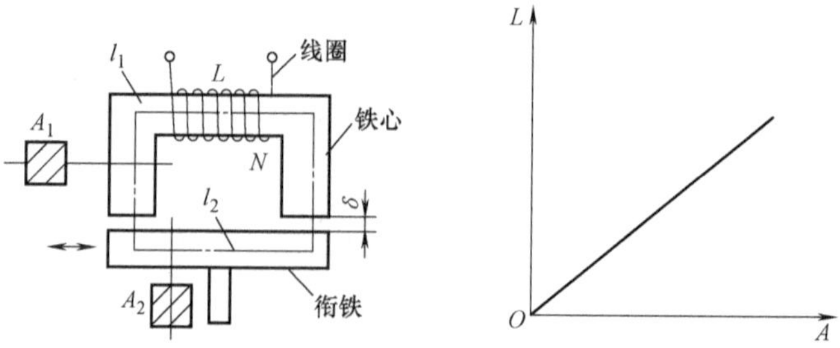

图 2-32 变气隙面积型可变磁阻式传感器及输出特性

（3）**螺管型**　图 2-33 所示为螺管型可变磁阻式传感器结构原理图。它由平均半径为 r 的螺管线圈、衔铁和磁性套筒等组成。传感器工作时，因铁心在线圈中伸入长度的变化，引起线圈泄漏路径中磁阻的变化（也可认为是有效线圈匝数发生变化），从而使线圈自感发生变化。这种传感器结构简单、易于制造，但灵敏度低，适合较大位移（数毫米）的测量。

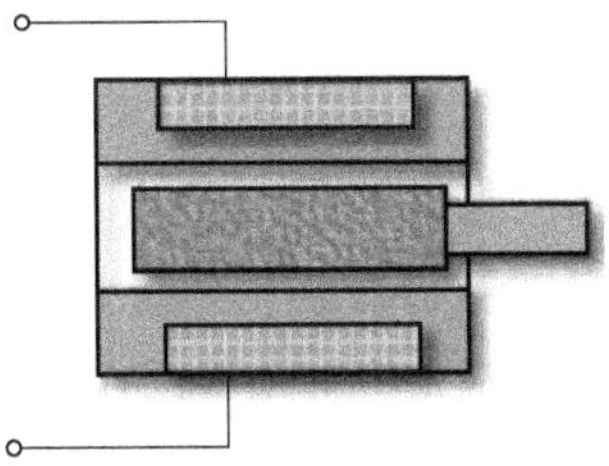

图 2-33　螺管型可变磁阻式传感器原理图

螺管式自感传感器

以上三种可变磁阻式传感器虽然具有结构简单等一些优点，但也有一些缺点不容忽视，比如测量结果受环境温度变化与电源电压波动的影响大；电感变化与衔铁位移之间的关系非线性影响也较大等。为了解决上述问题，在实际使用时往往做成差动式的，即用两个相同的电感线圈共用一个衔铁，将这两个线圈接入电桥作为电桥的邻臂，差动式要求两个导磁体的几何尺寸与材料完全相同，两个线圈的电气参数与几何尺寸完全相同，如图 2-34 所示。使用差动形式后不仅大大改善了非线性，而且使灵敏度提高了一倍，对电源电压与频率的波动及温度变化等外界影响也有补偿作用，减小了测量误差。

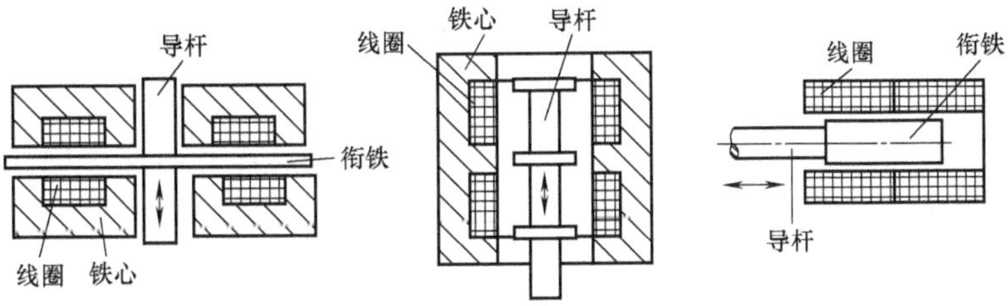

a) 变气隙厚度型　　b) 变气隙面积型　　c) 螺管型

图 2-34　可变磁阻式传感器的差动形式

自感式传感器差动形式

2.4.2　涡流式传感器

金属导体置于变化着的磁场中，导体内就会产生感应电流，由于这种电流在金属导体内是自身闭合的，就像水中旋涡那样在导体内转圈，所以称之为电涡流或涡流，这种现象称之为涡流效应。涡流式传感器就是在这种涡流效应的基础上建立起来的。要形成涡流必须具备下列两个条件：①存在交变磁场；②导电体处于交变磁场之中。因此，涡流式传感器主要由产生交变磁场的通电线圈和置于线圈附近因而处于交变磁场中的金属导体两部分组成。金属导体也可以是被测对象本身。

当高频（100kHz 左右）信号源产生的高频电压施加到一个靠近金属导体附近的电感线圈 L_1 时，将产生高频磁场 H_1。如被测导体置于该交变磁场范围之内时，被测导体就产生电涡流 i_2。i_2 在金属导体的纵深方向并不是均匀分布的，而只集中在金属导体的表面，这称为趋肤效应。趋肤效应与激励源频率 f、工件的电导率 σ、磁导率 μ 等有关。频率 f 越高，电涡流的渗透深度就越浅，趋肤效应越严重。

涡流传感器作用范围

如果测量中满足产生涡流的条件，金属板上取一涡流路单元，则涡流的渗透深度 h 为

$$h = 5000\sqrt{\frac{\rho}{\mu_s f}}$$

式中，ρ 为金属板的电阻率；μ_s 为导体的相对磁导率；f 为交变磁场的频率。

2-26
涡流效应

渗透深度特性曲线如图 2-35 所示。涡流式传感器的金属板上产生的涡流渗透深度 h，与金属板的电阻率 ρ、导体的相对磁导率 μ_s 及传感器线圈的励磁电流频率 f 有关。且当 ρ、μ_s 一定时，渗透深度与频率成反比关系。因此，涡流式传感器可以根据电流频率的大小分为高频反射型和低频透射型两大类。前者用于非接触式位移变量的检测，后者仅用于金属板厚度的测量。

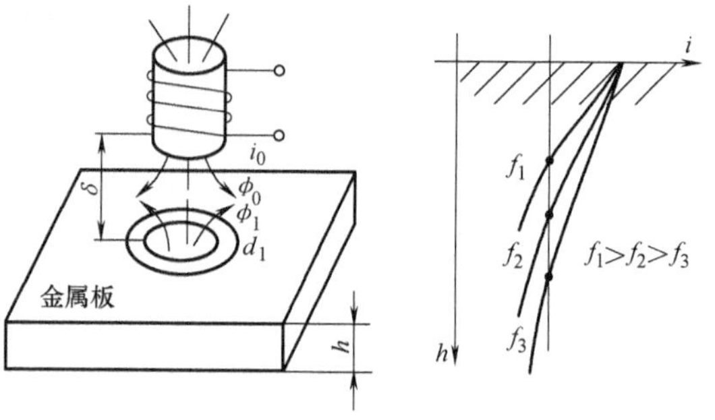

图 2-35　涡流效应及渗透深度

(1) 高频反射型涡流式传感器　如图 2-36 所示，高频（>1MHz）激励电流 i 产生高频磁场作用于金属板的表面，由于趋肤效应，在金属板表面将形成涡电流。与此同时，该涡流产生的交变磁场又反作用于线圈，引起线圈自感 L 或阻抗的变化。由于其结构简单、灵敏度高、频率范围宽、不受油污等介质的影响，并能进行非接触式测量，故适用范围广，多用于测量位移、厚度、转速、温度和硬度等参数，也可用于无损探伤等领域。无损探伤是在不损坏工件或原材料工作状态的前提下，对被检验部件的表面和内部质量进行检查的一种测试手段。常用的无损探伤方法有：X 光射线探伤、超声波探伤、磁粉探伤、渗透探伤、涡流探伤、γ 射线探伤、荧光探伤和着色探伤等。

2-27
无损检测

金属板置于一只线圈附近，它们之间的间距为 δ，当线圈中输入一交变电流 i 时，便产生交变磁通量 Φ，金属板会在此交变磁场中产生涡电流 i_1，这种涡电流也将产生交变磁场 Φ_1，与线圈的磁场变化方向相反，Φ_1 总是抵抗 Φ 的变化，由于 Φ_1 的作用，原线圈的等效阻抗也会发生变化。一般来讲，线圈的阻抗变化与金属导体的电阻率 ρ、磁导率 μ、线圈与金属导体的距离 δ 以及线圈励磁电流的频率 f 等参数有关。即线圈阻抗 Z 可表示为

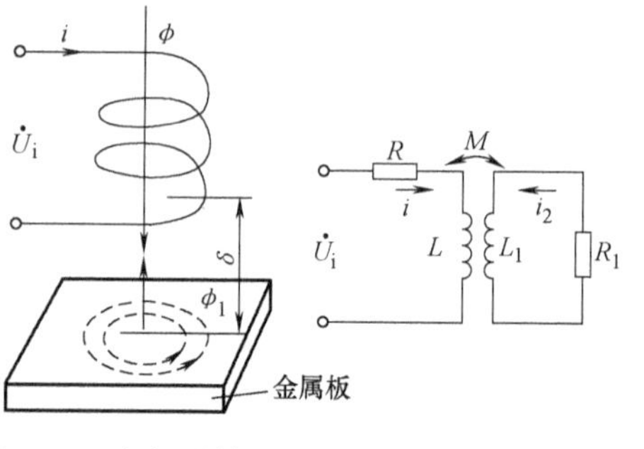

图 2-36　高频反射型涡流式传感器及等效电路

$$Z=f(\rho,\delta,\mu,f)$$

若能控制其中一个参数改变，而其他参数恒定不定，这样阻抗就能成为这个参数的单值函数。其应用大致有四个方面：

1）利用位移 δ 作为变化量，可以做成测量位移、厚度、振动、转速等传感器，也可以做成接近开关、计数器等。

2）利用材料电阻率 ρ 作为变化量，可以做成温度测量、材质判别等传感器。

2-28
高频反射型
涡流传感器

3）利用磁导率 μ 作为变换量，可以做成测量应力、硬度的传感器。

4）利用变化量 δ、ρ、μ 等的综合影响，可以做成探伤装置等。

(2) 低频透射型涡流式传感器　发射线圈和接收线圈分别置于被测金属的上下方。由于低频磁场趋肤效应小，渗透深，当低频电压 $\dot{U}_1$ 加到发射线圈两端后，所产生磁力线的一部分透过金属板，使线圈 L_2 产生感应电动势 $\dot{U}_2$。但由于涡流消耗部分磁场能量，使感应电动势 $\dot{U}_2$ 减小，当金属板厚时，损耗的能量越大，输出的电动势 $\dot{U}_2$ 越小。因此，$\dot{U}_2$ 的大小与金属板的厚度及材料的性质有关。试验表明，$\dot{U}_2$ 随材料厚度 h 的增加按负指数规律减小，因此，若金属板材料的性质一定，则利用 $\dot{U}_2$ 的变化即可测得厚度。低频透射型涡流式传感器的原理及特性曲线如图 2-37所示。

2-29 低频透射型涡流传感器

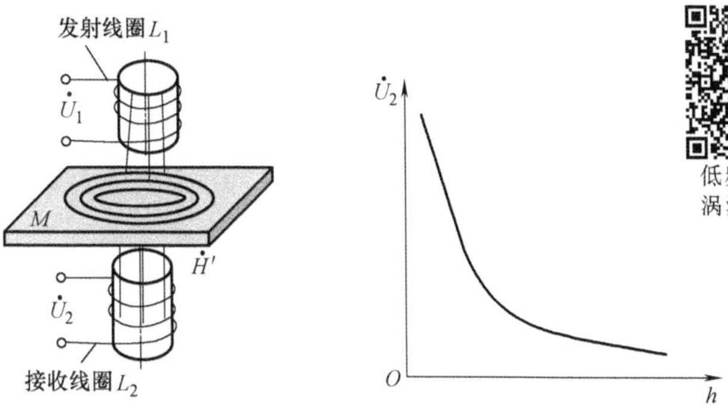

图 2-37　低频透射型涡流式传感器的原理及特性曲线

测量厚度时应注意激励频率选得较低一些，因为频率太高，贯穿深度小于被测厚度，不利于进行厚度测量，通常选激励频率为 1kHz 左右。

2.4.3　变压器式传感器

差动变压器式传感器是把被测位移量转换为一次绕组与二次绕组间的互感量 M 的变化的装置。当一次绕组接入激励电源之后，二次绕组就将产生感应电动势，当两者间的互感量变化时，感应电动势也相应变化。由于两个二次绕组采用差动接法，故称为差动变压器。目前应用最广泛的结构形式是螺线管型差动变压器式变压器。结构特点是两个二次绕组反向串联，组成差动输出形式，如图 2-38 所示。

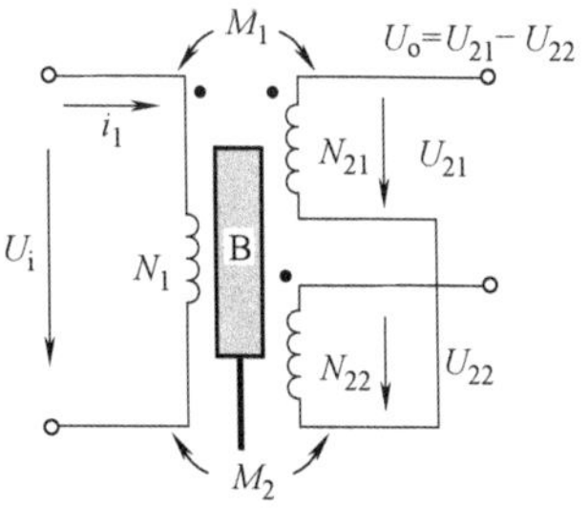

图 2-38　螺线管型差动变压器式传感器

工作原理类似于变压器，一、二次绕组的耦合能随衔铁的移动而变化，即绕组间的互感随被测位移的改变而变化。当一次绕组 N_1 通入一定频率的励磁交流电压 U_i 时，由于互感的作用，两个二次绕组 N_{21} 和 N_{22} 中就会产生互感电动势 U_{21} 和 U_{22}，由于互感电动势 U_{21} 和 U_{22} 反向串接，所以其输出为

$$\dot{U}_{sc}=\dot{U}_{21}-\dot{U}_{22}$$

2-30 变压器式传感器

当两个二次绕组完全相同，铁心处在中间位置时，输出电压为零；当铁心上移时，二次绕组 N_{21} 中穿过的磁通量增多，互感 M_{21} 增大，因而 U_{21} 也增大，二次绕组 N_{22} 的变化正好与二次绕组 N_{21} 相反；当铁心下移时与铁心上移时的情况正好相反。二次绕组输出互感电动势 U_{21} 和 U_{22} 随铁心 B 的移动而变化，$\dot{U}_{sc}$ 与铁心 B 的位移 x 成线性增加，如图 2-39 所示。我们称之为 V 形特征。V 形的底点往往因为两变压器的不对称而不为零，此不为零电压称为残余电压，需要利用电桥特性消除。

差动变压器式传感器是差动接法，故它能补偿如温度、结构变形等非线性误差，且线性较宽。由于铁心位移引起的输出相位不可直接判别，故还需采用适当的电路加以相位识别，图 2-40 所示为用于小位移的差动相敏检波电路的工作原理图。

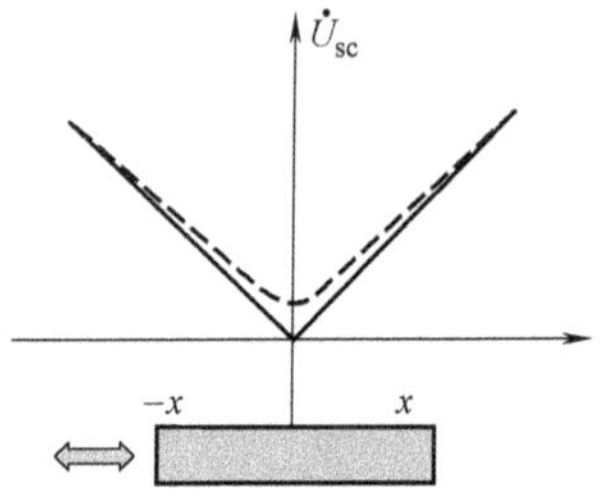

图 2-39　输出特性

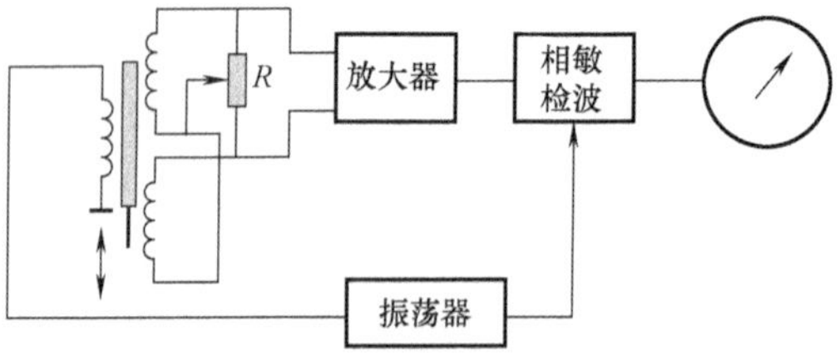

图 2-40　差动相敏检波电路的工作原理图

2-31
差动相敏检波

2.4.4　电感式传感器的应用

电感式传感器中应用较为普遍的是涡流式和差动变压器式两种。图 2-41 是用于磁力轴承的可变磁阻式位置传感器的结构及接线图。

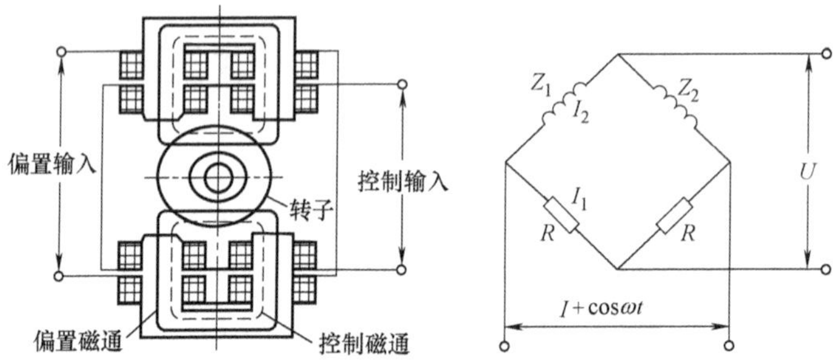

图 2-41　可变磁阻式位置传感器的结构及接线图

差动变压器式传感器常用于测量位移、压力、压差、液位等参数，图 2-42 为微压力变送器结构与原理图。将差动变压器和弹性敏感元件（膜片、膜盒和弹簧管等）相结合，可以组成各种形式的压力传感器。

2-32
差动变压器式
传感器

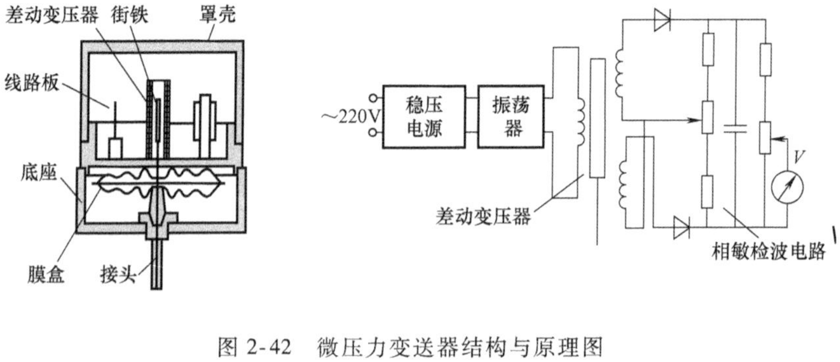

图 2-42　微压力变送器结构与原理图

车速传感器主要用于汽车行驶速度检测，并把检测结果输入汽车仪表系统用以显示车速；或者将检测的车速信号输入需要车速信号的汽车控制系统的 ECU。电磁感应式车速传感器由永久性磁铁和电磁感应线圈组成，它被固定安装在变速器输出轴附近的壳体上，如图 2-43 所示。当变速器输出轴转动时，驻车锁定齿轮的凸齿，不断靠近或者离开车速传感器，使线圈内的磁通量发生变化，从而产生交流电，车速越高，输出轴转速也越高，感应电压脉冲频率也越高，电控组件根据感应电压脉冲的频率计算汽车行驶的速度。

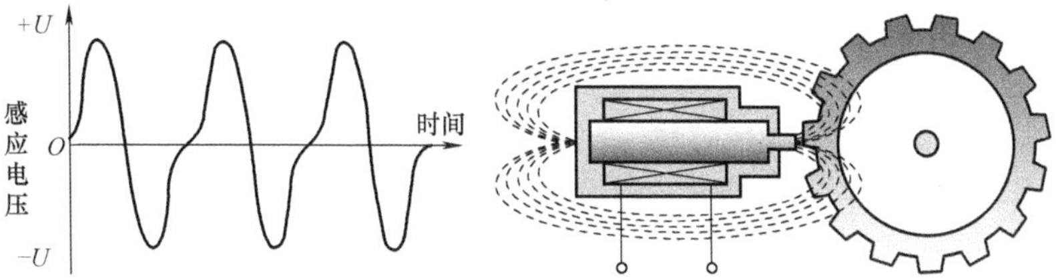

2-33 电感式传感器及其应用

图 2-43　电磁感应式车速传感器的工作原理

2.5　压电式传感器

压电式传感器是一种基于压电效应的传感器。它的敏感元件由压电材料制成，压电材料受力后表面产生电荷。此电荷经电荷放大器和测量电路放大及变换阻抗后就变成正比于所受外力的电量输出。它是一种可逆型换能器，既可以将机械能转换为电能，又可将电能转换为机械能。压电式传感器用于测量力和能转换成力的非电物理量。

2.5.1　压电效应与压电材料

2-34 压电效应

某些物质，如石英，受到外力作用时，不仅几何尺寸会发生变化，而且内部会被极化，表面产生电荷；当外力去掉时，又重新回到原来的状态，这种现象称为压电效应。与压电效应相反，如果将具有压电效应的物质置于电场中，其几何尺寸也发生变化，这种由于外电场作用导致物体机械变形的现象称为逆压电效应。

具有压电效应的材料称为压电材料，压电材料经历了石英晶体、压电陶瓷、压电聚合物和压电复合材料等几个里程碑式的发展。

1. 石英晶体的压电效应

石英晶体（SiO_2）是常用的压电材料之一，它是三方晶系的氧化物单晶体结构，天然结构的石英晶体是一个六角柱状，如图 2-44 所示。用三根互相垂直的轴表示其晶轴，其中纵轴 z 称为光轴，经过六面体棱线而垂直于光轴的 x 轴称为电轴，而垂直于光轴和电轴的 y

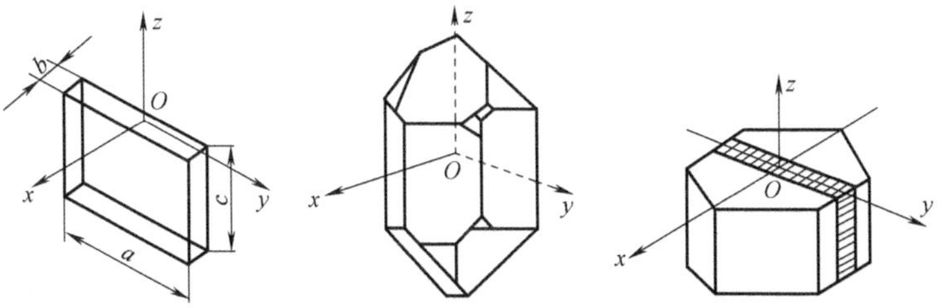

a) 天然石英体的常见外形　　b) 切割方向　　c) 切片

图 2-44　石英晶体

轴称为机轴。通常将沿电轴 x 方向作用的力所产生的压电效应称为纵向压电效应；将沿机轴 y 方向作用的力所产生的压电效应称为横向压电效应；沿光轴 z 方向的作用力不产生压电效应。

从晶体上沿 y 方向切下一块晶片，当沿电轴 x 方向施加作用力 F_x 时，在与电轴 x 垂直的平面上将产生电荷，其大小为

$$q_1 = d_{11} F_x$$

式中，d_{11} 为石英晶体在 x 方向受力时的压电系数。

当若在同一切片上，沿机轴 y 方向施加作用力 F_y，则仍在与 x 轴垂直的平面上产生电荷 q_2，其大小为

$$q_2 = d_{12} F_y$$

式中，d_{12} 为石英晶体在 y 方向受力时的压电系数。根据石英晶体的对称性，有 $d_{12} = -d_{11}$。图 2-44 中，a、b 为晶体切片的长度和厚度。

当石英晶体受到沿 z 轴方向的作用力时，由于晶体沿 x 轴方向和 y 轴方向产生同样的变形，因此沿 z 轴方向施加作用力时，石英晶体不会产生压电效应，即 $d_z = 0$。

石英晶体压电效应的产生是由于晶体的晶格在机械力的作用下发生形变引起的，这与其内部结构和组成有关。图 2-45 是一个单元组体中构成石英晶体的硅离子和氧离子，在垂直于 z 轴的 xy 平面上的投影，等效为一个正六边形排列。图中“+”代表硅离子 Si^{4+}，“-”代表氧离子 O^{2-}。当石英晶体未受外力作用时，如图 2-45a 所示，正、负离子正好分布在正六边形的顶角上，形成三个互成 120°夹角的电偶极矩 μ_1、μ_2、μ_3。

$$\mu = ql$$

式中，q 为电荷量；l 为正负电荷之间的距离。此时正负电荷重心重合，电偶极矩的矢量和等于零，即 $\mu_1 + \mu_2 + \mu_3 = 0$，所以晶体表面不产生电荷，即呈中性。

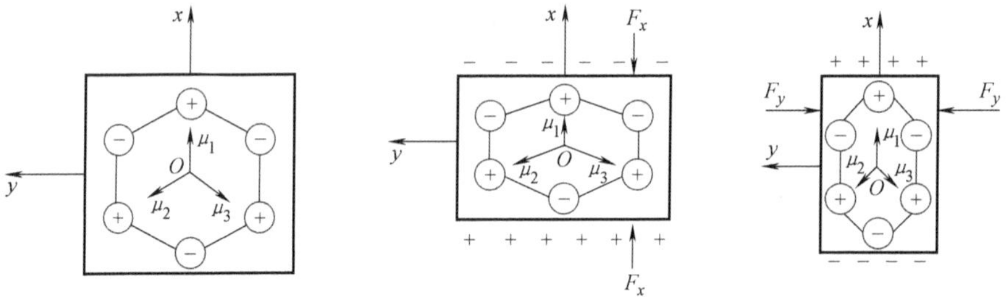

a) 未加载　　b) 纵向加载　　c) 横向加载

图 2-45　石英晶体压电效应示意图

2-35
石英晶体
压电模型

当晶体受到沿 x 轴方向的压力作用时，如图 2-45b，晶体沿 x 方向将产生压缩变形，正负离子的相对位置也随之变动。此时正负电荷重心不再重合，电偶极矩在 x 方向上的分量由于 μ_1 的减小和 μ_2、μ_3 的增加而不等于零。在 x 轴的正方向出现负电荷，电偶极矩在 y 方向上的分量仍为零，不出现电荷。当晶体受到沿 y 轴方向的压力作用时，晶体的变形如图 2-45c所示。μ_1 增大，μ_2、μ_3 减小。在 x 轴上出现电荷，它的极性为 x 轴正向为正电荷。在 y 轴方向上仍不出现电荷。如果沿 z 轴方向施加作用力，因为晶体在 x 方向和 y 方向所产生的形变完全相同，所以正负电荷重心保持重合，电偶极矩矢量和等于零。这表明沿 z 轴方向

施加作用力，晶体不会产生压电效应。

石英晶体性能非常稳定，机械强度高，绝缘性能也相当好。但石英材料价格昂贵，且压电系数比压电陶瓷低得多。因此，一般仅用于标准仪器或要求较高的传感器中。

石英是一种各向异性晶体，按不同方向切割的晶片，其物理性质（如弹性、压电效应、温度特性等）相差很大。因此，在设计石英传感器时，应根据不同使用要求正确选择石英片的切型。

2. 压电陶瓷

压电陶瓷

压电陶瓷是人工制造的多晶压电材料，具有类似铁磁材料范畴结构的电畴结构。电畴是分子自发形成的区域，它有一定的极化方向，从而存在一定电场。在无外电场作用时，电畴在晶体中杂乱分布，它们各自的极化效应被相互抵消，压电陶瓷内极化强度为零。因此原始的压电陶瓷呈中性，不具有压电性质。在陶瓷上施加外电场后，电畴的极化方向发生转动，趋向于按外电场方向的排列，从而使材料得到极化。外电场越强，就有越多的电畴更完全地转向外电场方向。让外电场强度大到使材料的极化达到饱和的程度，即所有电畴极化方向都整齐地与外电场方向一致时，当外电场去掉后，电畴的极化方向基本不变化，即剩余极化强度很大，这时的材料才具有压电特性。常用的压电陶瓷有钛酸钡、钛酸铅、高钛酸铅以及三元系压电陶瓷等。压电陶瓷需要极化后才具有压电效应，压电系数大，成本低，但居里温度低（120~360℃），精度低（精度只能满足到小数点后三位），制作工艺复杂，稳定性不如石英晶体，有热释电现象，会给传感器带来热干扰。

3. 压电薄膜

压电薄膜测车重

压电薄膜同样具有压电效应，通常很薄，不但柔软、密度低、灵敏度极好，而且还具有很强的机械韧性，其柔顺性比压电陶瓷高出10倍。可以说，它是一种柔性、质轻、韧度高的塑料膜，可制成较大面积和多种厚度。它可以直接贴附在机件表面，而不会影响机件的机械运动，非常适用于需要大带宽和高灵敏度的应变传递。

2.5.2　压电式传感器测量电路

1. 等效电路

压电式传感器对被测量的变化是通过其压电元件产生电荷量的大小来反映的，因此它相当于一个电荷源。而压电元件电极表面聚集电荷时，它又相当于一个以压电材料为电介质的电容器，故可以把压电式传感器看成一个电荷源与一个电容并联的电荷发生器。其电容量为

$$C=\frac{\varepsilon_{\mathrm{r}}\varepsilon_0 A}{\delta}$$

当两极板聚集异性电荷时，极板间就呈现出一定的电压，其大小为

$$U_{\mathrm{a}}=\frac{q}{C_{\mathrm{a}}}$$

因此，压电式传感器还可以等效为电压源 U_{a} 和一个电容器 C_{a} 的串联电路，如图2-46所示。

实际使用时，压电式传感器通过导线与测量仪器相连接，连接导线的等效电容 C_{c}、前置放大器的输入电阻 R_{i}、输入电容 C_{i} 对电路的影响就必须一起考虑进去。当考虑了压电元

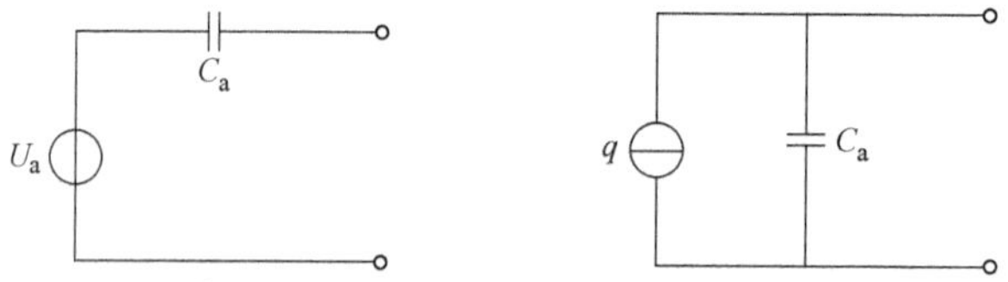

a) 电压源　　b) 电荷源

图 2-46　压电材料的等效电路

件的绝缘电阻 R_a 以后，压电式传感器完整的等效电路可分别表示成图 2-47a、b 所示的电压等效电路和电荷等效电路，这两种等效电路是完全等效的。

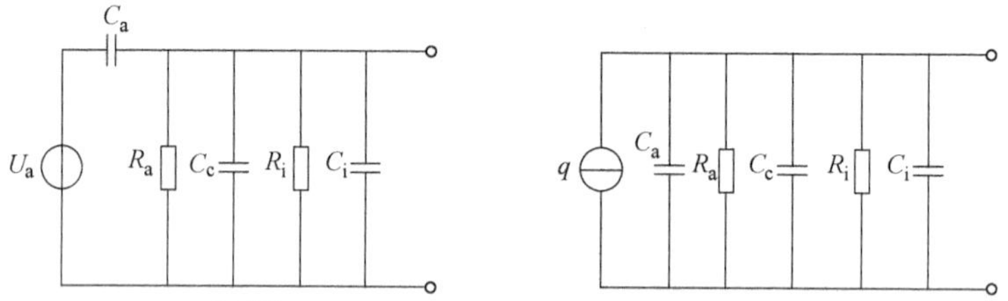

a) 电压源　　b) 电荷源

图 2-47　压电材料的完整等效电路

2. **测量电路**

压电式传感器由于本身所产生的电荷量很小，而内阻又很大，因此其输出信号十分微弱，这给后续测量电路提出了很高的要求。为了顺利进行测量，要将压电式传感器先接到高输入阻抗的前置放大器，经阻抗变换后再采用一般的放大、检波电路处理，方可将输出信号提供给指示灯及记录仪表。电荷放大器电路原理图及等效电路如图 2-48 所示。

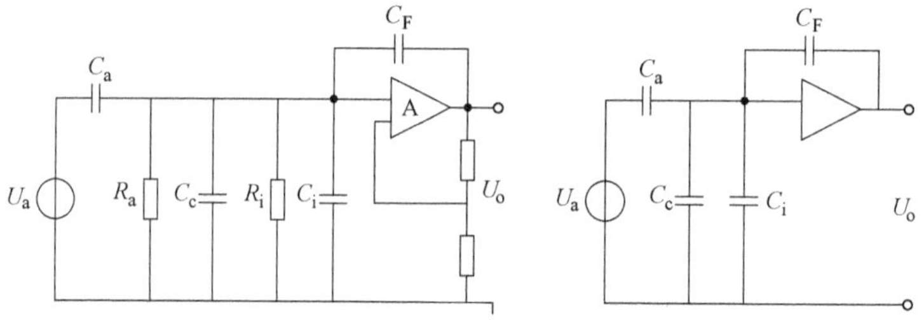

a) 放大器电路　　b) 等效电路

图 2-48　电荷放大器电路原理图及等效电路

电荷放大器常作为压电式传感器的输入电路，由一个反馈电容 C_F 和高增益运算放大器构成。由于运算放大器输入阻抗极高，放大器输入端几乎没有分流，故可略去 R_a 和 R_i 并联电阻。U_o 为放大器的输出电压。由运算放大器的基本特性，可求出电荷放大器的输出电压为

$$U_o=\frac{q}{C}=\frac{-Kq}{C_a+C_c+C_i+(1+K)C_F}$$

式中，K 是电荷放大器开环放大倍数。通常 $K=10^4\sim10^8$，当满足 $(1+K)C_F \gg C_a+C_c+C_i$ 时，上式可表示为

$$U_o\approx\frac{q}{C_F}$$

由上式可知，电荷放大器的输出电压 U_o 只取决于输入电荷与反馈电容 C_F，与电缆电容 C_c 无关，且与 q 成正比，因此采用电荷放大器时，即使连接电缆长度在百米以上，其灵敏度也无明显变化，这是电荷放大器的最大特点。在实际电路中，C_F 的容量做成可选择的，范围一般为 $100 \sim 10^4$pF。

2.5.3　压电式传感器注意事项

1）压电式传感器有很好的高频响应，但是当作用于压电元件的力为静态力（$\omega=0$）时，前置放大器的输出电压等于零，因为电荷会通过放大器输入电阻和传感器本身漏电阻漏掉，所以压电式传感器不能用于静态力的测量。

2）压电式传感器与前置放大器之间的连接电缆不能随意更换，否则将引入测量误差。

3）压电式传感器在测量低压力时线性度不好，主要是传感器受力系统中力传递系数非线性所致。为此，在力传递系统中加入预加力，称预载。这除了消除低压力使用中的非线性外，还可以消除传感器内外接触表面的间隙，提高刚度。特别是它只有在加预载后才能用压电式传感器测量拉力和拉、压交变力及剪力和扭矩。

2.5.4　压电式传感器的应用

压电式爆燃传感器：压电式爆燃传感器的功能是将发动机爆燃信号转化成电信号传送给ECU，ECU根据爆燃信号对点火提前角进行修正，使点火提前角保持最佳值。压电式爆燃传感器可分为两类：共振型和非共振型。共振型压电式爆燃传感器的结构如图2-49所示，被测发动机爆燃时的振动频率与所选振荡片的固有频率一致，当爆燃发生时产生共振，压电元件有最大的谐振输出。

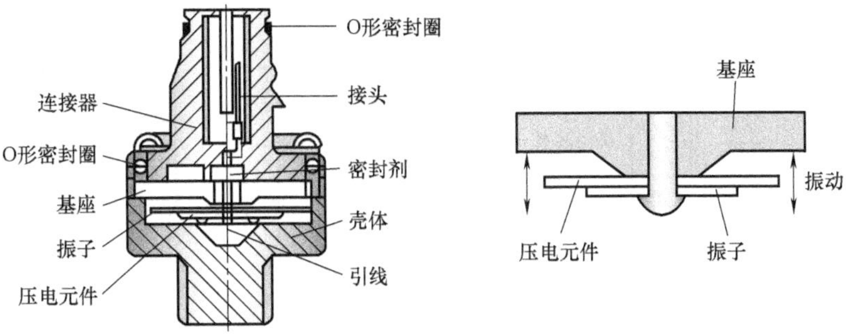

2-38
压电式爆燃传感器

图2-49　共振型压电式爆燃传感器的结构

非共振型压电式爆燃传感器的结构如图2-50所示，主要由压电元件、配重块及引线等构成，它是以接收加速度信号来检测爆燃的。当发动机缸体的振动传到爆燃传感器壳体时，壳体与配重块之间产生相对运动，从而使压在中间的压电元件所承受的推压力变化。于是，随着压电元件承受推压力作用力而产生电压。在控制组件上只检出频率达到7kHz左右时爆燃所产生的电压，通过该电压的大小可判断爆燃的强度。

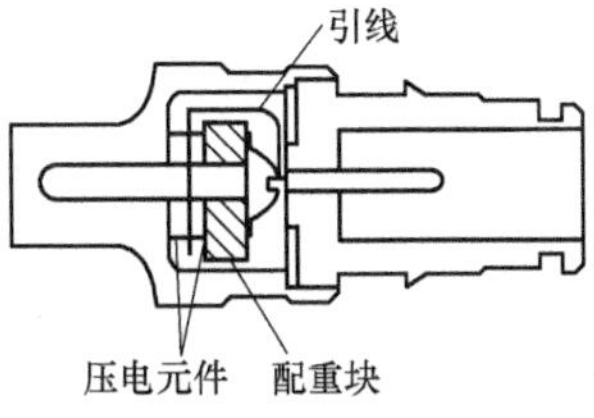

图2-50　非共振型压电式爆燃传感器的结构

2.6 磁电式传感器

磁电式传感器又称电动势式传感器，是利用电磁感应原理将被测量（如振动、位移、转速等）转换成电信号的一种传感器，它是一种机-电能量变换型传感器，不需要供电电源，电路简单，性能稳定，输出阻抗小，又具有一定的频率响应范围（一般为 10～1000Hz），所以得到广泛应用。

2.6.1 磁电式传感器的原理及分类

磁电式传感器是利用电磁感应原理工作的。当闭合回路中的磁通量发生变化时，回路中就产生感应电动势，其大小与磁通量的变化率有关，即

$$E=-N\frac{\mathrm{d}\Phi}{\mathrm{d}t}$$

式中，E 为感应电动势；N 为导电回路中线圈的匝数；$\mathrm{d}\Phi/\mathrm{d}t$ 为穿越线圈磁通量的变化率。

通过改变 $\mathrm{d}\Phi/\mathrm{d}t$ 就可以改变感应电动势 E，而在实际应用过程中，可以通过很多办法来实现。如：磁铁与线圈之间做相对运动；磁路中磁阻的变化；恒定磁场中线圈面积的变化等，一般可将磁电式传感器分为恒磁通型和变磁通型两类。

1. 恒磁通型磁电式传感器

恒磁通型磁电式传感器，导体处于稳恒均匀的磁场中，感应电动势是由于永久磁铁与线圈之间有相对运动——线圈切割磁力线而产生的。这类结构有动圈式和动铁式两种，如图 2-51所示。

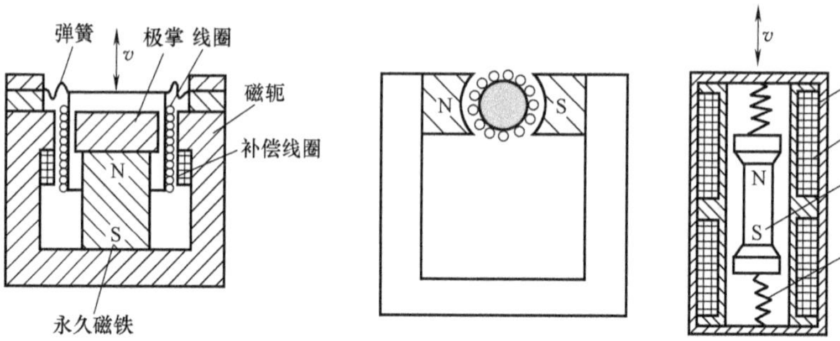

a) 动圈式　　b) 动铁式

图 2-51　恒磁通型磁电式传感器

2-39 动圈式磁电传感器

磁铁与线圈相对运动使线圈切割磁力线，产生与运动速度 $\mathrm{d}x/\mathrm{d}t$ 成正比的感应电动势 E，其大小为

$$E=-NBl\frac{\mathrm{d}x}{\mathrm{d}t}$$

式中，N 为线圈在工作气隙磁场中的匝数；B 为工作气隙磁感应强度；l 为每匝线圈平均长度。

当传感器结构参数确定后，N、B 和 l 均为恒定值，E 与 $\mathrm{d}x/\mathrm{d}t$ 成正比，根据感应电动势

E 的大小就可以知道被测速度的大小。当振动频率低于传感器的固有频率时，这种传感器的灵敏度（E/v）是随振动频率而变化的。当振动频率远大于固有频率时，传感器的灵敏度基本上不随振动频率而变化，而近似为常数；当振动频率更高时，线圈阻抗增大，传感器灵敏度随振动频率增加而下降。不同结构的恒磁通型磁电式传感器的频率响应特性是有差异的，一般低的可到 10Hz 左右，高的可达 2kHz 左右。

2. 变磁通型磁电式传感器

变磁通型磁电式传感器一般做成转速传感器，产生感应电动势的频率作为输出，而电动势的频率取决于磁通变化的频率。变磁通式转速传感器的结构有开磁路和闭磁路两种。图 2-52a所示为开磁路变磁通式转速传感器，测量齿轮安装在被测转轴上与其一起旋转。当齿轮旋转时，齿的凹凸引起磁阻的变化，从而使磁通发生变化，因而在线圈中感应出交变的电动势，其频率等于齿轮的齿数 Z 和转速 n 的乘积，即

$$f=nZ/60$$

式中，Z 为齿轮齿数；n 为被测轴转速（r/min）；f 为感应电动势频率（Hz）。

这样当已知 Z，测得 f 时，就知道转速 n 了。开磁路式转速传感器结构比较简单，但输出信号小，另外当被测轴振动比较大时，传感器输出波形失真较大。在振动强的场合往往采用闭磁路式转速传感器。图 2-52b 为闭磁路式转速传感器，被测转轴带动椭圆形测量齿轮在磁场气隙中转动，使气隙平均长度周期性变化，因而磁路磁阻也周期性变化，磁通同样周期性变化，则在线圈中产生感应电动势，其频率 f 与测量齿轮的转速 n（r/min）成正比。

变磁通型磁电式传感器对环境条件要求不高，能在-150～90℃的温度下工作，不影响测量精度，也能在油、水雾、灰尘等条件下工作。但它的工作频率下限较高，约为 50Hz，上限可达 100kHz。

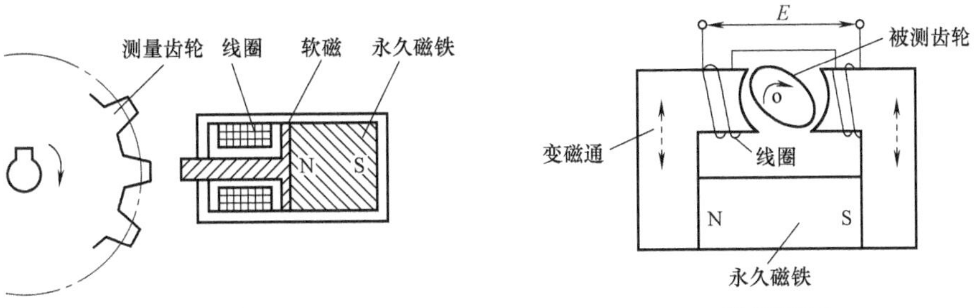

a) 开磁路式　　b) 闭磁路式

2-40 变磁通型磁电传感器及应用

图 2-52　变磁通型磁电式传感器

2.6.2　磁电式传感器的应用

磁电式传感器主要用于转速、振动和扭矩的测量。图 2-53a 所示是磁电式相对速度计原理图。测量时，壳体固定在一个试件上，顶杆顶住另一试件，则线圈在磁场中的运动速度就是两试件的相对速度。速度计的输出电压与两试件的相对速度成正比，相对式速度计可测量的最低频率接近于零。图 2-53b 为磁电式扭矩传感器工作原理图，当转轴不受扭矩时，两线圈输出信号相同，相位差为零。当被测轴感受扭矩时，轴的两端产生扭转角，因此两个传感器输

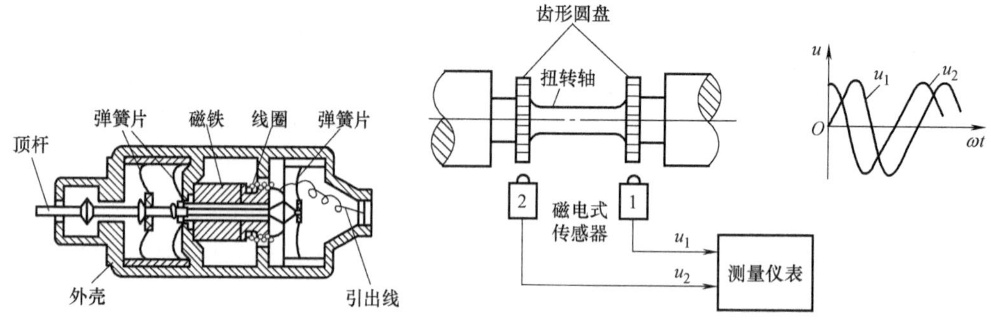

a) 磁电式相对速度计　　　　b) 磁电式扭矩传感器

图 2-53　磁电式传感器的工作原理

出的两个感应电动势将因扭矩而有附加相位差 φ_0。扭转角 φ 与感应电动势相位差的关系为

$$\varphi_0 = Z\varphi$$

式中，Z 为传感器定子、转子的齿数。

由此可知，相位差与扭转轴的扭转角成正比，这样传感器就可以把扭矩引起的扭转角转换成相位差的电信号。

2.7 霍尔式传感器

霍尔式传感器是基于霍尔效应的一种传感器，即利用霍尔效应使位移带动霍尔元件在磁场中运动产生霍尔电动势，把位移信号转换成电动势变化信号的传感器。1879 年美国物理学家霍尔首先在金属材料中发现了霍尔效应，但由于金属材料的霍尔效应太弱而没有得到应用。随着半导体技术的发展，开始用半导体材料制成霍尔元件，如今霍尔传感器被广泛用于电磁、压力、加速度、振动等方面的测量。

2.7.1 霍尔式传感器的工作原理

如图 2-54 所示，半导体薄片置于磁感应强度为 B 的磁场中，磁场方向垂直于薄片，当有电流 I 流过薄片时，在垂直于电流和磁场的方向上将产生电动势 E_H，这种现象称为霍尔效应，所产生的电动势称为霍尔电动势。作用在半导体薄片上的磁场强度 B 越强，霍尔电动势也就越高。令 $K_H = R_H/d$，则霍尔电动势 E_H 可表示为

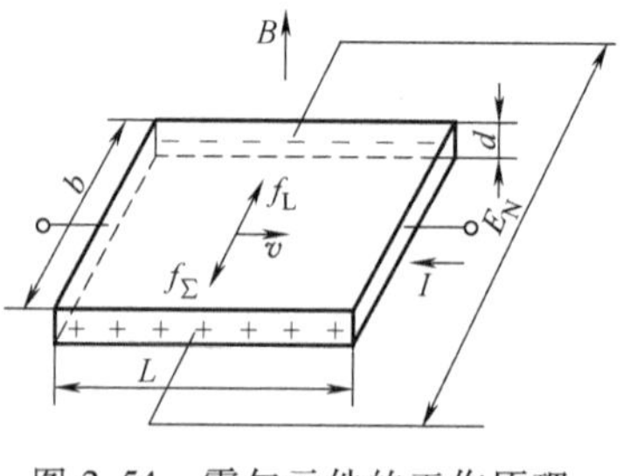

图 2-54　霍尔元件的工作原理

霍尔效应

$$E_H = K_H IB$$

式中，R_H 为霍尔常数（m^3/C）；d 为霍尔元件的厚度（m）；K_H 为霍尔元件的灵敏度；I 为控制电流（A）；E_H 为霍尔电动势（V）；B 为磁感应强度（T）。

霍尔系数 $R_H = 1/(nq)$，由材料的物理性质所决定，q 为电子电荷量；n 为材料中的电子

浓度。若磁感应强度 B 不垂直于霍尔元件，而是与其法线成某一角度 θ 时，实际上作用于霍尔元件上的有效磁感应强度是其法线方向（与薄片垂直的方向）的分量，即 $B\cos\theta$，这时霍尔电动势为 $E_H = K_H IB\cos\theta$。霍尔电动势与输入电流 I、磁感应强度 B 成正比，且当 B 的方向改变时，霍尔电动势的方向也随之改变。如果所施加的磁场为交变磁场，则霍尔电动势为同频率的交变电动势。金属材料中的自由电子浓度 n 很高，因此 R_H 很小，不宜作霍尔元件。霍尔元件多用载流子迁移率大的 N 型半导体材料制作，如图 2-55 所示。另外，霍尔元件越薄（d 越小），K_H 就越大，所以通常霍尔元件都较薄，薄膜霍尔元件的厚度只有 1μm 左右。

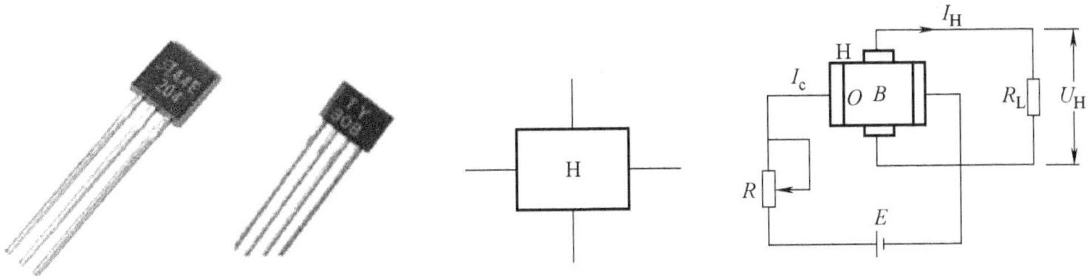

a) 霍尔元件外形　　b) 电路符号　　c) 基本应用电路

图 2-55　霍尔元件

2-42
霍尔式传感器及应用

2.7.2 霍尔式传感器的应用

霍尔元件具有结构牢固，工艺成熟，体积小，寿命长，线性度好，频率高，耐振动，不怕灰尘、油污、水汽及盐雾等的污染或腐蚀等优点，被广泛应用到工业、汽车业、计算机、手机以及新兴消费电子领域中。由 $E_H = K_H IB\cos\theta$ 可知，霍尔电动势是关于 I、B、θ 三个变量的函数。利用这个关系可以使其中两个量不变，将第三个量作为变量，或者固定其中一个量，其余两个量都作为变量，这使得霍尔式传感器有许多用途，如图 2-56、图 2-57 所示。

当 B 恒定，E_H 与 I 呈线性关系时，可直接用来测量电流或者能转换成电流的其他物理量；当 I 恒定，E_H 与 B 成正比时，可用于测量交、直流磁感应强度；当 I 恒定，元件在均匀梯度磁场中运动时，可用于测量微位移及压力、加速度、振动等。

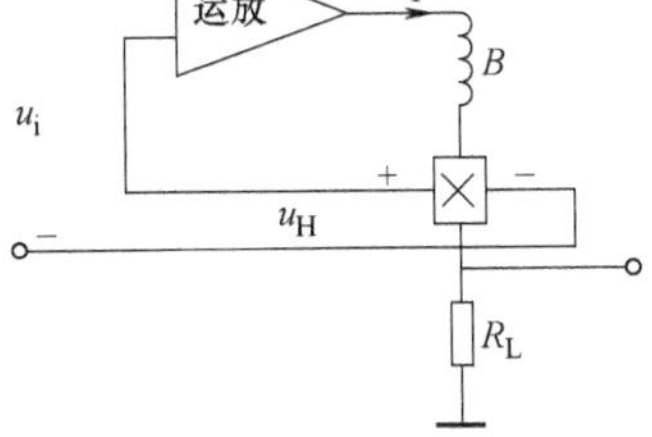

图 2-56　霍尔元件开方器原理

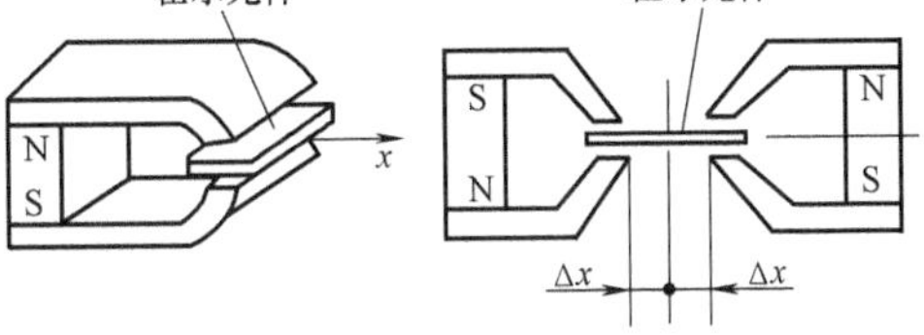

图 2-57　霍尔式微位移传感器原理图

霍尔轮速传感器：主要由传感头和齿圈组成。传感头由永磁体、霍尔元件和电子电路等组成，永磁体的磁力线穿过霍尔元件通向齿轮，霍尔轮速传感器的结构示意图如图 2-58 所示。当齿轮位于图 2-58a 所示位置时，穿过霍尔元件的磁力线分散，磁场相对较弱；而当齿轮位于图 2-58b 所示位置时，穿过霍尔元件的磁力线集中，磁场相对较强。齿轮转动时，使

2-43 霍尔式传感器试验

2-44 霍尔效应传感器

得穿过霍尔元件的磁力线密度发生变化，因而引起霍尔电压的变化，霍尔元件将输出一个毫伏（mV）级的准正弦波电压，此信号还需由电子电路转换成标准的脉冲电压。霍尔轮速传感器具有以下优点：其一，输出信号电压幅值不受转速的影响；其二，频率响应高。其响应频率高达20kHz，相当于车速为1000km/h时所检测的信号频率；其三，抗电磁波干扰能力强。因此，霍尔传感器不仅广泛应用于ABS轮速检测，也广泛应用于其控制系统的转速检测。

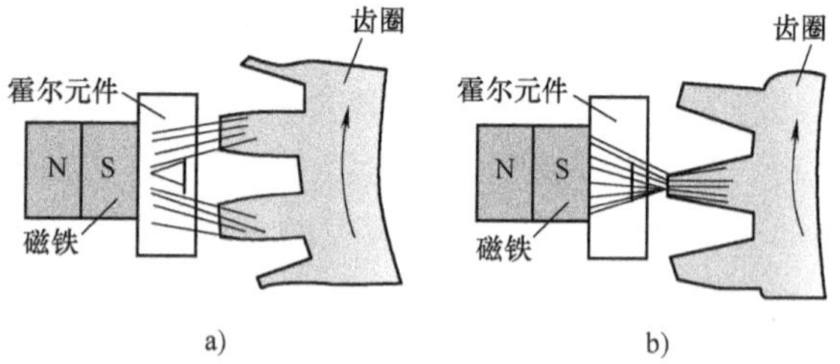

图 2-58　霍尔轮速传感器的结构示意图

2.8　光电式传感器

光电式传感器是将光通量转换为电量的一种传感器，光电式传感器的基础是光电转换元件的光电效应，具有这种功能的材料称为光敏材料，做成的元器件称为光敏元器件。由于光电测量方法灵活多样，可测参数众多，具有非接触、高精度、高可靠性和反应快等特点，使得光电式传感器在检测和控制领域获得了广泛的应用。

2.8.1　光电效应

2-45 光电效应

光电效应是指物体吸收了光能后转换为该物体中某些电子的能量，从而产生的电效应的一种现象。光电效应按原理可以分为外光电效应和内光电效应两类。

(1) 外光电效应　即在光照作用下，物体内电子逸出物体表面，在回路中形成光电流的现象，又称为光电发射。频率 γ 的光子能量为

$$E=h\gamma$$

光子能量被电子吸收后，能量转换为电子逸出功 A 和动能，即

$$h\gamma=\frac{1}{2}mv_0{}^2+A$$

式中，h 为普朗克常数，$h=6.626\times10^{-34}\mathrm{J\cdot s}$；$\gamma$ 为入射光频率（s^{-1}）；m 为电子的质量，$m=9.109\times10^{-31}\mathrm{kg}$；$v_0$ 为电子逸出物体表面时的初速度；A 为电子逸出物体表面时所需的功（逸出功）。

1）电子能否逸出物体表面取决于光子具有的能量是否大于逸出功，而能量只与光的频率有关。因此电子能否逸出物体表面取决于光的频率，与光强无关，低于阈值频率，光强再大也不会产生光电发射。

2）如果产生了光电发射，在入射光频率不变的情况下，逸出的电子数目与光强成正比。光强越强意味着入射的光子数目越多，受轰击逸出的电子数目也越多。基于外光电效应的光敏器件有光电管、光电倍增管等。

(2) 内光电效应　又称光导电效应，在光照作用下，物体导电性能发生改变的现象。内光电效应又可分为光电导效应和光生伏特效应。

在光线的作用下，半导体的电导率增加，这种现象称为光电导效应，如图 2-59 所示。从半导体物理学可知，半导体材料导电能力的大小取决于半导体内载流子的数目，载流子数目越多，导电越容易，即半导体材料的电导率越大。具有光电导效应的材料称为光导体，除金属外，大多数半导体和绝缘体都具有光电导效应，但都很小，实际上只有少数几种材料能制造光敏元器件。基于光电导效应的光敏元器件有光敏电阻、光敏二极管以及光敏晶体管。

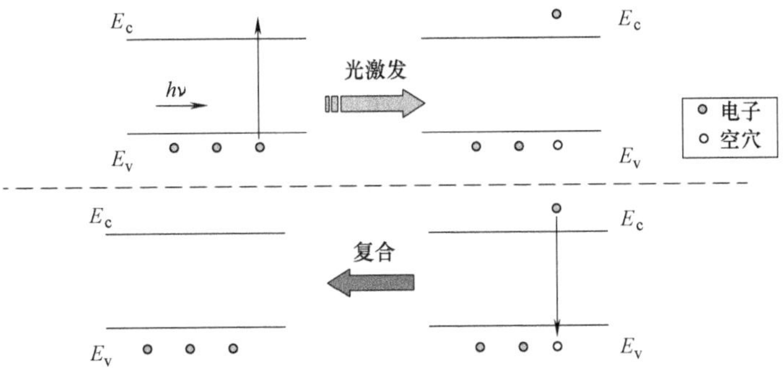

图 2-59　光电导效应示意图

当用适当波长的光照射非均匀半导体（PN 结等）时，由于内建场的作用（不加外电场），半导体内部产生电动势（光生电压）；如将 PN 结短路，则会出现电流（光生电流）。这种由内建场引起的光电效应，称为光生伏特效应，简称光伏效应。如图 2-60 所示，光生少数载流子在内建场的作用下各自向相反方向运动，即 P 区电子进入 N 区，N 区空穴进入 P 区。其结果使得结区 P 端电动势升高（电子势能降低），N 端电动势降低（电子势能升高）。于是在 PN 结两端形成了光生电动势，这就是 PN 结的光生伏特效应。利用光生伏特效应工作的光敏元器件主要包括光电池、光敏二极管和光敏晶体管。

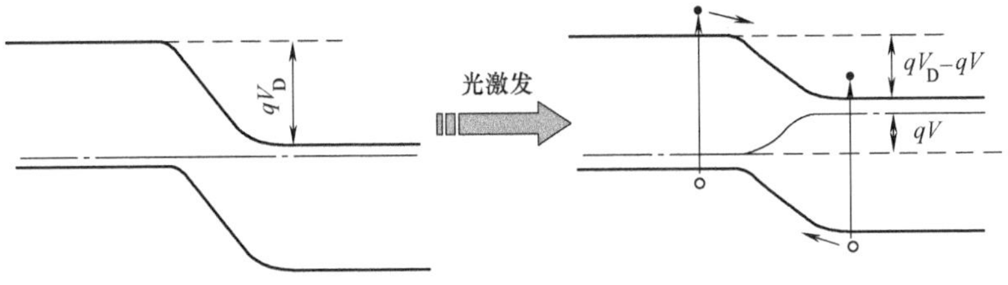

图 2-60　PN 结的光生伏特效应示意图

2.8.2　光敏元器件

光敏电阻

下面主要介绍三种主要光敏元器件。

1. 光敏电阻

光敏电阻是利用光导材料的光电导效应制成的没有极性的电阻元件。光敏电阻的结构比较简单，如图 2-61 所示。

它是在玻璃底板上均匀地涂上薄薄的一层半导体物质，半导体的两端装上金属电极，然后将它们压入塑料封装体内。为了防止周围介质的污染，在半导体光敏层上覆盖一层漆膜，选择漆膜成分时，应该考虑使它在光敏层最敏感的波长范围内透射率最大。如果把光敏电阻连接到外电路中，在外加电压的作用下，光照就能改变电路中电流的大小。当无光照时，虽然不同的材料光敏电阻的数值不大相同，但它们的阻值一般可在1～100MΩ之间，由于其阻值太大，使得流过电路中的电流很小；当有光照射时，光敏电阻的阻值变小，电路中的电流增大。根据电路中电流的变化值，便可测出照射光线的强弱。当光照停止时，光电效应自动消失，电阻又恢复到原值。

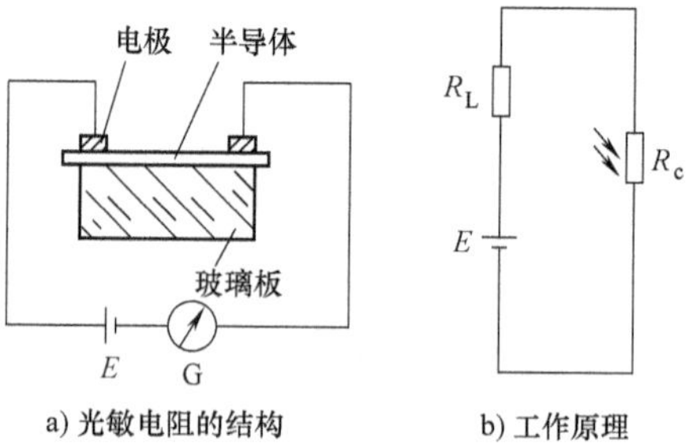

图 2-61　光敏电阻

光敏电阻的特点是灵敏度高、光谱特性好、使用寿命长、稳定性高、体积小以及制造工艺简单，所以，被广泛地应用于照相机、防盗报警器、火灾报警器以及自动化控制技术中。

2. 光电池

光电池是在光照下，能直接将光通量转变为电动势的一种光敏元件。在光照作用下，光电池实质上就是一个电压源。光电池的种类很多，有硒光电池、锗光电池、硅光电池、氧化铊光电池、硫化镉光电池和砷化镓光电池等。其中最受重视的是硅光电池和硒光电池，硅光电池的结构及电路分别如图2-62、图2-63所示。它是在一块P型硅片上用扩散的办法掺入一些N型杂质形成PN结。当光照到PN结区时，如果光子能量足够大，将在结区附近激发出电子-空穴对，在N区聚积负电荷，P区聚积正电荷，这样N区和P区之间出现电位差。若将PN结两端用导线连起来，电路中有电流流过，电流的方向由P区流经外电路至N区。若将外电路断开，就可测出光生电动势。

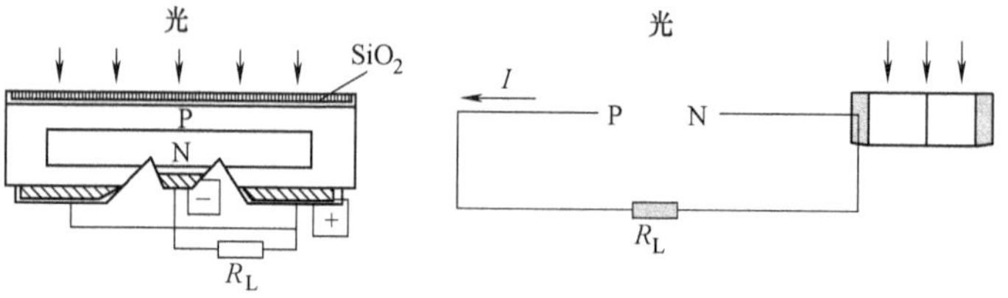

图 2-62　光电池结构及工作原理

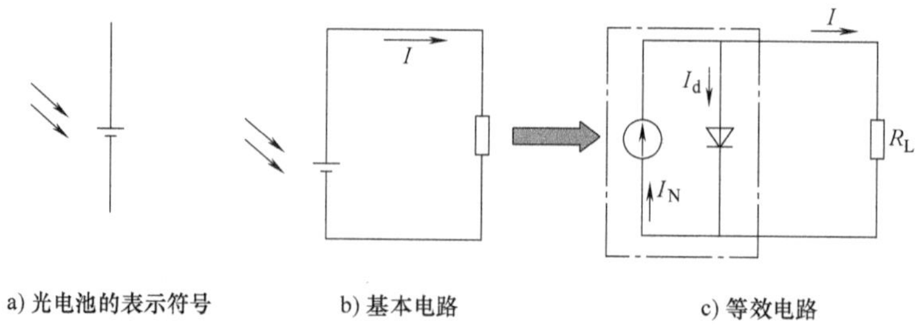

图 2-63　光电池电路

3. 光敏管

光敏管通常指光敏二极管和光敏晶体管，它们的工作原理也是基于内光电效应，和光敏电阻的差别仅在于光线照射在半导体 PN 结上，PN 结参与了光电转换过程。

光敏二极管结构和一般二极管相似，它装在透明玻璃外壳中，其 PN 结装在管顶，可直接受到光照射。光敏二极管在电路中一般是处于反向工作状态，如图 2-64 所示。

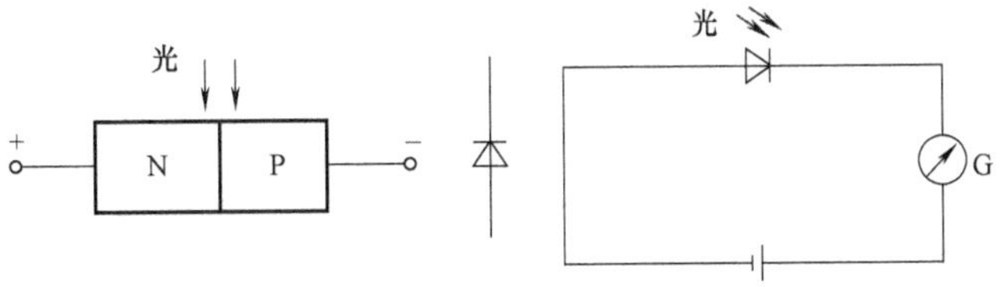

图 2-64　光敏二极管的结构原理

光敏晶体管有 PNP 型和 NPN 型两种，其结构与一般晶体管很相似（见图 2-65），具有电流增益，不过它的发射极一般做得很大，以扩大光的照射面积，且其基极不接引线。当集电极加上正电压，基极开路时，发射极处于反向偏置状态。无光照射时，在外电路中有暗电流，此电流即为光敏晶体管集电极与发射极之间的穿透电流。

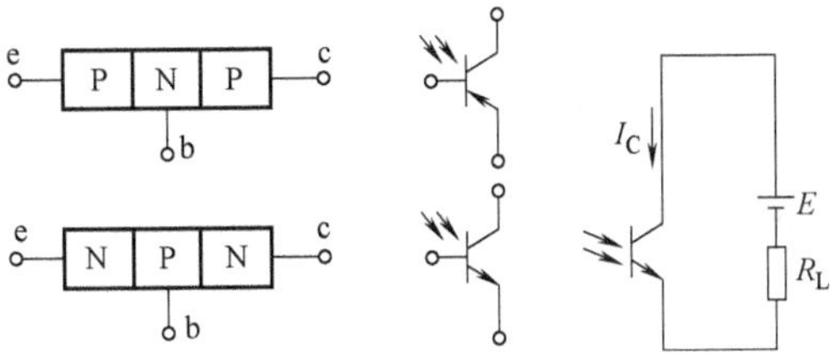

图 2-65　光敏晶体管结构及原理

当光线照射在集电结的基区时，会产生电子-空穴对，在内电场的作用下，光生电子被拉到集电极，基区留下空穴，使基极与发射极间的电压升高，这样便有大量的电子从发射极被集电极收集形成输出电流，且集电极电流为光电流的 β 倍。

2.8.3　光电式传感器的测量方式

光电式传感器的测量方式可分为辐射式（直射式）、吸收式、遮光式和反射式，如图 2-66所示。

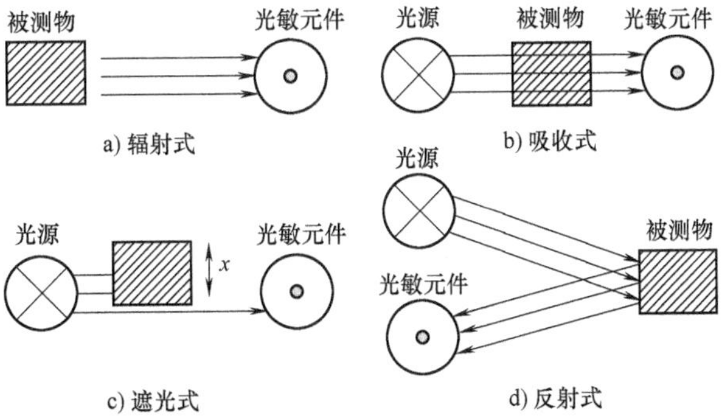

图 2-66　光敏元件的测量方式

1. 辐射式

被测物本身就是辐射源，所发出的光直接照在光敏元件上（或经过一定的光通路照在光敏元件上），辐射强度与温度具有一定的关系。光敏高温计、红外探测与烟感等均属于此类。

2. 吸收式

被吸收的光通量与被测物体的透明度有关。根据被测物体对光的吸收程度或对其谱线的选择来测定被测物体介质中的被测参数，如测量气体、液体的透明度、浑浊度，对气体进行成分分析，测定液体中某种物质的含量等。

3. 遮光式

光源发出的光经过被测物体时被遮挡一部分，使得光敏元件上的光通量减弱，减弱的强度与被测物体在光电通路中的位置有关。根据被测物体阻挡光通量的多少来测定被测参数，如长度、厚度、位移、厚度等。

4. 反射式

根据被测物体反射的光通量的多少来测定被测物表面性质和状态，如表面粗糙度、表面缺陷、表面温度、湿度等。

2.8.4　光电式传感器的应用

由于光电式传感器具有结构简单，重量轻、体积小、价格便宜、响应快、性能稳定及灵敏度高等优点，因此在检测和自动控制等领域中应用很广。一般由光源、光学元件、光电变换器三部分组成。由被测量控制光电变换器处于“通”或“断”两种状态，如光电式转速表、光电继电器、光电计数器、光电开关、目标探测等。光电变换器输出光电流是输入光通量的函数，如光电位移计、测振计、照度计、光电探测器等。

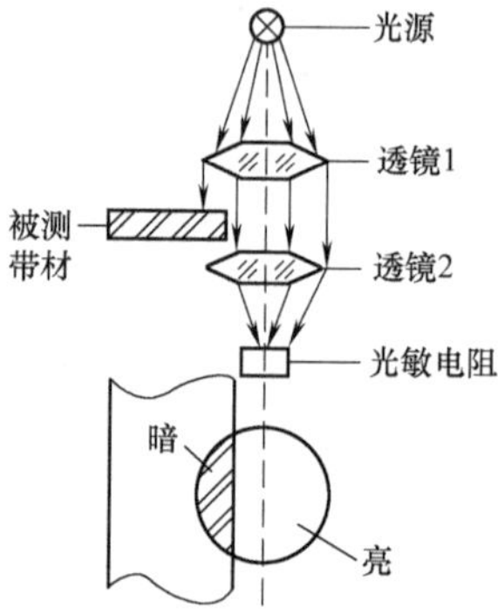

图 2-67　光电式带材跑偏检测器原理图

1. 光电式带材跑偏检测器

带材跑偏检测器用来检测带形材料在加工中偏离正确位置的大小及方向，从而为纠偏控制电路提供纠偏信号，主要用于印染、送纸、胶片、磁带生产过程中。光电式带材跑偏检测器原理如图 2-67 所示。光源发出的光线经过透镜 1 汇聚为平行光束，投向透镜 2，随后被汇聚到光敏电阻上。在平行光束到达透镜 2 的途中，有一部分光线受到被测带材的遮挡，使传到光敏电阻的光通量减少。

2-47
光电传感器应用

2. 光电式转速传感器

光电式转速传感器的工作原理如图 2-68 所示。电动机主轴上涂有黑、白两种颜色，当

2-48
光电液位传感器

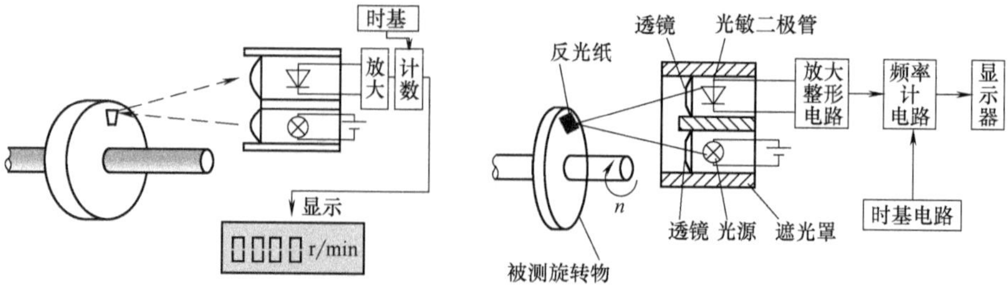

图 2-68　光电式转速传感器的工作原理

电动机转动时，反光与不反光交替出现，光敏元件间断地接收反射光信号，输出电脉冲，经放大电路转换成方波信号，由数字频率表测得电动机的转速。

本章知识点

“不同传感器因其工作原理不同需配用不同测量电路，总体目的在于得到稳定较大的输出，并满足负载效应。”（核心）

1）传感器的主要静态指标：灵敏度、线性度、回程误差、稳定度、重复性、精度、漂移。

2）传感器的组成：敏感元件、转换元件、基本转换电路。

3）传感器标定：利用标准器具对传感器进行标度的过程，分为静态标定、动态标定。

4）负载效应：后续仪器的输入阻抗应远大于前面仪器的输出阻抗。

5）电阻应变片改变的是尺寸，半导体应变片改变的是电阻率。

6）热敏电阻分为正温度系数、负温度系数、临界温度系数的热敏电阻。

7）电感式传感器类型：自感性［可变磁阻型（变极距型、变面积型），涡流式（高频反射型、低频透射型）］；互感性［变压器式］。

8）传感器采用差动式接法优点：提高灵敏度，提高线性度，减小随机干扰。

9）相敏检波电路可用于区分传感器测量对象运动方向。

10）可用于无损探伤的有：电涡流、超声波。

11）电容式传感器类型：变间隙式、变面积式、变介电常数式。

12）电容式传感器测量电路有：桥式电路、谐振电路、调频电路、运放电路。

13）压电效应：某些电介质物质，在一定方向上受到外力的作用而变形时，内部会产生极化现象，同时在其表面会产生电荷，当外力去掉后，又回到不带电的状态。

14）逆压电效应：在电介质的极化方向上施加电场，它会产生机械变形。

15）压电传感器右旋直角坐标系统中，z 轴称光轴，该方向上无压电效应；x 轴称电轴，沿 x 轴方向上产生的电荷最多；y 轴称机轴，沿 y 轴方向上的变形最大。

16）压电式传感器产生的电荷 $q=d_{xy}F$，只可用于动态测量。

17）压电式传感器必须采用前置放大器，目的：信号放大，实现阻抗匹配。

18）前置放大器分类：电压放大器、电荷放大器。其中电荷放大器不受电缆影响。

19）霍尔灵敏度：$K_{\mathrm{H}}=1/(nqd)$；霍尔电压：$U_{\mathrm{H}}=K_{\mathrm{H}}IB$。

20）光电效应分类：外光电效应、内光电效应（光电阻效应、光电池效应）。

21）光电式传感器在工业上的应用可归纳为吸收式、遮光式、反射式、辐射式。

本章习题

2-1　什么叫传感器？它由哪儿部分组成？试说明各部分的作用及相互之间的关系。

2-2　传感器的标定有哪几种？为什么要对传感器进行标定？

2-3　何谓电阻应变效应？何谓压阻效应？

2-4　一电阻应变片的灵敏度系数 $S=2$，阻值 $R=120\Omega$，假设其工作时应变为 1000，请问其电阻变化为多少？

2-5　根据电容式传感器的工作原理，可将其分为哪几种类型？每种类型各有什么特点？各适用于什么场合？

2-6　有一只变极距型电容式传感器，两极板重叠有效面积为 $8\times10^{-4}m^2$，两极板间的距离为 1mm，已知空气的相对介电常数是 1.0006，试计算该传感器的位移灵敏度。

2-7　为什么压电式传感器不能用于静态测量，只能用于动态测量中？

2-8　简述磁电式传感器的工作原理。

2-9　什么是霍尔效应？霍尔电动势与哪些因素有关？

2-10　什么是内光电效应？基于内光电效应工作的传感器有哪些？

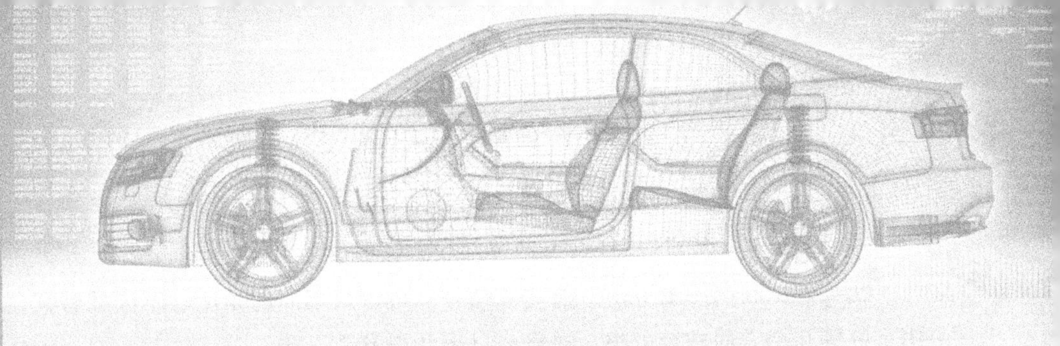

第3章 信号的描述

被测物理量往往通过测量装置转变成电信号并加以记录。信号是分析研究对象的依据，其中蕴含大量有用的信息。信号分析的任务，就是从信号中提取各种信息。本章将在介绍信息与信号基本知识的基础上，重点介绍工程中常用的一些信号的频域描述方法。

3.1 概述

信号中包含某些反映被测系统或过程的状态和特性等方面的有用信息，它是我们认识客观事物内在规律、研究事物之间相互关系和预测事物未来发展的重要依据。信号通常是时间的函数，信号随时间变化的特性不同，分析和处理的方法也不同，而且测试结果的误差直接与信号的频率结构有关。总之，被测信号的特性对测试工作有直接且重要的影响。因此，研究测试技术必须从信号入手，通过对信号的描述与分析，了解信号的频率构成，以及时域与频域特性的内在联系。

3.1.1 信号和信息

信息和信号是互相联系的两个不同的概念。信号不等于信息，它是信息的载体，是物质，具备能量；而信息是信号所载的内容，不等于物质，不具备能量。同一信息，可以用不用的信号来运载。比如，课堂上老师想讲述的内容是信息，此信息通过老师的声音、动作等信号传递给学生。

被研究对象的信息量是非常丰富的。测试工作总是根据一定的目的和要求，获取有限的、观察者感兴趣的某些特定的信息。例如，研究单自由度的质量-弹簧系统，感兴趣的是该系统的固有频率和阻尼比，所以，可以通过系统中的质量块的位移—时间历程信号来提取信息，而对系统运动中弹簧的微观表现信息则可以舍去。测试工作总是要用最简捷的方法获取和研究与任务相联系的、最有用的、表征对象特性的有关信息，而不是企图获取该事物的全部信息。这样，就要求善于从信号中提取有用的信息。

为了存储、传输、读取或反馈有用信息，常常需要把信号做必要的变换。整个过程要求既不失真，也不受干扰。严格地说，就是在存在外界严重干扰的情况下，提取和辨识出信号中所包含的有用信息。

3.1.2 信号的分类

信号有不同的分类方法。对实际信号，可以从不同的角度、不同的特征，以及不同的使用目的等几个方面进行分类。通常有以下几种分类方法：

1. 按所传递的信息的物理属性分类

按所传递的信息的物理属性，信号分为机械量（如位移量、速度、加速度、力、温度、流量等）、电学量（如电流、电压等）、声学量（如声压、声强等）、光学量等。

2. 按取值的连续性和离散性分类

按取值的连续性和离散性，信号分为连续信号和离散信号。描述某一信号时，若信号在某一范围内连续取值，则称连续信号，连续信号又分时域连续信号和频域连续信号。描述某一信号时，若信号在某一范围内取值是离散的，则称离散信号，离散信号又分频域离散信号和时频离散信号。连续信号与离散信号如图 3-1 所示。

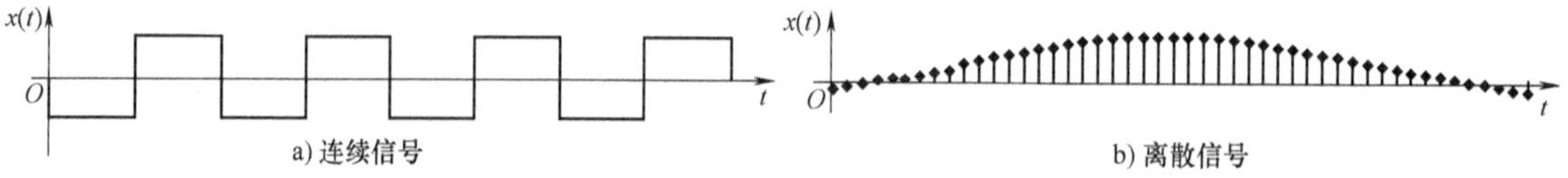

图 3-1　连续信号与离散信号

3. 按信号的可描述性分类

按信号的可描述性，信号分确定性信号和非确定性信号。

（1）确定性信号　能够用明确的数学关系式描述的信号，或者可以用实验的方法以足够的精度重复产生的信号，称确定性信号，可以准确地预计未来任意时刻信号的值。确定性信号又可分为周期信号和非周期信号。

1）周期信号。周期信号是经过一定时间可以重复出现的信号，即 $x(t)=x(t+T)$。常见的有正弦信号，周期性的方波、三角波等。其中，按正弦或余弦规律变化的信号称谐波信号，是最简单、最重要的周期信号；由多个正弦波或余弦波叠加而成的称复杂周期信号，如图 3-2 所示。

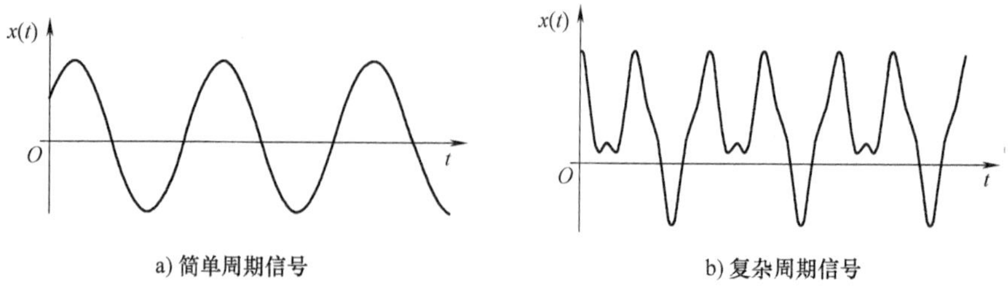

图 3-2　周期信号

2）非周期信号。能用确定的数学关系式表达，但取值不具有周期重复性的信号称非周期信号。非周期信号包括瞬变非周期信号和准周期信号。瞬变非周期信号是指不能重复出现的或在一定时间区域内随时间的增长而衰减至零的信号，如图 3-3 所示。准周期信号是指由两种以上的周期信号合成，但各周期信号无公共周期（频率比为无理数）的信号。

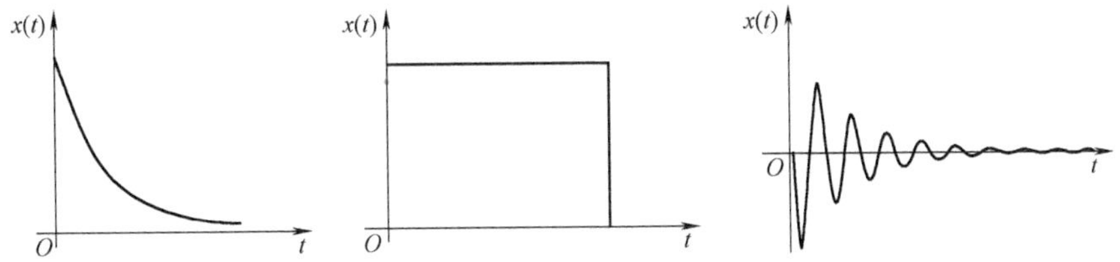

图 3-3　瞬变非周期信号

如：$\sin t+\sin\sqrt{2}t$。

(2) 非确定性信号　不能用确定的数学关系式来表达的信号称非确定性信号，也叫随机信号。其中，如果描述随机信号特征的统计数学参数（均值、方均根值等）不随时间变化，称平稳随机信号；如果在不同时间测得的统计数学参数随时间变化，则称非平稳随机信号，如图 3-4 所示。

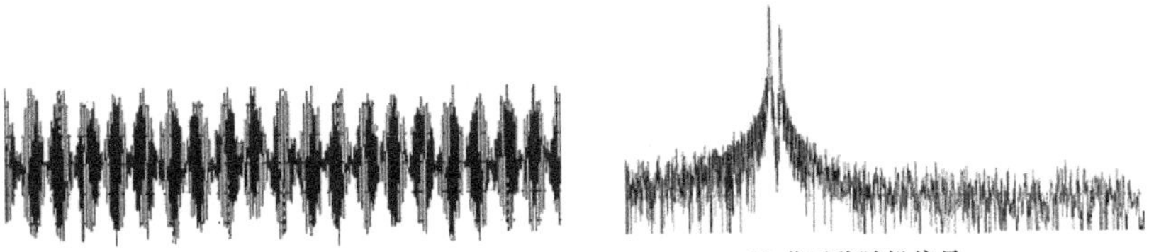

a) 平稳随机信号　　b) 非平稳随机信号

图 3-4　非确定性信号（随机信号）

工程测试中，存在大量随机信号，比如：汽车行驶过程中的振动信号、环境噪声信号等，均无法用数学表达式进行精确描述、计算、预测，这便需要利用统计的方法寻找该信号在某一时刻出现的概率。

4. 按表现形式分类

按表现形式分类，信号分模拟信号和数字信号。幅值的取值是连续（幅值可由无限个数值表示）的信号称模拟信号；幅值的取值是离散的，被限制在有限个数值以内的信号称数字信号。计算机技术中二进制码就是一种数字信号。二进制码受噪声的影响小，易于数字电路处理，所以得到广泛的应用。

3.1.3　信号的时域描述和频域描述

信号往往包含多种信息，为了提取其中的有用信息，需要对信号进行必要的分析和处理。为实现此目的，需要对信号进行各种不同变量域的数学描述，从不同的角度观察和描述信号。不同域的分析，并不改变信号的实质，其能量是不变的。并且，可以利用数学计算在不同域之间实现相互变换。

1. 信号的时域描述

信号的时域描述是指以时间 t 为独立变量来描述信号。直接观测或记录的信号都属于时域描述。时域描述是信号最直接的描述方法，它只能反映信号的幅值随时间变化的特征（快慢），而不能揭示信号的频率组成关系。

描述信号时域的特征参数有峰值、峰峰值、均值、方差、均方值和方均根值等。

(1) 峰值和峰峰值 峰值是指在所考虑的时间间隔内信号的最大瞬时值，对于周期信号，常以周期 T 作为考虑时间，用 x_f 表示。

$$x_f = |x(t)|_{max}$$

峰峰值是指在所考虑的时间间隔内信号的最大与最小瞬时值之差，用 x_{f-f} 表示。

$$x_{f-f} = |x(t)|_{max} - |x(t)|_{min}$$

峰峰值表示信号的动态范围。测量仪器的量程需大于被测信号的峰峰值，以免削波产生失真。

清楚信号的峰值或峰峰值大小后，便可防止后续仪器超量程。

(2) 均值 均值是指在所考虑的时间间隔内信号的平均值，用 μ_x 表示。

$$\mu_x = \frac{1}{T}\int_0^T x(t)\,dt$$

均值表示了信号的常值分量，也称稳定分量或直流分量。

(3) 方差和标准差 方差定义为

$$\delta_x^2 = \frac{1}{T}\int_0^T [x(t) - \mu_x]^2\,dt$$

方差表示了信号的分散程度或波动程度。为使与信号的量纲一致，常采用方差的二次方根，即标准差 δ_x 描述。

(4) 均方值和方均根值 信号的均方值也称平均功率，表示信号的强度，用 φ_x^2 表示。

$$\varphi_x^2 = \frac{1}{T}\int_0^T x^2(t)\,dt$$

信号的方均根值 φ_x 是均方值的二次方根值，也称有效值（x_{rms}），表示信号的平均能量。有效值既反映了信号的稳定分量又反映了波动分量。工程测量中仪器的示值就是信号的有效值。

2. 信号的频域描述

信号的频域描述是指以频率为独立变量来描述信号，可反映信号的频率组成及幅值和相位的大小。将时域信号变换至频域加以分析的方法称频域分析或频谱分析。频谱分析是工程测试与信号处理中应用最为广泛的分析方法。工程测试中，通过频域分析，在了解其频率组成的基础上，可选择最为适应的测试仪器或系统，还可获得信号中更为丰富的信息，更好地反映被测量的特征。

3-1
不同频率正弦波频谱变化

3.1.4 信号三要素

正弦或余弦信号是最简单、最重要的周期信号。一个正弦或余弦信号可表示为 $x(t)=A\cos(\omega t+\varphi)$，如图 3-5 所示。其中，幅值表示信号能量的大小，幅值越大，表示该信号能量越强；频率 ω 表示信号变化的快慢，反映了信号固有特性。频率具有唯一性，一个信号在传递过程中，能量可能会衰减，可能会发生各种变化，但是其频率是不变的，就像一个音叉，无论用多大的力

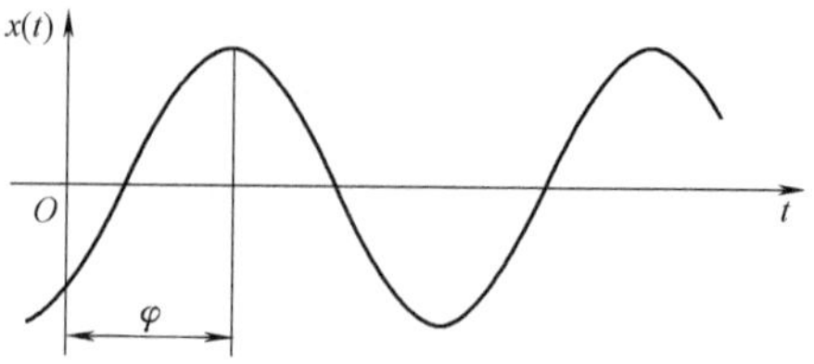

图 3-5 典型余弦波形

敲击，音叉发出的声音音调不变，也即其频率不变；相位 φ 表示该信号与坐标原点（即时间基准点）的时间滞后（$\Delta t=\varphi/\omega$），相位越大，此时间滞后也越大，频率越小，对应的时间滞后越大。

由上所述，幅值 A、频率 ω、相位 φ 完整地表示了一个正弦或余弦信号，构成信号的三要素。

3.2　周期信号及其频谱

周期信号是经过一定时间能重复出现的信号，即

$$x(t)=x(t+nT)$$

式中，T 为周期；$n=0$，±1，$\pm2\cdots$。

3.2.1　傅里叶级数的三角函数展开式

任意周期信号 $x(t)=x(t+nT)$，在满足狄里赫利条件时，可展开成傅里叶级数的三角函数形式。

$$\begin{aligned}x(t)&=a_0+a_1\cos\omega_0t+b_1\sin\omega_0t+a_2\cos2\omega_0t+b_2\sin2\omega_0t+\cdots+a_n\cos n\omega_0t+b_n\sin n\omega_0t\\&=a_0+\sum_{n=1}^{\infty}(a_n\cos n\omega_0t+b_n\sin n\omega_0t)\\&=a_0+\sum_{n=1}^{\infty}A_n\cos(n\omega_0t+\varphi_n)=\sum_{n=0}^{\infty}A_n\cos(n\omega_0t+\varphi_n)\end{aligned}\tag{3-1}$$

式中，ω_0 为圆（角）频率，$\omega_0=\dfrac{2\pi}{T_0}=2\pi f_0$；$f_0$ 为频率；T_0 为周期；$n=0$，±1，±2，$\cdots$；

a_0 为常值分量，有 $$a_0=\frac{1}{T_0}\int_{-T_0/2}^{T_0/2}x(t)\,\mathrm{d}t$$

a_n 为余弦分量幅值，有 $$a_n=\frac{1}{T_0}\int_{-T_0/2}^{T_0/2}x(t)\cos n\omega_0t\,\mathrm{d}t$$

b_n 为正弦分量幅值，有 $$b_n=\frac{1}{T_0}\int_{-T_0/2}^{T_0/2}x(t)\sin n\omega_0t\,\mathrm{d}t$$

A_n 为 $$A_n=\sqrt{a_n^2+b_n^2}$$

φ_n 为 $$\varphi_n=\arctan\left(-\frac{b_n}{a_n}\right)$$

由式（3-1）可得如下结论：

1）任意周期信号可以分解成直流分量（a_0）（频率为 0 的余弦信号）和一系列余弦信号（$A_n\cos(n\omega_0t+\varphi_n)$）的叠加，这些余弦信号的频率是 ω_0 的整数倍。

ω_0：信号的基频，相应的信号称基波；

$n\omega_0$：n 倍频，相应的信号称 n 次谐波。

2）直流分量的幅值 a_0，基波、谐波的幅值 A_n，基波、谐波的相位 φ_n 的大小取决于其时域波形，都是频率的函数。以 ω 为横坐标并绘出各频率下的谱线，就得 $A-\omega$ 与 $\varphi-\omega$ 图，

便可得到信号 $x(t)$ 的幅频图和相频图。此时，频率 ω 的取值范围是 $[0, \infty)$，只在纵坐标右侧取值，所以叫单边谱。

例 3-1 求图 3-6 所示方波信号的频谱。

$$x(t)=\begin{cases} A & 0<t<T/2 \\ -A & -T/2<t<0 \end{cases}$$

解：由于信号沿横轴对称，为奇函数，所以

$a_n=0$

$$b_n=\frac{2}{T}\int_{-T/2}^{T/2}\sin n\omega_0 t\mathrm{d}t \xRightarrow{\omega t=x} \frac{2}{T}\int_{-T/2}^{T/2}\sin nx\mathrm{d}t$$

$$=\frac{4A}{nT}[-\cos nx]_0^{T/2}$$

$$=\frac{2A}{n\pi}[-(-1)^n+1]=\begin{cases} 0 & n=2,4,6,\cdots \\ 4/(n\pi) & n=1,3,5,\cdots \end{cases}$$

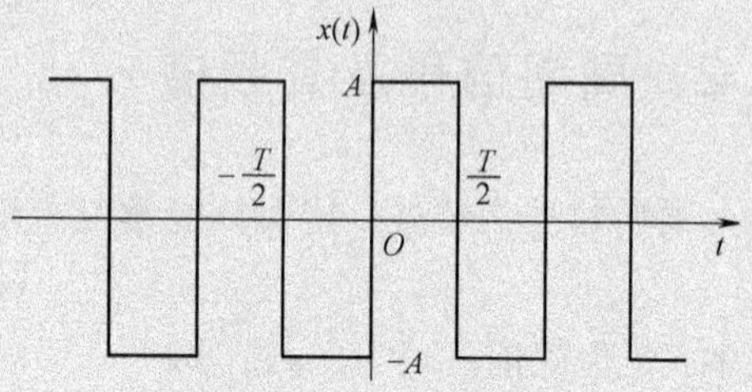

图 3-6 方波信号

其方波信号频谱如图 3-7 所示。

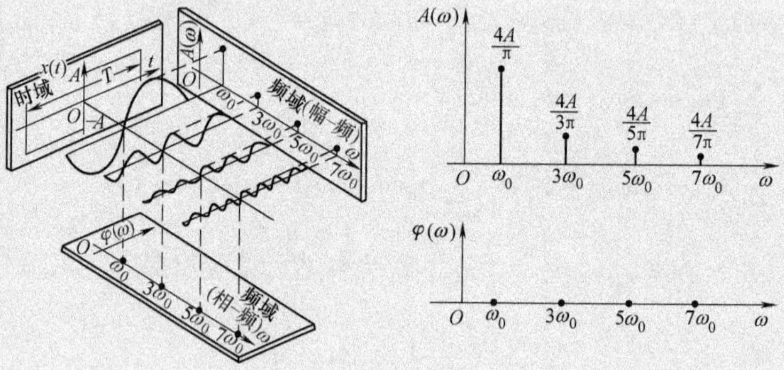

图 3-7 方波信号频谱

3.2.2 周期信号的双边谱

欧拉公式为

$$e^{\pm j\omega t}=\cos\omega t+\sin\omega t$$

如图 3-8 所示，在复平面中，$e^{j\omega t}$ 是一个逆时针旋转、角速度为 ω 的旋转矢量；$e^{-j\omega t}$ 是一个顺时针旋转、角速度为 $-\omega$ 的旋转矢量。2 个旋转矢量的模都为 1。这里出现负频率表示向量的旋转方向，只是数学上的一种表达方法，无任何实际物理意义。

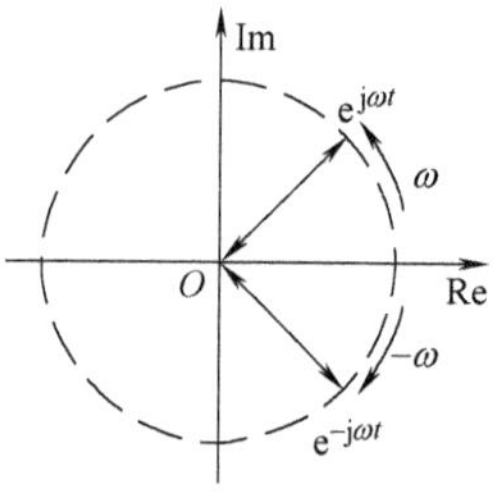

图 3-8 复指数函数的复平面表示

由欧拉公式可得

$$\cos\omega t=\frac{1}{2}(e^{-j\omega t}+e^{j\omega t})$$

$$\sin\omega t=j\frac{1}{2}(e^{-j\omega t}-e^{j\omega t})$$

则式（3-1）可改写为

$$x(t)=a_0+\sum_{n=1}^{\infty}(a_n\cos n\omega_0 t+b_0\sin n\omega_0 t)$$

将正、余弦函数的复指数表示形式代入上式得

$$x(t)=a_0+\sum_{n=1}^{\infty}\left[\frac{1}{2}(a_n+\mathrm{j}b_n)\mathrm{e}^{-\mathrm{j}n\omega_0 t}+\frac{1}{2}(a_n-\mathrm{j}b_n)\mathrm{e}^{\mathrm{j}n\omega_0 t}\right] \tag{3-2}$$

令 $c_0=a_0$，$c_n=\frac{1}{2}(a_n-\mathrm{j}b_n)$ ，$c_{-n}=\frac{1}{2}(a_n+\mathrm{j}b_n)$

则式（3-2）可变为

$$x(t)=c_0+\sum_{n=1}^{\infty}c_{-n}\mathrm{e}^{-\mathrm{j}n\omega_0 t}+\sum_{n=1}^{\infty}c_n\mathrm{e}^{\mathrm{j}n\omega_0 t} \tag{3-3}$$

令 $m=-n$，则

$$\sum_{n=1}^{\infty}c_{-n}\mathrm{e}^{-\mathrm{j}n\omega_0 t}=\sum_{m=-1}^{-\infty}c_m\mathrm{e}^{\mathrm{j}m\omega_0 t}=\sum_{m=-\infty}^{-1}c_m\mathrm{e}^{\mathrm{j}m\omega_0 t}$$

将其代入式（3-3），得

$$x(t)=c_0+\sum_{n=1}^{\infty}c_{-n}\mathrm{e}^{-\mathrm{j}n\omega_0 t}+\sum_{n=-\infty}^{-1}c_n\mathrm{e}^{\mathrm{j}n\omega_0 t}=\sum_{n=-\infty}^{\infty}c_n\mathrm{e}^{\mathrm{j}n\omega_0 t} \tag{3-4}$$

其中

$$\begin{aligned}c_n&=\frac{1}{2}(a_n-\mathrm{j}b_n)=\frac{1}{2}\left(\frac{1}{T_0}\int_{-T_0/2}^{T_0/2}x(t)\cos n\omega_0 t\mathrm{d}t-\mathrm{j}\frac{1}{T_0}\int_{-T_0/2}^{T_0/2}x(t)\sin n\omega_0 t\mathrm{d}t\right)\\&=\frac{1}{T}\int_{-T/2}^{T/2}x(t)\mathrm{e}^{-\mathrm{j}n\omega_0 t}\end{aligned} \tag{3-5}$$

一般地，c_n 为复数，即 $c_n=c_{n\mathrm{R}}+\mathrm{j}c_{n\mathrm{I}}=|c_n|\mathrm{e}^{\mathrm{j}\varphi_n}$

$$|c_n|=\sqrt{c_{n\mathrm{R}}^2+c_{n\mathrm{I}}^2},\quad \varphi_n=\arctan\frac{c_{n\mathrm{I}}}{c_{n\mathrm{R}}}$$

式（3-4）说明，周期信号 $x(t)$ 是若干个余弦波构成，这些余弦波的幅值为 $|c_n|$；这些余弦波的频率为 $n\omega_0$；这些余弦波的初始相角为 φ_n。

以频率 ω 为横坐标，$|c_n|$ 为纵坐标，可得幅频谱；频率为横坐标，φ_n 为纵坐标，可得相频谱。此时频率 ω 的取值范围是（$-\infty$，∞），在纵坐标两侧都取值，所以叫双边谱。

以频率 ω 为横坐标，c_n 的实部为纵坐标，可得实频谱；频率为横坐标，c_n 的虚部为纵坐标，可得虚频谱。

例 3-2 画出余弦、正弦函数的单边、双边、实部、虚部频谱图。

解： 由欧拉公式

$$\cos\omega_0 t=\frac{1}{2}(\mathrm{e}^{-\mathrm{j}\omega_0 t}+\mathrm{e}^{\mathrm{j}\omega_0 t}),\quad \sin\omega_0 t=\mathrm{j}\frac{1}{2}(\mathrm{e}^{-\mathrm{j}\omega t}-\mathrm{e}^{\mathrm{j}\omega_0 t})$$

对余弦函数

$$c_{-1}=\frac{1}{2}\quad c_1=\frac{1}{2}$$

对正弦函数

$$c_{-1}=\frac{1}{2}\mathrm{j}\quad c_1=-\frac{1}{2}\mathrm{j}$$

由此可得余弦、正弦函数的单边、双边、实部、虚部频谱图如图 3-9 所示。

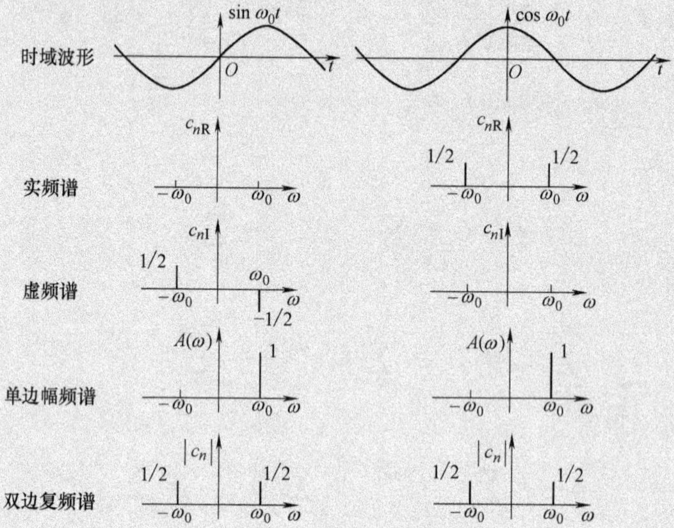

图 3-9 余弦、正弦函数的频谱图

3.2.3 单边谱与双边谱的区别

单边谱与双边谱的区别见表 3-1。

表 3-1 单边谱与双边谱的区别

项目	数学表达式	频率取值范围	幅频纵坐标	相频纵坐标
单边谱	$\sum_{n=0}^{\infty}A_n\cos(n\omega_0t+\varphi_n)$	$[0,\infty)$	A_n	φ_n
双边谱	$\sum_{n=-\infty}^{\infty}c_n\mathrm{e}^{\mathrm{j}n\omega_0t}$	$(-\infty,\infty)$	$\lvert c_n\rvert=\frac{1}{2}A_n$ ($\omega\neq0$)	$\arctan\frac{c_{nI}}{c_{nR}}$

单边谱横坐标取值范围是 $[0,\ \infty)$，双边谱横坐标取值范围是 $(-\infty,\ \infty)$；0 频率分量单边谱的幅值等于双边谱幅值，其余频率下，单边谱的幅值是双边谱幅值的两倍。但因为单边谱、双边谱只是在不同角度分析同一个信号，其能量是不变的。

3.2.4 周期信号频谱的特点

1）周期信号的频谱是离散的，具有离散性。

2）每条谱线出现在基波频率的整数倍上，具有谐波性。

3）信号各频谱分量的谱线的幅值随频率升高而趋于 0，具有收敛性。

3.2.5　周期信号频谱的物理含义

由前面分析可知，周期信号由一系列余弦信号叠加组成。这些余弦信号的幅值和相位构成了幅频谱和相频谱的纵坐标。频谱图的横坐标表示信号的组成成分的频率；幅频纵坐标表示信号各组成成分的幅值，反映能量大小，数值越大，表示占整个信号的比重越大；相频纵坐标表示信号各组成成分的相位，反映与参考点时间的先后关系。在实际分析过程中，我们更多关心的是能量的大小，信号幅频谱中幅值高的为信号的主要成分（主要频率分量）。当我们找到信号中的主要频率分量后应根据具体实际确定频率分量的来源，即信号来源，即是什么发出了该频率信号。然后具体问题具体对待，需要增幅的进行信号放大；需要减弱的进行信号衰减。信号频谱图物理含义见表 3-2。

3-2
轧机试验及信号分析

3-3
实时频谱分析技术及仪器

表 3-2　信号频谱图物理含义

坐标	物理含义
横坐标	信号组成成分频率
幅频纵坐标	信号频率组成成分的幅值(能量)
相频纵坐标	信号频率组成成分的相角(与参考点时间先后关系)

一般来讲，我们所分析的信号时间通常在参考点（坐标原点）之后，所以初始相角通常为负。

例 3-3　图 3-10 为两幅值相等、周期一致的周期方波的时域及频域波形。两信号能量相等，所以幅频谱相同。因为两者时间上存在先后顺序，存在相位差，所以相频谱不同。

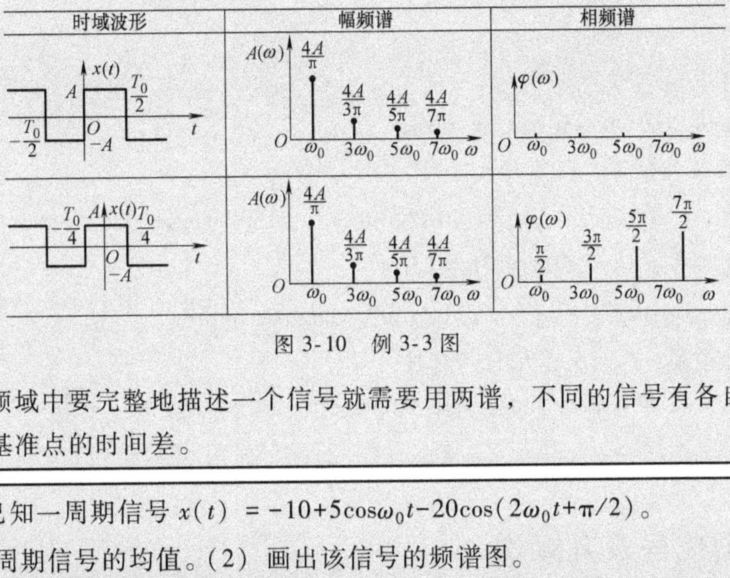

图 3-10　例 3-3 图

说明，在频域中要完整地描述一个信号就需要用两谱，不同的信号有各自的频谱。相频谱反映信号与基准点的时间差。

例 3-4　已知一周期信号 $x(t)=-10+5\cos\omega_0 t-20\cos(2\omega_0 t+\pi/2)$。

（1）求该周期信号的均值。（2）画出该信号的频谱图。

解：（1）余弦函数具有对称性，其均值为零。

所以 $x(t)$ 的均值为−10。

（2）$x(t)=10\cos(0+\pi)+5\cos(\omega_0 t+0)+20\cos(2\omega_0 t+3\pi/2)$

信号的频谱图如图 3-11 所示。

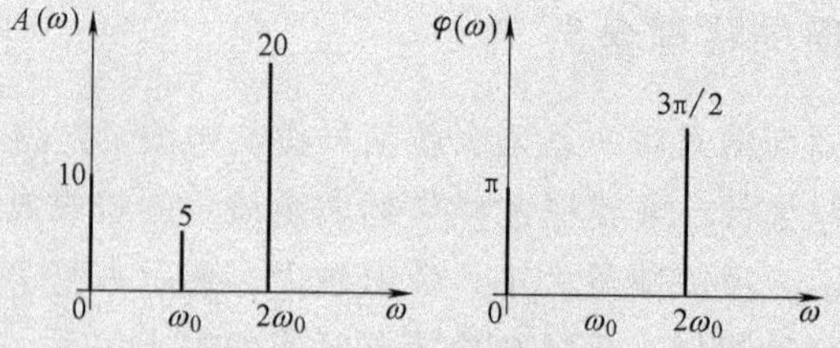

图 3-11　例 3-4 图

例 3-5　车床加工外圆表面时，表面振纹主要由转动轴上齿轮的不平衡惯性力而使主轴箱振动所引起。振纹的幅值谱如图 3-12a 所示，主轴箱传动示意图如图 3-12b 所示。传动轴Ⅰ、传动轴Ⅱ和主轴Ⅲ上的齿轮齿数为 $z_1=30$、$z_2=40$、$z_3=20$、$z_4=50$，传动轴转速 $n_{\mathrm{I}}=2000\mathrm{r/min}$。

（1）试写出振纹数学表达式（假设相位无滞后）。

（2）试分析哪一根轴上的齿轮不平衡量对加工表面的振纹影响最大？为什么？

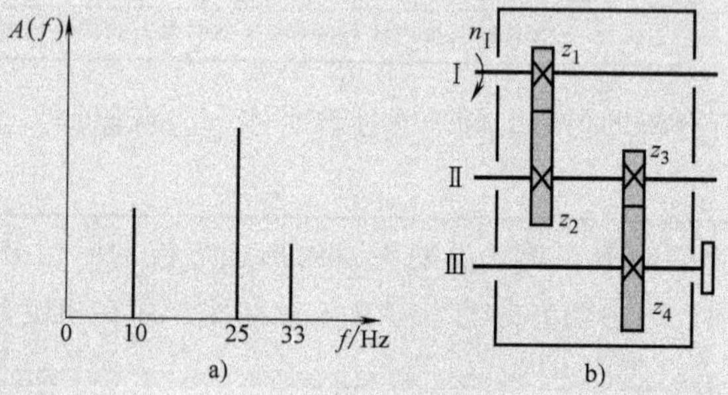

图 3-12　例 3-5 图

解：（1）$3\cos 20\pi t+5\cos 50\pi t+2\cos 66\pi t$

（2）轴Ⅰ的转动频率：$f_{\mathrm{I}}=2000/60\mathrm{Hz}=33.3\mathrm{Hz}$

轴Ⅱ的转速：$n_{\mathrm{II}}=z_1/z_2\times n_{\mathrm{I}}=30/40\times 2000\mathrm{r/min}=1500\mathrm{r/min}$

轴Ⅱ的转动频率：$f_{\mathrm{II}}=1500/60\mathrm{Hz}=25\mathrm{Hz}$

轴Ⅲ的转速：$n_{\mathrm{III}}=z_3/z_4\times n_{\mathrm{II}}=20/50\times 1500\mathrm{r/min}=600\mathrm{r/min}$

轴Ⅱ的转动频率：$f_{\mathrm{III}}=600/60\mathrm{Hz}=10\mathrm{Hz}$

故：从频谱上可看出轴Ⅱ上齿轮的不平衡对加工表面的振纹影响最大，因为其频率相同、幅值最大。

3.3　非周期信号及其频谱

3-4 齿轮箱频谱分析

实际测试过程中，严格的周期信号一般很少，而常见的都是非周期信号。例如，在汽车及零部件结构性能试验中的冲击激励信号，汽车噪声测试中噪声仪测得的噪声信号。

非周期信号不具备周期性，不能使用傅里叶级数，因此需要寻找新的数学工具，这就是傅里叶变换。

3.3.1　傅里叶变换

设有一周期为 T 的周期信号 $x_T(t)$，在区间 $[-T/2,\ T/2]$ 等于非周期信号 $x(t)$，在区间 $[-T/2,\ T/2]$ 以外以周期 T 延拓，如图 3-13 所示。

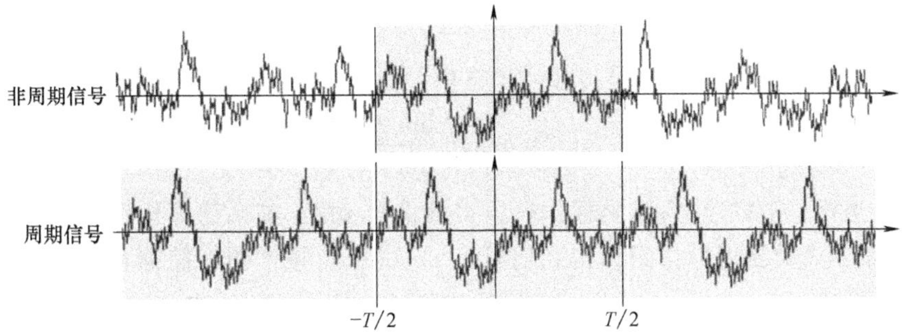

图 3-13　周期信号与非周期信号

T 越大，$x_T(t)$ 与 $x(t)$ 相等的范围也就越大，当 $T\to\infty$ 时，周期信号 $x_T(t)$ 就变成了非周期信号 $x(t)$，即

$$x(t)=\lim_{T\to\infty}x_T(t) \tag{3-6}$$

将式（3-4）、式（3-5）代入式（3-6）得

$$\begin{aligned}x(t)&=\lim_{T\to\infty}\frac{1}{T}\sum_{n=-\infty}^{\infty}\left[\int_{-T/2}^{T/2}x(\tau)\mathrm{e}^{-\mathrm{j}n\omega_0\tau}\mathrm{d}\tau\right]\mathrm{e}^{\mathrm{j}n\omega_0 t}\\&=\lim_{T\to\infty}\frac{1}{T}\sum_{n=-\infty}^{\infty}\left[\int_{-\infty}^{\infty}x(\tau)\mathrm{e}^{-\mathrm{j}n\omega_0\tau}\mathrm{d}\tau\right]\mathrm{e}^{\mathrm{j}n\omega_0 t}\end{aligned}$$

又 $\frac{1}{T}=\frac{\omega_0}{2\pi}$，代入上式，得

$$x(t)=\lim_{\omega_0\to 0}\frac{1}{2\pi}\sum_{n=-\infty}^{\infty}\left[\int_{-\infty}^{\infty}x(\tau)\mathrm{e}^{-\mathrm{j}n\omega_0\tau}\mathrm{d}\tau\right]\mathrm{e}^{\mathrm{j}n\omega_0 t}\omega_0 \tag{3-7}$$

令

$$X(\omega)=\int_{-\infty}^{\infty}x(t)\mathrm{e}^{-\mathrm{j}\omega t}\mathrm{d}t \tag{3-8}$$

则

$$x(t)=\lim_{\omega_0\to 0}\frac{1}{2\pi}\sum_{n=-\infty}^{\infty}\left[X(\omega)\mathrm{e}^{\mathrm{j}\omega t}\right]_{\omega=n\omega_0}\omega_0$$

上式可以看做是 $\frac{1}{2\pi}X(\omega)\mathrm{e}^{\mathrm{j}\omega t}$ 在 $(-\infty,\ \infty)$ 上的积分，即

$$x(t)=\frac{1}{2\pi}\int_{-\infty}^{\infty}X(\omega)\mathrm{e}^{\mathrm{j}\omega t}\mathrm{d}\omega \tag{3-9}$$

将 $\omega=2\pi f$ 代入式（3-8）和式（3-9）得

$$X(f)=\int_{-\infty}^{\infty}x(t)\mathrm{e}^{-\mathrm{j}2\pi ft}\mathrm{d}t \tag{3-10}$$

$$x(t)=\int_{-\infty}^{\infty}X(f)\mathrm{e}^{\mathrm{j}2\pi ft}\mathrm{d}f \tag{3-11}$$

式（3-8）和式（3-10）称为非周期信号 $x(t)$ 的傅里叶变换，式（3-9）和式（3-11）称为非周期信号 $x(t)$ 的傅里叶反变换。两者构成傅里叶变换对，简记为

$$x(t)\underset{\text{IFT}}{\overset{\text{FT}}{\Leftrightarrow}}X(\omega) \quad x(t)\underset{\text{IFT}}{\overset{\text{FT}}{\Leftrightarrow}}X(f)$$

3.3.2 非周期信号的频谱

$X(f)$ 一般为复数，它可以表示成复数的模和相角的形式，也可以表示成实部和虚部之和的形式，即

$$X(f)=|X(f)|\mathrm{e}^{\mathrm{j}\varphi(f)}=\mathrm{Re}(X(f))+\mathrm{j}\mathrm{Im}(X(f)) \tag{3-12}$$

式中
$$\phi(f)=\arctan\frac{\mathrm{Im}(X(f))}{\mathrm{Re}(X(f))}$$

以 f 为横坐标，$|X(f)|$ 为纵坐标作图，得到信号 $x(t)$ 的幅值频谱图，简称幅频谱；以 f 为横坐标，$\phi(f)$ 为纵坐标作图，得到信号 $x(t)$ 的相位频谱图，简称相频谱。

以 f 为横坐标，$\mathrm{Re}(X(f))$ 为纵坐标作图，得到信号 $x(t)$ 的实部频谱图，简称实频谱；以 f 为横坐标，$\mathrm{Im}(X(f))$ 为纵坐标作图，得到信号 $x(t)$ 的虚部频谱图，简称虚频谱。

非周期信号仍然可以分解成谐波信号的叠加。与周期信号不同，各谐波信号的频率是连续的，而不是离散的。

周期信号的频谱线是离散的，其频率间隔为 $\Delta\omega=\omega_0=2\pi/T_0$，可以把非周期信号看作周期为无穷大的周期信号。当周期 T 趋于无穷大时，其频率间隔 $\Delta\omega$ 趋于无穷小，谱线无限靠近。频率 ω 趋于连续取值以致离散谱线变成连续谱线，因此，非周期信号的谱线是连续谱。为更好地理解这一点，可分析研究周期矩形波在周期变大过程中频谱谱线的变化情况。如图3-14所示，矩形波周期分别为 $T_1=4\tau$，$T_1=8\tau$，$T_1=16\tau$，$T_1\to\infty$，其中 τ 为矩形脉冲宽度。

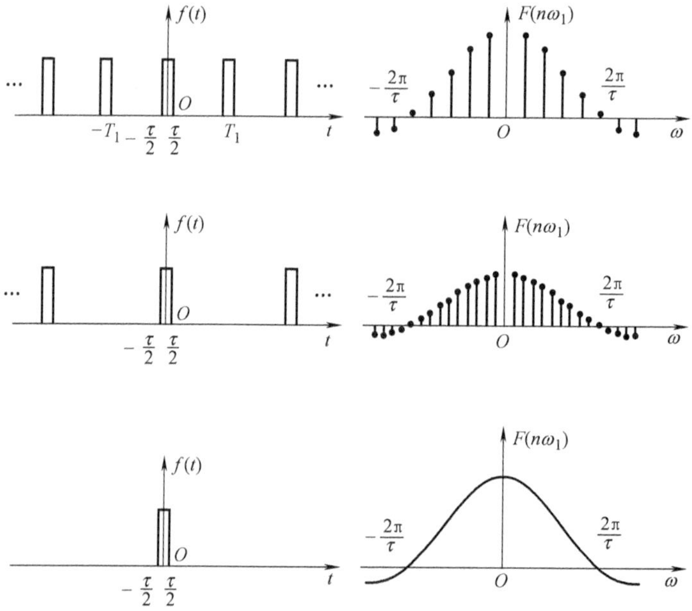

图 3-14 周期与频谱的关系

例 3-6　求图 3-15 所示矩形窗函数的频谱。

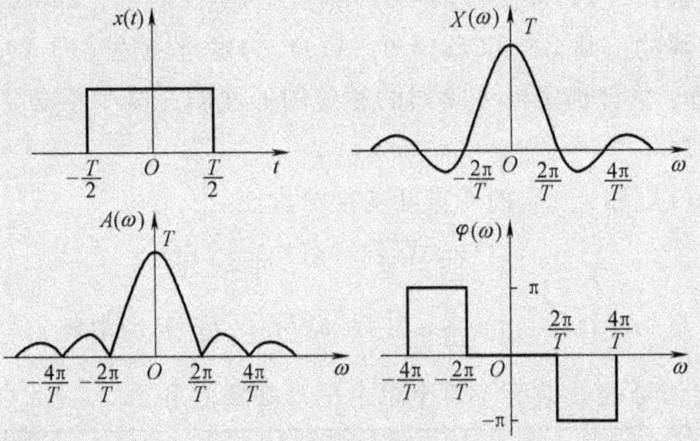

图 3-15　矩形窗函数及其频谱

解： 该矩形窗函数的时域表达式为

$$x(t)=\begin{cases}1, & |t|\leqslant T/2\\ 0, & |t|>T/2\end{cases}$$

对其做傅里叶变换得

$$X(\omega)=\int_{-\infty}^{\infty}x(t)\mathrm{e}^{-\mathrm{j}\omega t}\mathrm{d}t=\int_{-T/2}^{T/2}\mathrm{e}^{-\mathrm{j}\omega t}\mathrm{d}t=T\mathrm{sinc}\left(\frac{\omega T}{2}\right)$$

其中

$$\mathrm{sinc}\theta=\frac{\sin\theta}{0}$$

$$A\ (\omega)\ =AT\left|\sin\frac{\omega T}{2}\right|$$

$$\varphi(\omega)=\begin{cases}0, & \dfrac{4n\pi}{T}<|\omega|<\dfrac{2(2n-1)\pi}{T}\\ \pi, & \dfrac{2(2n-1)\pi}{T}<|\omega|<\dfrac{4(n+1)\pi}{T}\end{cases}\quad (n=0,1,2,\cdots)$$

3.3.3　傅里叶变换的主要性质

傅里叶变换有很多重要性质，了解它们，可以帮助我们掌握信号的时域和频域之间的对应关系和转换规律，更快地求得信号的频谱，更好地理解信号，更深入地分析信号。

1. 奇偶虚实特性

$$X(f)=\int_{-\infty}^{\infty}x(t)\mathrm{e}^{-\mathrm{j}2\pi ft}\mathrm{d}t=\mathrm{Re}(X(f))-\mathrm{jIm}(X(f))$$

$$\mathrm{Re}(X(f))=\int_{-\infty}^{\infty}x(t)\cos2\pi ft\mathrm{d}t$$

$$\mathrm{Im}(X(f))=\int_{-\infty}^{\infty}x(t)\sin2\pi ft\mathrm{d}t$$

实函数 $x(t)$ 的傅里叶变换 $X(f)$ 的实部 $\mathrm{Re}(X(f))$ 为偶函数，虚部 $\mathrm{Im}(X(f))$ 为奇函

数。$X(f)$ 的模 $|X(f)|$ 为偶函数，相位 $\angle X(f)$ 为奇函数。

如果 $x(t)$ 为偶函数，则 $\mathrm{Im}(X(f))=0$，$X(f)$ 为实偶函数，即 $X(f)=\mathrm{Re}(X(f))$。

如果 $x(t)$ 为奇函数，则 $\mathrm{Re}(X(f))=0$，$X(f)$ 为虚奇函数，即 $X(f)=\mathrm{jIm}(X(f))$。

应用此性质有助于估计傅里叶变换对的相应图形性质，减少不必要的计算。

2. 线性叠加特性

如果时域信号 $x(t)$ 和 $y(t)$ 的傅里叶变换分别有

$$x(t)\underset{\mathrm{IFT}}{\overset{\mathrm{FT}}{\Leftrightarrow}}X(f)\quad y(t)\underset{\mathrm{IFT}}{\overset{\mathrm{FT}}{\Leftrightarrow}}Y(f)$$

则

$$ax(t)+by(t)\underset{\mathrm{IFT}}{\overset{\mathrm{FT}}{\Leftrightarrow}}aX(f)+bY(f)\quad (a,b\text{ 为常数})$$

此性质说明相加信号的频谱等于各个单个信号频谱之和。

例 3-7 求图 3-16a 所示波形的频谱。

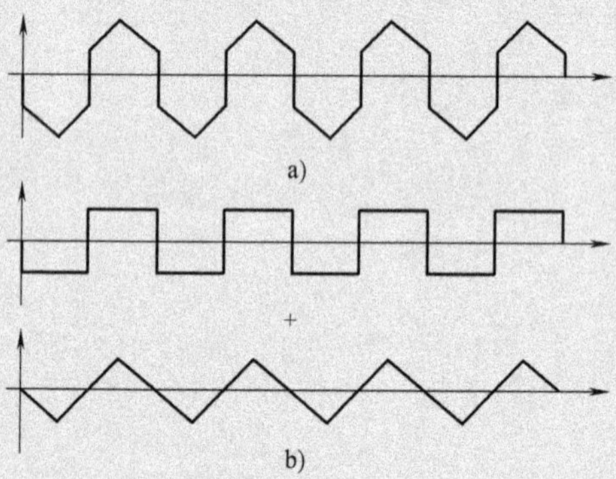

图 3-16 例 3-7 图

解： 利用线性叠加特性，图 3-16a 可简化成图 3-16b 所示方波与三角波之和，再利用相关公式得到原信号频谱。

3. 对称特性

若 $x(t)\Leftrightarrow X(f)$，则 $X(t)\Leftrightarrow x(-f)$。

证

$$x(t)=\int_{-\infty}^{\infty}X(f)\mathrm{e}^{\mathrm{j}2\pi ft}\mathrm{d}f$$

以 $-t$ 替代 t 得

$$x(-t)=\int_{-\infty}^{\infty}X(f)\mathrm{e}^{-\mathrm{j}2\pi ft}\mathrm{d}f$$

将 t 和 f 互换，得

$$x(-f)=\int_{-\infty}^{\infty}X(t)\mathrm{e}^{-\mathrm{j}2\pi ft}\mathrm{d}t$$

即

$$X(t)\Leftrightarrow x(-f)$$

图 3-17 即为一对称傅里叶变换对。上面两个图形为矩形窗函数的时域与频域波形，下面左侧一信号的时域波形与矩形窗函数频域波形的图像一致，则其频域波形与矩形窗函数时域波形的图像一致。

应用这个性质，可以避开复杂的积分运算，利用已知的傅里叶变换对，获得相应对称的变换对。

4. 时间尺度改变特性

若 $x(t)\Leftrightarrow X(f)$，则 $x(kt)\Leftrightarrow\dfrac{1}{k}X\left(\dfrac{f}{k}\right)(k>0)$。

证　$\displaystyle\int_{-\infty}^{\infty}x(kt)\mathrm{e}^{-\mathrm{j}2\pi ft}\mathrm{d}t=$

$$\frac{1}{k}\int_{-\infty}^{\infty}x(kt)\mathrm{e}^{-\mathrm{j}2\pi\frac{f}{k}kt}\mathrm{d}(kt)=\frac{1}{k}X\left(\frac{f}{k}\right)$$

当时间尺度压缩（$k>1$）时，频谱的频带加宽，幅值压低；当时间尺度扩展（$k<1$）时，频谱的频带变窄，幅值增高。

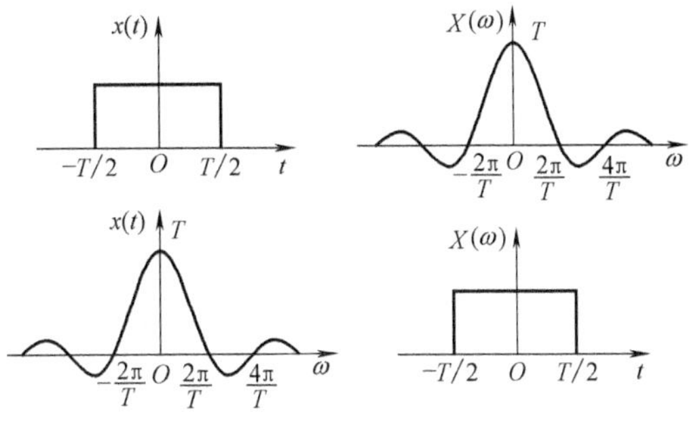

图 3-17　傅里叶变换对称性

以矩形窗为例，如图 3-18 所示，表明时间尺度变化对应的频域波形的变化情况。

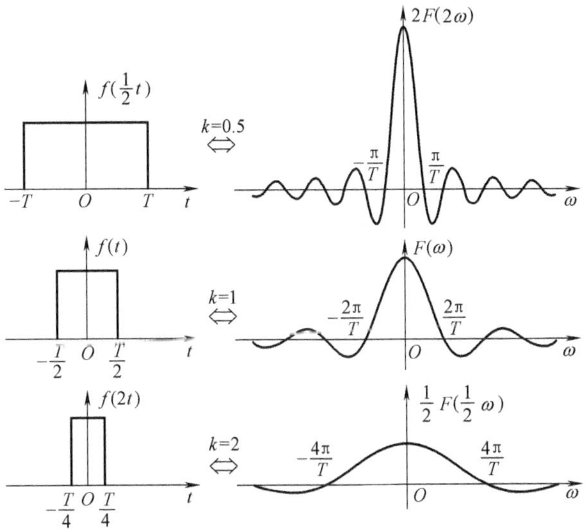

图 3-18　傅里叶变换时间尺度改变特性

时间尺度改变特性似乎不好理解。其实我们在生活中常常遇到。比如，当单放机快进播放音乐时，这便是慢录快放，时间尺度压缩，此时，变换之后的信号频率增高，声音明显变尖；当单放机电不足时，这便是快录慢放，时间尺度拉升，此时，变换之后的信号频率降低，声音变得低沉。

时间尺度改变性质在工程中常常得到应用。例如，在记录瞬态冲击信号时，为了便于计算机数据采集，可采用记录磁带快录慢放的方法改变时间尺度，同时降低了后续仪器的带宽要求。

5. 时移特性

若 $x(t)\Leftrightarrow X(f)$，则 $x(t\pm t_0)\Leftrightarrow\mathrm{e}^{\pm 2\pi ft_0}X(f)$（$t_0$ 为常值）。

证　令 $s=t\pm t_0$，则

$$\int_{-\infty}^{+\infty}x(t\pm t_0)\mathrm{e}^{-\mathrm{j}2\pi ft}\mathrm{d}t=\int_{-\infty}^{+\infty}x(s)\mathrm{e}^{-\mathrm{j}2\pi f(s\mp t_0)}\mathrm{d}s$$

$$= e^{\pm j2\pi f t_0}\int_{-\infty}^{+\infty} x(s)e^{-j2\pi fs}ds = e^{\pm j2\pi f t_0}x(f)$$

即 $x(t\pm t_0)\Leftrightarrow e^{\pm 2\pi f t_0}X(f)$

因为 $|e^{\pm 2\pi f t_0}X(f)|=|X(f)|$，所以信号沿时间轴平移一个常值 t_0 时，频谱函数将乘上因子 $e^{\pm 2\pi f t_0}$，幅值谱不变，仅改变相位谱。这也很好理解，信号发生时移，能量不变，和原信号相比，只是时间上发生改变，和前面分析的信号三要素物理含义一致。

图 3-19 所示为 $2\cos(\omega_0 t+\varphi)$ 的时域波形及实频、虚频图，φ 分别为 0、$-\pi/4$、$-\pi/2$、$-\pi$。

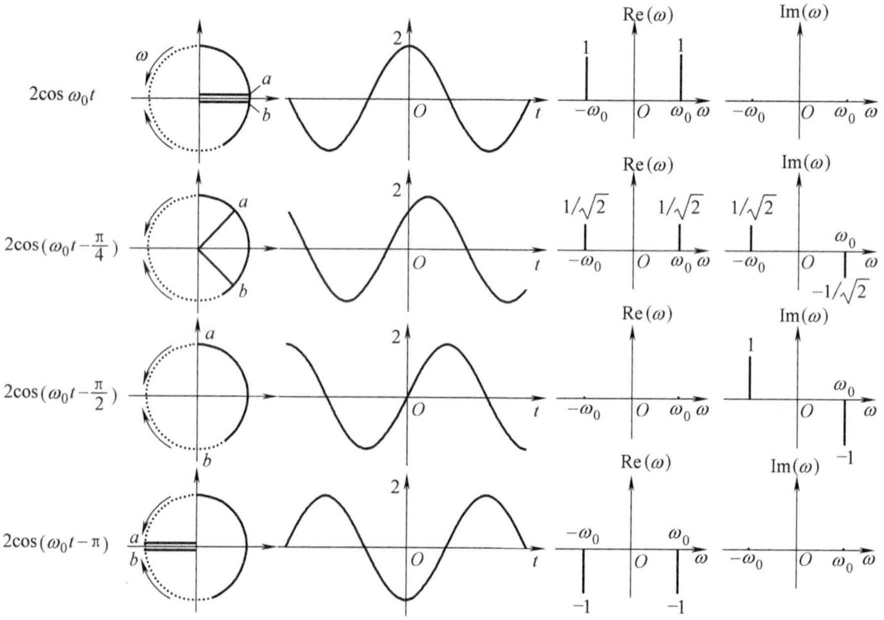

图 3-19 傅里叶变换时移特性

由例 3-2 可知 $$2\cos\omega_0 t=\sum_{n=-\infty}^{\infty} c_n e^{jn\omega_0 t}=1\cdot e^{-j\omega_0 t}+1\cdot e^{j\omega_0 t}$$

这里，$c_1=1$，$c_2=1$。c_1、c_2 这两个旋转矢量在复平面图中表示为 a 和 b（本应与实轴重合，为了能看清，故稍稍错开了实轴）；

当 $2\cos\omega_0 t$ 前移 $\pi/4$ 变为 $2\cos(\omega_0 t-\pi/4)$ 时，矢量 c_1、c_2 各自旋转 $\pi/4$，变为

$$c_1=\frac{1}{\sqrt{2}}-\frac{1}{\sqrt{2}}j,\quad c_2=\frac{1}{\sqrt{2}}+\frac{1}{\sqrt{2}}j;$$

当 $2\cos\omega_0 t$ 前移 $\pi/2$ 变为 $2\cos(\omega_0 t-\pi/2)$ 时，矢量 c_1、c_2 各自旋转 $\pi/2$，变为

$$c_1=-j,\quad c_2=j;$$

当 $2\cos\omega_0 t$ 前移 π 变为 $2\cos(\omega_0 t-\pi)$ 时，矢量 c_1、c_2 各自旋转 π，变为

$$c_1=-1,\quad c_2=-1。$$

6. 频移特性

若 $x(t)\Leftrightarrow X(f)$，则 $x(t)e^{\pm j2\pi f_0 t}\Leftrightarrow X(f\mp f_0)$（$f_0$ 为常值）。

证 $$F[x(t)e^{\pm j2\pi f_0 t}]=\int_{-\infty}^{\infty} x(t)e^{\pm j2\pi f_0 t}e^{-j2\pi ft}dt$$

$$= \int_{-\infty}^{\infty} x(t)\mathrm{e}^{-\mathrm{j}2\pi(f\mp f_0)t}\mathrm{d}t$$
$$= X(f \mp f_0)$$

频移性质说明，原信号 $x(t)$ 乘以因子 $\mathrm{e}^{\pm \mathrm{j}2\pi f_0 t}$，即乘上一简单信号，频域中频谱沿频率轴移动 f_0。该性质在通信、调制、滤波等技术中得到了重要应用。

7. 微分特性

若 $x(t) \Leftrightarrow X(f)$，则 $\dfrac{\mathrm{d}x(t)}{\mathrm{d}t} \Leftrightarrow (\mathrm{j}2\pi f)X(f)$。

证
$$x(t) = \int_{-\infty}^{\infty} X(f)\mathrm{e}^{\mathrm{j}2\pi ft}\mathrm{d}f$$

两边对 t 求导，得

$$\frac{\mathrm{d}x(t)}{\mathrm{d}t} = \int_{-\infty}^{\infty} \mathrm{j}2\pi fX(f)\mathrm{e}^{\mathrm{j}2\pi ft}\mathrm{d}f = F^{-1}[\mathrm{j}2\pi fX(f)]$$

即
$$\frac{\mathrm{d}x(t)}{\mathrm{d}t} \Leftrightarrow (\mathrm{j}2\pi f)X(f)$$

推论：
$$\frac{\mathrm{d}^n x(t)}{\mathrm{d}t^n} \Leftrightarrow (\mathrm{j}2\pi f)^n X(f)$$

8. 积分特性

若 $x(t) \Leftrightarrow X(f)$，则 $\int_{-\infty}^{t} x(t)\mathrm{d}t \Leftrightarrow \dfrac{1}{\mathrm{j}2\pi f}X(f)$ 。

证　令
$$g(t) = \int_{-\infty}^{t} x(t)\mathrm{d}t,\text{则 } g'(t) = x(t)$$

两边做傅里叶变换得

$$\mathrm{j}2\pi fG(f) = X(f), \quad G(f) = \frac{1}{\mathrm{j}2\pi f}X(f)$$

推论：
$$\underbrace{\int_{-\infty}^{t}\cdots\int_{-\infty}^{t}}_{n\text{次}} x(t)\mathrm{d}t \Leftrightarrow \frac{1}{(\mathrm{j}2\pi f)}X(f)$$

在振动测试中，如果测得被测对象的位移、速度、加速度任一参数，应用微分、积分特性便可得到其他参数的频谱。

9. 卷积特性

（1）卷积的定义　设两个函数 $x_1(t)$ 和 $x_2(t)$，记 $x_1(t) * x_2(t)$ 为 $x_1(t)$ 和 $x_2(t)$ 的卷积，即

$$x_1(t) * x_2(t) = \int_{-\infty}^{\infty} x_1(\tau)x_2(t-\tau)\mathrm{d}\tau$$

（2）卷积的物理含义　系统的输出 $y(t)$ 等于输入 $x(t)$ 与该系统脉冲响应 $h(t)$ 的卷积，即

$$y(t) = x(t) * h(t)$$

1）将信号 $x(t)$ 分解为许多宽度为 Δt 的窄条面积之和，$t=n\Delta t$ 时的第 n 个窄条的高度为 $x(n\Delta t)$，在 Δt 趋近于零的情况下，窄条可以看做强度等于窄条面积的脉冲（见图

3-20a)。

2）根据线性系统特性，在 $t=n\Delta t$ 时刻，窄条脉冲引起的响应为（见图 3-20b）

$$x(n\Delta t)\Delta t h(t-n\Delta t)$$

3）根据线性系统的叠加原理，各脉冲引起的响应之和为输出 $y(t)$（见图 3-20c），即

$$y(t)=\sum_{n=0}^{\infty}x(n\Delta t)\Delta t h(t-n\Delta t)$$

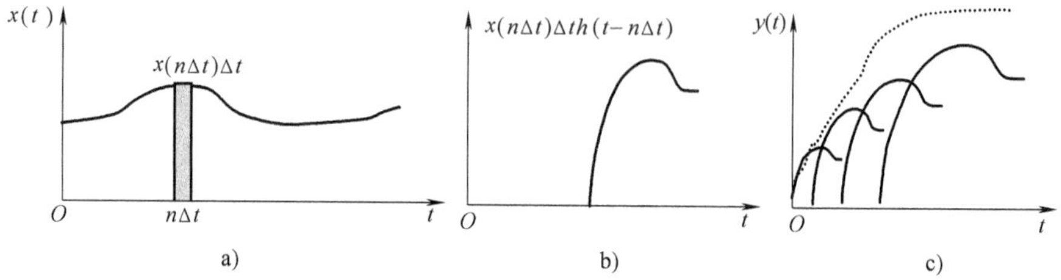

图 3-20　卷积的物理含义

卷积是一种数学运算，在信号分析、系统分析中有重要作用。但卷积运算在时域内极其复杂，如果利用傅里叶变换，在频域内分析可使计算量大大减小。

卷积特性如下：

若 $x_1(t)\Leftrightarrow X_1(f)$，$x_2(t)\Leftrightarrow X_2(f)$，则

$$x_1(t)*x_2(t)\Leftrightarrow X_1(f)X_2(f) \qquad \text{（时域卷积特性）}$$

$$x_1(t)x_2(t)\Leftrightarrow X_1(f)*X_2(f) \qquad \text{（频域卷积特性）}$$

证：先证时域卷积特性

$$\begin{aligned}F[x_1(t)*x_2(t)]&=\int_{-\infty}^{\infty}\left[\int_{-\infty}^{\infty}x_1(\tau)x_2(t-\tau)\mathrm{d}\tau\right]\mathrm{e}^{-\mathrm{j}2\pi ft}\mathrm{d}t\\&=\int_{-\infty}^{\infty}x_1(\tau)\left[\int_{-\infty}^{\infty}x_2(t-\tau)\mathrm{e}^{-\mathrm{j}2\pi ft}\mathrm{d}t\right]\mathrm{d}\tau\\&=\int_{-\infty}^{\infty}x_1(\tau)\left[X_2(f)\mathrm{e}^{-\mathrm{j}2\pi f\tau}\right]\mathrm{d}\tau\\&=\left[\int_{-\infty}^{\infty}x_1(\tau)\mathrm{e}^{-\mathrm{j}2\pi\tau t}\mathrm{d}\tau\right]X_2(f)\\&=X_1(f)*X_2(f)\end{aligned}$$

由对称性不难得到频域卷积特性。

卷积特性是傅里叶变换性质中最重要的性质之一。在信号分析中，会经常用到卷积特性。

综上，傅里叶变换的主要性质见表 3-3。

表 3-3　傅里叶变换的主要性质

性质名称	时域	频域
奇偶虚实性	$x(t)$为实偶函数	$X(f)$为实偶函数
	$x(t)$为实奇函数	$X(f)$为虚奇函数

（续）

性质名称	时域	频域
奇偶虚实性	$x(t)$ 为虚偶函数	$X(f)$ 为虚偶函数
	$x(t)$ 为虚奇函数	$X(f)$ 为实奇函数
线性叠加性	$ax(t)+by(t)$	$aX(f)+bY(f)$
对称性	$X(t)$	$x(-f)$
时间尺度改变特性	$x(kt)$	$\frac{1}{k}X\left(\frac{f}{k}\right)$
时移特性	$x(t\pm t_0)$	$e^{\pm 2\pi f t_0}X(f)$
频移特性	$x(t)e^{\pm j2\pi f_0 t}$	$X(f\mp f_0)$
微分特性	$\frac{dx(t)}{dt}$	$(j2\pi f)X(f)$
积分特性	$\int_{-\infty}^{t}x(t)dt$	$\frac{1}{j2\pi f}X(f)$
卷积特性	$x_1(t)*x_2(t)$	$X_1(f)X_2(f)$
	$x_1(t)x_2(t)$	$X_1(f)*X_2(f)$
巴什瓦尔等式	$\int_{-\infty}^{\infty}x^2(t)dt=\int_{-\infty}^{\infty}X^2(f)df$	

3.4　典型信号的频谱

3.4.1　矩形窗函数的频谱

矩形窗函数的频谱在前面已经讨论过。一个时域有限区间内有值的信号，其频谱却延伸到无限频率。若在时域中截取信号的一段记录长度，则相当于原信号和矩形窗函数的乘积，因而得到的频谱是原信号频谱与矩形窗函数频谱的卷积，它将是连续的、频率是无限的，即虽然周期信号频谱是离散的，但被截断后的频谱是连续的。

矩形窗函数的频谱如图 3-16 所示，在 $f=0\sim\pm1/T$ 之间的频峰，幅值最大，称作主瓣，两侧其他各谱峰值较低，称作旁瓣。主瓣宽度为 $2/T$，与窗时域宽度成反比，可见窗时域宽度越大，即截取的信号时长越大，主瓣宽度就越小，即其频带越窄，选择性越好。

3.4.2　单位脉冲信号的频谱

单位脉冲信号 $\delta(t)$ 表达式为

$$\delta(t)=\begin{cases}\infty\ , & t=0\\ 0, & t\neq 0\end{cases},\quad 且\int_{-\infty}^{\infty}\delta(t)dt=1$$

1. 脉冲函数的性质

（1）筛选性质　这是脉冲函数的一个重要的、极为有用的性质。因为脉冲函数只发生在$t=0$ 处，所以有

$$x(t)\delta(t)=x(0)\delta(t)$$

$$\int_{-\infty}^{\infty} x(t)\delta(t)\,\mathrm{d}t = \int_{-\infty}^{\infty} x(0)\delta(t)\,\mathrm{d}t = x(0)\int_{-\infty}^{\infty} \delta(t)\,\mathrm{d}t = x(0)$$

当脉冲函数时间延迟 t_0 时，即

$$\delta(t \pm t_0) = \begin{cases} \infty, t = \pm t_0 \\ 0, t \neq \pm t_0 \end{cases} \qquad \int_{-\infty}^{\infty} \delta(t \pm t_0)\,\mathrm{d}t = 1$$

此时脉冲函数的筛选性质可表示为

$$\int_{-\infty}^{\infty} x(t)\delta(t \pm t_0)\,\mathrm{d}t = x(\pm t_0)$$

(2) 卷积性质

$$x(t) * \delta(t) = \int_{-\infty}^{\infty} x(\tau)\delta(t-\tau)\,\mathrm{d}\tau$$

$$\overset{\delta(t-\tau)=\delta(\tau-t)}{\Rightarrow} \int_{-\infty}^{\infty} x(\tau)\delta(\tau - t)\,\mathrm{d}\tau = x(t)$$

同理有 $$x(t) * \delta(t \pm t_0) = x(t \pm t_0)$$

卷积性质说明，$x(t)$ 与 $\delta(t)$ 的卷积，即为 $x(t)$ 在脉冲信号发生时重建，如图 3-21 所示。

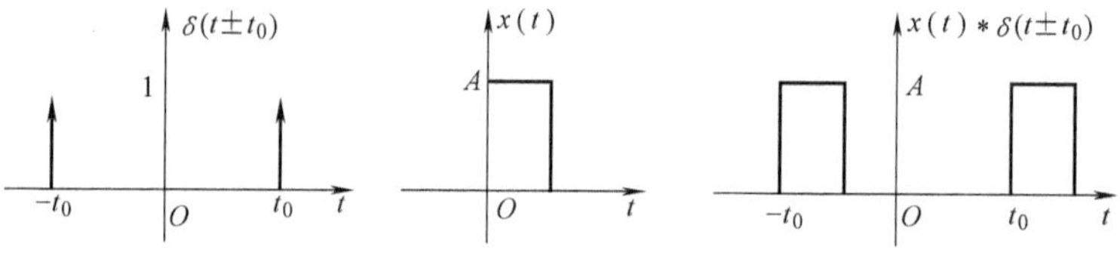

图 3-21　脉冲函数与其他函数的卷积示例

2. 脉冲函数的频谱

脉冲函数的傅里叶变换

$$\int_{-\infty}^{\infty} \delta(t)\mathrm{e}^{-\mathrm{j}2\pi ft}\,\mathrm{d}t = \mathrm{e}^0 = 1$$

所以，脉冲信号的频谱图如图 3-22 所示。脉冲信号与水平信号满足傅里叶变换的对称性。

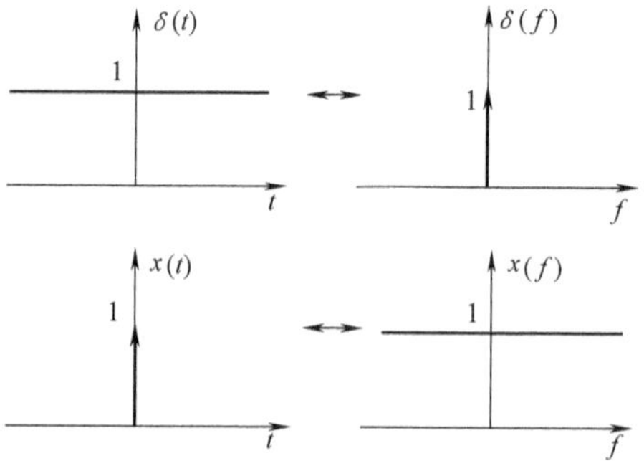

图 3-22　脉冲信号与水平信号频谱

由图 3-22 知，脉冲函数由无限个等强度的连续简谐波组成，即平等地包含所有频率成分。脉冲函数的这一特性具有广泛的实际应用价值。如用试验的方法求某一系统的固有频率时，常对系统进行各种不同频率的激励（激励的幅值不变），利用传感器测取系统的响应，若激励频率与固有频率相等，响应幅值最大，由此可获知系统固有频率。但这种方法每改变一次激励频率，都需测试一次，效率很低；并且要想激励频率与固有频率完全一致，很难，甚至无法实现。而采用脉冲函数输入，只需一次实验，即可获得系统的固有频率。基于同样道理，进行系统模态试验时也常利用脉冲函数作为输入，如图 3-23a 所示。图 3-23b 为试验专用力锤。

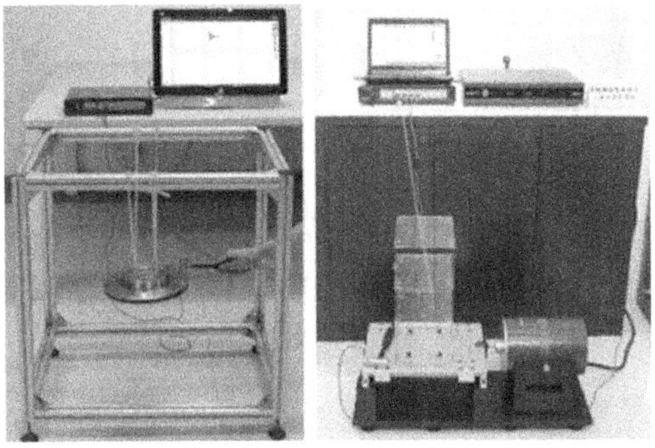

a)

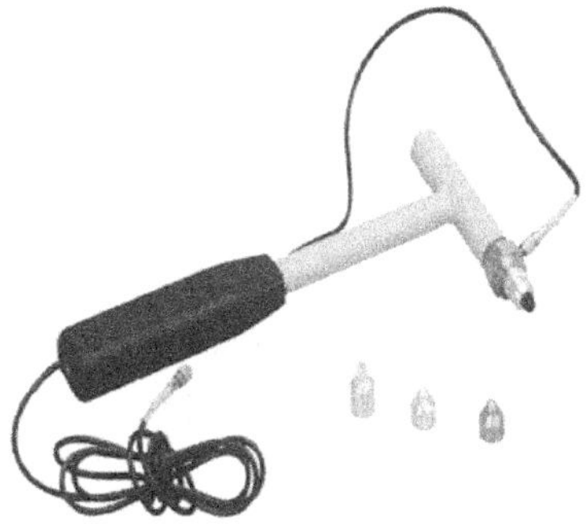

b)

图 3-23 模态试验及力锤示意图

3.4.3 单位脉冲序列的频谱

单位脉冲序列为

$$g(t)=\sum_{-\infty}^{\infty}\delta(t-nT)\quad(n=0,\ \pm1,\ \pm2,\cdots)$$

根据周期信号傅里叶级数的复指数形式，有

$$g(t)=\sum_{-\infty}^{\infty}c_n\mathrm{e}^{\mathrm{j}2\pi nf_0t}\quad\left(f_0=\frac{1}{T}\right)$$

$$c_n=\frac{1}{T}\int_{-T/2}^{T/2}g(t)\mathrm{e}^{-\mathrm{j}2\pi f_0t}\mathrm{d}t=\frac{1}{T}\int_{-T/2}^{T/2}\delta(t)\mathrm{e}^{-\mathrm{j}2\pi f_0t}\mathrm{d}t=\frac{1}{T}\mathrm{e}^{\mathrm{j}2\pi nf_0t}\Big|_{t=0}=\frac{1}{T}$$

所以

$$G(f)=F\left[\frac{1}{T}\sum_{-\infty}^{\infty}\mathrm{e}^{\mathrm{j}2\pi nf_0t}\right]=\frac{1}{T}\sum_{-\infty}^{\infty}\delta(f-nf_0)=\frac{1}{T}\sum_{-\infty}^{\infty}\delta\left(f-\frac{n}{T}\right)$$

可见，单位脉冲序列的频谱仍然是一个周期脉冲系列，周期为$\frac{1}{T}$，脉冲强度为$\frac{1}{T}$，如图 3-24 所示。

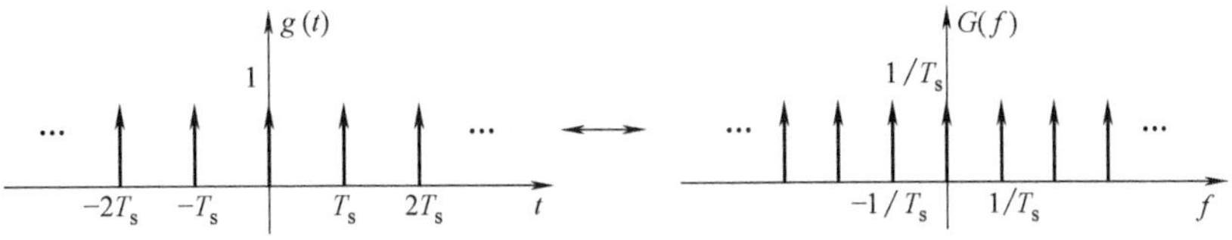

图 3-24 单位脉冲序列的频谱

3.5 随机信号

3.5.1 概述

随机信号是非确定信号，它随时间做无规律变化。尽管这种信号是随机的，但就其统计性质来看，往往显示出一定的规律性。因而可以用幅值超过某个值的概率、幅值的平均值或方差等统计量来分析随机信号。

图 3-25 所示为实验室车辆道路模拟试验示意图。四柱道路模拟机上施加路谱模拟信号，模拟实际道路行驶中的载荷信号，同时利用传感器获取试验车的响应信号，比如，车身底板加速度、车轮与车身的相对位移、悬架的弹簧应变等。传感器获取的信号即为一随机信号。

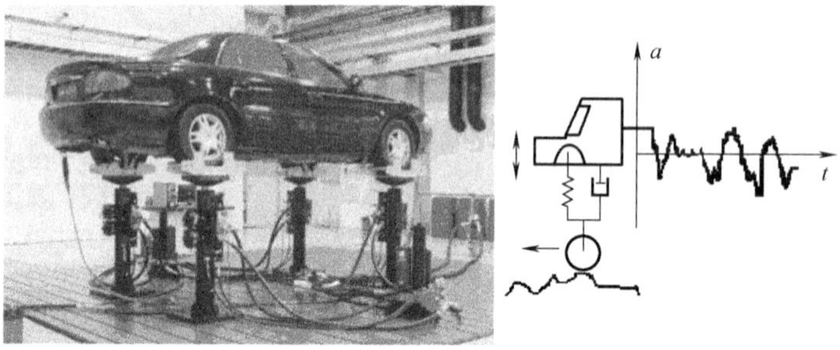

图 3-25　道路模拟试验

产生随机信号的物理现象称随机现象，产生随机现象的过程称随机过程，随机过程可分为平稳随机过程和非平稳随机过程。平稳随机过程又可分为各态历经过程和非各态历经过程。对随机过程做长时间的观测和记录，可以获得一个时间历程，称为样本函数，并记作 $x_i(t)$，如图 3-26 所示。在有限长时间上的样本函数称样本记录。

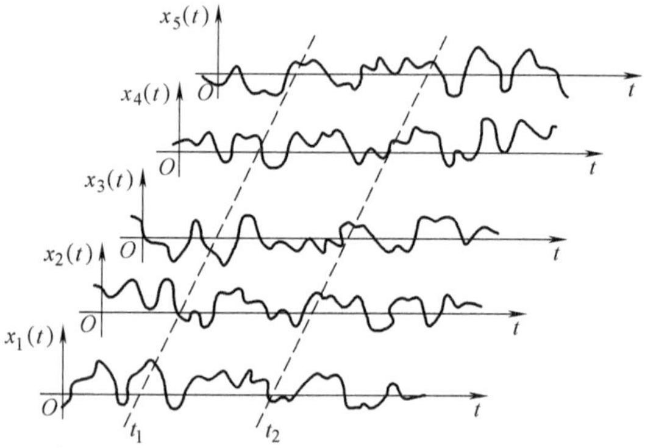

图 3-26　随机过程和样本函数

在相同的实验条件下，该过程重复观测，可以取到互不相同的许多样本函数：$x_1(t)$，$x_2(t)$，…，$x_i(t)$，全部样本函数的集合（总体）就是随机过程，记作 $\{x(t)\}$。即

$$\{x(t)\}=\{x_1(t),x_2(t),\cdots,x_i(t)\}$$

一般来说，任何一个样本函数都无法恰当地代表全部随机过程。完整地描述随机信号的总体需要无限多个子样，并且每个子样又需要无限长的时间历程。

3.5.2 平稳随机信号

1）假设发生这个随机过程的环境和主要条件，在时间历程上不变。平稳过程的均值

(数学期望)，均方值是与时间无关的常量，则

$$\lim_{N\to\infty}\frac{1}{N}\sum_{n=1}^{N}x_i(t_i)=\lim_{N\to\infty}\frac{1}{N}\sum_{n=1}^{N}x_i(t_2)=\cdots=\lim_{N\to\infty}\frac{1}{N}\sum_{n=1}^{N}x_i(t_n)=\text{cost}$$

2）所有子样的时间历程曲线都在某一水平线周围时随机地变化，而在时间 t_i 跨越各子样求得的统计特性参数与时间 $t=t+\tau$（τ 为任意值）的值是相同的，即与过程的起止时刻 t 无关，则

$$\lim_{N\to\infty}\frac{1}{N}\sum_{n\to1}^{N}x_i(t_1)x_i(t_1+\tau)=\lim_{N\to\infty}\frac{1}{N}\sum_{n\to1}^{N}x_i(t_2)x_i(t_2+\tau)=\cdots=\lim_{N\to\infty}\frac{1}{N}\sum_{n\to1}^{N}x_i(t_m)x_i(t_m+\tau)$$

如果随机信号满足平稳条件，则可节省测试和分析的时间与费用，并可以用一段时间的检测量代替全部时间检测量。

3.5.3　各态历经

在平稳随机过程中，如果任一单个样本函数的统计特征参数与该过程的集合统计特征参数是一致的，此平稳随机过程称各态历经（遍历性）过程，即可以用一个足够长的子样时间历程的统计特性参数来代表总体。

对各态历经过程，可以免去对随机物理现象的大量观测，只需对一次观测的样本进行分析就可以了。

各态历经过程在实际应用中是很重要的随机过程。工程实践中，大部分随机过程都可以近似认为是各态历经过程，以有限长度样本记录的观察分析来推断、估计被测对象的整个随机过程，以其时间平均来估计集合平均。

3.5.4　概率密度函数

3-5 典型概率密度函数

随机信号的概率密度函数表示信号幅值落在指定区间内的概率，即信号幅值的分布规律，其定义为

$$p(x)=\lim_{\Delta x\to0}\frac{P[x<x(t)\leqslant x+\Delta x]}{\Delta x}$$

$$\approx\frac{P[x<x(t)\leqslant x+\Delta x]}{\Delta x}\quad（\Delta x\text{ 足够小}）$$

图 3-27 所示为某随机过程的一个样本函数，在观察时间 T 内，$x(t)$ 的幅值落在（x，$x+\Delta x$）区间内的时间为

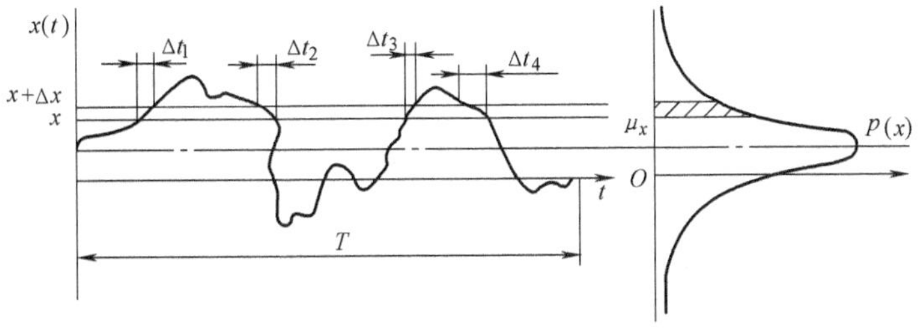

图 3-27　概率密度函数的计算

$$T_x = \Delta t_1 + \Delta t_1 + \cdots + \Delta t_n = \sum_{i=1}^{n} \Delta t_i$$

比值 T_x/T 就是幅值落在（x，$x+\Delta x$）区间内的概率。即

$$P[x<x(t) \leqslant x+\Delta x] \approx T_x/T \quad (T\text{ 足够大})$$

概率密度函数提供了随机信号幅值分布的信息，是随机信号的主要特征参数之一。不同的随机信号有不同的概率密度函数。可以借此来识别信号的性质。图 3-28 为常见的四种随机信号的概率密度函数图形。

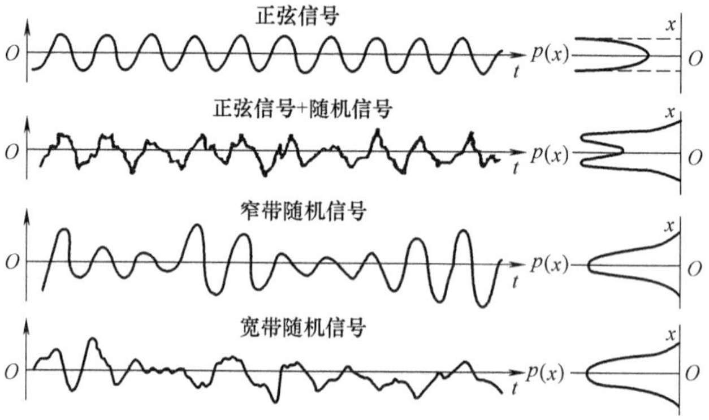

图 3-28　典型信号概率密度函数

不同性质信号的样本记录具有不同的概率密度函数。因此，可以通过分析概率密度函数来确定被测信号包含的成分。概率密度函数可用作一些机械关键部位设计的依据。例如，可以测出某机械部件在运行中所受的应力信号，计算其概率密度函数。对于应力集中的地方应重点考虑，采取加厚等措施。

3.6　MATLAB 在信号分析中的应用

例 3-8　画出图 3-29 所示周期信号的单边频谱。

考虑通用性，编写了计算任意周期信号频谱的通用函数 ZQXHFS。只要输入信号的第一周期的表达式、周期、需要的最高谐波次数，就可画出周期信号时域波形、单边幅值谱、单边相位谱。

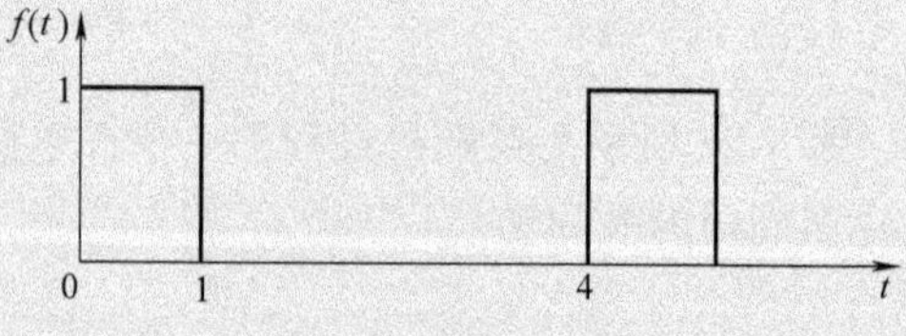

图 3-29　例 3-8 图

```
function An=ZQXHFS(x,T0,T,N);
    t=linspace(T0,T0+T,1000);w=2*pi/T;
f=eval([x]);
for k=0:N
    a(k+1)=2/T*trapz(t,f.*cos(k*w*t));
    b(k+1)=2/T*trapz(t,f.*sin(k*w*t));
```

```
end
An=a-j*b;An(1)=a(1)/2;
A=abs(a-j*b);P=angle(a-j*b)*180/pi;
A(1)=A(1)/2;
f_max=max(f);f_min=min(f);df=(f_max-f_min)/10;
A_max=max(A);A_min=min(A);dA=(A_max-A_min)/10;
t1=[t,t+T,t+2*T];ft=[f,f,f];
subplot(3,1,1);plot(t1,ft,'LineWidth',2);ylabel('f(t)');title('周期信号的波形','FontSize',8)
axis([t1(1) t1(end) f_min-df f_max+df]);grid,set(gca,'FontSize',8)
subplot(3,1,2);h=stem(0:N,A,'.');title('单边幅度频谱','FontSize',8);ylabel('An 的模','
FontSize',8);
set(h(2),'Color','r','LineWidth',2), set(h(1),'Color','r','LineWidth',2)
axis([0 N A_min-dA A_max+dA]);grid,set(gca,'FontSize',8)
subplot(3,1,3);h=stem(0:N,P,'.');title('单边相位频谱','FontSize',8)
set(h(2),'Color','r','LineWidth',2), set(h(1),'Color','r','LineWidth',2)
grid,set(gca,'FontSize',8);ylabel('An 的相位(度)');
w=2/T;xw=strcat('n\Omega,    \Omega=',num2str(w),'\pi');xlabel(xw);
```

本题程序如下：

```
T=4;N=30;
    f='rectpuls(t 1/2)';
    ZQXHFS(f,-T/2,T,N);
```

例 3-9 脉冲幅度为 1，宽度为 τ，周期为 T 的脉冲 $f(t)$ 如图 3-2 所示。

（1）周期 $T=16$s 不变，求脉冲宽度分别为 4s、2s、1s 时的幅值谱。

（2）脉冲宽度 $\tau=0.5$s 不变，求周期分别为 2s、5s、9s 时的幅值谱。

解：$f(t)$ 的傅里叶复数形式为

$$\frac{1}{T}\int_{-T/2}^{T/2} e^{-j2\pi ft}dt = \frac{\tau}{T}\frac{\sin\dfrac{n\omega t}{2}}{\dfrac{n\omega t}{2}} \quad n=0, \pm 1, \pm 2, \cdots$$

```
tau=[4 2 1];T=16;w=2*pi./T;
n0=-3*pi; n1=3*pi;
n=n0:w:n1;
figure(1);
for k=1:3
    F_n=tau(k)./T.*sin(n.*w.*tau(k)./2)./(n.*w.*tau(k)./2);
    F_n(25)=tau(k)./T;
    subplot(3,1,k);
```

```
stem(n/w,F_n,'.');
    axis([n0/w  n1/w-0.08 0.28]);
    line([n0/w n1/w],[0 0]);
    title(['周期矩形波信号的频谱,周期 T=16,脉冲宽\tau=',num2str(T(k))]);
end
xlabel('n');
tau=0.5;T=[3 5 9];w=2*pi./T;
n0=-10*pi;n1=10*pi;
figure(2);
for k=1:3
    n=n0:w(k):n1;
    F_n=tau/T(k).*sin(0.5*tau.*w(k).*n)./(0.5*tau.*w(k).*n);
    F_n(16)=tau./T(k);
    subplot(3,1,k),stem(n,F_n,'.');
    axis([n0  n1-0.05 0.2]);
    line([n0 n1],[0 0]);
    title(['周期矩形波信号的频谱,脉冲宽\tau=0.5,周期 T=',num2str(T(k))]); end
xlabel('n\Omegea');
```

运行结果如图 3-30 所示。

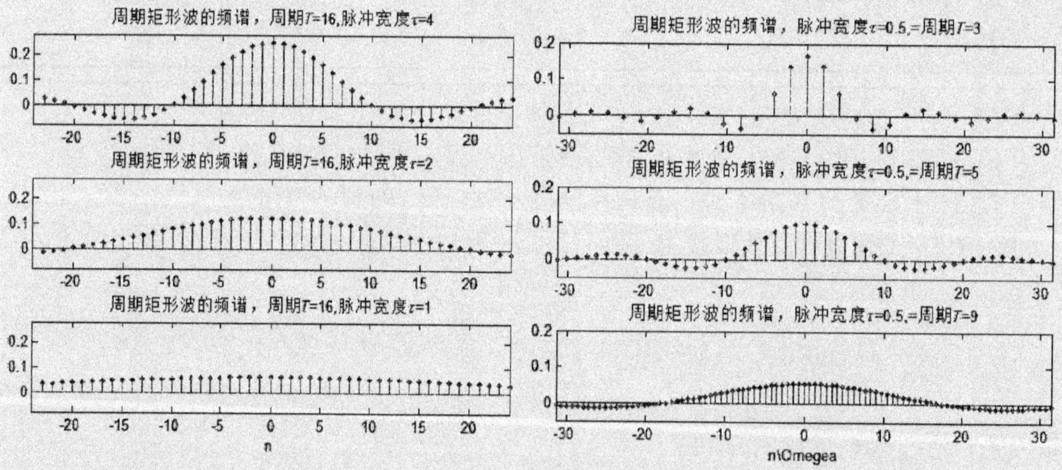

图 3-30　例 3-9 图

例 3-10　求图 3-31 所示信号的频谱。

考虑通用性，编写了计算任意非周期信号频谱的通用函数 CXHFT。只要输入信号的表达式、信号时间范围、频谱的频率范围，就可画出非周期信号时域波形、单边幅值谱、单边相位谱。

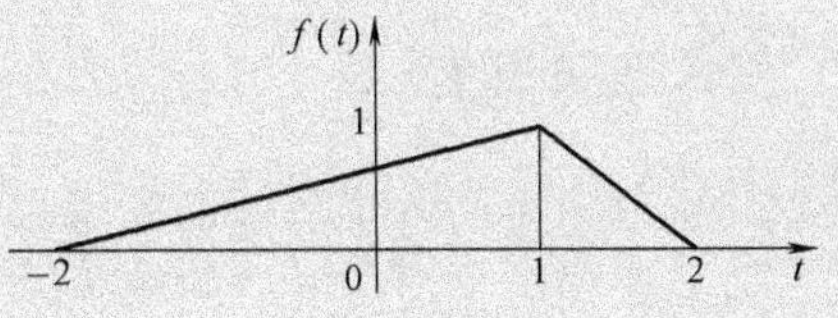

图 3-31　例 3-10 图

```
function y=CXHFT(x,tn,wn);
t1=tn(1);
t2=tn(2);
w1=wn(1);
w2=wn(2);
t=t1:0.01:t2;
N=500;W=6*pi*2;k=-N:N;w=k*W/N;
ft=eval([x]);
fmax=max(ft);
fmin=min(ft);df=(fmax-fmin)*0.1
F=ft*exp(-j*t'*w)*0.01;
F1=abs(F);Fmax=max(F1);Fmin=min(F1);dF=(Fmax-Fmin)*0.1;
P1=angle(F)*180/pi;Pmax=max(P1);Pmin=min(P1);
subplot(3,1,1),plot(t,ft,'linewidth',2),grid;ylabel('f(t)'),
title('连续信号 f(t)的波形','FontSize',8);
axis([t1,t2,fmin-df,fmax+df]);set(gca,'FontSize',8)
subplot(3,1,2),plot(w,F1,'linewidth',2),grid;ylabel('F(jw)的模'),
title('连续信号的幅度频谱','FontSize',8);
axis([w1,w2,Fmin-dF,Fmax+dF]);
if Fmin>=0
    F0=(Fmax-Fmin)/2;
else
    F0=0;
end
set(gca,'Ytick',[Fmin,F0,Fmax],'FontSize',8)
subplot(3,1,3),plot(w,P1,'linewidth',2),grid;xlabel('\omega'),ylabel('相位(度)');
axis([w1,w2,Pmin-45,Pmax+45]);title('连续信号的相位频谱','FontSize',8);
if Pmin>=0
    P0=(Pmax-Pmin)/2;
else
    P0=0;
end
set(gca,'Ytick',[round(Pmin),P0,round(Pmax)],'FontSize',8)
```

本题程序如下：

```
f='tripuls(t,4,0.5)';
t=[-3,3];
w=[-15,15];
CXHFT(f,t,w);
```

本章知识点

"信号由不同频率正弦波组成，通过比较其幅值找出主要内容"

1）最简单信号（正弦信号）三要素：幅值、频率、相位。

2）周期信号时域转频率工具：傅里叶级数。

3）频谱图画法：

$$x(t)=\sum_{n=1}^{\infty}A_n\cos(\omega_n t+\varphi_n)$$

则以频率 ω 为横坐标，幅值 A_n 为纵坐标，得到幅频谱；

以频率 ω 为横坐标，幅值 φ_n 为纵坐标，得到相频谱。

4）频谱图含义：

横坐标频率：信号各组成成分频率；

幅频纵坐标：信号各组成成分幅值，表示能量大小，数值越大，表示越是主要成分；

相频纵坐标：信号各组成成分相位，表示与参考点时间先后关系。

5）周期信号频谱特点：离散、收敛、谐波。

6）双边谱画法：

$$x(t)=\sum_{n=-\infty}^{\infty}C_n e^{j\omega_n t}$$

则以频率 ω 为横坐标，幅值 $|C_n|$ 为纵坐标，得到幅频谱；

以频率 ω 为横坐标，幅值 $\angle C_n$ 为纵坐标，得到相频谱。

7）非周期信号时域转频率工具：傅里叶变换。

8）非周期信号频谱特点：连续。

9）傅里叶变换的若干性质：

①奇偶虚实性；②线性叠加性；③时间尺度改变特性；

④时移特性；⑤频移特性；⑥卷积特性；

⑦微分特性；⑧积分特性。

10）卷积的物理含义：系统输出等于输入与系统脉冲响应的卷积。

11）脉冲函数频谱特点：一条水平线，平等地包含所有频率成分，常用作工件性能分析。

本章习题

3-1 静态信号和动态信号有什么区别？静态物理量是否只能给出静态信号？

3-2 周期信号频域描述的基本数学工具是什么？

3-3 傅里叶级数的性质和展开式的含义是什么？

3-4 周期信号的频谱有什么特点？

3-5 概率密度函数的物理意义是什么？它和均值、均方值有何联系？

3-6　平稳随机信号和各态历经信号有什么关系？

3-7　求符号函数（见图 3-32a）和单位阶跃函数（见图 3-32b）的频谱。

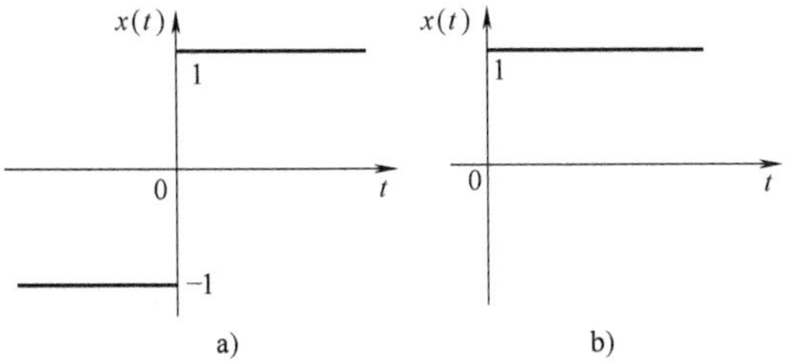

图 3-32　题 3-7 图

3-8　设有一时间函数 $f(t)$，其频谱图如图 3-32 所示，现乘以余弦振荡信号 $\cos\omega_0 t(\omega_0>\omega_m)$，在这个关系中，函数 $f(t)$ 叫做调制载波。试求调幅信号 $f(t)\cos\omega_0 t$ 的傅里叶变换，示意画出调幅信号及其频谱。若 $\omega_0<\omega_m$，将会出现什么情况？

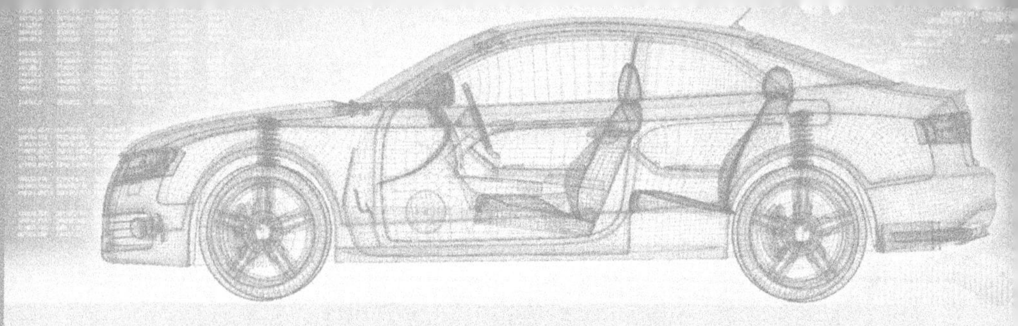

第4章 测试系统的基本特性

4.1 测试系统及其主要性质

测试系统的特性指测试系统对输入量的响应。如图 4-1 所示，$x(t)$ 表示输入量，$y(t)$ 表示输出量或响应，$h(t)$ 表示测试系统的传递特性。

图 4-1　系统和输入、输出间的关系

系统的特性对输出会产生影响，一个理想的测试系统应具有单一的、确定的输入输出关系，而且系统特性不应随时间而改变。具备以上要求的系统是线性时不变系统，具有线性时不变特性的系统也称理想的测试系统。

一切物理系统严格意义上讲都是非线性系统，因为构成系统的材料、元件、部件的自身特性有些是不稳定的。但是，实际的物理系统通常在一定范围内近似地看成是线性定常系统，即在一定工作范围内，略去那些影响较小的，可看成线性系统。

线性时不变系统具有如下特性：

(1) 叠加性

若 $x_1(t)\to y_1(t)$，$x_2(t)\to y_2(t)$，则 $x_1(t)+x_2(t)\to y_1(t)+y_2(t)$

(2) 比例性

若 $x(t)\to y(t)$，则 $ax(t)\to ay(t)$

(3) 微分特性

若 $x(t)\to y(t)$，则 $\frac{\mathrm{d}x(t)}{\mathrm{d}t}\to\frac{\mathrm{d}y(t)}{\mathrm{d}t}$

(4) 积分特性

若 $x(t)\to y(t)$，则 $\int_0^t x(t)\,\mathrm{d}t\to\int_0^t y(t)\,\mathrm{d}t$

(5) 频率保持性

若 $x(t)\to y(t)$，$x(t)=X\cos(\omega t)$，则 $y(t)=Y\cos(\omega t+\varphi)$

证：$x(t)=Xe^{j\omega t}$，则

$$\frac{d^2x(t)}{dt^2}=(j\omega)^2Xe^{j\omega t}=-\omega^2Xe^{j\omega t}=-\omega^2x(t)$$

即
$$\frac{d^2x(t)}{dt^2}+\omega^2x(t)=0$$

相应的输出应满足
$$\frac{d^2y(t)}{dt^2}+\omega^2y(t)=0$$

则输出 $y(t)$ 的唯一解为
$$y(t)=Ye^{j(\omega t+\varphi)}$$

频率保持性说明，若系统输入为某一频率的简谐信号，则系统稳态输出必定是同频的简谐信号。此特性在测试工作中具有重要作用。若已知系统输入的频率，则系统输出中只有与该频率相同的成分才是由该输入引起的响应。反之，若已知输入、输出信号的频率，则可根据两者频率的异同来判断系统的线性关系。

4.2 测试系统的静态特性

测试系统的静态特性是指测试系统对不随时间改变的输入量的响应特性，包括灵敏度、非线性度、回程误差、稳定度，有关概念可参见第2章。

需要说明的是，稳定是测试系统能够正常运行的首要条件。稳定性指系统在受到扰动作用后，自动返回原来的平衡状态的能力。如果系统受到扰动作用（系统内或系统外）后，能自动返回到原来的平衡状态，则该系统是稳定的。稳定系统的数学特征是其输出量具有非发散性；反之，系统是不稳定系统。

系统稳定性状态分为绝对稳定、临界稳定、不稳定，如图4-2所示。

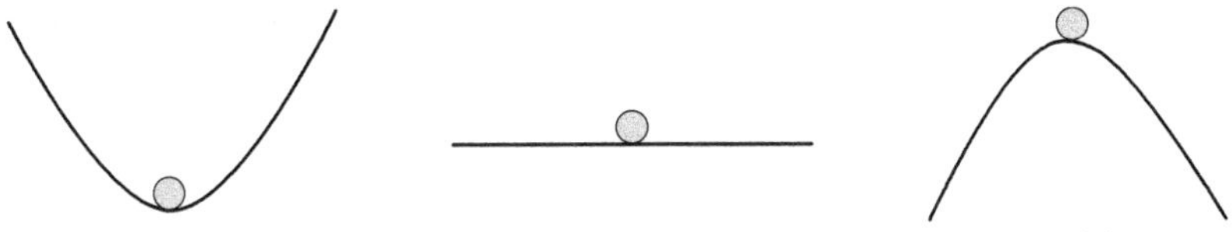

图4-2 系统稳定性

4.3 测试系统的动态特性

4.3.1 动态特性的数学描述

动态特性指测试系统对随时间变化输入量的响应特性。对于线性定常系统，可以用常系数线性微分方程来描述输入 $x(t)$、输出 $y(t)$ 之间的关系。

$$a_n\frac{d^ny(t)}{dt^n}+a_{n-1}\frac{d^{n-1}y(t)}{dt^{n-1}}+\cdots+a_0y(t)=b_m\frac{d^mx(t)}{dt^m}+b_{m-1}\frac{d^{m-1}x(t)}{dt^{m-1}}+\cdots+b_0x$$

式中，a_n，a_{n-1}，…，a_0 和 b_m，b_{m-1}，…，b_0 为系统的物理参数。

对于复杂的系统和复杂的输入信号，计算上述微分方程是很困难的。实际中，通常采用

拉普拉斯变换来研究微分方程。

4.3.2 拉普拉斯变换

如果函数 $f(t)$ 在 $t \leqslant 0$ 时，$f(t)=0$，则 $f(t)$ 的拉普拉斯变换 $F(s)$ 定义为

$$F(s)=L[f(t)]=\int_0^{\infty} f(t)\mathrm{e}^{-st}\mathrm{d}t \quad s=a+\mathrm{j}\omega \quad a>0$$

对于一般信号，不一定满足其傅里叶变换条件，即

$$\int_{-\infty}^{\infty} f(t)\mathrm{e}^{-\mathrm{j}\omega t}\mathrm{d}t<\infty$$

但总能找到一无穷小量 e^{-at} （$a>0$），使得 $\int_{-\infty}^{\infty} f(t)\mathrm{e}^{-\mathrm{j}\omega t}\mathrm{e}^{-at}\mathrm{d}t<\infty$ 。

表 4-1　典型信号的拉普拉斯变换

$f(t)$	$F(s)$	$f(t)$	$F(s)$
$A\mathrm{e}^{-at}$	$\frac{A}{s+a}$	$A\cos\omega t$	$\frac{As}{s^2+\omega^2}$
A	$\frac{A}{s}$	T	$\frac{1}{s^2}$
$A\sin\omega t$	$\frac{A\omega}{s^2+\omega^2}$	$\delta(t)$	1

4.3.3 传递函数

1. 传递函数的定义

对于线性定常系统，如果初始条件为零，将 4.3.1 节中系统微分方程两边进行拉普拉斯变换得

$$(a_n s^n+a_{n-1}s^{n-1}+\cdots+a_1 s+a_0)Y(s)=(b_n s^m+b_{n-1}s^{m-1}+\cdots+b_1 s+b_0)X(s)$$

定义传递函数为：在初始条件为零时，系统输出量的拉普拉斯变换与输入量的拉普拉斯变换之比，用 $H(s)$ 表示为

即

$$H(s)=\frac{b_n s^m+b_{n-1}s^{m-1}+\cdots+b_1 s+b_0}{a_n s^n+a_{n-1}s^{n-1}+\cdots+a_1 s+a_0}$$

式中，分母 s 的幂次 n 代表了系统微分方程的阶次，也称传递函数的阶次，如 $n=1$ 称一阶系统，$n=2$ 称二阶系统。

2. 传递函数的特点

1）传递函数与输入无关，传递函数不因输入改变而改变，只反映系统本身的特性。

2）传递函数各系数是由测试系统本身的结构特性所唯一确定的参数。

3）不同的物理系统可以有相同的传递函数。

4）传递函数与微分方程等价。

3. 系统的组合

将传递函数应用于子系统的串联、并联、反馈，则可得到十分简单的运算法则。

（1）串联　图 4-3 为两传递函数分别为 $H_1(s)$、$H_2(s)$ 的环节串联而成的（测试）系统。

$$H(s)=\frac{Y(s)}{X(s)}=\frac{Z(s)}{X(s)}\frac{Y(s)}{Z(s)}=H_1(s)H_2(s)$$

n 个环节串联而成的系统，有 $H(s)=\prod_{i=1}^{n}H_i(s)$

（2）并联 图 4-4 为两传递函数分别为 $H_1(s)$、$H_2(s)$ 的环节并联而成的（测试）系统。

$$H(s)=\frac{Y(s)}{X(s)}=\frac{Y_1(s)+Y_2(s)}{X(s)}=\frac{Y_1(s)}{X(s)}+\frac{Y_2(s)}{X(s)}=H_1(s)+H_2(s)$$

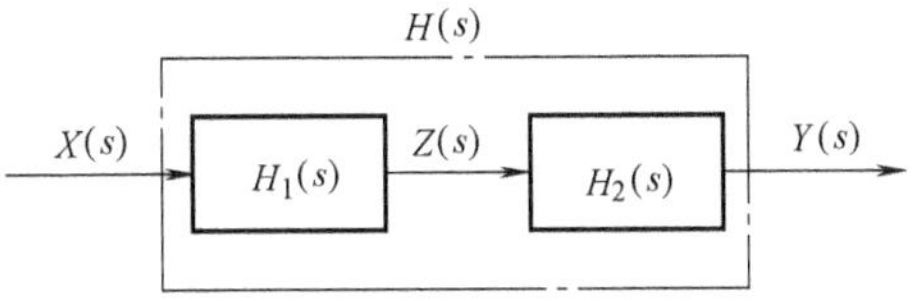

图 4-3 串联系统

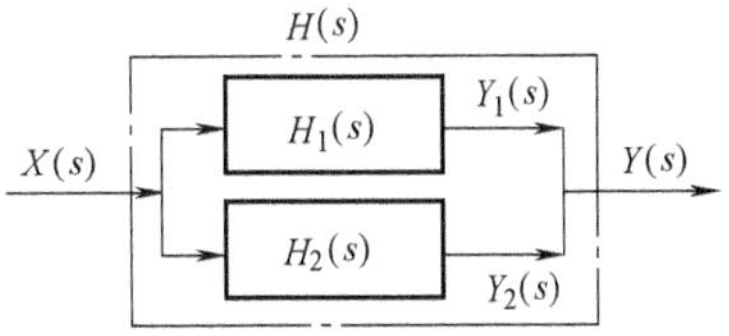

图 4-4 并联系统

需要注意的是：传递函数分析的是信号，信号分支后信号并不改变，仅仅是能量减弱；而信号汇总后信号叠加。所以

$$X(s)=X_1(s)+X_2(s)\,,Y(s)=Y_1(s)+Y_2(s)$$

n 个环节并联而成的系统，有

$$H(s)=\sum_{i=1}^{n}H_i(s)$$

（3）反馈 图 4-5 为典型反馈系统。（图中±分别表示正、负反馈）

$$Y(s)=E(s)G(s),\quad E(s)=X(s)\pm H'(s)Y(s)$$

所以 $$Y(s)=X(s)\pm H'(s)Y(s)\Rightarrow Y(s)[1\mp H'(s)]=X(s)$$

$$G(s)=\frac{Y(s)}{X(s)}=\frac{G(s)}{1\mp G(s)H(s)}$$

任何一个复杂的高阶系统都是由一阶、二阶系统经串联、并联、反馈而成。因此了解一阶、二阶系统的传输特性是了解分析高阶系统传输特性的基础。

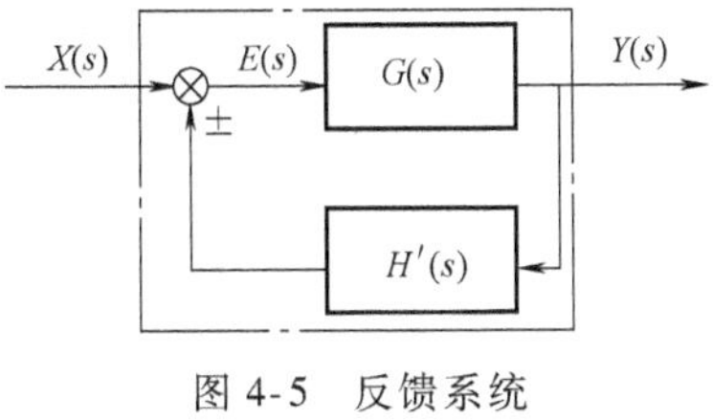

图 4-5 反馈系统

4. 高阶系统的传递函数

高阶系统的传递函数的一般形式为

$$H(s)=\frac{b_ms^m+b_{m-1}s^{m-1}+\cdots+b_1s+b_0}{a_ns^n+a_{n-1}s^{n-1}+\cdots+a_1s+a_0}$$

测试系统一般首先必须稳定，即 $n>m$，且 $H(s)$ 分母多项式的所有根具有负实部。设

$$a_ns^n+a_{n-1}s^{n-1}+\cdots+a_1s+a_0=a_n\prod_{i=1}^{r}(s-p_i)\prod_{i=1}^{(n-r)/2}(s^2+2\zeta_i\omega_{ni}s+\omega_n^2)$$

则 $$H(s)=\sum_{i=1}^{r}\frac{q_i}{s-p_i}+\sum_{i=1}^{(n-r)/2}\frac{\alpha_is+\beta_i}{s^2+2\zeta_i\omega_{ni}s+\omega_n^2}$$

可见，高阶系统可以看成若干个一阶、二阶的并联，因此，研究一阶、二阶的基本特性

就变得非常重要。

4.3.4 频率响应函数

1. 频率响应函数的定义

对于稳定的常数线性系统，取 $s=\mathrm{j}\omega$（即 $a=0$），$H(s)$ 可写成

$$H(s)=H(\mathrm{j}\omega)=\frac{Y(\mathrm{j}\omega)}{X(\mathrm{j}\omega)}$$

$H(\mathrm{j}\omega)$ 称系统的频率响应函数或频率响应特性，简写为 $H(\omega)$。

其中，$X(\mathrm{j}\omega)=\int_0^\infty x(t)\mathrm{e}^{-\mathrm{j}\omega t}\mathrm{d}t, Y(\mathrm{j}\omega)=\int_0^\infty y(t)\mathrm{e}^{-\mathrm{j}\omega t}\mathrm{d}t$。

可见，频率响应函数是传递函数的特例。测量装置的频率响应 $H(\mathrm{j}\omega)$ 是零初始值条件下，系统输出傅里叶变换与输入的傅里叶变换之比。

2. 频率响应函数的物理含义

频率响应函数为一复数，有

$$A(\omega)=|H(\mathrm{j}\omega)|=\frac{|Y(\mathrm{j}\omega)|}{|X(\mathrm{j}\omega)|}$$

$$\varphi(\omega)=\angle H(\mathrm{j}\omega)=\angle Y(\mathrm{j}\omega)-\angle X(\mathrm{j}\omega)$$

$A(\omega)$ 称测试系统的幅频特性，表示系统稳态输出与输入的幅值比，即放大倍数；

$\varphi(\omega)$ 称测试系统的相频特性，表示系统稳态输出与输入的相位差，即相角滞后；

幅频特性和相频特性统称为系统的频率响应，其坐标含义见表 4-2。

表 4-2 系统频率响应坐标含义

名称	物理含义
横坐标	输入信号的频率
幅频纵坐标	该频率下输出、输入的放大倍数
相频纵坐标	该频率下输出相比输入的相角(时间)滞后

系统频率响应函数表示不同频率下输出与输入的放大倍数及时间滞后。不同的对象，要求不同。其中大多数情况下，我们关心的是系统的放大倍数。对于测试系统，希望输出越大越好，便要求系统放大倍数越大越好；对于减振系统，比如汽车悬架，希望系统输出越小越好，便要求系统放大倍数越小越好。得到系统频率响应后便可有的放矢，需要增幅的增加放大倍数，需要减幅的减小放大倍数。

频率响应函数可以通过试验来获得。即依次用不同频率的简谐信号去激励被测系统，检测相应输入、输出信号，便得到一个频率下的 $A(\omega)$ 和 $\varphi(\omega)$；所有频率的 $A(\omega)$ 和 $\varphi(\omega)$ 组合起来即为系统频率响应函数。

需要注意的是，频率响应函数是指简谐输入与系统稳定输出两者之间的关系，因此在试验时应等系统响应稳定时再测。

4.3.5 脉冲响应函数

当测试系统输入单位脉冲信号［$\delta(t)$］时，有

$$Y(s)=X(s)H(s)=1\cdot H(s)=H(s)$$

做拉普拉斯逆变换得

$$h(t)=L^{-1}[H(s)]=y(t)$$

$h(t)$ 称系统的脉冲响应函数，描述了系统在时域中的动态特性。

系统的传递函数、频率响应函数、脉冲响应函数之间的关系如图 4-6 所示。

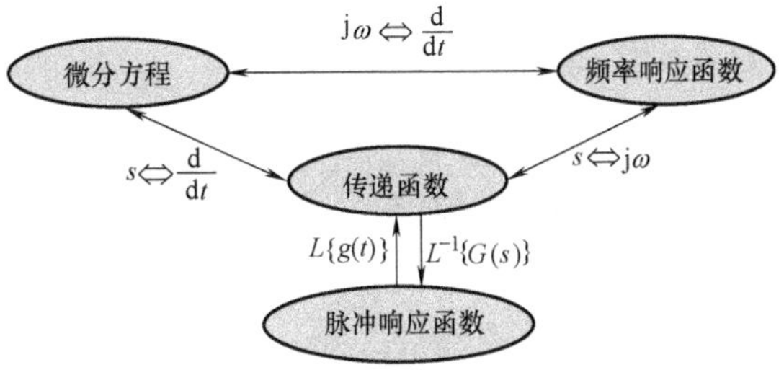

图 4-6　传递函数、频率响应函数、脉冲响应函数之间的关系

4.4　不失真测试条件

信号是由不同频率的正弦分量叠加而成的。当通过测试系统后，只有各频率分量的幅值被同比例地放大或缩小，各频率分量引起的滞后时间也全部相同，输出信号各频率分量叠加而成才能恢复原信号，也即信号没有失真。但实际测试系统不可能在非常宽广的频率范围内都能保证输出-输入的精确一致而出现失真。

4.4.1　理想测试系统

要想全面真实地获取信息，测试系统得到的信号必须与输入信号完全一致，如图 4-7 所示，即 $y(t)=kx(t)\,(x(t)=y(t)/k)$。

输出信号乘以 $1/k$ 即得到真实的输入信号 $x(t)$。输出与输入同时改变，不存在时间滞后。这样，当测试结果用作反馈控制信号时，能及时反映检测结果，不会破坏系统稳定性。

4.4.2　不失真测试的理论条件

信号通过测试系统后，只要能准确有效地反映原信号的运动和变化状态并保持原信号的特征和全部有用信息，则认为该系统是不失真测试系统。

如果输出信号 $y(t)$ 仅仅是输入信号 $x(t)$ 波形的幅值被线性改变，同时产生一定的时间滞后，即认为该系统能实现不失真测试，如图 4-7 所示。此时

$$y(t)=A_0x(t-t_0)\quad(A_0、t_0\text{ 都是常数})$$

对该式做傅里叶变换，得

$$Y(\omega)=A_0\mathrm{e}^{-\mathrm{j}\omega t_0}X(\omega)$$

如果输入信号满足零初始条件，则

$$H(\mathrm{j}\omega)=A(w)\mathrm{e}^{-\varphi(\omega)}=\frac{Y(\omega)}{X(\omega)}=A_0\mathrm{e}^{-\mathrm{j}\omega t_0}$$

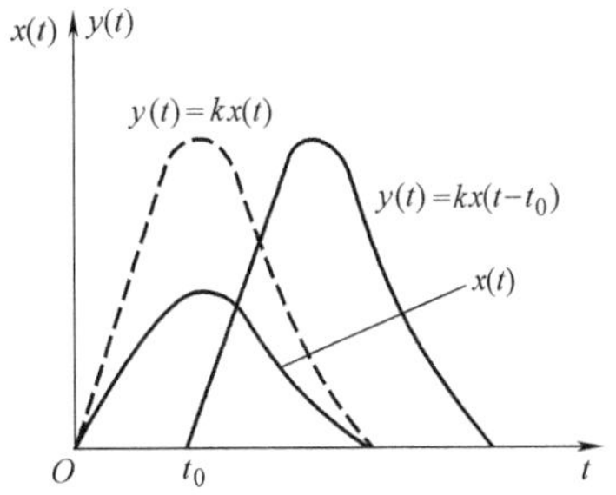

图 4-7　不失真测试的时域波形

所以，不失真测试系统的幅频特性和相频特性分别为

$$A(\omega)=A_0\quad(\text{常数})$$

$$\varphi(\omega)=-t_0\omega\quad(\text{直线})$$

如图 4-8 所示。

4.4.3 引起测试失真的原因

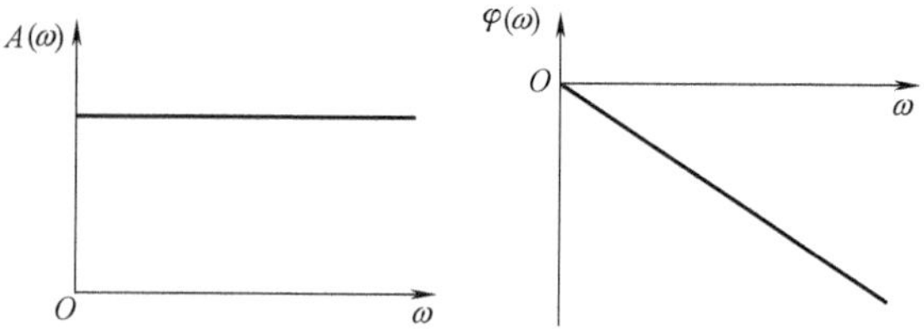

图 4-8 不失真测试的频域波形

不失真测试需要满足两个条件，因此不失真测试有两种原因：

1）幅值失真——幅频特性 $A(\omega)$ 不等于常数引起的失真性。

2）相位失真——相频特性 $\Phi(\omega)$ 因与频率间的非线性关系而引起的失真。

如图 4-9 所示，测试装置的幅频特性不是常数，不同频率下输出信号相比输入信号的放大倍数不相等；相频特性不是直线，不同频率下输出信号相比输入信号的时间滞后不相等，输出信号和输入信号差异很大，出现失真。

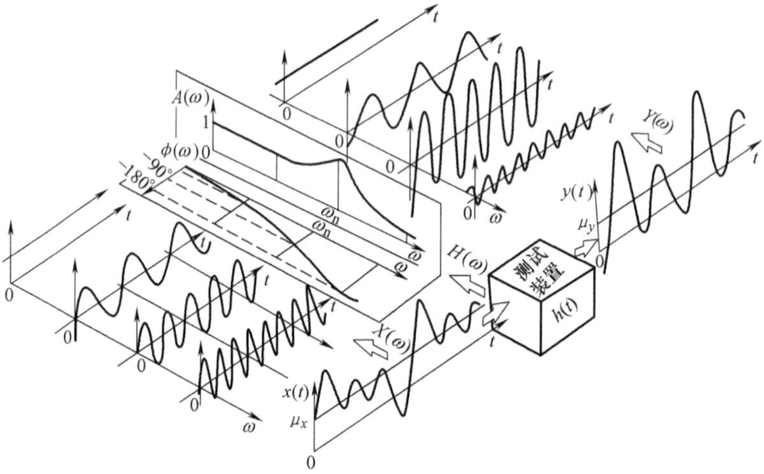

图 4-9 失真测试

4.4.4 实际测试过程对失真的要求

在选择测试系统特性时应根据具体要求，分析并权衡幅值失真、相位失真对测量的影响来确定对测试系统特性的要求。

1）振动测试中，有时只要求了解振动中的频率成分和强度，即，要了解其幅值谱而对相位谱不感兴趣。此时就应该关注测试装置的幅频特性并尽可能保证其不真。

2）某些测试中，要求测得波形的延时时间，这时就应该对装置的相频特性严格要求，以减小相位失真引起的测试误差。

4.5 典型测试系统的动态特性分析

4.5.1 频率响应函数的表示方法

1. 极坐标频率特性曲线（奈奎斯特曲线）

极坐标频率特性曲线是在复平面上用一条曲线表示 ω 由 $0\to\infty$ 时的频率特性。即矢量 $G(\mathrm{j}\omega)$ 的端点轨迹形成的图形，ω 是参变量。曲线上的任意一点可以确定实频、虚频、幅频和相频特性。

图 4-10 为传递函数为$\frac{s+1}{s^2+s+1}$的系统的奈奎斯特图。$\omega=0$ 时，放大倍数为 1，相角滞后为 0；ω 由 $0\to+\infty$ 增大时，$G(j\omega)$ 沿第一象限曲线变化；$\omega=\infty$时，放大倍数为 0，相角滞后为 90°。

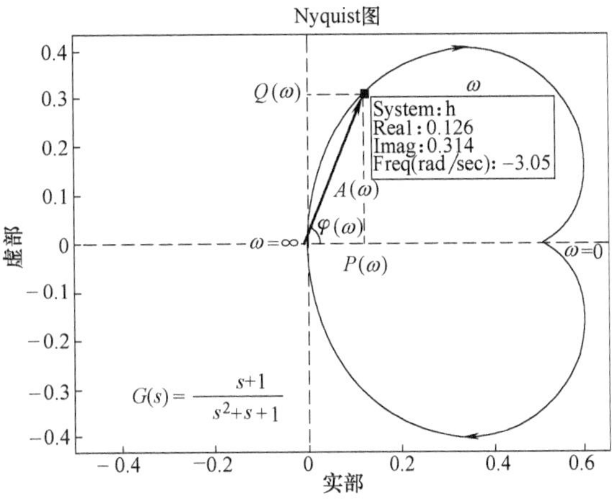

图 4-10　奈奎斯特图

2. 对数频率特性曲线（伯德图）

对数频率特性曲线包括幅频特性曲线和相频特性曲线。

横坐标不是 ω，而是对数分度，即 $\lg\omega$，这样处理的目的是可以在短的横坐标区间显示更大的频率范围，可以清楚地表示出低频、中频和高频段的幅频和相频特性。

幅频特性纵坐标为 $20\lg A(\omega)$，单位是分贝（dB），也称增益。

$A(\omega)>1$ 时，$20\lg A(\omega)>0$；

$A(\omega)=1$ 时，$20\lg A(\omega)=0$；

$A(\omega)<1$ 时，$20\lg A(\omega)<0$。

以上说明，对数幅频特性曲线在横坐标上方，信号经系统后被放大；对数幅频特性曲线与横坐标重合，信号经系统后等幅输出；对数幅频特性曲线在横坐标下方，信号经系统后被衰减。对数幅频特性曲线相比频率响应曲线，能更直观地反映测试系统的放大倍数。

系统伯德图横、纵坐标的含义与信号频率响应特性相同，可参见表 4-2。

4.5.2　典型系统的频率响应函数

1. 比例环节

比例环节（见图 4-11）的传递函数为 $H(s)=K$，$H(j\omega)=K$

对数幅频特性：

$$L(\omega)=20\lg|K|=\text{常数}=\begin{cases}>0, & |K|>1\\ =0, & |K|=1\\ <0, & |K|<1\end{cases}$$

相频特性：

$$\varphi(\omega)=\angle|K|=\begin{cases}0^\circ, & K\geqslant 0\\ -180^\circ, & K<0\end{cases}$$

2. 积分环节

积分环节（见图 4-12）的传递函数为 $H(s)=K/s$

$$H(j\omega)=K/(j\omega)=\frac{K}{\omega}e^{-\pi/2}$$

$$L(\omega)=20\lg A(\omega)=20\lg\frac{K}{\omega}=20\lg K-20\lg\omega$$

$$\varphi(\omega)=\angle|K|=\begin{cases}0^\circ & K\geqslant 0\\ -180^\circ & K<0\end{cases}$$

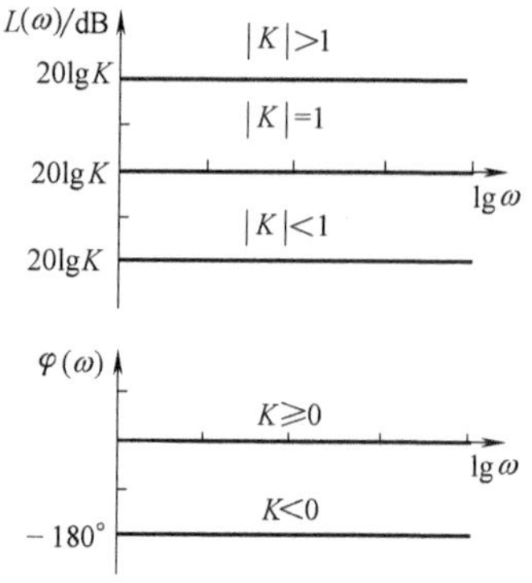

图 4-11　比例环节

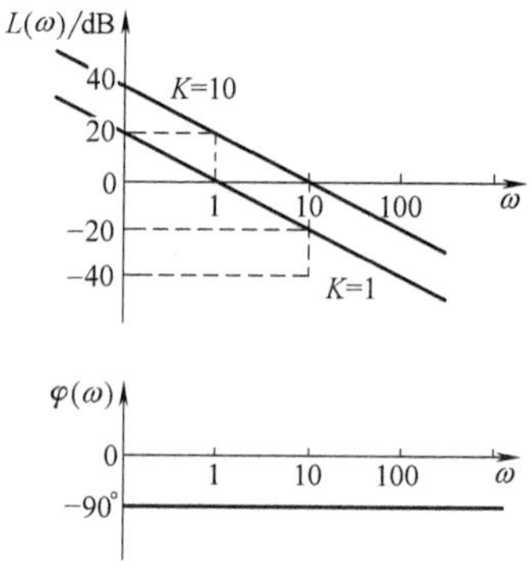

图 4-12　积分环节

3. 一阶系统

常见的一阶系统有力学系统、电学系统，如图 4-13 所示。

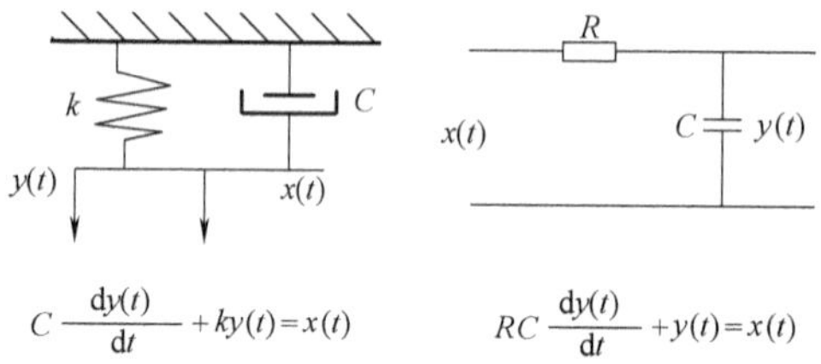

a) 力学系统　　b) 电学系统

图 4-13　典型一阶系统

一阶系统微分方程的一般形式为

$$a_1\frac{\mathrm{d}y(t)}{\mathrm{d}t}+a_0y(t)=b_0x(t)$$

整理可得 $$\tau\frac{\mathrm{d}y(t)}{\mathrm{d}t}+y(t)=kx(t)$$

$$\left(\tau=\frac{a_1}{a_0},\quad k=\frac{b_0}{a_0}\right)$$

称 τ 为时间常数；k 为系统的静态灵敏度。

为了分析方便起见，令 $k=1$。则初始条件为零时，有

系统传递函数： $$H(s)=\frac{1}{\tau s+1}$$

频率响应函数： $$H(\mathrm{j}\omega)=\frac{1}{\mathrm{j}\tau\omega+1}$$

幅频特性： $$A(\omega)=\frac{1}{\sqrt{1+(\tau\omega)^2}}$$

相频特性： $$\phi(\omega)=-\arctan(\tau\omega)$$

一阶系统的伯德图如图 4-14 所示，曲线为实际对数幅频曲线，直线为渐近线。

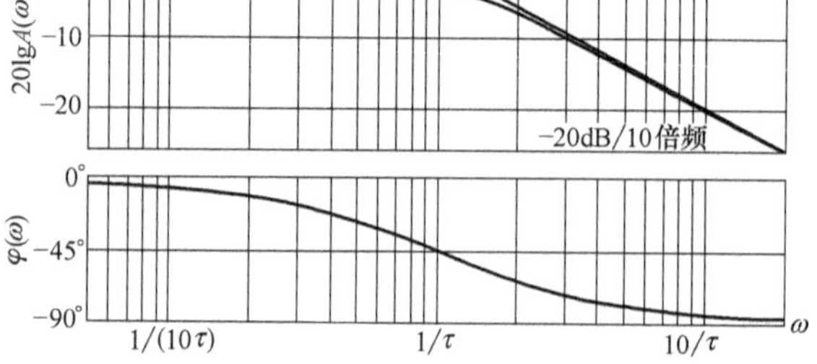

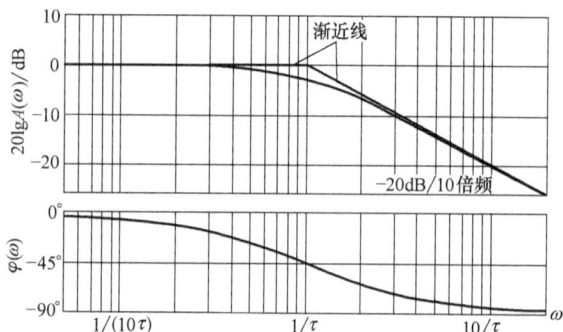

图 4-14　一阶系统的伯德图

1）信号经过一阶系统后被衰减。

2）当激励频率 $\omega\ll 1/\tau$ 时，$A(\omega)$ 值接近于 1（其误差不超过 2%），输出、输入的幅值几乎相等，信号衰减很小。

3）当激励频率 $\omega\gg 1/\tau$ 时，$H(\omega)\approx 1/(\mathrm{j}\omega\tau)$，$A(\omega)\approx 1/(\omega\tau)$，$\varphi(\omega)\approx$

-90°，信号衰减严重，所以一阶系统只适应于测量缓变信号。

4）时间常数 τ 是反映一阶系统特性的重要参数。作为测试系统，放大倍数不能过小，放大倍数的转折处 $\omega=1/\tau$，所以系统激励频率不能大于 $1/\tau$。

5）信号经过一阶系统后产生相位滞后，$\omega=1/\tau$ 处，相角滞后 45°，$\omega\gg 1/\tau$ 时，相角滞后 90°。

6）一阶系统的伯德图可以用 $20\lg A(\omega)=0$ 的水平直线和斜率为-20dB/10 倍频的直线近似，在转折点 $\omega=1/\tau$ 处，接近线偏离实际曲线的误差最大（约为-3dB）。

7）时间常数 τ 越小，一阶系统响应越快，频带越宽。故适当控制时间常数 τ 就达到了不失真测试的要求。

例 4-1　想用一个一阶系统进行 100Hz 正弦信号的测量。

（1）若要求限制振幅误差在 5%以内，时间常数应取多少？

（2）若用该系统测试 50Hz 信号，问此时的振幅误差和相角误差是多少？

答：（1）
$$\delta=\left|\frac{A_i-A_o}{A_i}\right|=\left|1-A(\omega)\right|=\left|1-\frac{1}{\sqrt{1+(\omega\tau)^2}}\right|\leqslant 5\%$$

$$\omega=2\pi f=2\pi\times 100=200\pi$$

则 $\tau=5.233\times 10^{-4}\text{s}=523\mu\text{s}$

（2）
$$\delta=\left|1-\frac{1}{\sqrt{1+(\omega\tau)^2}}\right|\times 100\%=\left|1-\frac{1}{\sqrt{1+(100\pi\times 5.23\times 10^{-4})^2}}\right|\times 100\%=1.3\%$$

$$\varphi=-\arctan\omega\tau=-\arctan(100\pi\times 5.23\times 10^{-4})\approx 9.33°$$

4. 二阶系统

典型二阶系统如图 4-15 所示。

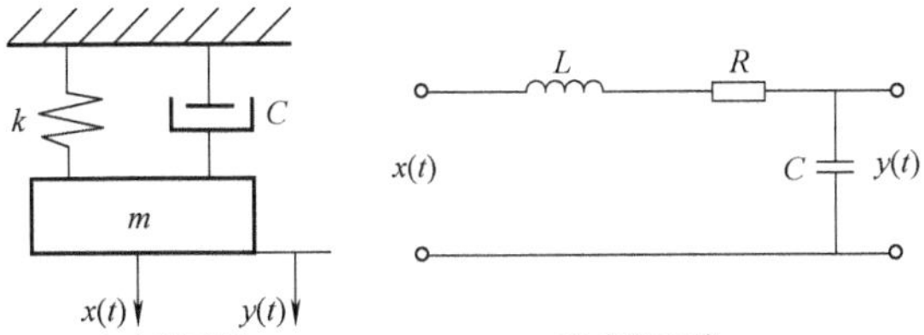

图 4-15　典型二阶系统

典型二阶装置的输出和输入的关系可表示为

$$a_2\frac{d^2y(t)}{dt^2}+a_1\frac{dy(t)}{dy}+a_0y(t)=b_0x(t)$$

则
$$\frac{d^2y(t)}{dt^2}+\frac{a_1}{a_2}\frac{dy(t)}{dy}+\frac{a_0}{a_2}y(t)=\frac{b_0}{a_2}x(t)$$

令 $\omega_n=\sqrt{\frac{a_0}{a_2}}$，$2\zeta\omega_n=\frac{a_1}{a_2}$，则

$$\frac{d^2y(t)}{dt}+2\xi\omega_n\frac{dy(t)}{dy}+\omega_n^2y(t)=K\omega_n^2x(t)$$

K 称静态灵敏度，ω_n 称固有频率，ζ 称阻尼比。为方便分析，取 $K=1$。则初始条件为零时，有

系统传递函数：$H(s)=\frac{\omega_n^2}{s^2+2\xi\omega_n s+\omega_n^2}$

频率响应函数：$H(j\omega)=\frac{\omega_n^2}{(j\omega)^2+2\zeta\omega_n(j\omega)+\omega_n^2}=\frac{1}{\left[1-\left(\frac{\omega}{\omega_n}\right)^2\right]+j2\zeta\frac{\omega}{\omega_n}}$

幅频特性：$A(\omega)=|H(j\omega)|=\frac{1}{\sqrt{\left[1-\left(\frac{\omega}{\omega_n}\right)^2\right]^2+4\zeta^2\left(\frac{\omega}{\omega_n}\right)^2}}$

相频特性：$\phi(\omega)=\angle H(j\omega)=-\arctan\frac{2\zeta\left(\frac{\omega}{\omega_n}\right)}{1-\left(\frac{\omega}{\omega_n}\right)^2}$

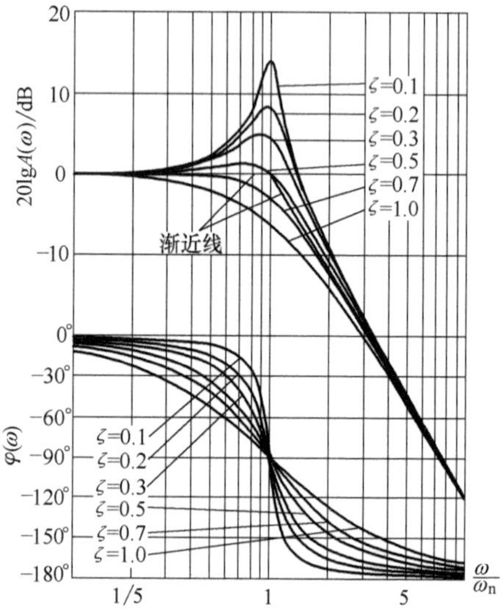

图 4-16　二阶系统的伯德图

二阶系统的伯德图如图 4-16 所示，曲线为实际对数幅频曲线，直线为渐近线。

1）当 $\omega\ll\omega_n$ 时，$A(\omega)\approx1$，信号衰减很小。

2）当 $\omega\gg\omega_n$ 时，$A(\omega)\to0$，信号衰减严重。

3）$\omega=\omega_n$ 附近，当 $\zeta<1$ 时，信号被放大；ζ 越小，输出幅值越大；当 $\zeta>1$ 时，信号被衰减。

4）$\omega=\omega_n$ 附近，当 $\zeta<0.7$ 时，系统产生共振，幅频特性出现峰值，所以实际测试中很少用到这一频段。但在测试二阶系统固有参数时，多利用此频段。

5）信号经过二阶系统后产生相位滞后，$\omega=\omega_n$ 时，滞后 90°，$\omega\gg\omega_n$ 时，滞后 180°。

6）当 $\zeta=0.7$，$\omega<\omega_n$ 时，相频特性近似为一条直线，此时，不同频率的输入信号引起的时间滞后为一常数。

7）二阶系统的伯德图可做如下近似：$\omega<0.5\omega_n$ 时，用 0dB 线近似；$\omega>2\omega_n$ 时，用 −40dB/10倍频的直线近似；$0.5\omega_n<\omega<2\omega_n$ 时，近似直线与实际曲线偏差较大。

8）二阶系统为振荡环节，为获得较小的误差和较宽的工作频率范围，要选择适当的 ω 和 ζ 的组合，一般取 $\omega\leqslant(0.6\sim0.8)\omega_n$，$\zeta=0.6\sim0.8$。

9）$\xi\approx0.7$，$\omega=(0\sim0.58)\omega_n$ 时，$A(\omega)$ 变化不超过 5%，相频特性曲线接近直线，基本满足不失真测试条件。从不失真测试角度看，ω_n 越大，不失真测试的范围越宽。但 ω_n 增大，往往靠增大系统刚度实现，使得系统灵敏度下降，所以实际中，只要 ω_n 足够大便可，不要一味追求高的固有频率。

例 4-2　试求传递函数分别为$\frac{1.5}{3.5s+0.5}$和$\frac{41\omega_n^2}{s^2+1.4\omega_n s+\omega_n^2}$的两个环节串联后组成的系统的总灵敏度（不考虑负载效应）。

解：串联后总传递函数为

$$H(s)=\frac{1.5\times2}{2\times(3.5S+0.5)}\times\frac{41\omega_n^2}{S^2+1.4\omega_n S+\omega_n^2}=\frac{3.0}{7S+1}\times\frac{41\omega_n^2}{S^2+1.4\omega_n S+\omega_n^2}$$

一阶系统在正确使用时，应工作在$\omega<1/\tau$频段，此时，系统幅频特性$A(\omega)\approx1$，即典型一阶系统灵敏度为1；二阶系统在正确使用时，系统幅频特性$A(\omega)\approx1$，即典型二阶系统灵敏度为1。

所以系统总灵敏度为

$$k_0=k_{01}k_{02}=3.0\times41=123$$

例 4-3　质量为M的电动机安装在弹性基础上。由于转子不均衡，产生偏心，偏心距为e，偏心质量为m。转子以匀角速度ω转动，如图4-17所示，试求电动机的运动。弹性基础的作用相当于弹簧常量为k的弹簧。设电动机运动时受到黏性欠阻尼的作用，阻尼系数为c。

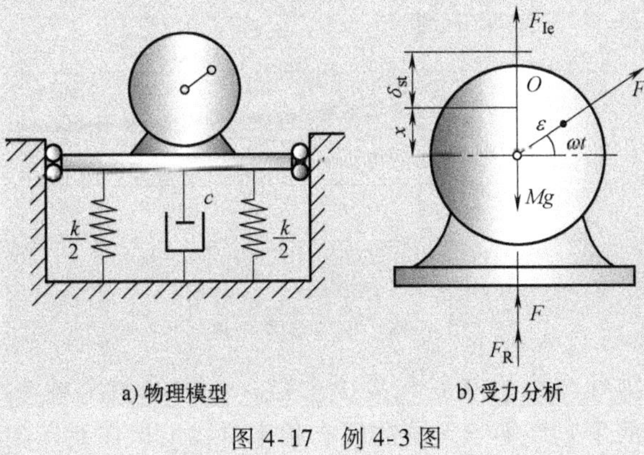

图 4-17　例 4-3 图

解：取电动机的平衡位置为坐标原点O，x轴铅直向下为正。作用在电动机上的力有重力Mg、弹性力F、阻尼力F_R、虚加的惯性力F_{Ie}、F_{Ir}，受力图如图4-17b所示。

根据达朗贝尔原理，有

$$-c\frac{dx}{dt}+Mg-k(x+\delta_{st})-M\frac{d^2x}{dt^2}-me\omega^2\sin\omega t=0$$

所以

$$M\frac{d^2x}{dt^2}+c\frac{dx}{dt}+kx=-me\omega^2\sin\omega t$$

$$\frac{d^2x}{dt^2}+2n\frac{dx}{dt}+p_n^2x=\frac{m}{M}e\omega^2\sin(\omega t+\pi)$$

式中

$$p_n^2=\frac{k}{M},\quad 2n=\frac{c}{M},\quad \frac{m}{M}e\omega^2=h$$

电动机做受迫振动的运动方程为

$$x=B\sin(\omega t+\pi-\varphi) \qquad \varphi=\arctan\frac{2\zeta\lambda}{1-\lambda^2}$$

$$B=\frac{me}{M}\frac{\lambda^2}{\sqrt{(1-\lambda^2)^2+4\zeta^2\lambda^2}}=b\frac{\lambda^2}{\sqrt{(1-\lambda^2)^2+4\zeta^2\lambda^2}} \qquad b=\frac{me}{M}$$

令

$$\beta=\frac{B}{b}=\frac{\lambda^2}{\sqrt{(1-\lambda^2)^2+4\zeta^2\lambda^2}}$$

当激振力的频率即电动机转子的角速度等于系统的固有频率时，该振动系统产生共振，此时电动机的转速称为临界转速。

例 4-3 频谱图如图 4-18 所示。阻尼比 ζ 较小时，在 $\lambda=1$ 附近，β 值急剧增大，发生共振。由于激振力的幅值 $me\omega^2$ 与 ω^2 成正比，当 $\lambda\to 0$ 时，$\beta\approx 0$，$B\to 0$；当 $\lambda\gg 1$ 时，$\beta\to 1$，$B\to b$，即电动机的角速度远远大于振动系统的固有频率时，该系统受迫振动的振幅趋近于 me/M。

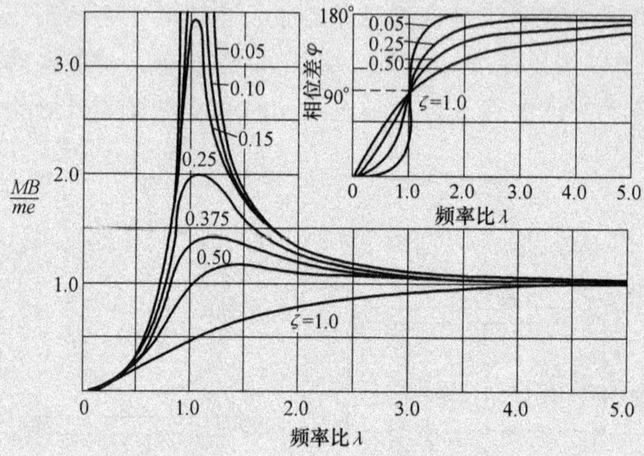

图 4-18 例 4-3 频谱图

此例很好地解释了为什么电风扇放在桌子上时，若电风扇旋转不均匀，会在桌子上跳动，并且当电动机转子的角速度等于系统的固有频率时，电风扇跳动幅度非常大的问题。

例 4-4 某一传感器，幅频特性如图 4-19 所示，用该传感器测量信号 $x(t)=(5+3\cos100\pi t+2\cos300\pi t)$，试写出该传感器输出波形表达式。

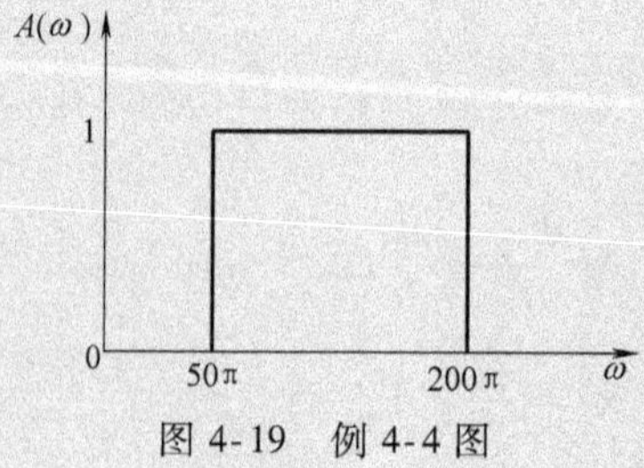

图 4-19 例 4-4 图

答：由幅频特性知，该传感器对频率在 $50\pi\sim200\pi$ 之间的信号放大倍数为 1，其余信号放大倍数为 0，所以传感器输出为 $3\cos(100\pi t)$。

例 4-5　已知 $x(t)=4+2\cos 4t+8\sin(1000t+\pi/4)$，经过传递函数分别为$\dfrac{5000}{s^2+70s+10000}$和$\dfrac{8}{0.5s+2}$的两个串联环节组成的测量系统（不考虑负载效应）。

问：1）该测量系统总灵敏度是多少？

2）$x(t)$ 中包含哪些频率分量？画出 $x(t)$ 的频谱图。

3）画出 $x(t)$ 经过测量系统后的幅频图。（理想情况）

答：1）$\dfrac{5000}{s^2+70s+10000}=0.5\times\dfrac{10000}{s^2+70s+10000}$，$\dfrac{8}{0.5s+2}=4\times\dfrac{1}{0.25s+1}$

所以 $s=0.5\times4=2$。

2）包含 2 个频率分量，频率分别为 4rad/s、1000rad/s。

$x(t)=4+2\cos 4t+8\cos(1000t+7\pi/4)$，$x(t)$ 的频谱图如图 4-20 所示。

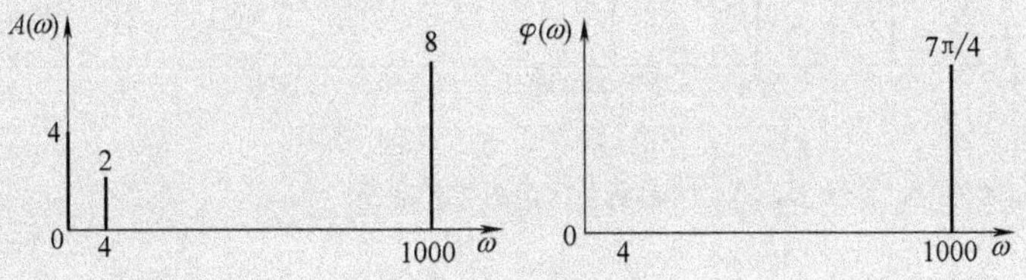

图 4-20　例 4-5 解

3）$\tau=0.25\Rightarrow1/\tau=4$，$\omega_n=100\text{rad/s}$。

理想情况下，频率为 0rad/s 的输入信号经过题中一阶系统（$\omega=0\ll1/\tau$）后，幅值放大 4 倍，相角滞后 0，经过题中二阶系统（$\omega=0\ll\omega_n$）后，幅值放大 0.5 倍，相角滞后 0；频率为 4rad/s 的输入信号经过题中一阶系统（$\omega=4\text{rad/s}=1/\tau$）后，幅值放大倍数为 4，相角滞后 $\pi/4$，经过题中二阶系统（$\omega=4\text{rad/s}\ll\omega_n$）后，幅值缩小 0.5 倍，相角滞后 0；频率为 1000rad/s 的输入信号经过题中一阶系统（$\omega=1000\text{rad/s}\gg1/\tau$）后，幅值放大倍数为 0，相位之后 $\pi/2$，经过题中二阶系统（$\omega=1000\text{rad/s}\gg\omega_n$）后，幅值放大倍数为 0，相角滞后 π，所以 $x(t)$ 经过测量系统后变为 $8+4\cos(4t+\pi/4)+0\cos(1000t+13\pi/4)$，频谱图如图 4-21 所示。

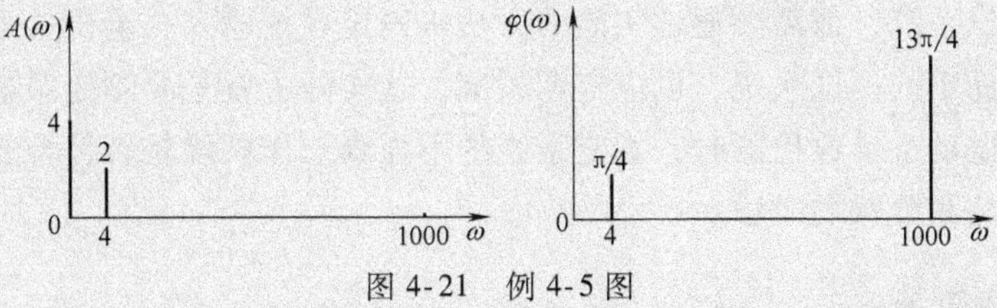

图 4-21　例 4-5 图

例 4-6　已知 $x(t)=5+2\cos 10t+8\sin(1000t+\pi/2)-4\sin(2000t+\pi)+5\sin(5500t)$。测量系统幅频伯德图如图 4-22 所示。

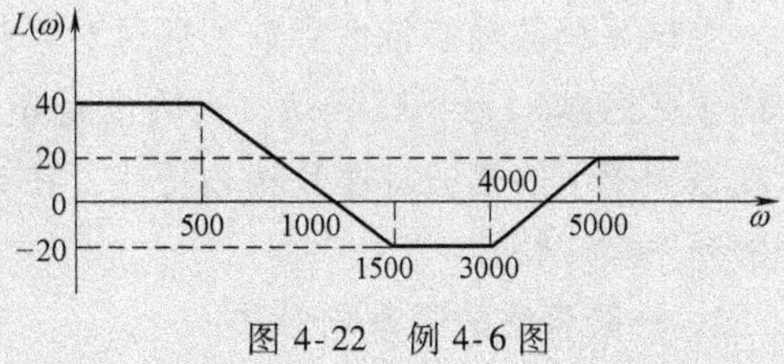

图 4-22　例 4-6 图

问：(1) $x(t)$ 均值多少，测量所得结果均值多少？

(2) 画出 $x(t)$ 的频谱图。

（3）画出 $x(t)$ 经过测量系统后的幅频图。

答： $x(t)=5+2\cos 10t+8\cos(1000t+2\pi)-4\cos(2000t+5\pi/2)+5\cos(5500t+3\pi/2)$

（1）正弦函数、余弦函数均值为零，所以 $x(t)$ 均值为 5。

根据伯德图定义得不同频率下系统幅频值（放大倍数）为（$20\lg A=L$）

输入信号频率/(rad/s)	≤500	1000	1500～3000	4000	≥5000
系统幅频值	100	1	0.1	1	10

测量所得结果均值为 500。

（2）$x(t)$ 的频谱图如图 4-23 所示。

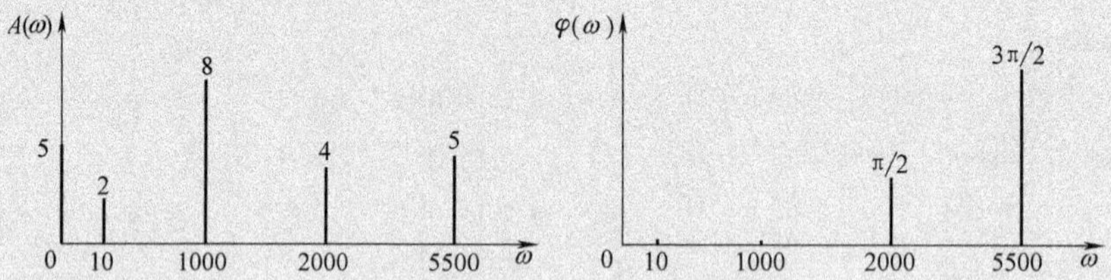

图 4-23　例 4-6（2）解

（3）$x(t)$ 经过测量系统后的幅频图如图 4-24 所示。

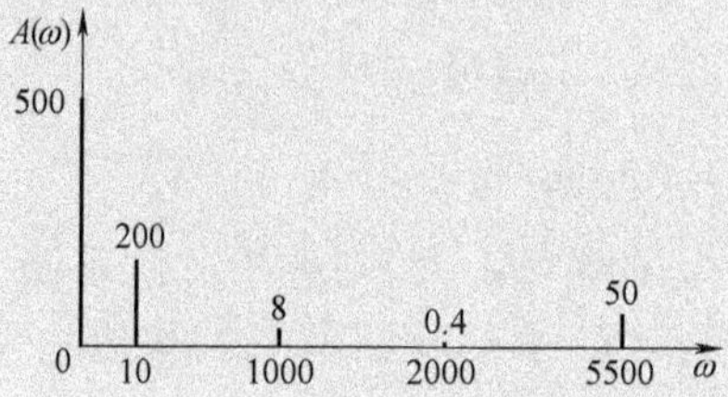

图 4-24　例 4-6（3）解

4.6　测试系统动态特性参数的确定

任何一个测试系统，都需要通过实验的方法来确定系统输入、输出关系，这个过程称为标定。即使经过标定的测试系统，也应定期校准，这实际上就是要测定系统的特性参数。标定的目的在于在做动态参数检测时，确定系统的不失真工作频段是否符合要求。常用的实验方法有频率响应法和阶跃响应法。

4.6.1　频率响应法

测试系统的动态特性参数可通过对系统进行稳态正弦激励试验获取。对系统施加某一频率的正弦激励 $x(t)=X_0\sin\omega t$，当输出稳定后测得输出、输入的幅值比和相位差，便得到系统在该频率下的幅频特性和相频特性。在希望的频率范围内进行频率扫描，就可得到系统全部的频率响应特性。

1. 一阶系统的频率响应法

对于一阶测试系统，主要特性参数是时间常数 τ，可以通过幅频、相频特性数据直接计

算 τ 值。从接近零频率的足够低的频率开始，以增量方式逐点增加 ω 到较高频率，直到输出量减小到初始输出幅值的一半为止，即可得到幅频、相频特性曲线。在 $A(\omega)=0.707$，$\varphi(\omega)=-45°$处，$\tau=1/\omega$。

2. 二阶系统的频率响应法

（1）相频特性曲线求取法 相频特性曲线中，当 $\omega=\omega_n$ 时，$\varphi(\omega)=-90°$，由此可求出固有频率 ω_n；$\varphi'(\omega)=-1/\zeta$，所以，画出相频曲线在 $\omega=\omega_n$ 处的切线，即可求出阻尼比 ζ。$\omega=\omega_n$ 处切线比较陡峭，准确的相角测试比较困难，所以此方法得出的结果精度较差。

（2）幅频特性曲线求取法 对于欠阻尼二阶系统（$\zeta<1$），测取幅频特性曲线的最大值对应频率 ω_r，根据$\dfrac{A(\omega_r)}{A(0)}=\dfrac{1}{2\xi\sqrt{1-\xi^2}}$求取 ζ；根据 $\omega_n=\omega_r/\sqrt{1-2\xi^2}$ 求取 ω_n。如图 4-25 所示，此方法得出的结果精度较高。

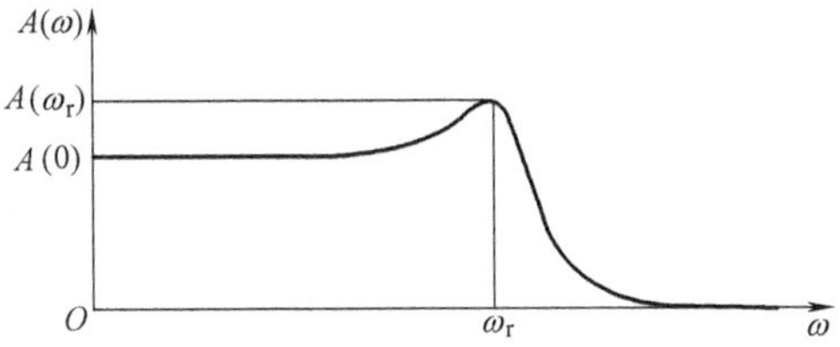

图 4-25 二阶系统幅频特性曲线求取法

4.6.2 阶跃响应法

对系统施加阶跃激励，根据阶跃响应曲线求取测试系统的相关参数。

1. 一阶系统的阶跃响应法

（1）直接求取法 根据一阶系统单位阶跃响应特点，当响应达到稳态值的 63.2%时，所需要的时间就是一阶系统的时间常数。求取时间常数未涉及响应全过程，是个别瞬时值，并且起始时间不易确定，这样测量结果的可靠性差、精度低。

（2）间接求取法 一阶系统单位阶跃响应

$$y(t)=1-e^{-t/\tau}\quad\Rightarrow 1-y(t)=-e^{-t/\tau}$$

$$\xRightarrow{\text{取对数}}\ln[1-y(t)]=-t/\tau$$

$$\xRightarrow{Z=1-y(t)}\ln Z=-\frac{t}{\tau}\Rightarrow\frac{dZ}{dt}=-\frac{1}{\tau}$$

根据 $y(t)$ 的值画出$-\ln[1-y(t)]-t$ 曲线，斜率即为 $1/\tau\approx\Delta Z/\Delta t$，则 $1/\tau\approx\Delta t/\Delta Z$，如图 4-26 所示。

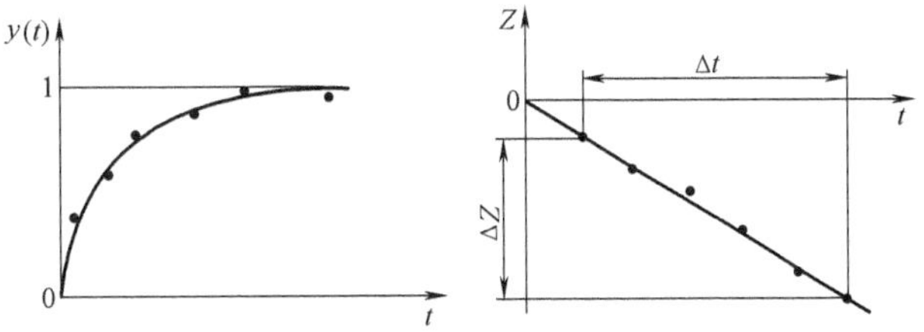

图 4-26 一阶系统阶跃响应试验

2. 二阶系统的阶跃响应法

（1）最大超调求取法

如图 4-27 所示，二阶系统的单位阶跃响应为

$$y(t)=1-\frac{e^{-\xi\omega_n t}}{\sqrt{1-\xi^2}}\sin(\sqrt{1-\xi^2}\,\omega_n+\varphi)$$

$$=1-\frac{e^{-\xi\omega_n t}}{\sqrt{1-\xi^2}}\sin(\omega_d t+\varphi)$$

$y(t)$ 达极值对应的时间 $\quad T_d=0,\pi/\omega_d,2\pi/\omega_d,\cdots$

最大超调量 $$M=\mathrm{e}^{-(\xi\pi/\sqrt{1-\xi^2})}$$

则
$$\xi=\sqrt{\frac{1}{\left(\frac{\pi}{\ln M}\right)^2+1}}=\frac{\ln M}{\sqrt{\pi^2+(\ln M)^2}}$$

$$\omega_n=\frac{\omega_d}{\sqrt{1-\xi^2}}$$

(2) 两次超调比较法

如图 4-28 所示，在较长时间内，测取任意两个超调量 M_i 和 M_{i+n}，

令 $\delta_n=\ln\frac{M_i}{M_{i+n}}$，则

$$\xi=\frac{\delta_n}{\sqrt{4\pi^2n^2+\delta_n^2}}$$

$$\omega_d=\omega_n\sqrt{1-\xi^2}$$

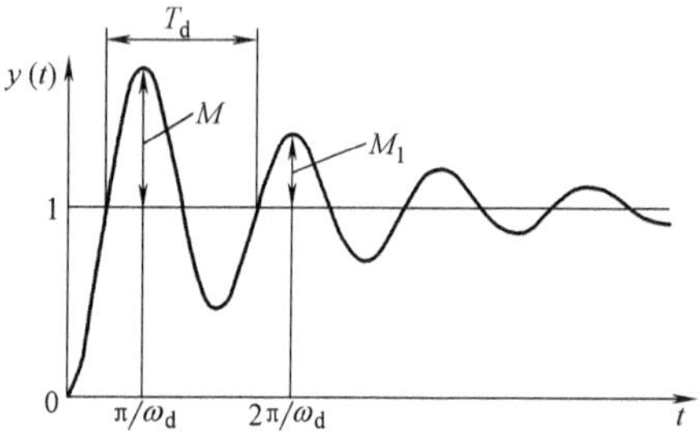

图 4-27 二阶系统最大超调求取法

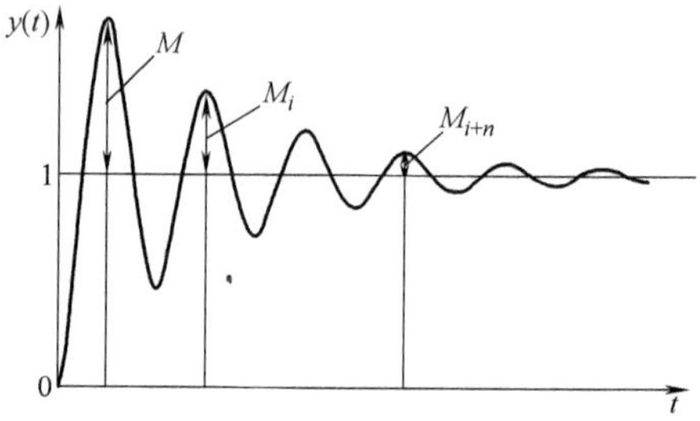

图 4-28 二阶系统两次超调比较法

4.7 MATLAB 在系统特性分析中的应用

例 4-7 某系统的传递函数为

$$G(s)=\frac{1}{s^2+1.6s+1}$$

请给出该系统的伯德图。

```
num= [0, 0, 1];
den= [1, 1.6, 1];
bode (num, den)
```

该系统的伯德图如图 4-29 所示。

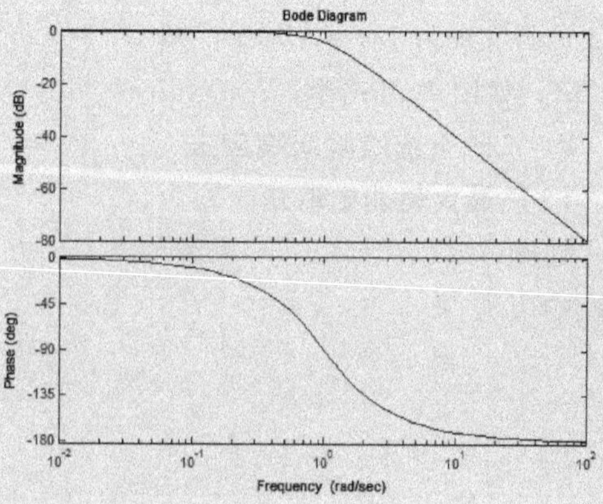

图 4-29 例 4-7 图

例 4-8　某系统的传递函数为

$$G(s)=\frac{1}{s^2+1.6s+1}$$

给出该系统对应的奈奎斯特图。

num＝［0，0，1］；

den＝［1，1.6，1］；

nyquist（num，den）

该系统对应的奈奎斯特图如图 4-30 所示。

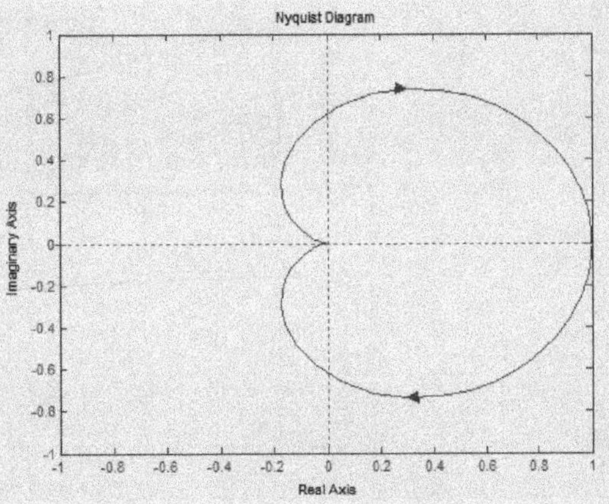

图 4-30　例 4-8 图

例 4-9　求下面传递函数的标准形式：

$$H(s)=\frac{0.3s+1}{(s^2+0.4s+1)(s+0.5)}$$

num＝［0.3 1］；　%分子

p1＝［1 0.4 1］；　p2＝91 0.50；

den＝conv（p1，p2）；　%分母 p1（s）＊p2（s）

h＝tf（num，den）；%创建传递函数

例 4-10　求图 4-31 所示系统的传递函数。

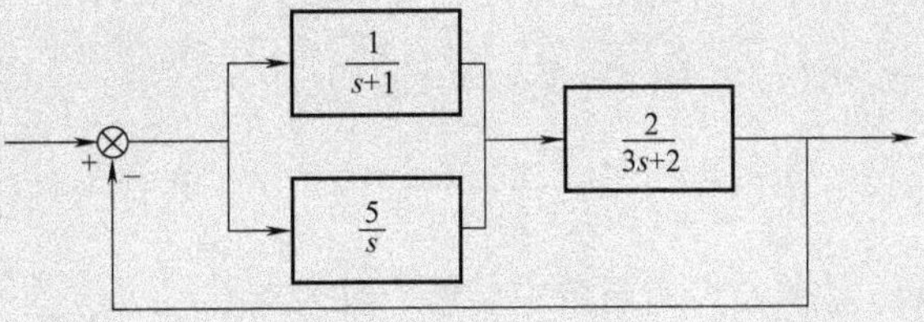

图 4-31　例 4-10 图

n1＝1；d1＝［1 1］；n2＝［5］；d2＝［1 0］；n3＝［2］；d3＝［3 2］；

g1＝tf（n1，d1）；g2＝tf（n2，d2）；g3＝tf（n3，d3）；

g4＝series（g1+g2，g3）；%先并联 g1、g2 后串联 g3

g＝ feedback（g4，1，−1）；%构建反馈，第 3 个参数默认是−1

例 4-11　绘制系统$\frac{s+1}{s(s^2+5s+4)}$的频率响应曲线。

num＝［1 1］；den＝［1 5 4 0］；

w＝0.05：0.01：0.5＊pi；%确定输入频率

freqs（num，den，w）；

频率响应曲线如图 4-32 所示。

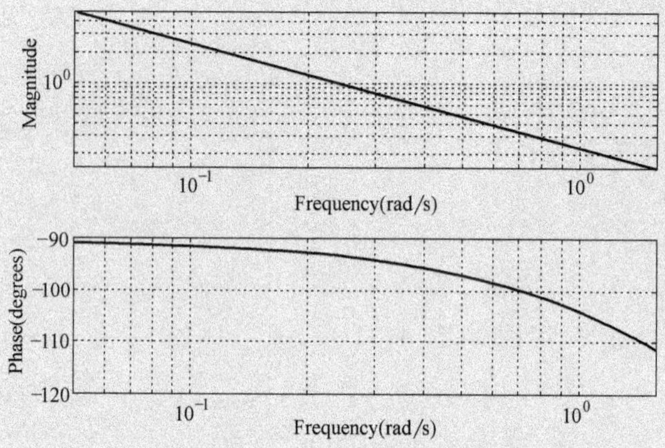

图 4-32　例 4-11 图

本章知识点

"任何仪器、系统对不同频率的信号的放大倍数以及输出相对输入的时间延迟一般是不同的，设计测试系统时应尽量保证在信号频率范围内系统的放大倍数相等，时间滞后一致。"

1）描述系统动态特性的数学工具有微分方程、传递函数、频率响应函数。

2）微分方程与传递函数的转换工具是拉普拉斯变换。

3）串联、并联、反馈系统总的传递函数计算公式。

串联：　$H(s)=H_1(s)\times H_2(s)$

并联：　$H(s)=H_1(s)+H_2(s)$

反馈：　$H(s)=\dfrac{G(s)}{1\mp H'(s)}$

4）频率响应函数的定义：传递函数中 s 算子改为 $j\omega$。

5）频率响应函数的物理含义：系统输出与输入之间的关系。

横坐标：输入信号频率；

幅频纵坐标：$A(\omega)$，稳态输出与输入幅值比，即放大倍数；

相频纵坐标：稳态输出与输入相位差，即时间滞后。

6）伯德图定义：

横坐标：频率取对数，即 $\lg\omega$；

幅频纵坐标：$20\lg A(\omega)$；在横坐标上方，表示信号被放大，放大倍数>1；在横坐标上，表示信号等幅输出，放大倍数=1；在横坐标下方，表示信号被衰减，放大倍数<1。

7）一阶系统标准形式：$\dfrac{1}{1+\tau s}$，τ 称时间常数，τ 越小，系统动态特性越好。输入信号频率 $\omega<\dfrac{1}{\tau}$时，系统放大倍数近似为 1，相角滞后 45°，相角滞后最多为 90°。

8）二阶系统标准形式：$\frac{\omega_n^2}{s^2+2\xi\omega_n s+\omega_n^2}$，$\xi$ 称阻尼系数，ω_n 称固有频率，ω_n 越大，系统动态特性越好。ξ 影响系统输出峰值的大小。输入信号频率 $\omega<\omega_n$ 时，系统放大倍数近似＝1，相角滞后 90°，相角滞后最多为 180°。

9）不失真测试条件：

时域：$y(t)=Ax(t-t_0)$，表示信号被放大 A 倍，滞后 t_0；

时域：$A(\omega)=$ 常数；$\varphi(\omega)=-t_0\omega$。

10）系统输出：$y(t)=L^{-1}[G(s)X(s)]$。

本章习题

4-1 测试装置的静态特性和动态特性各包括哪些？

4-2 试说明二阶装置阻尼比多采用 0.7 附近的原因。

4-3 一特性为一阶系统的温度计，时间常数为 7s。若将其从 20℃ 空气突然插入到 80℃ 的热水中，经过 15s 后温度计显示温度为多少？

4-4 测力传感器的静态标定数据如表所示，试求：传感器的灵敏度、非线性度、回程误差。

拉力 p/N	0	10	20	30	40	50	40	30	20	10	0
应变 $\varepsilon/(\times10^{-6})$	0	76	152	228	310	400	330	252	168	84	2

4-5 用固有频率 $f_n=120$Hz 的传感器所做的幅频特性试验数据如表所示。（1）绘出幅频特性曲线。（2）若要求幅值误差不大于 3%，合适的工作频率范围是多少？（3）测量 90Hz 的正弦信号时，其幅值误差是多少？

输入 f/Hz	30	60	90	120	160	300	600
输出 A_i/mV	57	55.5	49	41.5	29.5	16	2.5

4-6 若要求 100Hz 正弦信号通过某一阶滤波器后，幅值误差小于 5%，问该一阶滤波器的时间常数最大为多少？120Hz 正弦信号通过该滤波器后，幅值误差为多少？

4-7 用一时间常数为 2s、灵敏度为 1 的温度计测量炉温时，当炉温在 200～400℃ 之间，以 150s 为周期，按正弦规律变化时，温度计输出的变化范围是多少？

4-8 用一时间常数为 2s 的温度计测量炉温时，当炉温在 200～400℃ 之间，以 150s 为周期，按正弦规律变化时，温度计输出的变化范围是多少？

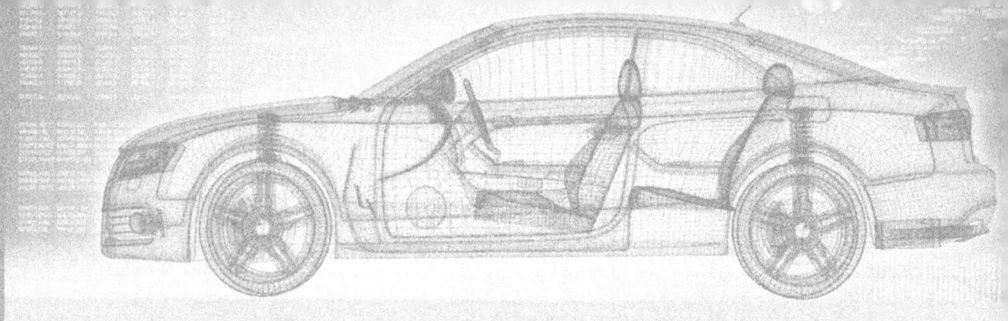

第5章 信号的调理

传感器的输出信号往往需要进行调理，使其便于传输与处理，并与后续仪器相适应。

1）传感器输出的电信号很微弱，大多数不能直接输送到显示、记录或分析仪器中，需要进一步放大，有的还要进行阻抗变换。

2）有些传感器输出电信号中混杂有干扰噪声，需要去掉噪声，提高信噪比。

3）某些场合，为便于信号的远距离传输，需要对传感器测量信号进行调制解调处理。

4）有时候测试分析时只关心某些频率段信号，需要从传感器输出信号中分离出需要的频率成分。

5）对信号进行数字处理和分析时，需要将模拟信号转换成数字信号。

5.1 信号放大

信号放大电路用来放大传感器输出的微弱电压、电流等信号；有的传感器输出信号较大，满足后续仪器的输入要求，可以不用放大电路；有的传感器输出信号过大，超过后续仪器 A-D 转换器的输入要求，要使用放大倍数小于 1 的放大电路。

1. 反相放大器

反相放大器是最基本的电路（见图 5-1），其闭环电压增益为

$$A_v = -\frac{R_F}{R_1}$$

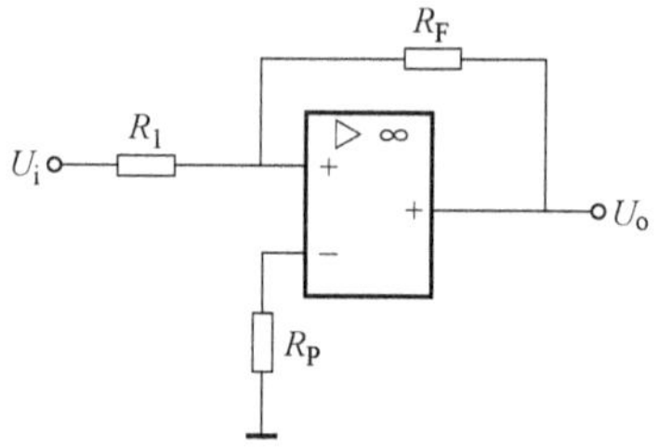

图 5-1 反相放大器

反馈电阻 R_F 值不能太大，否则会产生较大的噪声及漂移，一般为几十千欧至几百千欧。R_1 的取值应远大于信号源 U_i 的内阻。

2. 同相放大器

同相放大器也是最基本的电路（见图 5-2），其闭环电压增益为

$$A_v = 1+\frac{R_F}{R_1}$$

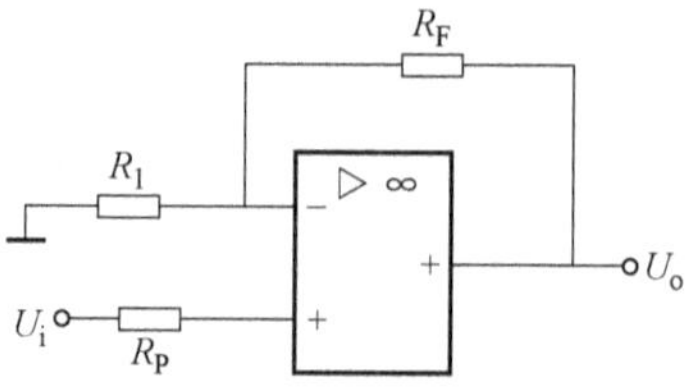

图 5-2 同相放大器

同相放大器具有输入阻抗非常高、输出阻抗很低的特点，广泛用于前置放大级。

3. 差动放大器

差动放大器基本电路如图 5-3 所示。

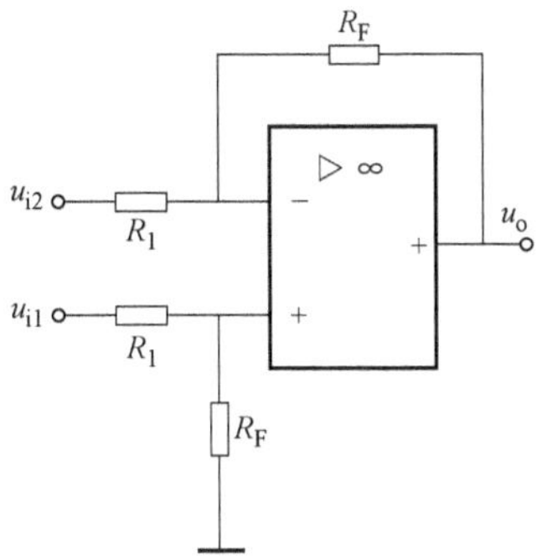

图 5-3 差动放大器

令 $i_-=0$，则 $$u_-=\frac{u_oR_1+u_{i2}R_F}{R_1+R_F}$$

令 $i_+=0$，则 $$u_+=\frac{u_{i1}R_F}{R_1+R_F}$$

因为 $u_-=u_+$，所以

$$u_o=\frac{R_F}{R_1}(u_{i1}-u_{i2})$$

其他类型的简单放大电路还有电压跟随器、反相求和器、同相求和器、反相器、积分电路、微分电路、对数运算器和指数运算器等，可以参考《电路》中的内容。

4. 交流放大电路

若只需要放大交流信号，可采用图 5-4 所示集成运放交流电压同相放大器。其中电容 C_1、C_2及 C_3为隔直电容。

$$A_v=1+\frac{R_F}{R_1}$$

R_1一般取几十千欧。耦合电容 C_1、C_3可根据交流放大器的下限频率 f_L来确定。

$$C_1=C_3=(3\sim10)/(2\pi R_Lf_L)$$

5. 电荷放大器

电荷放大器基本电路如图 5-5 所示。

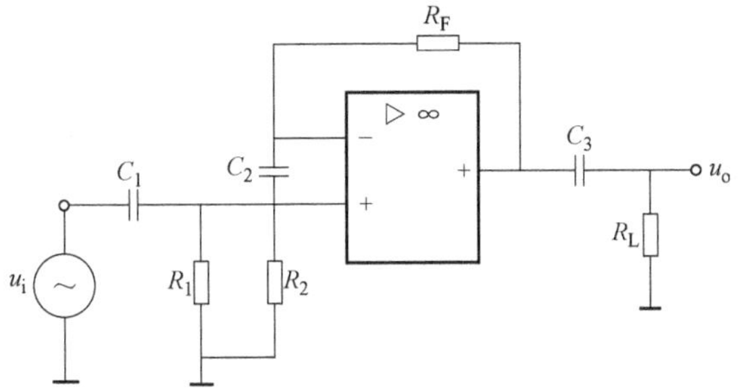

图 5-4 交流放大电路

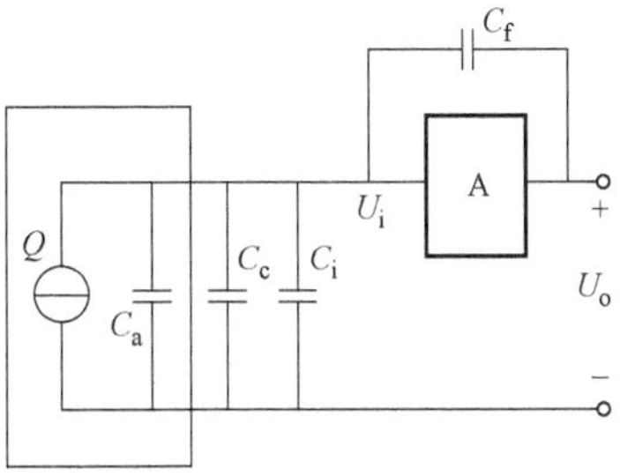

图 5-5 电荷放大器

$$q\approx U_i(C_a+C_c+C_i)+(U_i-U_o)C_f$$

$$U_o=\frac{-Kq}{(C+C_f)+KC_f}$$

如果 $KC_f\gg(C+C_f)$，则 $U_o\approx\frac{-q}{C_f}$。

6. 隔离放大器

常见的隔离器件有光耦（光隔离）、隔离变压器（电磁隔离）。

（1）光耦 光耦合器亦称光隔离器，简称光耦。它是以光为媒介来传输电信号的

5-1 光耦

器件，通常把发光器（红外线发光二极管LED）与受光器（光敏半导体管）封装在同一管壳内，如图5-6a所示。当输入端加电信号时发光器发出光线，受光器接收光线之后就产生光电流，从输出端流出，从而实现了“电-光-电”转换。

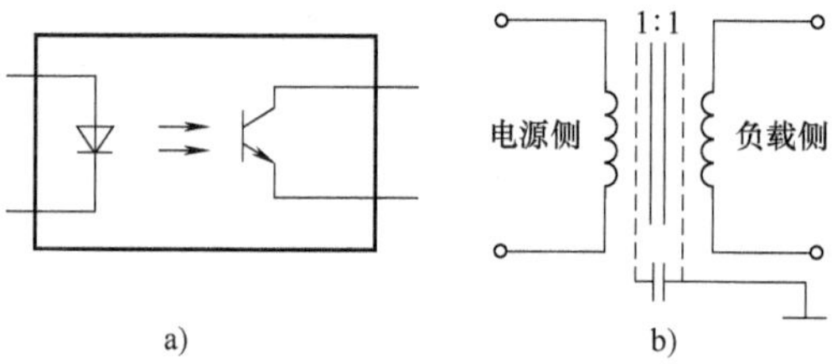

图5-6 隔离放大器

(2) 隔离变压器 隔离变压器是指输入绕组与输出绕组带电气隔离的变压器，隔离变压器用以避免偶然同时触及带电体（见图5-6b），变压器的隔离是隔离一、二次绕组各自的电流。隔离变压器的原理和普通变压器的原理是一样的，都利用了电磁感应原理。隔离变压器一般（但并非全部）是一种绕组匝数为1∶1的变压器。控制变压器和电子管设备的电源也是隔离变压器。

5.2 电桥

电桥是用比较法测量各种量（如电阻、电容、电感等）的仪器。最简单的是由四个支路组成的电路，如图5-7所示。各支路称为电桥的桥臂，各个支路由电参数元件组成，可以是电阻、电容、电感。它们的4个连接点A、B、C、D称为顶点。电源接在任意两个相对顶点之间，剩下两个顶点用作电压输出。复杂的电桥电路还包括更多的桥臂。

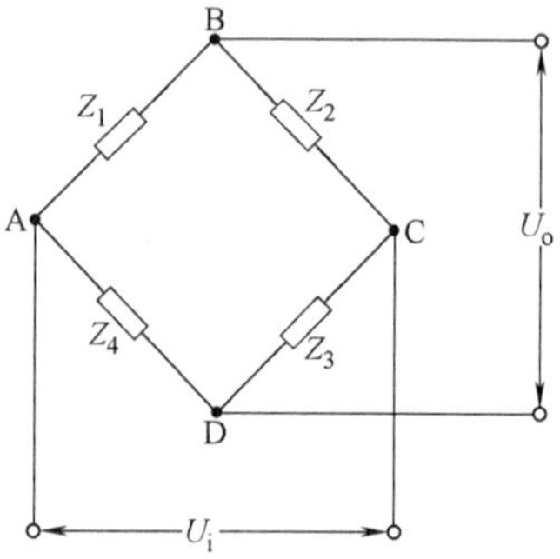

图5-7 电桥基本电路

电桥主要用于测量电路元件的量值或它们的变化量，可用于检测非电量，并转换成电压或电流输出。电桥电路简单，精度和灵敏度都较高，可以预调平衡，易于消除温度和环境的干扰，在测量装置中运用广泛。

5.2.1 电桥分类

1. 按工作电源

直流电桥（见图5-8）：电桥电源为直流，直流电桥只能是纯电阻电桥。

交流电桥（见图5-9）：电桥电源为交流，交流电桥桥臂可为电阻、电感或电容。

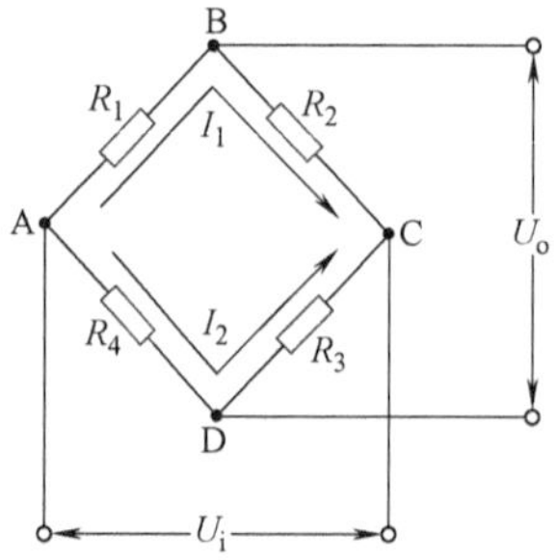

图5-8 直流电桥

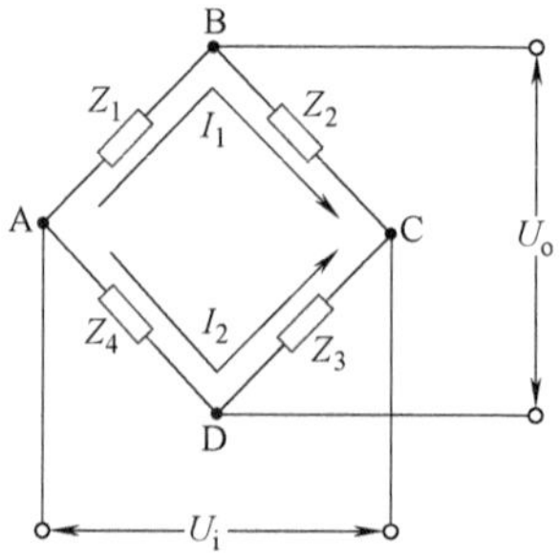

图5-9 交流电桥

2. 按工作原理

不平衡电桥（偏值法）：电桥失衡，输出不平衡的电压，反应快。

平衡电桥（零值法）：电桥失衡后，伺服机构调节调整臂阻抗，使输出恢复为零，调整量的大小与被测量成正比，精度高。

5.2.2　电桥的平衡条件

当电桥的四个桥臂上的阻抗值 Z_1、Z_2、Z_3、Z_4 具备一定关系时，可以使电桥的输出 $U_o=0$，此时电桥处于平衡状态。

1. 直流电桥的平衡状态

当电桥的输入 U_i 为直流电压时，四个桥臂接电阻 $R_1 \sim R_4$，如图 5-8 所示。

电桥的开路电压为

$$U_o=U_{BC}-U_{DC}=\frac{R_2}{R_1+R_2}U_i-\frac{R_3}{R_3+R_4}U_i=\frac{R_2R_4-R_1R_3}{(R_1+R_2)(R_3+R_4)}U_i$$

电桥平衡，则 $U_o=0$，所以 $R_2R_4-R_1R_3=0$

即

$$R_1R_3=R_2R_4 \text{ 或 } \frac{R_1}{R_2}=\frac{R_4}{R_3}$$

所以，直流电桥的平衡条件是：相对桥臂阻值乘积相等，或相邻桥臂阻值比值相等。当电桥后接电路输入电阻很大时，电桥平衡条件近似不变。

2. 交流电桥的平衡状态

图 5-9 为交流电桥，和直流电桥分析方法类似，可知交流电桥的平衡条件为

$$Z_1Z_3=Z_2Z_4 \quad \text{或} \quad \frac{Z_1}{Z_2}=\frac{Z_4}{Z_3}$$

由于电抗为一矢量，包含幅值和相角两部分内容，因此交流电桥平衡必须同时满足模及阻抗角的两个条件，所以较之直流电桥其平衡条件要复杂得多。即使是纯电阻交流电桥，电桥导线之间形成的分布电容也会影响桥臂阻抗值，相当于在各桥臂的电阻上并联了一个电容。为此在调电阻平衡时还需进行电容的调平衡。

5.2.3　电桥的连接方式

直流电桥、交流电桥的连接方式类似，这里只对直流电桥连接方式进行分析。

1. 直流电桥的输出电压

若每个桥臂皆为可变电阻（比如应变片），并每个可变电阻阻值都发生变化，而且电阻变化量相比电桥负载电阻很小，则输出端相当于开路状态，则电桥电压的增量为

$$\mathrm{d}U_o=\frac{\partial U_o}{\partial R_1}\mathrm{d}R_1+\frac{\partial U_o}{\partial R_2}\mathrm{d}R_2+\frac{\partial U_o}{\partial R_3}\mathrm{d}R_3+\frac{\partial U_o}{\partial R_4}\mathrm{d}R_4$$

$$=U_i\left[\frac{R_2}{(R_1+R_2)^2}\mathrm{d}R_1-\frac{R_1}{(R_1+R_2)^2}\mathrm{d}R_2+\frac{R_4}{(R_3+R_4)^2}\mathrm{d}R_3-\frac{R_3}{(R_3+R_4)^2}\mathrm{d}R_4\right]$$

为了分析简单，设直流电桥各桥臂原始电阻值相等，即 $R_1=R_2=R_3=R_4$，各应变片灵敏度相等。则

$$dU_o=\frac{U_i}{4}\left(\frac{dR_1}{R_1}-\frac{dR_2}{R_2}+\frac{dR_3}{R_3}-\frac{dR_4}{R_4}\right)$$

可用增量式表示为

$$\Delta U_o=\frac{U}{4}\left(\frac{\Delta R_1}{R_1}-\frac{\Delta R_2}{R_2}+\frac{\Delta R_3}{R_3}-\frac{\Delta R_4}{R_4}\right)$$

直流电桥一般接电阻应变片。各桥臂应变片的灵敏系数 K 相同时，$\Delta R_i=K\varepsilon R_i$。

当 $\varepsilon_1=\varepsilon_2=\varepsilon_3=\varepsilon_4=0$ 时，$\Delta U_o=0$。

2. 半桥单臂（电桥中只有一个桥臂接可变电阻）

图 5-10 所示为半桥单臂。

$$\Delta U_o=\frac{U_i}{4}\left(\frac{\Delta R_1}{R_1}\right)=K\frac{U_i}{4}\varepsilon_1$$

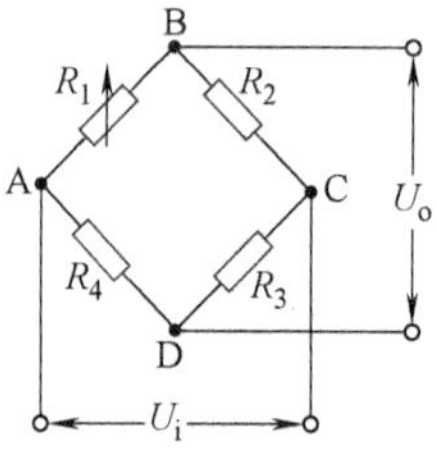

图 5-10　半桥单臂

单臂电桥

3. 半桥双臂

(1) 相邻桥臂　图 5-11a 所示为相邻桥臂接可变电阻的半桥双臂。

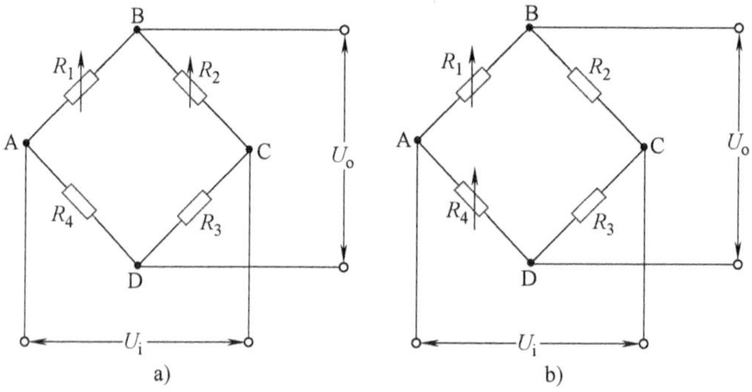

图 5-11　半桥双臂

$$\Delta U_o=\frac{U_i}{4}\left(\frac{\Delta R_1}{R_1}-\frac{\Delta R_2}{R_2}\right)=\frac{U_i}{4}K(\varepsilon_1-\varepsilon_2)$$

当 $\Delta R_1=\Delta R_2=\Delta R=K\varepsilon$ 时，有

$$\Delta U_o=\frac{U_i}{4}\left(\frac{\Delta R_1}{R_1}-\frac{\Delta R_2}{R_2}\right)=\frac{U_i}{4}\left(\frac{\Delta R}{R}-\frac{\Delta R}{R}\right)=K\frac{U_i}{4}\left(\varepsilon-\varepsilon\right)=0$$

当 $\Delta R_1=\Delta R=K\varepsilon$，$\Delta R_2=-\Delta R=-K\varepsilon$ 时，有

$$\Delta U_o=\frac{U_i}{4}\left[\frac{\Delta R_1}{R_1}-\left(-\frac{\Delta R_2}{R_2}\right)\right]=2\left[\frac{U_i}{4}\left(\frac{\Delta R}{R}\right)\right]=2K\frac{U_i}{4}\varepsilon=\frac{U_i}{2}K\varepsilon$$

此时，电桥输出为半桥单臂的 2 倍。

(2) 相对桥臂　图 5-11b 所示为相对桥臂接可变电阻的半桥双臂。

$$\Delta U_o=\frac{U_i}{4}\left(\frac{\Delta R_1}{R_1}+\frac{\Delta R_3}{R_3}\right)=\frac{U_i}{2}K\varepsilon$$

当 $\Delta R_1=\Delta R_3=\Delta R$ 时，有

$$\Delta U_o=2\left[\frac{U_i}{4}\left(\frac{\Delta R}{R}\right)\right]=2\left[\frac{U_i}{4}K\varepsilon\right]=\frac{U_i}{2}K\varepsilon$$

此时，电桥输出为半桥单臂的 2 倍。

当 $\Delta R_1=\Delta R=K\varepsilon$，$\Delta R_3=-\Delta R=-K\varepsilon$ 时，有

$$\Delta U_o=\frac{U_i}{4}\left(\frac{\Delta R}{R}-\frac{\Delta R}{R}\right)=0$$

4. 全桥

图 5-12 所示为全桥电路。

当 $\Delta R_1=\Delta R_3=\Delta R=K\varepsilon$，$\Delta R_2=\Delta R_4=-\Delta R=-K\varepsilon$ 时，有

$$\Delta U_o=KU_i\varepsilon$$

可见，电桥具有加减特性：相邻臂异号（减）；相对臂同号。利用这一特性就能根据测量目的来正确选择传感器位置的布置、接桥方式以提高灵敏度。

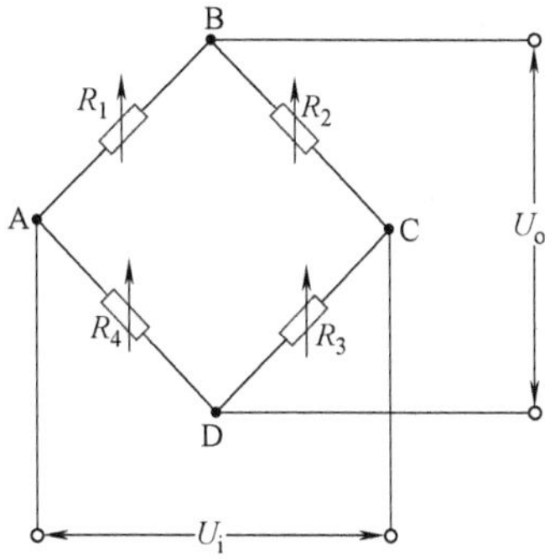

图 5-12 全桥电路

例 5-1 在全桥弯曲载荷测量中要求提高灵敏度并实现温度补偿（见图 5-13a)。

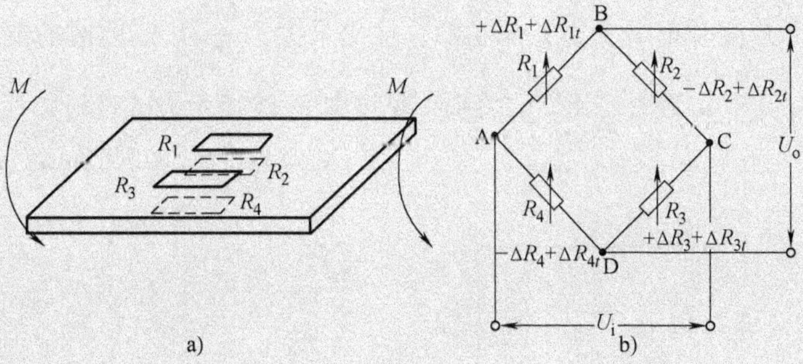

图 5-13 例 5-1 图

解： 如图 5-13b 所示，在测试元件上、下两面沿水平方向（变形方向）各贴 2 片应变片。上面两片分别为 R_1、R_3，下面两片分别为 R_2、R_4，并按图示位置接入全桥。每个应变片同时受到弯曲应变 ΔR_i 以及温度变化带来的阻值变化 ΔR_{it}，其中 ΔR_1、ΔR_3 为正，ΔR_2、ΔR_4 为负，ΔR_{it}完全相等。

电桥输出为

$$\Delta U_o=\frac{U_i}{4}K\left[\left(\varepsilon_1+\varepsilon_{1t}\right)-\left(-\varepsilon_2+\varepsilon_{2t}\right)\right]+\left[\left(\varepsilon_3+\varepsilon_{3t}\right)-\left(-\varepsilon_4+\varepsilon_{4t}\right)\right]=UK\varepsilon$$

如此，不仅实现了温度补偿，而且使电桥的输出为单片测量时的四倍，大大提高了测量灵敏度。

例 5-2 一试件在温度为 t 时承受拉（压）力，试件上现只允许在一面粘贴有一两片应变片。

（1）试求只贴一片应变片时，温度得到补偿后的输出。

（2）试求贴两片应变片时，温度得到补偿且灵敏度得到充分提高的输出。

解：

（1）如图 5-14 所示，在试件一面贴应变片，在同等环境下，取型号一致的应变片作为温度补偿片。

温度补偿讲解

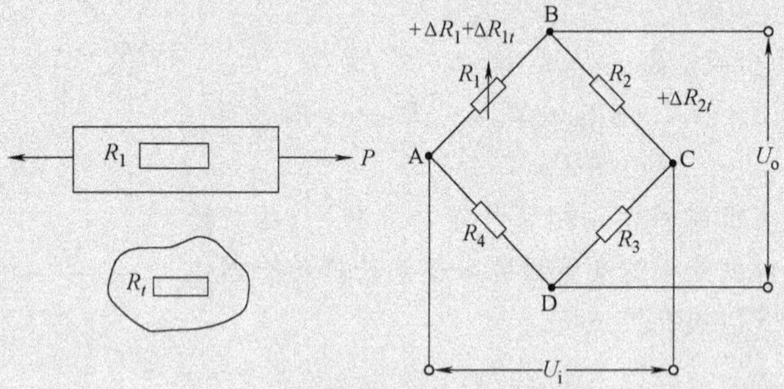

图 5-14 例 5-2（1）图

（2）如果两片应变片都沿受力方向粘贴，输出最大为$\frac{KU_i}{2}$。但此时需要 2 个温度补偿片。考虑到 $\varepsilon_y=-\mu\varepsilon_x$（其中 μ 为泊松比）的关系，可按图 5-15 所示方式进行贴片，搭建电桥。

应变片荷重传感器

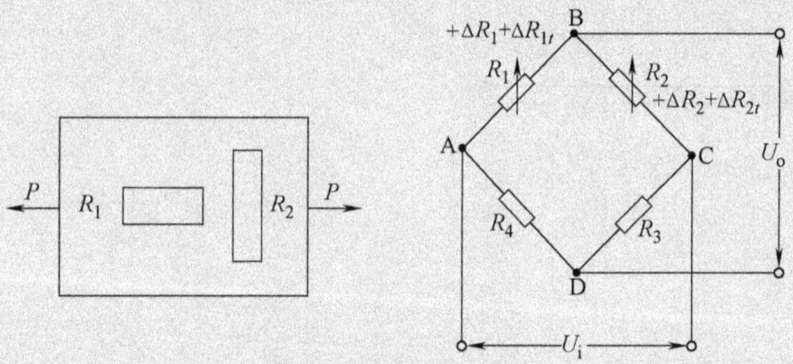

图 5-15 例 5-2（2）图

$$\Delta U_o=\frac{U_i}{4}K[(\varepsilon_1+\varepsilon_{1t})-(\varepsilon_2+\varepsilon_{2t})]=\frac{U_i}{4}K[(\varepsilon_1+\varepsilon_{1t})-(-\mu\varepsilon_1+\varepsilon_{2t})]=\frac{U_i}{4}K\varepsilon(1+\mu)$$

如此不使用温度补偿片，依然实现了温度补偿，灵敏度大于 1，约为 1.6。

例 5-3 如图 5-16 所示，试件同时受到拉伸载荷 P 和弯曲载荷 M，试搭建电桥，测量要求的载荷。

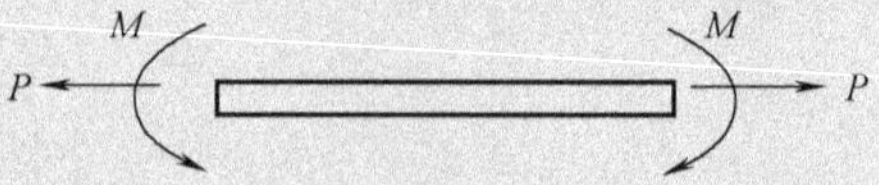

图 5-16 例 5-3 图

（1）只测弯曲载荷 M 不测拉伸载荷 P。

（2）只测拉伸载荷 P 不测弯曲载荷 M。

分析： 如果在试件上、下表面水平方向分别粘贴应变片 R_1、R_2，则

1）由拉伸载荷 P 引起的应变：$\varepsilon_{1P}=\varepsilon_{2P}=\varepsilon_P$；

2）由弯曲载荷 M 引起的应变：$\varepsilon_{2M}=\varepsilon_{1M}=\varepsilon_M$；

3）由温度变化带来的应变：$\varepsilon_{1t}=\varepsilon_{2t}=\varepsilon_t$

解：

（1）按图 5-17 所示方式进行贴片，搭建电桥。

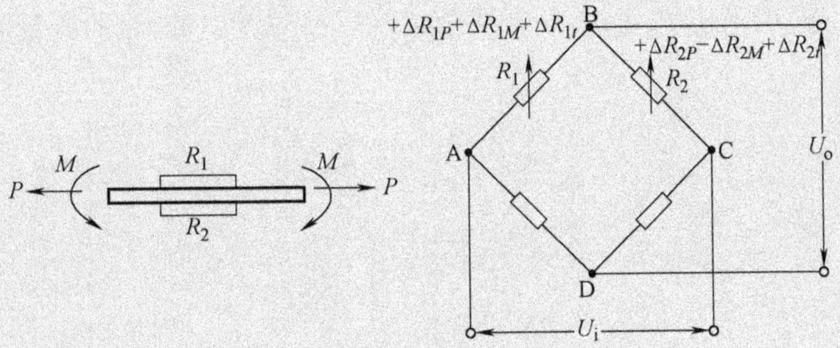

图 5-17　测弯不测拉

$$\Delta U_o=\frac{U_i}{4}K[(\varepsilon_{1P}+\varepsilon_{1M}+\varepsilon_{1t})-(\varepsilon_{2P}-\varepsilon_{2M}+\varepsilon_{2t})]=\frac{U_i}{2}K\varepsilon_M$$

（2）按图 5-18 所示方式进行贴片，并增加 2 个温度补偿片，搭建电桥。

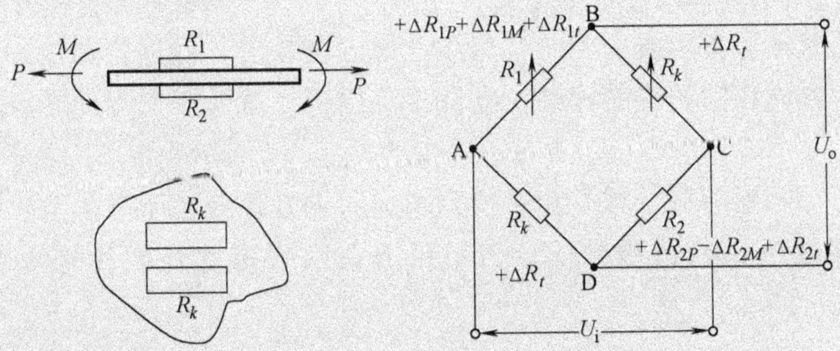

图 5-18　测拉不测弯

$$\Delta U_o=\frac{U_i}{4}K[(\varepsilon_{1P}+\varepsilon_{1M}+\varepsilon_{1t})-\varepsilon_t+(\varepsilon_{2P}-\varepsilon_{2M}+\varepsilon_{2t})-\varepsilon_t]=\frac{U_i}{2}K\varepsilon_P$$

例 5-4　如图 5-19 所示，轴工件用前后顶尖支承纵向磨削外圆表面，在加工过程中，径向力 P_y 和切向力 P_z 大小基本不变，但着力点位置沿轴向移动，现在前后顶尖上粘贴电阻应变片测量工件所受的 P_z。

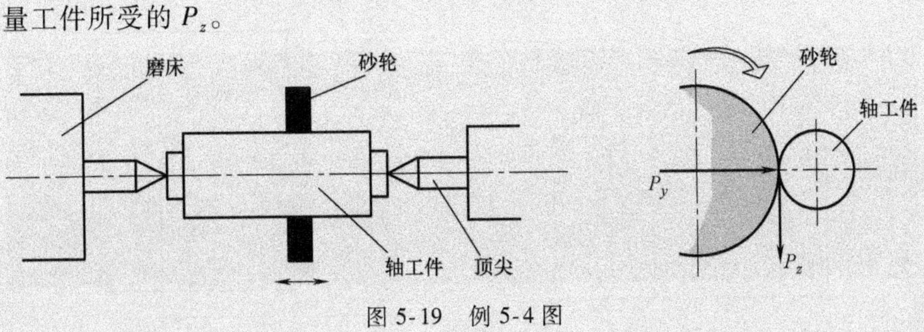

图 5-19　例 5-4 图

(1) 在图中标明应变片的位置及 P_z 的测量电桥。

(2) 着力点移动对测量结果有无影响？为什么？

解：

(1) 应变片（R_1、R_2、R_3、R_4）粘贴位置如图 5-20a 所示；测量电桥如图 5-20b 所示。

(2) 着力点位置的变化不会影响 P_z 的大小，因为在顶尖上的分力有 P_{z1}、P_{z2}，$P_z=P_{z1}+P_{z2}$，由 P_{z1}、P_{z2} 引起的电阻 R_1、R_3 的变化值之和保持不变，故 P_z 的测量不受着力点的移动而改变。

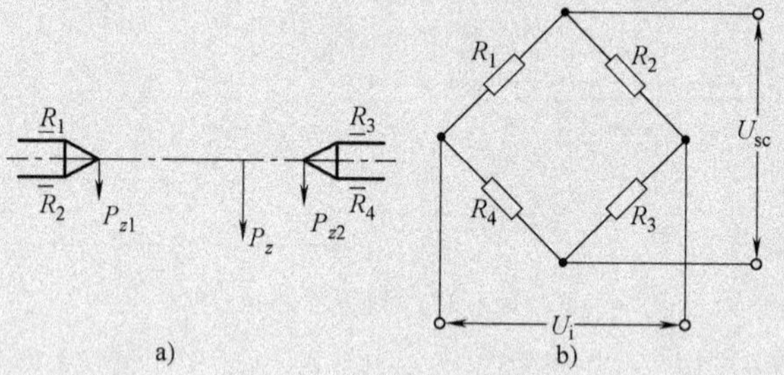

图 5-20　例 5-4 解

总结：电桥的应用分四步：

1）分析被测对象应力构成、方向（暂不考虑温度效应）并进行贴片。

2）感受应力方向相同的应变片接入电桥相对桥臂，感受应力方向相反的应变片接入电桥相邻桥臂。

3）利用电桥“相对桥臂相减，相对桥臂相加”的性质分析所测量是否保留。

4）检验温度效应是否已被消除，若还没有，则将温度补偿片接入有效桥臂的相邻桥臂。

5.2.4 平衡电桥（零位的调整）

不平衡电桥在转换过程中，输出信号会受到外界因素的影响，比如电源波动、环境温度改变等，需要想办法消除此影响。

通常采用平衡电桥测量方法（零值法）来消除外界影响。图 5-21 为平衡电桥工作原理。

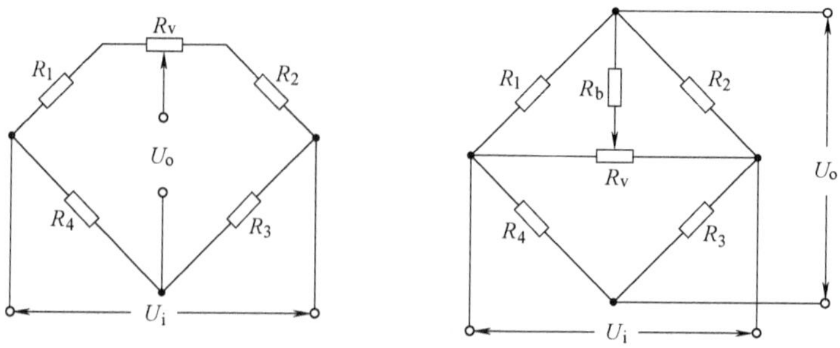

图 5-21　平衡电桥工作原理

5.2.5　应变仪

梁应变测量

应变仪也称电阻应变仪，是利用金属的应变-电阻效应制成的电阻应变计，它通过测量其电阻变化，间接测量构件的应变。在实验应力分析以及静力强度和动力强度的研究中，应变仪用来测量材料和结构的静、动态拉伸及压缩应变，也可测量材料和结构上任意点的应变。在机械工业中，它可用于内燃机气缸等的应力等。应变仪上如果配有相应的传感器，还可以测量力、质量、压力、位移、扭矩、振动、速度和加速度等物理量及其动态变化过程，也可用作非破坏性的应变测量和检查。

应变仪按频率响应范围可分为静态应变仪、静动态应变仪、动态应变仪和超动态应变仪。其中静态电阻应变仪和动态电阻应变仪应用较多。静态电阻应变仪用电学方法测量不随时间变化或变化极为缓慢的静态应变。它由测量电桥、放大器、显示仪表和读数机构等组成。贴在被测构件上的电阻应变仪接于测量电桥上。构件受载变形时，测量电桥有电压输出，经放大器放大后由显示仪表指示出相应的应变值。动态电阻应变仪应用于测量随时间变化的动态应变，其工作频率一般在 5000Hz 以下。它由测量电桥、放大器和滤波器等组成。为了同时测量多个动态应变的信号，应变仪一般有多个通道，每个通道测量一个动态应变信号。动态应变是随时间而变化的，须将应变的动态过程记录下来，因此动态应变仪要与记录器配套使用，记录结果可直接反映被测应变信号的大小和变化。

图 5-22 为动态电阻应变仪的原理框图。电桥由振荡器供给等幅高频振荡电压（一般频率为 10kHz 或 15kHz），被测量（应变）通过电阻应变片调制电桥输出为调幅波，经过放大，最后经相敏检波与低通滤波取出所测信号。

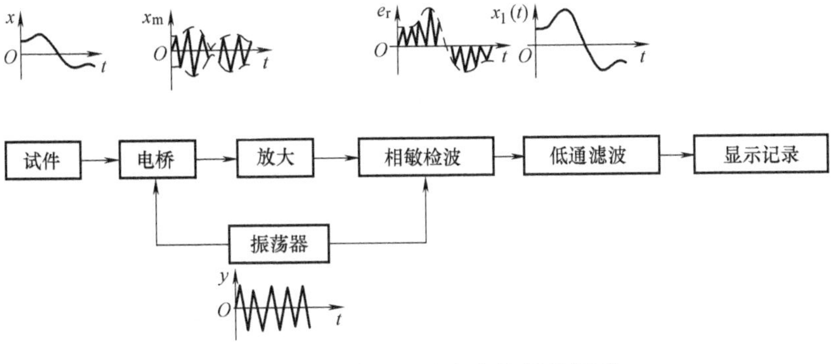

图 5-22　动态电阻应变仪的原理框图

5.3　调制和解调

测试过程中，可能出现缓变的微弱电信号，在输出过程中抗干扰能力比较弱，因此需要通过直流或交流放大，以满足信号传输和后续处理的要求。直流放大容易受零漂和级间耦合的影响而失真。所以多采用交流放大，即先将微弱的缓变信号加载到高频交流信号中去，然后利用交流放大器进行放大，最后再从放大器的输出信号中取出放大了的缓变信号。这一过程就是调制与解调，如图 5-23 所示。

调幅　调谐
解调

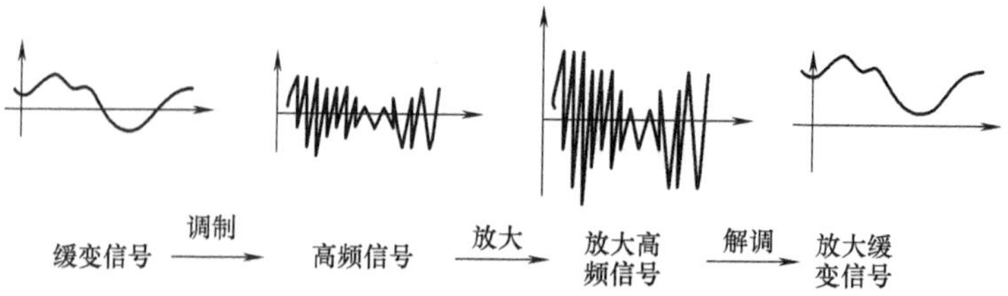

图 5-23　调制和解调过程

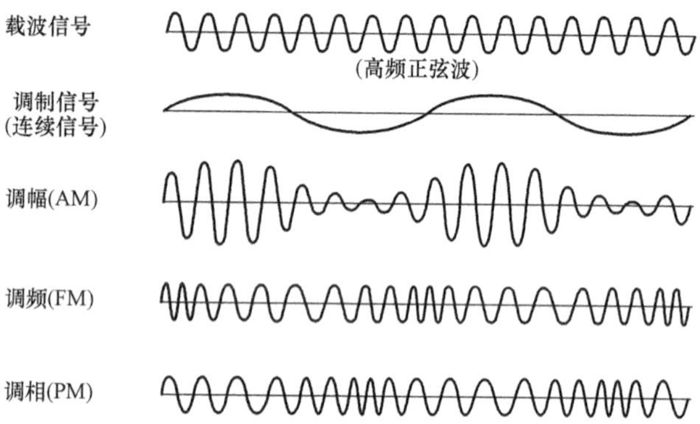

图 5-24　信号调制

调制就是利用缓变信号来控制、调节高频振荡信号的某个参数（幅值、频率或者相位），使其按缓变信号的规律变化，如图 5-24 所示。其中高频振荡信号称为载波信号，缓变信号称为调制信号，载波被缓变信号调制后称为已调波。

解调指从已调频波中恢复出调制信号的过程，即调制的逆过程。

按被调制参数的不同，调制分为调幅（AM）、调频（FM）、调相（PM）。

设调制信号为 $x(t)$，载波信号 $z(t)=A\cos(2\pi ft+\phi)$，则

1）幅度调制，$x_m(t)=[Akx(t)]\cos(2\pi ft+\phi)$

2）频率调制，$x_m(t)=A\cos(2\pi[f+kx(t)]t+\phi)$

3）相位调制，$x_m(t)=A\cos(2\pi ft+[\phi+kx(t)])$

5.3.1　幅度调制与解调

1. 幅度调制

调幅是将一个高频正弦信号（或称载波）与测试信号相乘，使载波信号幅值随测试信号的变化而变化，如图 5-25 所示。

设调制信号为 $x(t)$，其最高频率为 f_m，载波信号为 $z(t)=A\cos(2\pi f_z t+\phi)$。为分析方便，取 $\varphi=0$，$A=1$，则 $z(t)=\cos 2\pi f_z t$。

因为

$$\cos 2\pi f_z t \Leftrightarrow \frac{1}{2}\delta(f+f_z)+\frac{1}{2}\delta(f-f_z)$$

所以，调幅波

$$x_m(t)=x(t)\cos 2\pi f_z t \Leftrightarrow X_m(f)=\frac{1}{2}X(f+f_z)+\frac{1}{2}X(f-f_z)$$

可见，调幅使调制信号 $x(t)$ 的频谱向左、右迁移了 $\pm f_z$（从低频区迁移到高频区），而幅值减小了一半，但 $x(t)$ 所有的信息都被完整地保留在调幅波中，如图 5-25 所示。载波频

率 f_z 称调幅波的中心频率。

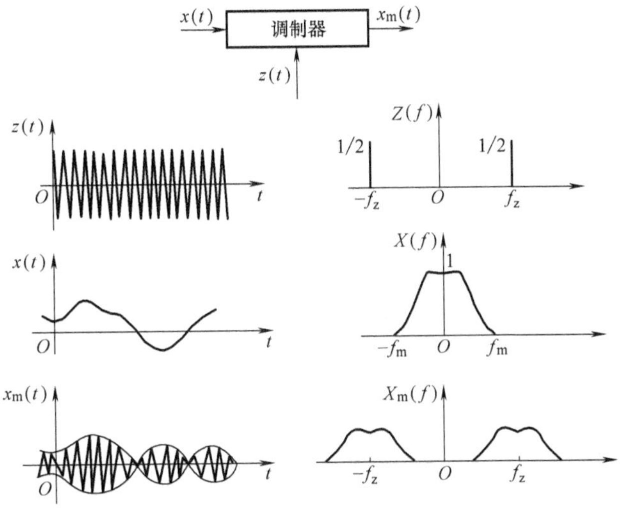

图 5-25　调幅过程

为保证频移后的频谱不失真，载波频率 f_z 要大于或等于两倍调制信号的最高频率 f_m，通常取数倍至数十倍。

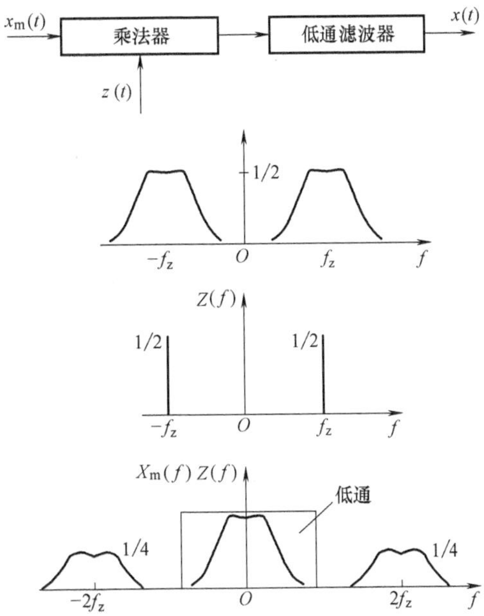

图 5-26　同步解调

2. 幅度调制的解调

幅度调制的解调有多种方法，常用的有同步解调、整流检波和相敏检波解调法。

(1) 同步解调　同步解调如图 5-26 所示。

若把调幅波 $x_m(t)$ 再次与载波 $z(t)$ 信号相乘，则频域图形将再一次进行“搬移”，即

$$x_m(t)\cos 2\pi f_z t = x(t)\cos 2\pi f_z t\cos 2\pi f_z t$$

$$\Leftrightarrow \frac{1}{2}X(f)+\frac{1}{4}X(f+2f_z)\frac{1}{4}X(f-2f_z)$$

完整的调制解调过程如图 5-27 所示。调制信号先与载波信号相乘，再被放大之后进行输出，后续仪器接收到调幅波后与载波信号再次相乘，最后经低通滤波器便得到调制信号的全部信息。为保证精确的结果，同步解调需要性能良好的线性乘法器。

(2) 一般整流检波　一般整流检波就是利用二极管的单向导电性从调幅波中分离出正电压信号。

如图 5-28 所示，无极性变化的调制信号，采用一般整流检波，解调结果能正确反映原

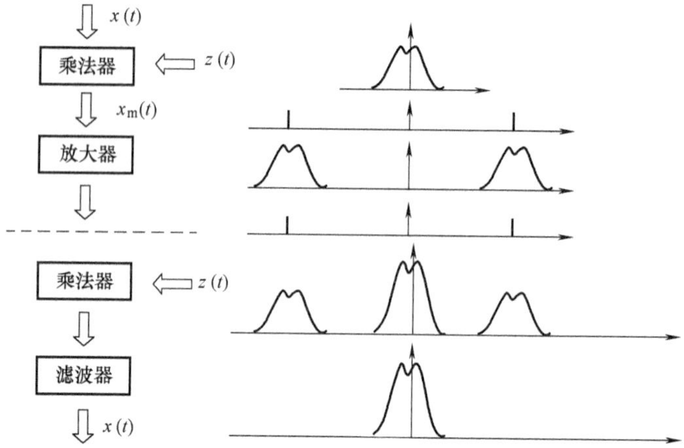

图 5-27　幅度调制与解调过程（频谱分析）

信号；但有极性变化的信号，进行一般整流检波，解调结果不能反映原信号极性，产生失真。因此增加直流偏置环节，即先叠加一个足够大的直流分量，使信号变为全是正电压，之后通过一般直流检波、滤波后，再减去叠加的直流分量。

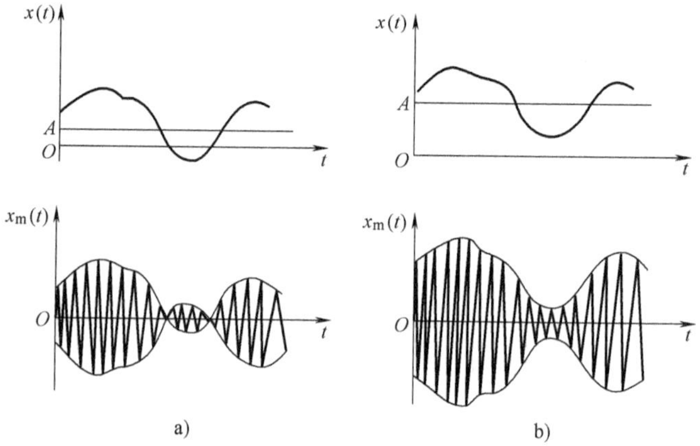

图 5-28　整流检波

(3) 相敏检波解调　相敏检波用来鉴别调制信号的极性。相敏检波器（与滤波器配合）可以将调幅波还原成原应变信号波形，起解调作用。相敏检波是利用载波作为参考信号鉴别调制信号的极性。当调幅波和载波同相时，相敏检波器的输出电压为正；当调幅波和载波反相时，相敏检波器的输出电压为负。输出电压的大小仅与信号的电压高低成正比，而与载波电压无关。

图 5-29 是应变仪中常用的环形相敏检波器。二极管 $VD_1 \sim VD_4$ 首尾相连组成环形，R 为 4 个调平衡电阻，还用于限流。4 个顶点分别与 2 个变压器相连。变压器的中点作为输出，输出端接有 LC 低通滤波器、后续仪器负载，R_f 为负载电阻。$x(t)$、$z(t)$、$x_m(t)$、$u_f(t)$ 分别为基波、载波、调幅波、解调后电压。u_s 为信号电压，其一次绕组电压为 $x_m(t)$，u_t 为控制电压，用于控制 4 个二极管的导通或截止，其一次绕组电压为 $z(t)$。环形相敏检波器能正

确工作的前提条件是：$u_t \geqslant 2u_s$；环形电路的 4 个臂对称。变压器二次绕组对称，即 $u_{s1}=u_{s2}$、$u_{t1}=u_{t2}$；$z(t)$与调制波同频、同相。

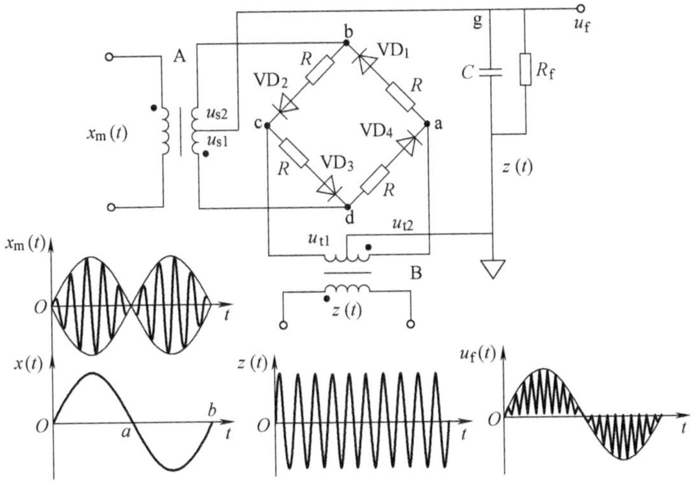

图 5-29　相敏检波

1）当 $x_m(t)=0$，$u_s=0$ 时，$u_f(t)=0$。当 $z(t)>0$ 时，电流经 VD_2、VD_3 闭合；当 $z(t)<0$ 时，电流经 VD_1、VD_4 闭合。由于各臂参数相同，电流不经过负载，u_t 相当于给二极管增加了一个偏压，可减小非线性影响。

2）当 $x_m(t)\neq 0$，且与 $z(t)$ 同相时（图中 $O\sim a$ 段），$u_f(t)$ 为正，与调制信号同相。$x_m(t)>0$ 时，u_{s1}通过 VD_2 导通，负载电流向上；$x_m(t)<0$ 时，u_{s2}通过 VD_4 导通，负载电流向上。此时由于 $u_t \geqslant 2u_s$，尽管 u_{s1}、u_{s2}分别对 VD_3、VD_1 加了反向电压，VD_3、VD_1 仍然保持截止，u_t 产生的电流不经过负载。

3）当 $x_m(t)\neq 0$，且与 $z(t)$ 反相时（图中 $a\sim b$ 段），$u_f(t)$ 为负，与调制信号同相。类似于 2）的分析，当 $x_m(t)<0$、$z(t)>0$ 时，u_{s1}经 VD_3 导通，负载电流向上；当 $x_m(t)>0$、$z(t)<0$ 时，u_{s2}经 VD_1 导通，负载电流向上。

由此可见，相敏检波器既能反映输入信号的幅值，又能反映输入信号的极性。

3. 调幅波的波形失真

（1）过调失真　过调失真如图 5-30 所示，对于非抑制调幅，要求其直流偏置必须足够大，否则 $x(t)$ 的相位将发生 180°的倒相，已调波的包络形状与调制信号不一样。

（2）重叠失真　重叠失真如图 5-31 所示，调幅波是由两个边带信号组成的。载波频率 f_z 较低时，正频端的下边带将与负频端的下边带相重叠。

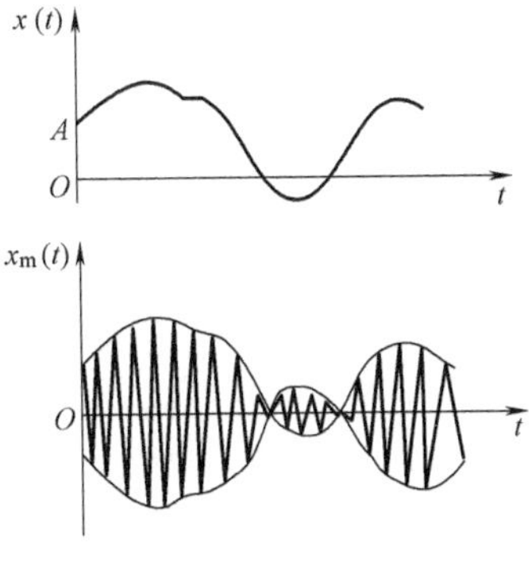

图 5-30　过调失真

5.3.2　频率调制与解调

调频是利用信号电压的幅值控制一个振荡器，振荡器输出的是等幅波，但其振荡频率偏移量和信号电压成正比。频率调制如图 5-32 所示，信号电压为正值时调频波的频率升高，信号电压为负值时调频波的频率降低；信号电压为零时，调频波的频率就等于中心频率。为了保证测试精度，一般载波中心频率应远高于信号最高频率成分频率。

$$x(t)=A\cos\{2\pi[f_0+kx(t)]t+\phi\}$$

5-7 混叠

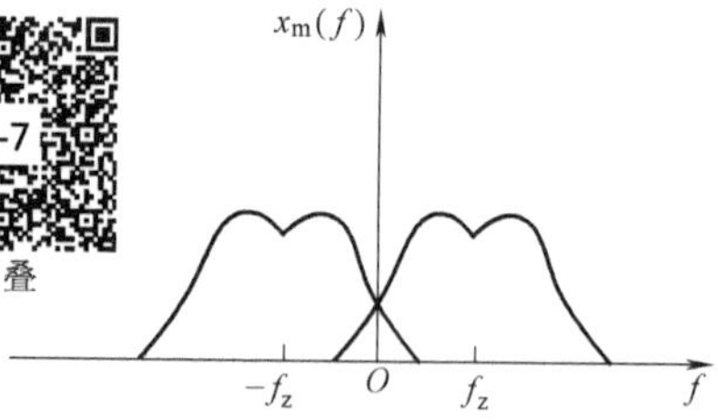

图 5-31　重叠失真

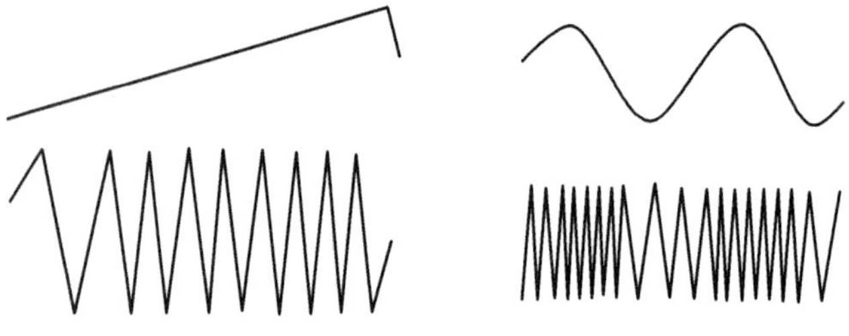

a) 锯齿波调频　　b) 正弦波调频

图 5-32　频率调制

调频信号具有抗干扰能力强、易于远距离传输、不易错乱、失真等优点，并且容易实现数字处理。

调频常用振荡电路实现，常用的调频方案有谐振调频和压控调频。

1. 谐振调频

应用电容式、电感式、涡流式传感器在测量小范围内变化的参数时，可采用谐振调频，即将电容 C 或电感 L 直接作为 LC 自激振荡器的一个调谐参数，使振荡频率按被测信号规律变化。

图 5-33 是电容式传感器谐振调频测试系统框图。图中，LC 振荡器的振荡频率为

$$f=\frac{1}{2\pi}\frac{1}{\sqrt{LC}}$$

设电容式传感器的初始电容为 C_0，则振荡器初始频率为 $f_0=\frac{1}{2\pi}\frac{1}{\sqrt{LC_0}}$；

设测量时，电容变化 ΔC，则此时振荡器频率为

$$f=\frac{1}{2\pi}\frac{1}{\sqrt{L(C_0+\Delta C)}}=\frac{1}{2\pi}\frac{1}{\sqrt{LC_0}}\frac{1}{\sqrt{1+\Delta C/C_0}}$$

一般 $\Delta C\ll C_0$，所以

$$f\approx f_0\left(1-\frac{\Delta C}{2C_0}\right)$$

$$\Delta f=-\frac{\Delta C}{C_0}f_0$$

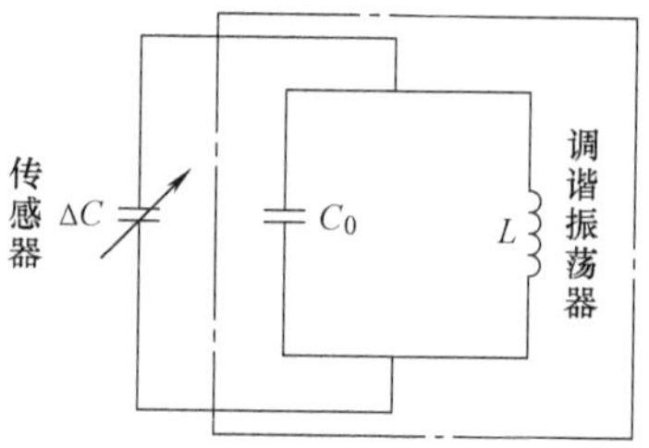

图 5-33　电容式传感器谐振调频测试系统框图

可见，在小范围内，振荡器输出频率与被测信号近似呈线性关系，实现了调频。要求测量精度很高时，后续电路中应考虑非线性补偿。为了同时获得较高的灵敏度和测量范围，载波初始频率一般取得较高（兆赫兹）。

2. 压控调频

压控调频是利用被测信号电源控制振荡器的频率变化。图 5-34 是一种采用乘法器的振荡器原理图，A_1 是正反馈放大器，其输出电压受稳压管 VS 嵌制，为 e_w 或$-e_w$。M 为乘法器，A_2 是积分器，e_x 是恒值正电压。如果初始时 A_1 输出为 e_w，乘法器输出是正电压，A_2 的输出电压将线性下降。当降到比$-e_w$ 更低时，A_1 翻转，输出为$-e_w$，同时乘法器的输出，即 A_2 的输入随之变为负电压，结果 A_2 的输出电压将线性上升。当 A_2 的输出电压达到 e_w 时，A_1 又翻转，输出为 e_w。所以在恒值正电压 e_x 的作用下，A_2 输出频率一定的三角波，A_1 输出同一频率的方波 e_y。

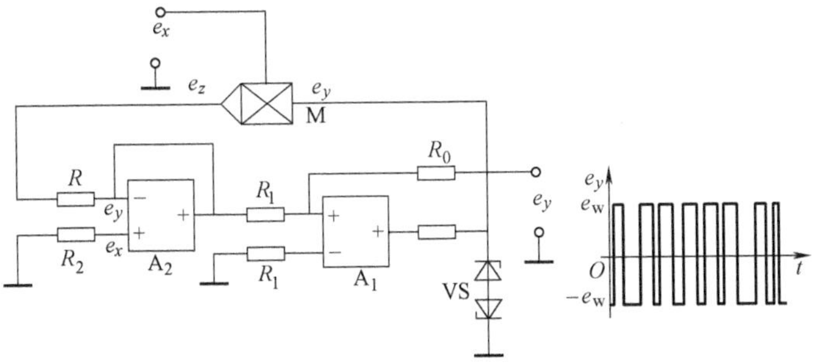

图 5-34 压控振荡器原理

乘法器 M 的一个输入端 e_y 幅度为定值（$\pm e_w$），改变另一个输入端 e_x，就可以线性地改变其输出 e_z，因此积分器 A_2 的输入电压也随之改变。这导致积分器由$-e_w$ 充电到 e_w（或由 e_w 放电到$-e_w$）所需时间的变化。所以振荡器的振荡频率将与电压 e_x 成正比，改变 e_x 值便可达到线性控制振荡频率的目的。

A_2 输入端电压 e_x 和 e_y 同号，所以 e_x 应具有固定的极性。交流信号需要加直流偏置。乘法器应具有较好的线性度，这是该方法的缺点。

3. 调频波的解调

调频波的解调又称鉴频，即将信号的频率变化再变换为电压幅值的变化。最简单的鉴频方案是：将调频波限幅为方波，然后取其上升（或下降）沿转换为脉冲，脉冲疏密即为调频波的疏密。如此便得到一系列脉宽相等、疏密随调频波频率而变的单向窄矩形波。取其瞬时平均电压就可以反映原信号电压的变化，但应注意必须从平均电压中减去与载波中心频率所对应的直流偏置电压。另一种简单的鉴频方案是采用谐振回路法。

常用谐振回路法鉴频器如图 5-35 所示。鉴频过程分两步，第一步通过频率-电压线性变换电路，将等幅的调频波变换为电压幅值也随频率变化的调幅、调频波；第二步利用检波器取出其中幅值的变化信息。频率-电压转换采用图 5-35a 所示的变压器耦合 LC 谐振回路完成。变压器的一、二次绕组 L_1、L_2 和 C_1、C_2 组成并联谐振电路。输入等幅调频波 u_f，在回路的谐振频率 f_n 处，L_1、L_2 中的耦合电流最大，二次侧输出电压 u_a 也达最大。u_f 频率偏离 f_n 后，u_a 随之下降。u_a 的频率虽然和调频波 u_f 保持一致，但 u_a 的幅值不是常值，随谐振曲线上 u_f 频率对应的电压而变化。所以 u_a 是频率和幅值同时变化的调频调幅波，如图 5-35b 所示。为了获得较好的线性，通常利用特性曲线的亚谐振区近似直线的一段实现频率电压转换，将调频时的载波频率 f_0 设计在谐振曲线上升（或下降）部分近似线性段的中心。由于在特性曲线的直线段工作，所以 u_a 幅值的变化与频率的变化呈线性关系。显然输入调频波后，便可获得上下对称的调幅波 u_a。

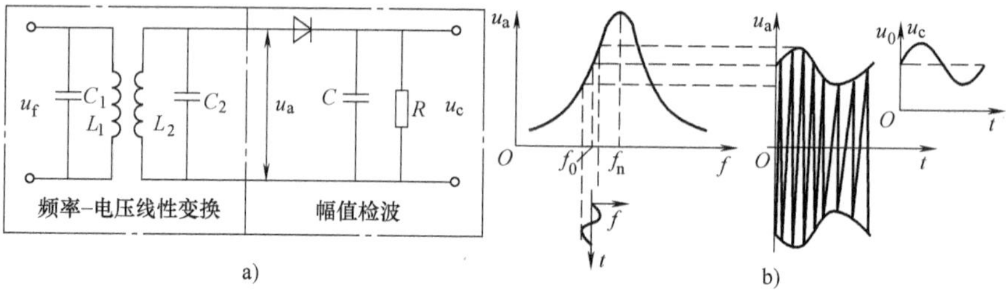

图 5-35　谐振鉴频器原理

4. **频率调制的优缺点**

与幅度调制相比，频率调制信噪比高，抗干扰能力强。因为调频信号所携带的信息包含在频率变化之中，并非振幅之中，而干扰波的干扰作用则主要表现在振幅之中。而干扰引起的幅值变化，可通过限幅器有效消除。但调频波通常要求很宽的频带，甚至为调幅所要求带宽的 20 倍；调频系统较之调幅系统复杂，因为频率调制是一种非线性调制，不能运用叠加定理。

5.4　滤波器

5.4.1　概述

测试信号时，往往存在干扰信号；有时只需对某频率范围内的信号进行后续分析处理，因此，需要滤除不需要的频率成分，使用的工具就是滤波器。

滤波器是一种选频装置，它允许输入信号中的特定频率成分通过，同时抑制或极大地衰减其他频率成分（又称此频带为阻带）。滤波器是信号分析和抑制噪声的有效工具。

根据滤波器的选频特性，一般将滤波器分为低通、高通、带通和带阻四种。四种滤波器幅频特性如图 5-36 所示。

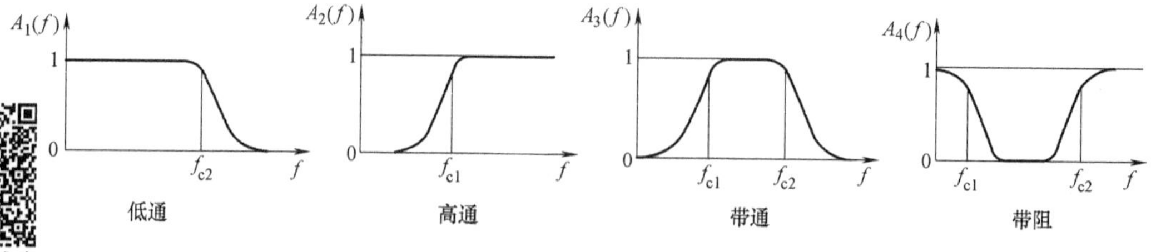

5-8
信号滤波试验及滤波器

图 5-36　四种滤波器幅频特性

低通滤波器：只允许 $0 \sim f_{c2}$ 的频率成分通过，而大于 f_{c2} 的频率成分衰减为零。

高通滤波器：与低通滤波器相反，它只允许 $f_{c1}\sim\infty$ 的频率成分通过，而 $f<f_{c1}$ 的频率成分衰减为零。

带通滤波器：只允许 $f_{c1}\sim f_{c2}$ 之间的频率成分通过，其他频率成分衰减为零。

带阻滤波器：与带通滤波器相反，它将 $f_{c1}\sim f_{c2}$ 之间的频率成分衰减为零，其余频率成分几乎不受衰减地通过。

5.4.2　理想滤波器

理想滤波器是指能使通带内信号的幅值和相位都不失真，阻带内的频率成分都衰减为零的滤波器，其通带和阻带之间有明显的分界线。即，理想滤波器在通带内幅频特性为常数，相频特性斜率为常数；通带以外幅频特性应为零。

理想滤波器的频率响应函数为

$$H(f)=\begin{cases}A_0\mathrm{e}^{-\mathrm{j}2\pi f t_0}, & (|f|<f_c)\\ 0, & \text{其他}\end{cases}$$

理想滤波器时域内的脉冲响应函数如图 5-37 所示。波形沿横坐标向左、右无限延伸，即在 $t<0$ 时，滤波器已经有响应了。显然，这是一种非因果关系，在物理上是不可实现的。这说明，在截止频率处呈现直角锐变的幅频特性，或者在频域内用矩形窗函数描述的理想滤波器是不存在的。实际滤波器的频域波形不会在某个频率上完全截止，而会逐渐衰减并延伸到无穷远处。

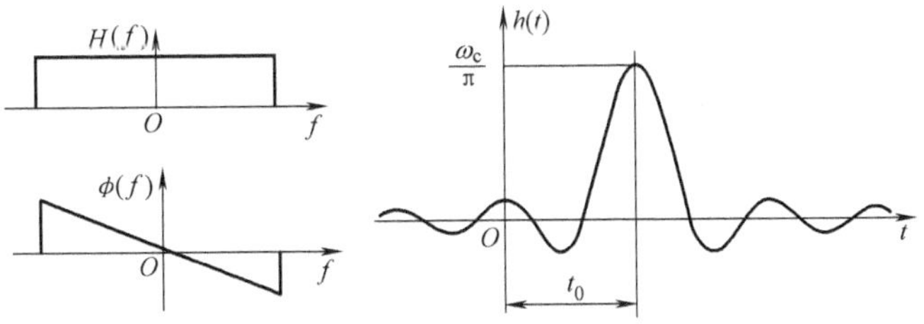

图 5-37　理想滤波器的幅频、相频特性及其脉冲响应

5-9
典型信号滤波

5.4.3　实际滤波器

实际的滤波器幅频特性中，通带和阻带之间没有严格界限，而是存在一个过渡带。在过渡带内的频率成分不会完全被抑制，只会受到不同程度的衰减。因此，在设计实际滤波器时，总是通过各种方法使其尽量逼近理想滤波器，希望过渡带越窄越好，通带外频率成分衰减越快、越多越好。图 5-38 为典型的实际带通滤波器幅频特性，其中 A_0 为通带内幅频特性平均值。

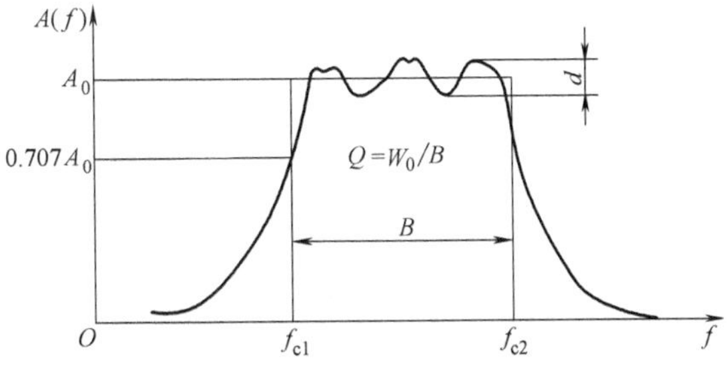

图 5-38　实际带通滤波器幅频特性

1. 纹波幅度

实际滤波器在通带内幅频特性不平直，而是波动变化的，其波动幅度 d 称纹波幅度。纹波幅度 d 与 A_0 相比，越小越好，一般应远小于-3dB。

2. 截止频率

幅频特性值等于 $A_0/\sqrt{2}$（即 $0.707A_0$）所对应的频率称滤波器的截止频率。频率由低到高对应于下截止频率 f_{c1}、上截止频率 f_{c2}。此时，幅频值相比 A_0 衰减了-3dB。

3. 带宽

上、下截止频率之间的频率范围称带宽，或-3dB 带宽，单位是 Hz。

4. 品质因数

对于带通滤波器，中心频率（$f_0=\sqrt{f_{c1}f_{c2}}$）与带宽 B 的比值称品质因数 Q。Q 越大，滤波器的频率分辨力越高。

5. 倍频程选择性

实际滤波器过渡带幅频曲线的倾斜程度表达了滤波器对通带外频率成分的衰减能力，即选择性。选择性是滤波器的一个重要指标。

倍频程选择性指上截止频率 f_{c2} 和 $2f_{c2}$ 之间，或者下截止频率 f_{c1} 和 $2f_{c1}$ 之间幅频特性的衰减量，即频率变化一个倍频程时的衰减量。

$$W=20\lg\frac{A(2f_{c2})}{A(f_{c2})} \text{ 或 } W=20\lg\frac{A(2f_{c1})}{A(f_{c1})}$$

6. 滤波器因素

滤波器因素 λ 是用带宽的变化来定义选择性的，定义为滤波器幅频特性值为-60dB 处的带宽与-3dB 处的带宽之比，即

$$\lambda=\frac{B_{-60\mathrm{dB}}}{B_{-3\mathrm{dB}}}>1$$

λ 越小，滤波器选择性越好。

例 5-5 信号 $x(t)=\frac{A}{2}-\frac{A}{\pi}\cos\omega_0 t-\frac{A}{2\pi}\sin 2\omega_0 t+\frac{A}{3\pi}\cos 3\omega_0 t$，$\omega_0=130\pi$。

（1）试画出 $x(t)$ 频谱图。

（2）当该信号通过一理想带通滤波器（假设相角滞后为 0）时，该滤波器的 $A(\omega)=1$，带宽 $B=80\text{Hz}$，中心频率 $f_0=200\text{Hz}$，画出该滤波器的幅频谱，并写出滤波器输出波形表达式。

答：

（1）画出 $x(t)$ 频谱图如图 5-39 所示。

（2）$f_{c2}-f_{c1}=80$，$\sqrt{f_{c1}f_{c2}}=200 \Rightarrow f_{c1}=123$，$f_{c2}=203$

说明滤波器使得频率为 123～203Hz 之间的信号等幅输出，频率为 123～203Hz 之外的信号全部衰减至零。

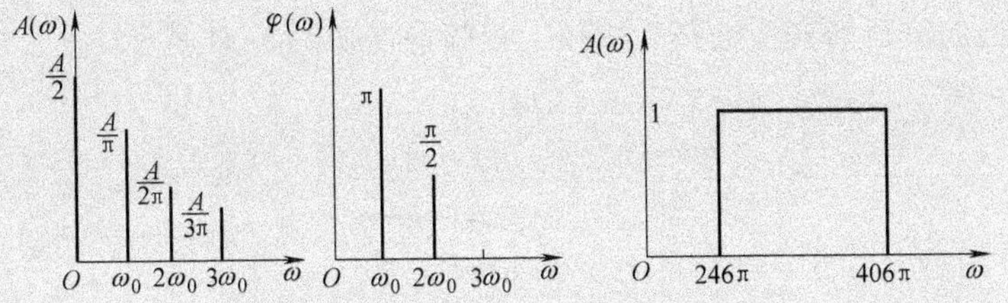

图 5-39　例 5-5 图

输出表达式为 $x'(t)=-\frac{A}{2\pi}\sin 2\omega_0 t+\frac{A}{3\pi}\sin 3\omega_0 t$。

5.4.4　*RC* 模拟滤波器分析

在测试系统中，常用 *RC* 滤波器。因为这一领域中信号频率相对来说不高。而 *RC* 滤波器电路简单，抗干扰强，有较好的低频性能，并且选用标准阻容元件。*RC* 模拟滤波器分为无源滤波器和有源滤波器。

1. *RC* 无源低通滤波器

RC 无源低通滤波器的典型电路和幅频、相频特性如图 5-40 所示。

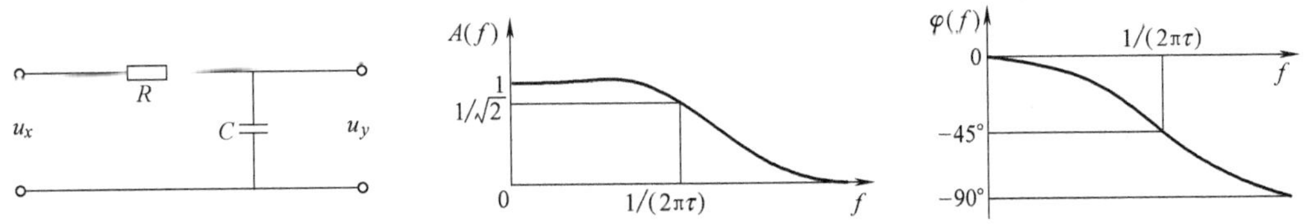

图 5-40　*RC* 无源低通滤波器

设输入、输出电压分别为 u_x、u_y，则滤波器传递函数为

$$H(s)=\frac{u_y(s)}{u_x(s)}=\frac{1}{RCS+1}=\frac{1}{\tau s+1}$$

幅频特性为

$$A(f)=\frac{1}{\sqrt{1+(2\pi f\tau)^2}}$$

相频特性为

$$\varphi(\omega)=-\arctan(2\pi f\tau)$$

当 $f\ll 1/(2\pi\tau)$ 时，$A(f)=1$，信号几乎不衰减地通过滤波器，$\varphi(f)$ 近似为一通过原点的直线，*RC* 低通滤波器可视为不失真传输系统。

当 $f=1/(2\pi\tau)$ 时，$A(f)=1/\sqrt{2}$，其对应的上截止频率 $f_{c2}=1/(2\pi\tau)$。*RC* 值决定了上截止频率，改变 *RC* 值就可改变滤波器的上截止频率。

当 $f\gg 1/(2\pi\tau)$ 时，$u_y=\frac{1}{RC}\int u_x\mathrm{d}t$，滤波器相当于一个积分器。

2. RC 无源高通滤波器

RC 无源高通滤波器的典型电路和幅频、相频特性如图 5-41 所示。

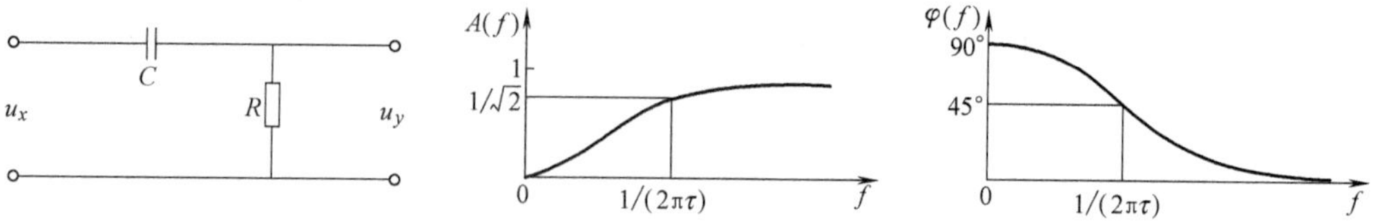

图 5-41　RC 无源高通滤波器

滤波器传递函数为

$$H(s)=\frac{u_y(s)}{u_x(s)}=\frac{RCs}{RCs+1}=\frac{\tau s}{\tau s+1}$$

幅频特性为
$$A(f)=\frac{2\pi f\tau}{\sqrt{1+(2\pi f\tau)^2}}$$

相频特性为
$$\varphi(\omega)=\arctan(1/2\pi f\tau)$$

当 $f \gg 1/(2\pi\tau)$ 时，$A(f)=1$，信号几乎不衰减地通过滤波器，$\varphi(f)=0$，RC 高通滤波器可视为不失真传输系统。

当 $f=1/(2\pi\tau)$ 时，$A(f)=1/\sqrt{2}$，其对应的下截止频率 $f_{c1}=1/(2\pi\tau)$，RC 值决定了下截止频率，改变 RC 值就可改变滤波器的下截止频率。

当 $f \ll 1/(2\pi\tau)$ 时，滤波器相当于一个微分器。

3. RC 无源带通滤波器

带通滤波器可看成低通与高通滤波器的串联组合，RC 无源带通滤波器如图 5-42 所示。且当 $R_2 \gg R_1$ 时，“低通”对前面的“高通”影响极小。

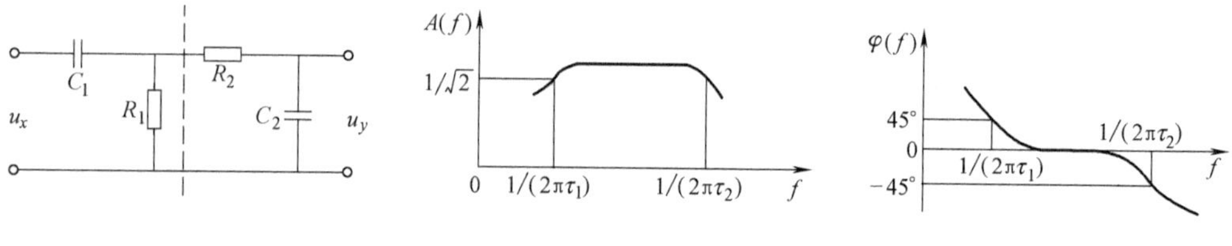

图 5-42　RC 无源带通滤波器

滤波器传递函数为

$$H(s)=\frac{u_y(s)}{u_x(s)}=\frac{R_1C_1s}{R_1C_1s+1}\frac{1}{R_2C_2s+1}=\frac{\tau_1 s}{\tau_1 s+1}\frac{1}{\tau_2 s+1}$$

幅频特性为
$$A(f)=\frac{2\pi f\tau_1}{\sqrt{1+(2\pi f\tau_1)^2}}\frac{1}{\sqrt{1+(2\pi f\tau_2)^2}}$$

相频特性为
$$\varphi(\omega)=\arctan(1/2\pi f\tau_1)-\arctan(2\pi f\tau_2)$$

分别调节 R_1C_1、R_2C_2，就可以得到不同的下、上截止频率和带宽。

4. *RC* 有源滤波器

RC 无源滤波器线路简单、体积小、成本低。但都是低阶系统，过渡带衰减缓慢（一阶滤波器过渡带斜率为-20dB/dec），选择性差。虽然可以将几个一阶滤波器串联起来提高阶次，但单级间耦合的负载效应会使信号逐渐减弱，采用有源滤波器可解决这些缺点。

RC 有源滤波器是用 *RC* 无源网络和运算放大器等有源器件结合在一起构成的。它既可以放大信号，又具有高输入阻抗的运算放大器可以进行级间隔离，消除或减小负载效应的影响。

(1) *RC* 有源低通滤波器 *RC* 有源低通滤波器如图 5-43 所示。

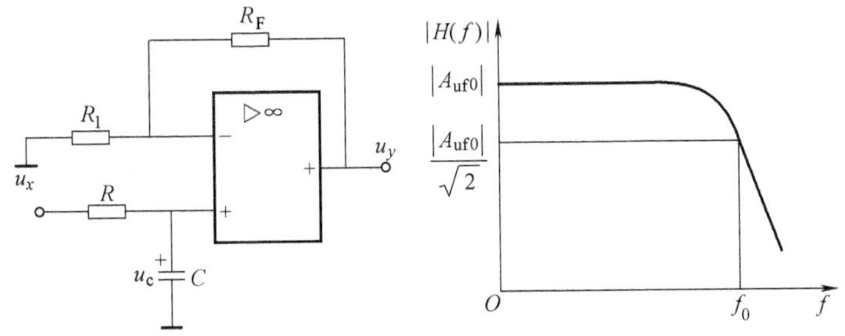

图 5-43 *RC* 有源低通滤波器

如果忽略通过运算放大器的电流，则反相输入端流经 R_1 和 R_F 的电流相等。则

$$\dot{U}_+=\frac{\frac{1}{\mathrm{j}\omega C}}{R+\frac{1}{\mathrm{j}\omega C}}\dot{U}_x=\frac{\dot{U}_x}{1+\mathrm{j}\omega RC}\approx\dot{U}_-$$

$$\frac{\dot{U}_-}{R_1}=\frac{\dot{U}_y-\dot{U}_-}{R_F}\Rightarrow\dot{U}_y=\left(1+\frac{R_F}{R_1}\right)\frac{\dot{U}_x}{1+\mathrm{j}\omega RC}$$

所以滤波器的频率响应函数为

$$H(\mathrm{j}\omega)=\frac{\dot{U}_y(\mathrm{j}\omega)}{\dot{U}_x(\mathrm{j}\omega)}=\left(1+\frac{R_F}{R_1}\right)\left(\frac{1}{1+\mathrm{j}\omega RC}\right)$$

$\omega=0$ 时，$H(\mathrm{j}\omega)=1+\frac{R_F}{R_1}=|A_{uf0}|$

令 $\omega_0=\frac{1}{RC}$，称截止频率，则

$$|H(\mathrm{j}\omega)|=\frac{|A_{uf0}|}{\sqrt{1+\left(\frac{\omega}{\omega_0}\right)^2}},\qquad \varphi(\omega)=-\arctan\frac{\omega}{\omega_0}$$

为改善滤波效果，常采用二阶低通滤波器，如图 5-44 所示。

(2) *RC* 有源高通滤波器 只需将低通滤波器的 *R*、*C* 互换即得低通滤波器，如图 5-45

所示。

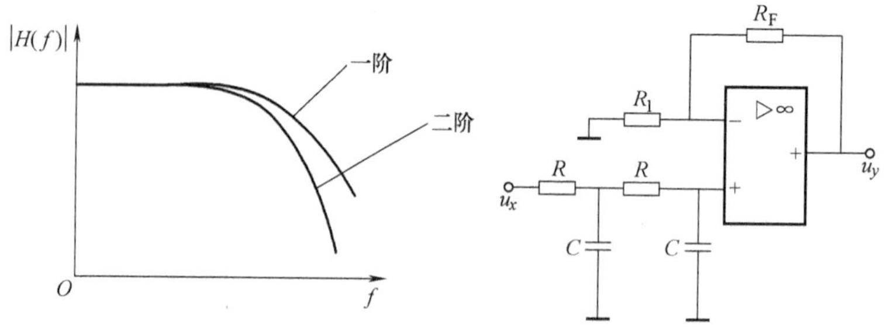

图 5-44　二阶低通滤波器

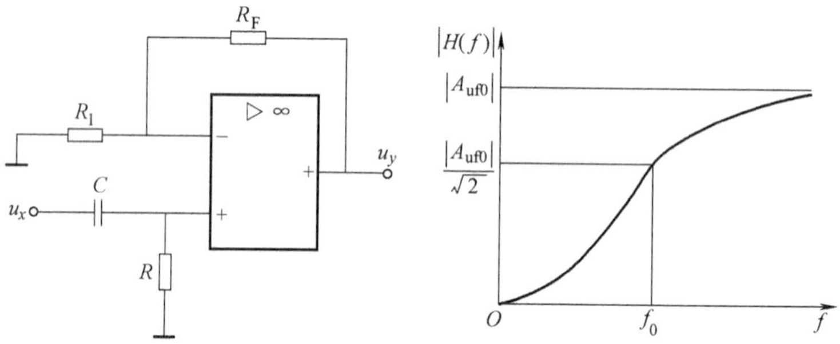

图 5-45　*RC* 有源高通滤波器

$$H(\mathrm{j}\omega)=\frac{\dot{U}_y(\mathrm{j}\omega)}{\dot{U}_x(\mathrm{j}\omega)}=\frac{1+\dfrac{R_F}{R_1}}{1-\mathrm{j}\dfrac{\omega_0}{\omega}},\quad |A_{uf0}|=1+\frac{R_F}{R_1}$$

$$|H(\mathrm{j}\omega)|=\frac{|A_{uf0}|}{\sqrt{1+\left(\dfrac{\omega}{\omega_0}\right)^2}},\quad \varphi(\omega)=\arctan\frac{\omega}{\omega_0}$$

5.4.5　恒带宽、恒带宽比滤波器

实际滤波器的频率通带通常是可调的，实际滤波器通常是由一系列中心频率、带宽不等的滤波器构成的滤波器组。根据实际滤波器中心频率与带宽之间的数值关系，可以分为恒带宽滤波器和恒带宽比滤波器，如图 5-46 所示。

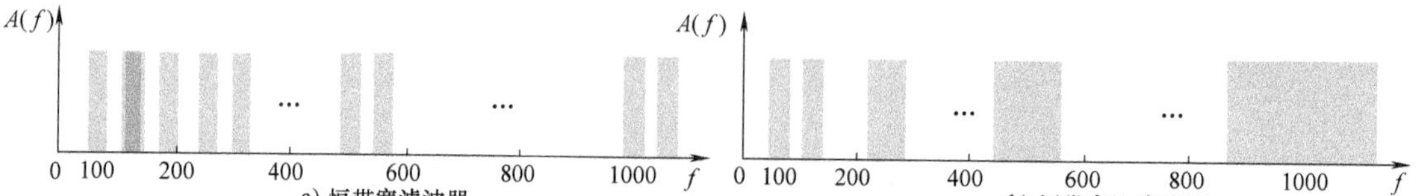

a) 恒带宽滤波器　　b) 恒带宽比滤波器

图 5-46　恒带宽和恒带宽比滤波器

恒带宽滤波器是带宽不随中心频率而变的滤波器。这样就满足了在整个分析频段内都具有良好的频率分辨率的要求。

恒带宽比滤波器，当 n 和 Q 确定后，低频区分辨率较好，随着中心频率的增加，带宽也增加，高频段的分辨率随之下降。$f_0=\sqrt{f_{c1}f_{c2}}$，$Q=\dfrac{f_n}{B}$。所以对于相同的 Q 值（恒宽比），中心频率越大，带宽 B 越大。

一般 $f_{c2}=2^n f_{c1}$，所以

$$f_{c2}=2^{n/2}f_0 \quad f_{c1}=2^{-n/2}f_0$$

$$1/Q=B/f_0=2^{n/2}-2^{-n/2}$$

采用同样 Q 值的调谐滤波器组成滤波器组，其连接方法是，前一滤波器的上截止频率就是下一个滤波器的下截止频率，该滤波器组就是恒带宽比邻接式滤波器，如图 5-47 所示。

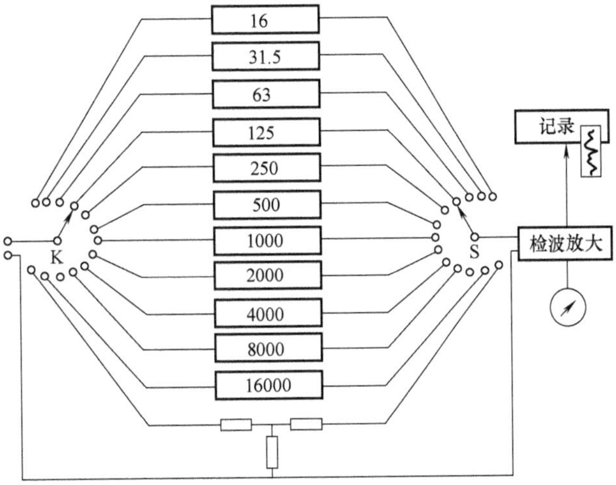

图 5-47　恒带宽比邻接式滤波器

例 5-6　设一个信号由幅值相同而频率分别为 940Hz 和 1060Hz 的两正弦信号合成，其频谱如图 5-48 所示，现用两种恒带宽比倍频程滤波器和恒带宽滤波器分别对其做频谱分析。

1）采用 1/3 倍频程滤波器（倍频程选择性接近 25dB，$B/f_0=0.23$，$Q=4.34$），如图 5-49所示。

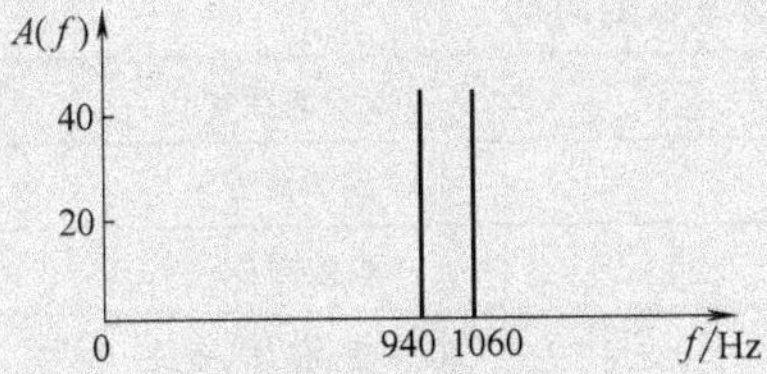

图 5-48　例 5-6 图

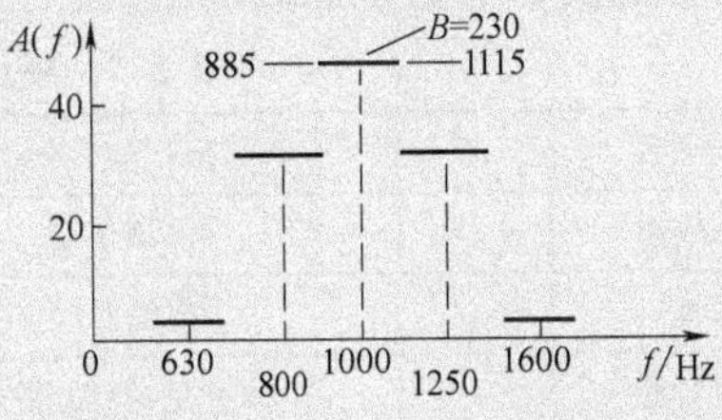

图 5-49　1/3 倍频程滤波器分析

在 1000Hz 中心频率处，带宽 $B=230$Hz，下截止频率 $f_{c1}=885$Hz，上截止频率 $f_{c2}=1115$Hz，两实际信号频率成分同时穿过了该滤波器通带。

当中心频率为 800Hz、1250Hz 时，尽管信号不在滤波器通带内，由于衰减不够，仍有较大的输出。

所以该 1/3 倍频程滤波器无法分辨出信号和来源。

2）采用 1/10 倍频程滤波器，如图 5-50 所示。

该滤波器较 1/3 倍频程滤波器分辨率有明显的改善，但分辨力仍然很差。

3）采用恒带宽滤波器，如图 5-51 所示。

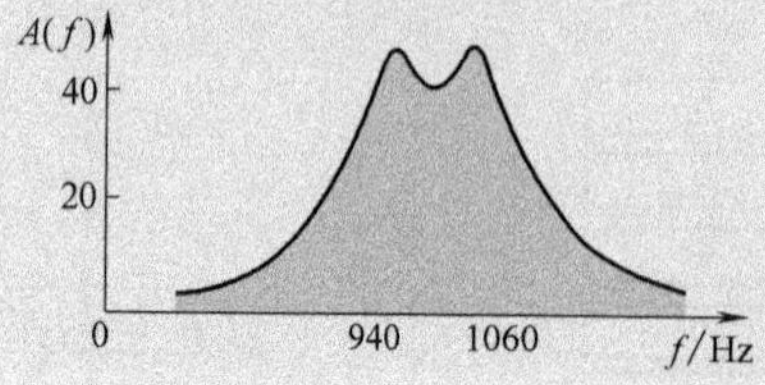

图 5-50　1/10 倍频程滤波器分析

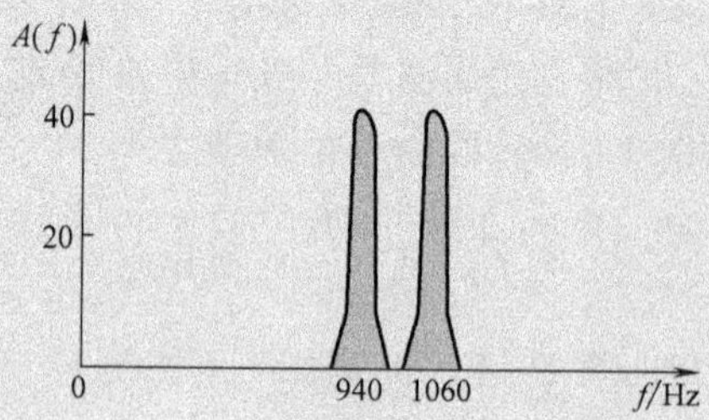

图 5-51　恒带宽滤波器分析

由图 5-51 可见，由于带宽比较小，当采用恒带宽滤波器时，较好地区分出了频率分别为 940Hz 和 1060Hz 的两正弦信号。

5.4.6　数字滤波器

数字滤波是指用数字处理的方法选择信号所需频率成分的信号处理方法。它本质上是数字滤波器、乘法器、加法器和延时单元组成的一种计算方法。随着计算机技术和大规集成电路技术的发展，数字滤波已可利用计算机软件或大规模集成数字硬件电路实时实现。从系统观点上来看，数字滤波是一个离散时间系统（按规定的算法，将输入离散时间信号转换成所要求的离散输出信号的特定装置）。应用数字滤波处理模拟信号时，首先必须对输入模拟信号进行限带、抽样和模-数转换，数字滤波输入信号的采样频率应大于被处理信号带宽的两倍。

数字滤波具有高精度、高可靠性、特性可控、便于集成、不受环境影响的特点，在语音、图像、医学、生物学及其他领域得到了广泛应用。

模拟滤波器与数字滤波器的对比见表 5-1。

表 5-1　模拟滤波器与数字滤波器的对比

对比项目	模拟滤波器	数字滤波器
输入输出	模拟信号	数字信号
系统	连续时间	离散时间
系统特性	时不变、叠加、齐次	非移变、叠加、齐次
数学模型	微分方程	差分方程
运算内容	微（积）分、乘、加	延时、乘、加
系统构成	分立元件（电阻、电容、运放等）	程序、运算模块
系统函数	$H(s)=\frac{Y(s)}{X(s)}$（s 域）	$H(z)=\frac{Y(z)}{X(z)}$（z 域）

5.4.7　典型滤波器

1. 巴特沃兹（Butterworth）滤波器

从幅频特性提出要求，而不考虑相频特性。巴特沃兹滤波器具有最大平坦幅度特性，其

幅频特性表达式为

$$|H(\mathrm{j}\omega)|^2=\frac{1}{1+\left(\dfrac{\omega}{\omega_c}\right)^{2N}}$$

式中，N 是滤波器阶数；ω_c 为 3dB 带宽。

巴特沃兹滤波器频谱图如图 5-52 所示。

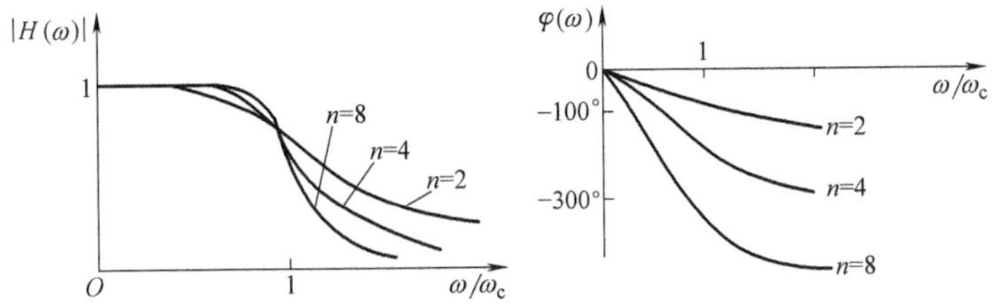

图 5-52　巴特沃兹滤波器频谱图

2. 切比雪夫（Chebyshev）滤波器

切贝雪夫滤波器也是从幅频特性方面提出逼近要求的，其幅频特性表达式为

$$|H(\mathrm{j}\omega)|^2=\frac{1}{1+\varepsilon^2 C_N^2\left(\dfrac{\omega}{\omega_c}\right)},\quad C_N(x)=\begin{cases}\cos(N\arccos x) & |x|\leqslant 1\\ \mathrm{ch}(N\mathrm{arcch}x) & |x|>1\end{cases}$$

式中，ε 为表示通带波纹大小的参数（小于 1 的正数）。

切比雪夫滤波器分Ⅰ型和Ⅱ型，如图 5-53 所示。

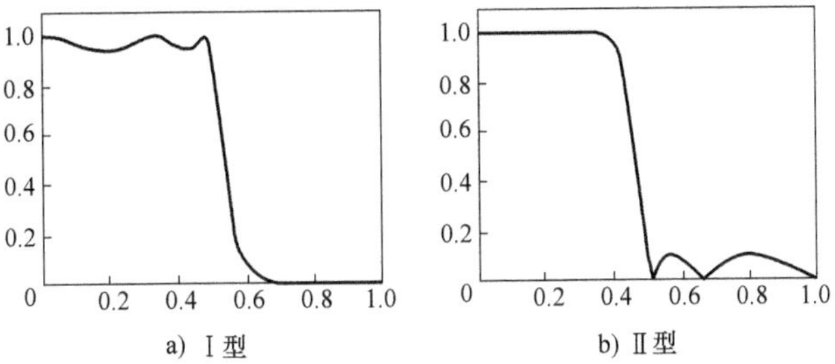

图 5-53　切比雪夫滤波器

3. 椭圆滤波器

椭圆滤波器如图 5-54 所示。幅值响应在通带和阻带内都是等波纹的，对于给定的阶数和给定的波纹要求，椭圆滤波器能获得较其他滤波器为窄的过渡带宽，就这点而言，椭圆滤波器是最优的。

$$|H(\mathrm{j}\omega)|^2=\frac{1}{1+\varepsilon^2 J_N^2(\omega)}$$

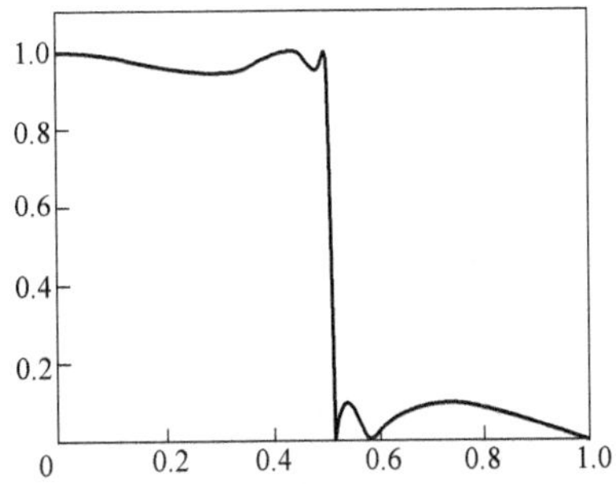

图 5-54　椭圆滤波器

现测量某轴的跳动幅度。水平、垂直方向传感器的输出波形如图 5-55 所示，由于存在干扰，直接得

到的跳动波形图比较乱，看不清楚。如果传感器输出波形送入低通滤波器，滤掉高频干扰，就能比较清楚地得到轴脉动图。

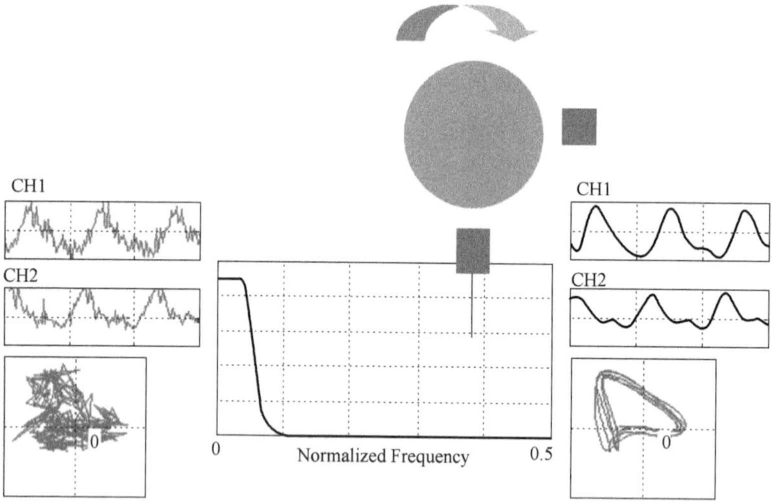

图 5-55　利用低通滤波器分析轴的跳动

5.5　模-数转换原理

5.5.1　概述

在非电量测量过程中，传感器或其他调理电路输出的信号多是随时间连续变化的模拟电压或电流。当采用数字式仪器、仪表及计算机对这些信号进行处理或显示时，有必要将模拟量转换为数字量，这个转换过程称为模-数转换，通常由模-数转换器完成。反之，在计算机控制系统和某些数字化测试系统中，需要将数字量转化为模拟量去驱动执行元件或显示记录设备。这个转换过程称数-模转换，模拟信号与数字信号之间的转换过程如图 5-56 所示。

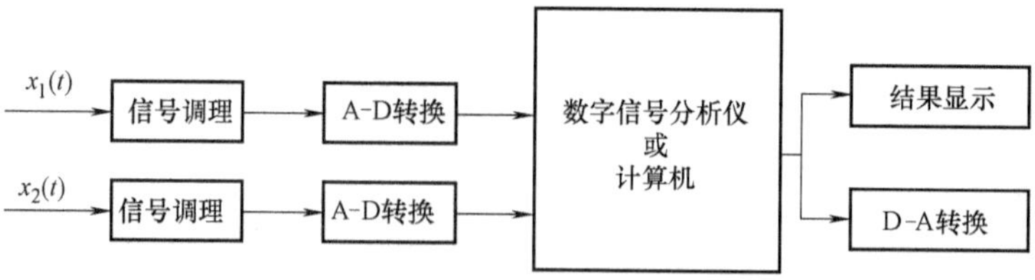

图 5-56　模拟信号与数字信号之间的转换过程

1. 信号调理

信号调理是把信号调理为便于数字处理的形式。

1）电压幅值调理：该过程是为了适宜于信号采样。既要根据 A-D 转换器的参考电压，调整输入信号电压保证全额转换，又不能超出而溢出。

2）提高信噪比：信号进入 A-D 前，进行必要的滤波，去除信号中的高频噪声以提高信噪比。

3）隔离：隔离信号中不必要的直流分量。

4）解调：对已调信号在输入 A-D 之前必须进行解调。

2. A-D 转换（模-数转换）

A-D 转换包括：在时间上对原信号进行采样、保持和幅值上的量化及编码，把模拟量转换成数字量。

3. 数字信号分析

通过数字信号分析仪或计算机，进行概率统计、相关分析、频谱分析、传递函数分析等信号分析。

4. 结果显示

显示或打印分析结果。

5. D-A 转换（数-模转换）

将数字量转换成模拟量输入外部被控装置。

5.5.2　模-数转换

1. A-D 转换过程

将模拟量转换成数字量通常包含三个步骤，即采样、量化、编码，如图 5-57 所示。

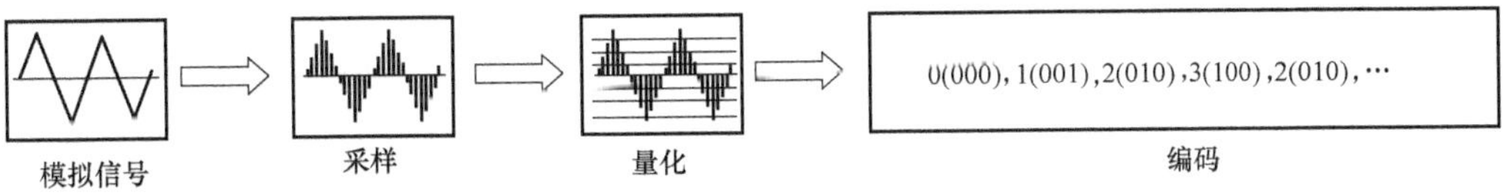

图 5-57　A-D 转换过程

采样即连续信号时域内的离散化。实现方法是，利用采样脉冲序列 $s(t)$，从连续的模拟信号 $x(t)$ 中抽取一系列样值，使之成为采样信号 $x(nT_s)$；采样脉冲序列 $s(t)$ 的周期一般为一固定值 T_s，称采样周期，$f_s=1/T_s$ 称采样频率。

量化即把采样信号 $x(nT_s)$ 经过舍入变为只有有限个有效数字的数。

编码是将离散幅值经过量化以后变为二进制数字的过程。

5-10 量化误差

当离散信号采样值的电平落在两相邻量化电平之间时，就要近似处理到相近的一个量化电平上。该量化电平与信号实际电平之间的差值称量化误差。为讨论方便，今后假设各采样点的量化电平就是信号的实际电平，即假设 A-D 的转换位数无穷大，量化误差为零。

2. A-D 转换器的技术指标

（1）分辨力　A-D 转换器的分辨力用其输出二进制数码的位数来表示。位数越多，则量化增量越小，量化误差越小，分辨力也就越高。常用的有 8 位、10 位、12 位、16 位、24 位、32 位等。

例如，某 A-D 转换器输入模拟电压的变化范围为 −5～5V，转换器为 8 位，若第一位用来表示正、负符号，其余位表示信号幅值，则最末一位数字可代表 80mV 模拟电压（10V×

$1/2^7 \approx 80$mV)，即转换器可以分辨的最小模拟电压为 80mV。而同样情况，用一个 10 位转换器能分辨的最小模拟电压为 20mV（$10\text{V} \times 1/2^9 \approx 20$mV）。

(2) 转换精度 具有某种分辨力的转换器在量化过程中由于采用了四舍五入的方法，因此最大量化误差应为分辨力数值的一半。

例如，8 位转换器最大量化误差应为 40mV(80mV×0.5＝40mV)，全量程的相对误差则为 0.4(40mV/10V×100%)。可见，A-D 转换器数字转换的精度由最大量化误差决定。实际上，许多转换器末位数字并不可靠，实际精度还要低一些。

由于含有 A-D 转换器的模-数转换模块通常包括模拟处理和数字转换两部分，因此整个转换器的精度还应考虑模拟处理部分（如积分器、比较器等）的误差。一般转换器的模拟处理误差与数字转换误差应尽量处在同一数量级，总误差则是这些误差的累加和。例如，一个 10 位 A-D 转换器用其中 9 位计数时的最大相对量化误差为 29×0.5≈0.1%，若模拟部分精度也能达到 0.1%，则转换器总精度可接近 0.2%。

(3) 转换速度 转换速度是指完成一次转换所用的时间，即从发出转换控制信号开始，直到输出端得到稳定的数字输出为止所用的时间。

转换时间越长，转换速度就越低。一般在几微秒至几百毫秒之间。转换速度与转换原理有关，还与转换器的位数有关，一般位数少的（转换精度差）转换器转换速度高。

5.5.3 数-模转换

1. D-A 转换过程

D-A 转换器是把数字信号转换为模拟电压或电流信号的装置，转换过程如图 5-58 所示。

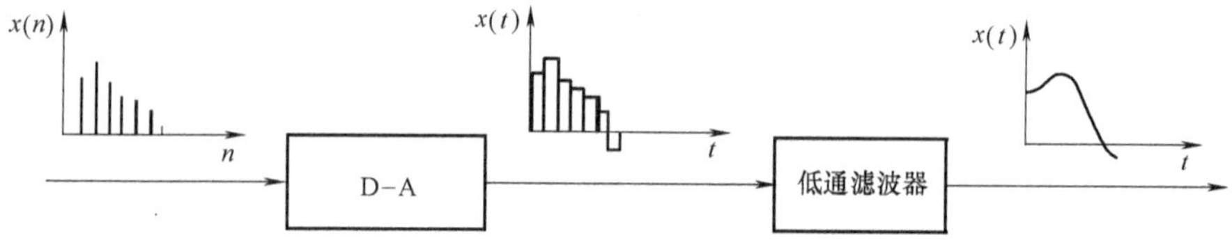

图 5-58 D-A 转换过程

2. D-A 转换器的技术指标

(1) 分辨力 用输出二进制数码的位数表示。位数越多，分辨力越高，量化误差越小。常用的有 8 位、10 位、12 位、16 位等。

(2) 转换精度 理论上 D-A 转换器的最大误差为最低位的 1/2。10 位 D-A 转换器的分辨力为 1/1024，约为 0.1%，它的精度为 0.05%。如果 10 位 D-A 转换器的满程输出为 10V，则它的最大输出误差为 10V×0.0005＝5mV。

(3) 转换速度 指完成一次转换所用的时间，如：100ms(10Hz)；10μs(100kHz)。

5.6 MATLAB 在信号调理中的应用

MATLAB 在信号处理工具箱中有很多函数用来分析滤波器的特性，包括时域分析、频域分析、任意输入响应等。

常用的滤波器分析函数见表 5-2。

表 5-2　常用的滤波器分析函数

函数名	功能
filter	求数字滤波器对输入的响应
freqs	求模拟滤波器的频率特性
freqz	求数字滤波器的频率特性
freqzplot	根据频率特性绘图
grpdelay	计算滤波器的群延迟
impz	求数字滤波器的脉冲响应

例 5-7　已知滤波器传递函数 $H(s)=\dfrac{0.2s^2+0.3s+1}{s^2+0.4s+1}$，求解滤波器的幅频、相频特性。

解：

```
b=[0.2  0.3  1]; a=[1  0.4  1];
freqs(b, a);
```

例 5-8　如图 5-59 所示，设计一巴特沃兹滤波器，要求通带边频为 10000Hz，通带的最大衰减为-1dB，阻带边频为 20000Hz，阻带的最小衰减为-15dB。

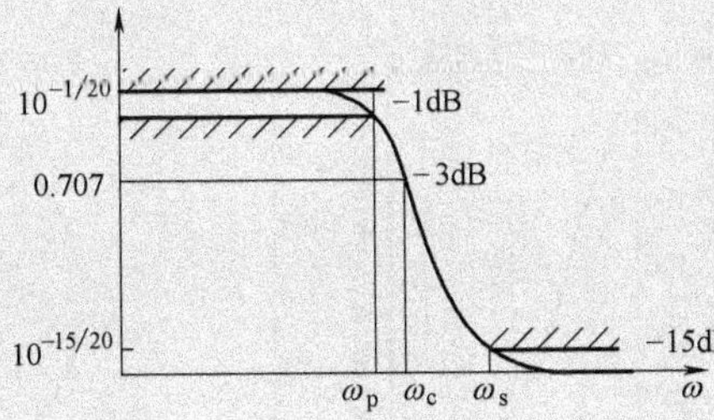

图 5-59　例 5-8 图

解：

```
wp=1e4; ws=2e4; Rp=1; As=15;
[n, wc] =buttord (wp, ws, Rp, As,'s');        %求阶数 n，截止频率 wc
[b, a] =butter (n, wc,'s');                   %求系统函数的系数
sys=tf (b, a);                                %系统函数的多项式
figure (1);
pzmap (sys);                                  %画零极点图
hold on;
u=0: pi/200: 2*pi;
r=wc*exp (i*u);
plot (r,':');
```

```
axis ('equal');
figure (2);
w=linspace (0, 40000, 200);
H=freqs (b, a, w);                          %求幅频特性
subplot (1, 2, 1);
plot (w, abs (H) );
%set (gca,'xtick', [0 1e4 wc 2e4 4e4]);
%set (gca,'ytick', [0 10^ (15/20) 0.707 10^ (-1/20) 1]);
title ('幅频特性曲线');
xlabel ('f (Hz)');
grid on;
subplot (1, 2, 2);
P=180/pi * unwrap (angle (H) );             %求相频特性
plot (w, P);
xlabel ('f (Hz)');
grid on;
title ('相频特性曲线');
```

该滤波器频谱特性曲线如图 5-60 所示。

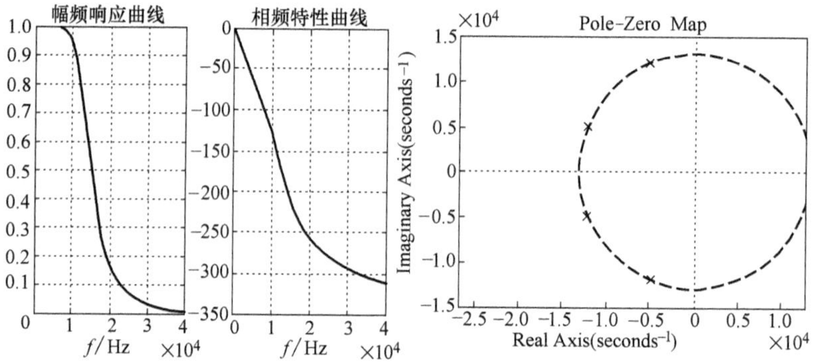

图 5-60 例 5-8 解

例 5-9 设计一个切比雪夫Ⅰ型滤波器，设计指标同例 5-8。

解：

```
wp=1e4; ws=2e4; Rp=1; As=15;
[n, wc] = cheb1ord (wp, ws, Rp, As,'s');         %求阶数 n，截止频率 wc
[b, a] = cheby1 (n, Rp, wc,'s');                 %求系统函数的系数
sys=tf (b, a);                                   %系统函数的多项式
w=linspace (0, 40000, 200);
H=freqs (b, a, w);                               %求幅频特性
subplot (1, 2, 1);
```

```
plot (w, abs (H));
%set (gca,'xtick', [0 1e4 wc 2e4 4e4]);
%set (gca,'ytick', [0 10^ (15/20) 0.707 10^ (-1/20) 1]);
title ('幅频特性曲线');
xlabel ('f (Hz)');
grid on;
subplot (1, 2, 2);
P=180/pi * unwrap (angle (H));                    %求相频特性
plot (w, P);
xlabel ('f (Hz)');
grid on;
title ('相频特性曲线');
```

该滤波器频谱特性曲线如图 5-61 所示。

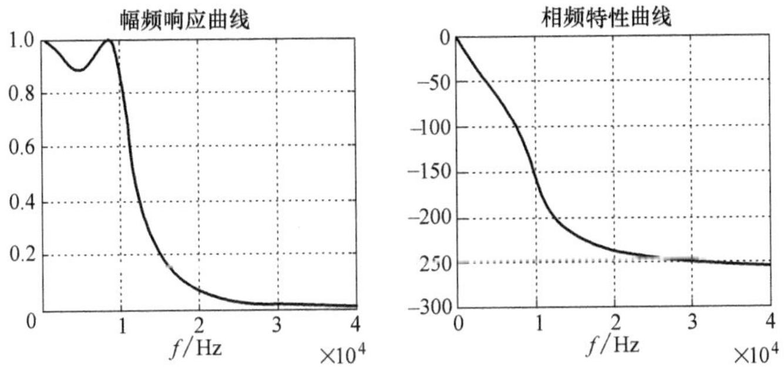

图 5-61 例 5-9 图

例 5-10 用 sptool 工具设计带通滤波器去除高频和低频分量，观察滤波后的信号波形和频谱。

1）在 MATLAT 中输入命令 noise=randn (2000, 1); 产生一个随机噪声信号 noise。

2）进入 sptool 工具，即输入命令：sptool。

3）导入噪声信号 noise。File—>Import—>设置采样率为 2048，如图 5-62 所示。

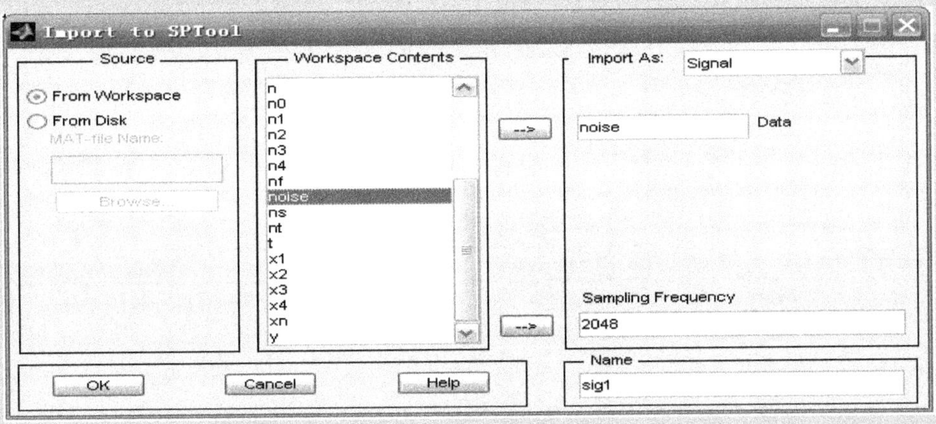

图 5-62 例 5-10 步骤（一）

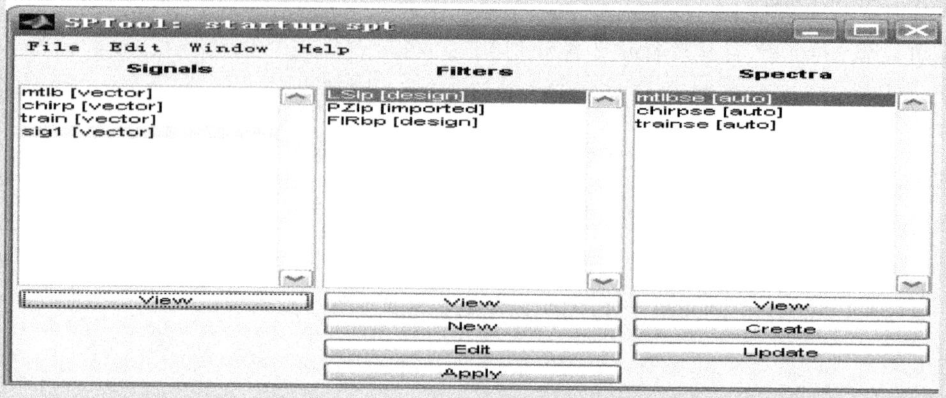

图 5-62　例 5-10 步骤（一）（续）

4）单击 Signals 下边的 View 观察随即噪声 sig1 的波形，如图 5-63 所示。

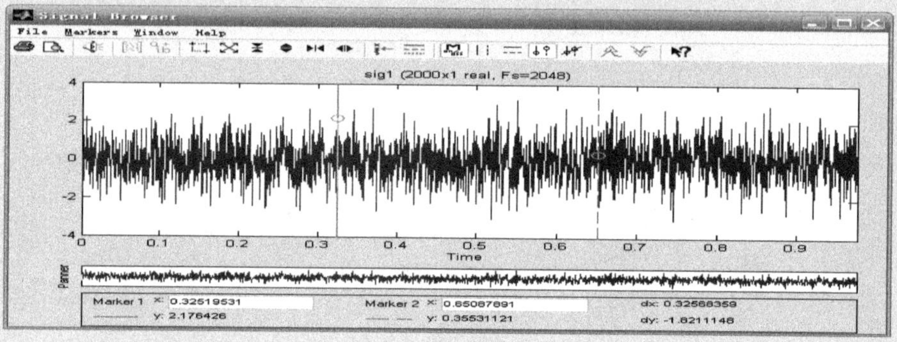

图 5-63　例 5-10 步骤（二）

5）单击 Spectra 下边的 Create 按钮，单击 Apply 按钮产生噪声信号即 sig1 的频谱，如图 5-64 所示。

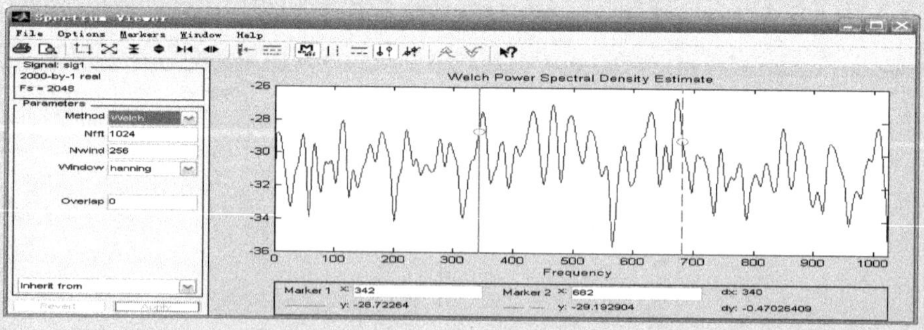

图 5-64　例 5-10 步骤（三）

6）新产生一个带通滤波器（通过 New 按钮）filt1，其特性如图 5-65 所示。

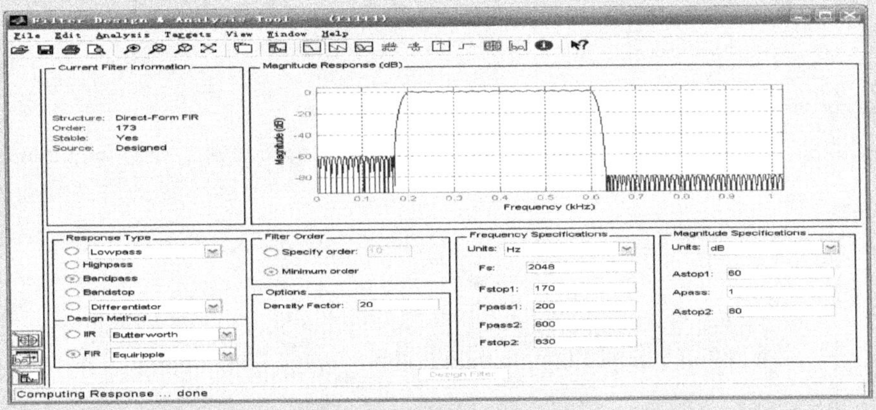

图 5-65　例 5-10 步骤（四）

7）将噪声信号 sig1 通过带通滤波器 filt1，即单击按钮 Apply 产生信号 sig2，如图 5-66 所示。

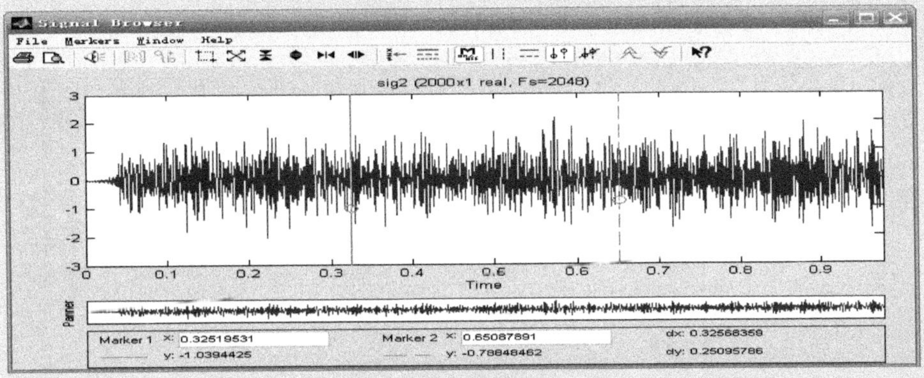

图 5-66　例 5-10 步骤（五）

8）观看 sig1 和 sig2 的频谱，如图 5-67 所示。

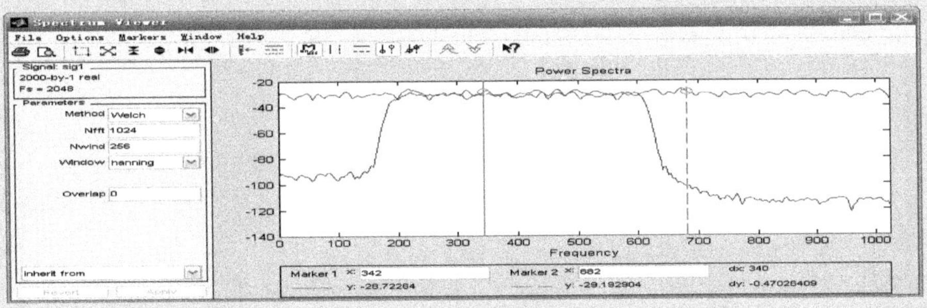

图 5-67　例 5-10 解

例 5-11　系统采样率 1024Hz，产生 100Hz 和 400Hz 的合成正弦波，观察信号波形和频谱；设计滤波器去除 400Hz 分量，观察滤波后的信号波形和频谱。

解： 1）在 MATLAB 中产生频率为 100Hz 和 400Hz 的合成正弦波。

fx = 1024；

t = 0：1/fx：1；

hechengbo = sin （2 * pi * 100 * t） + sin （2 * pi * 400 * t）；

按以上步骤将其导入 sptool 工具中查看其波形和相应的频谱图，分别如图 5-68、图 5-69 所示。

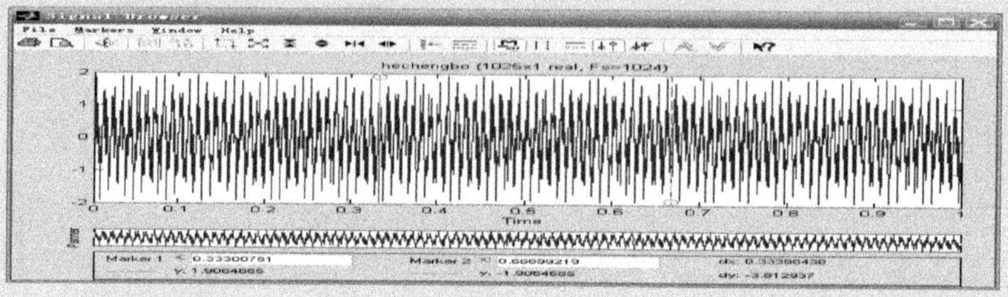

图 5-68　合成正弦波的波形

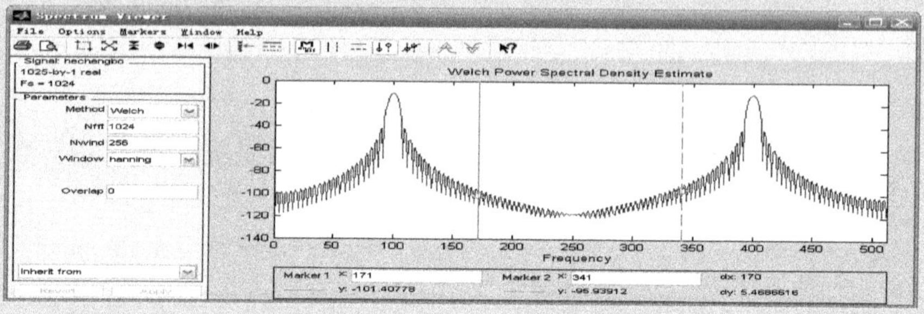

图 5-69　合成正弦波的频谱

2）单击 New 建立一个低通滤波器 filt1，其特性如图 5-70 所示。

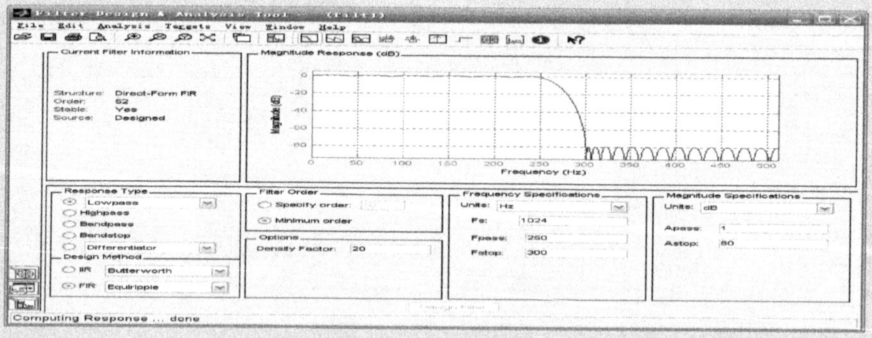

图 5-70　低通滤波器设置

3）合成波通过 filt1 后，其波形和频谱如图 5-71 所示。

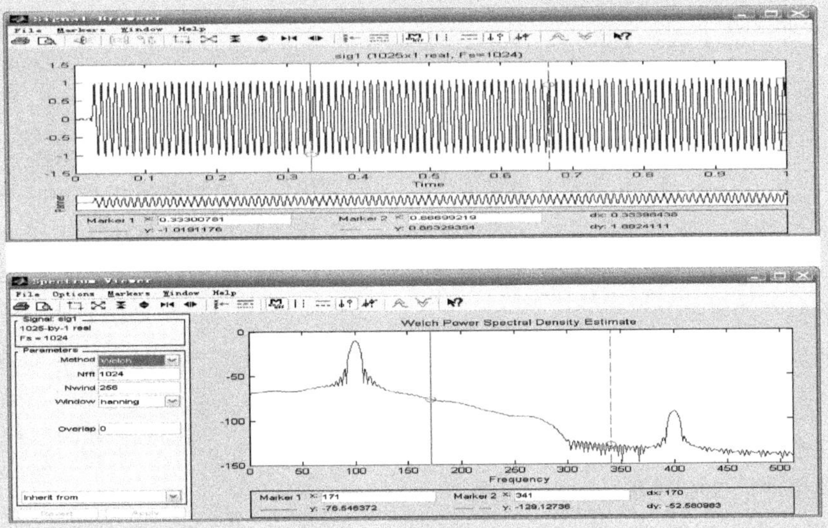

图 5-71　滤波后波形

4）滤波前后波形频谱比较，如图 5-72 所示。

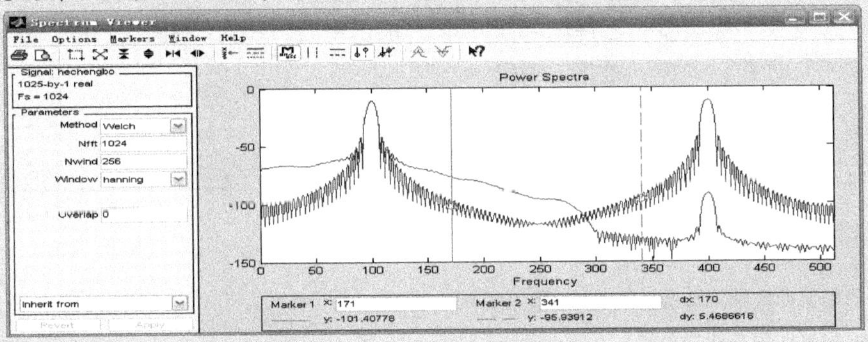

图 5-72　滤波前后波形频谱比较

本章知识点

1）信号调理的目的：使信号便于传输与处理。

2）常见放大电路：电桥、运放、差动放大器、前置放大器、隔离放大器。

3）直流电桥如图 5-73 所示。

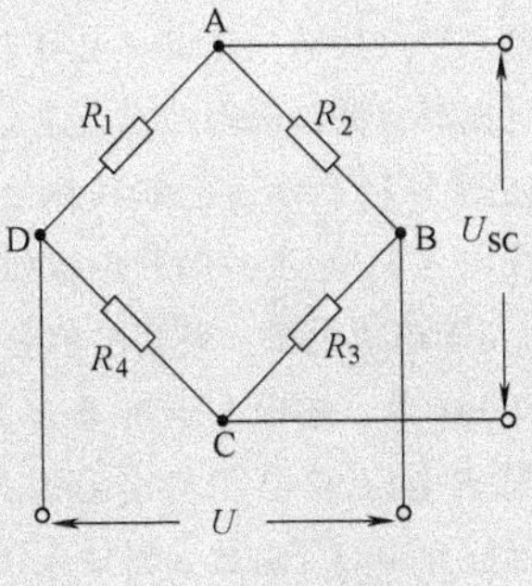

图 5-73　直流电桥

直流电桥基本公式：

$$\Delta U_{SC}=K\frac{U}{4}(\varepsilon_1-\varepsilon_2+\varepsilon_3-\varepsilon_4)$$

4）电桥的使用：利用电桥加减特性消除不要的变化，放大需要的变化。

5）调制：用一个信号（称为调制信号）去控制另一个作为载体的信号（称为载波信号），让后者的某一特征参数按前者变化；解调：从已经调制的信号中提取反映被测量值的测量信号。

6）调制分类：调幅、调频、调相。

7）滤波器的基本作用，是使信号中特定的频率成分通过、抑制或极大地衰减不需要的频率成分。

8）滤波器分类：低通、高通、带通、带阻。

9）理想滤波器不存在。

10）滤波器参数包括：截止频率、频带宽、纹波幅度、倍频程选择性、滤波器因数、中心频率、倍频程。

11）滤波器组分类：恒带宽滤波器、恒带宽比滤波器。

12）常见数字滤波器：巴特沃兹滤波器、切比雪夫滤波器、椭圆滤波器。

13）A-D 过程：采样、量化、编码。

14）A-D 技术指标：分辨力、转换精度、转换速度。

15）D-A 技术指标：分辨力、转换精度、转换速度。

本章习题

5-1 调幅波的解调方法有哪几种？

5-2 调幅波的失真如何消除？

5-3 非调制信号直接与输入量相对应，对于测量而言是十分方便的，为什么要采用调制技术对输入量进行调制处理？

5-4 试求调幅波 $x_m(t)=(1+\cos t)\cos 100t$ 通过滤波器后的输出。已知滤波器的频响函数 $H(j\omega)=\frac{1}{1+j(\omega-100)}$。

5-5 一个信号具有 100~500Hz 范围的频率成分，若对此信号进行调幅，试求调幅波的带宽，若截止频率为 10kHz，在调幅波中将出现哪些频率成分？

5-6 为什么动态应变仪除了设有电阻平衡旋钮，还设有电容平衡旋钮？

5-7 实际滤波器有哪些参数？如何提高滤波器选择性？

5-8 有一薄壁圆管式拉力传感器如图 5-74 所示。已知其弹性元件材料的泊松比为 0.3，电阻应变片 R_1、R_2、R_3和 R_4阻值相同，且灵敏系数均为 2，应变片贴片位置如图所示。若受拉力 P 作用，问：

（1）欲测量拉力 P 的大小，应如何正确组成电桥？请画出相应的电桥。

（2）当供桥电压 $e_i=2V$，$\varepsilon_1=\varepsilon_2=300\mu\varepsilon$ 时，输出电压 e_o 是多少？（$1\mu\varepsilon=1\times10^{-6}$）

5-9 测力传感器输入 100N，开路输出电压 90mV，输出阻抗 500Ω。为了放大信号电压，连接一个增益为 10 的反相放大器。若放大器输入阻抗为 4kΩ，求放大器输入负载误差及此时系统的灵敏度。

5-10 一个信号具有 100~500Hz 范围的频率成分，若对此信号进行调幅，试求：

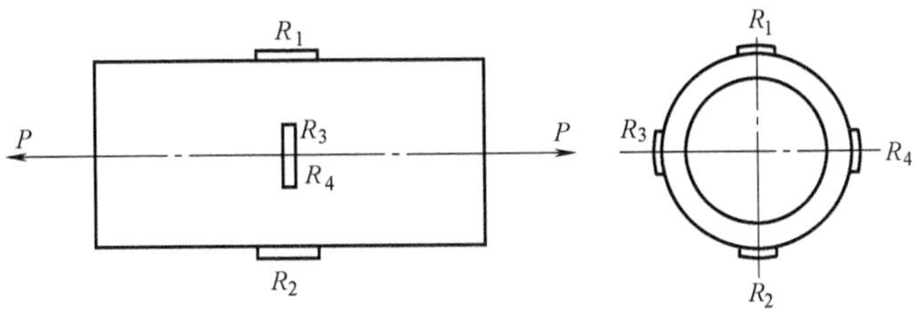

图 5-74　题 5-8 图

（1）调幅波的带宽将是多少？

（2）若载波频率为 10kHz，在调幅波中将出现哪些频率成分？

5-11　采用 12 位 A-D 转换器对 10Hz 信号进行采样，若不加采样保持器，同时要求 A-D 采样孔径误差小于 1/2LSB 时，A-D 转换器的转换时间最大不能超过多少？

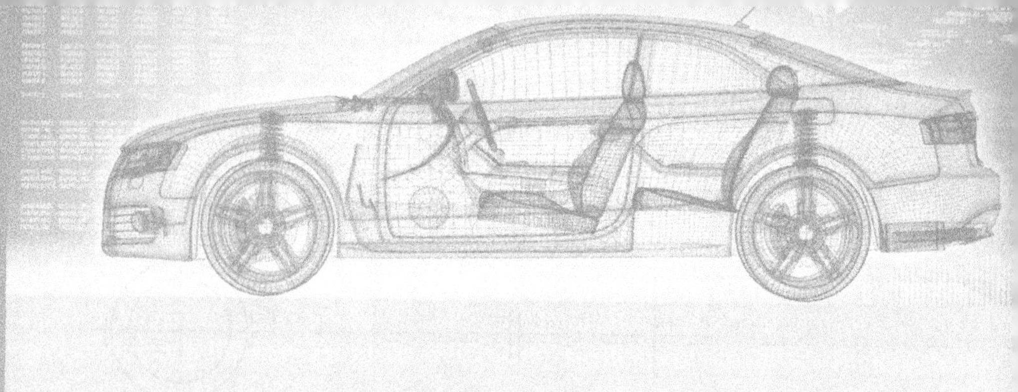

第6章 信号分析基础

6.1 信号的相关分析

时域中，无论分析两个随机变量之间的关系，还是分析两个信号或是一个信号时移前后之间的关系，都要用到相关分析。它广泛用在故障诊断、探伤、振动分析等方面，总之它是应用于在背景噪声下获取有用信息的有效方法。

6.1.1 相关系数

在测试信号的分析中，相关是一个非常重要的概念。相关指两个信号在统计意义上的线性（依赖）关系，即 $y=ax+b$。

对确定性信号，两变量之间可用函数关系来描述。而两个随机变量之间就不具备这种确定的关系，但变量间往往具有某种内涵的物理关系，通过大量的统计就能发现它们存在某种虽不精确但却具有相应的、表征其特性的近似关系。

例如，人的身高 x 和体重 y 之间虽然不是严格符合线性关系，但通过大量的统计可以发现，身高高的人体重一般也重些。即两者之间有一定的线性关系，而人的身高和性格之间就没有线性关系。

再比如，线性系统回转部件的动不平衡引起的强迫振动频率总是与转速一致的，其他振源引起的强迫振动频率与其不一样。故：与转速不一致的振动就与动平衡无关。如果研究与转速有关的成分，就可以获得其动不平衡的信息。

为了定量说明随机信号 x 和 y 之间的相关程度，在概率论和数理统计中常用相关系数 ρ_{xy}表示，其定义为

$$\rho_{xy}=\frac{E[(x-\mu_x)(y-\mu_y)]}{\sigma_x\sigma_y}$$

式中，E 为数学期望（平均值）；μ_x、μ_y 为 x 和 y 的均值；σ_x、σ_y 为 x 和 y 的标准值。

利用柯西-施瓦茨不等式

$$\sigma_x^2=E[(x-\mu_x)^2]\quad \sigma_y^2=E[(y-\mu_y)^2]$$

得

$$\{E[(x-\mu_x)(y-\mu_y)]\}^2 \leqslant E[(x-\mu_x)^2(y-\mu_y)^2]$$

两边开方相除即得

$$\rho_{xy}=\frac{E[(x-\mu_x)(y-\mu_y)]}{\sigma_x\sigma_y}$$

因此　　　　$\rho_{xy}\leqslant 1$

图 6-1 所示为两随机变量 x 和 y 的数据分布及相关性。

当 ρ_{xy} 越接近“1”时，则所有的数据点分布越接近一直线，线性相关程度越好。

ρ_{xy} 会出现+、-符号，它表示变量随另一变量的增加而增加或减小。

当 ρ_{xy} 接近于“零”时，则可认为两变量之间完全无关（但仍可能存在着某种非线性的相关关系甚至函数关系）。

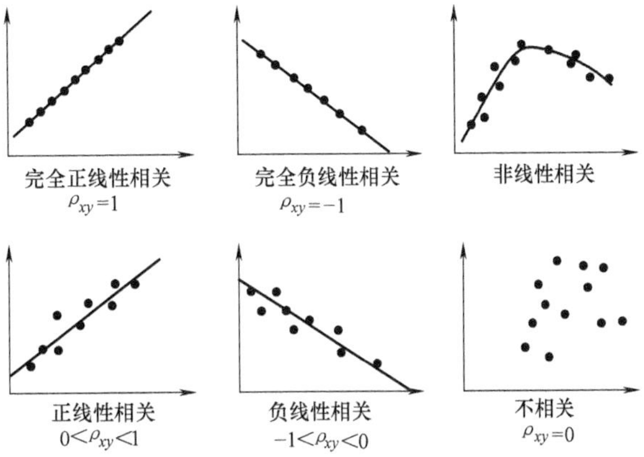

图 6-1　相关系数取值

6.1.2　自相关函数

1. 自相关函数定义

自相关函数是描述一个时刻的数据与另一个时刻数据之间的依赖关系的函数。

设：$x(t)$ 为各态历经随机过程的一个样本，$x(t+\tau)$ 为 $x(t)$ 时移 τ 之后的样本，则 $x(t)$ 与 $x(t+\tau)$ 之间的关系如图 6-2 所示。

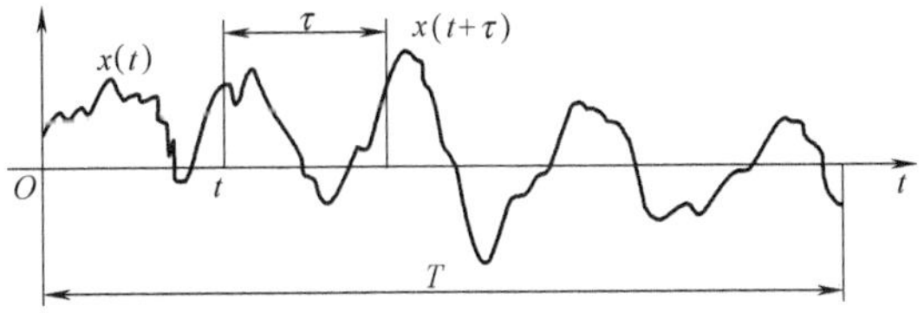

图 6-2　$x(t)$ 与 $x(t+\tau)$ 之间的关系

$x(t)$ 和 $x(t+\tau)$ 具有相同的 μ_x 和 σ_x，则相关系数

$$\rho_x(\tau)=\frac{\lim\limits_{T\to\infty}\frac{1}{T}\int_0^T[x(t)-\mu_x][x(t+\tau)-\mu_x]\mathrm{d}t}{\sigma_x^2}$$

因为 $\lim\limits_{T\to\infty}\frac{1}{T}\int_0^T x(t)\mathrm{d}t=\mu_x$，$\lim\limits_{T\to\infty}\frac{1}{T}\int_0^T x(t+\tau)\mathrm{d}t=\mu_x$

所以

$$\rho_x(\tau)=\frac{\lim\limits_{T\to\infty}\frac{1}{T}\int_0^T x(t)x(t+\tau)\mathrm{d}t-\mu_x^2}{\sigma_x^2}$$

各态历经随机信号及功率信号可定义自相关函数

$$R_x(\tau)=\lim_{T\to\infty}\frac{1}{T}\int_0^T x(t)x(t+\tau)\mathrm{d}t$$

此时
$$\rho_x(\tau)=\frac{R_x(\tau)-\mu_x^2}{\sigma_x^2}$$

因为 $|R_x(\tau)|\leqslant 1$，所以 $\mu_x^2-\sigma_x^2\leqslant R_x(\tau)\leqslant\mu_x^2+\sigma_x^2$；

在 $\tau=0$ 时，$R_x(\tau)$ 达到最大，等于该随机信号的均方值。

$$R_x(0)=\lim_{T\to\infty}\frac{1}{T}\int_0^T x(t)x(t)\,dt=\psi_x^2$$

自相关函数一般波形如图 6-3 所示。

一般情况下，当 τ 足够大，或 $\tau\to\infty$ 时，随机变量 $x(t)$ 和 $x(t+\tau)$ 之间就不存在内在联系了，即彼此无关。

$$\rho_x(\tau)\underset{\tau\to\infty}{\longrightarrow}0\quad R_x(\tau)\underset{\tau\to\infty}{\longrightarrow}\mu_x^2$$

自相关函数为偶函数，即

$$R_x(-\tau)=R_x(\tau)$$

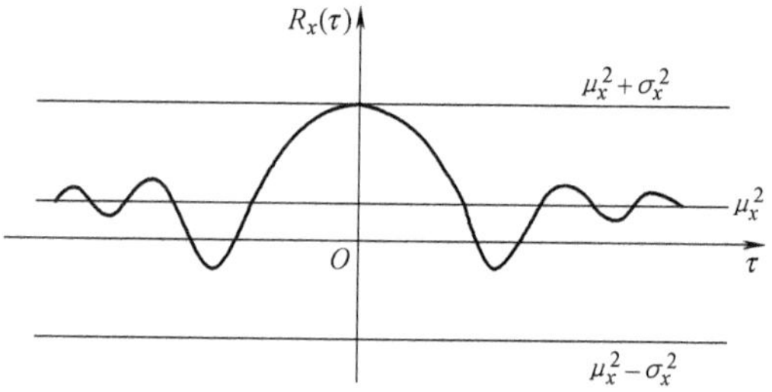

图 6-3　自相关函数一般波形

例 6-1　求正弦函数 $x_0\sin(\omega t+\phi)$ 的自相关函数。

解：$R_x(\tau)=\lim\limits_{T\to\infty}\dfrac{1}{T_0}\displaystyle\int_0^T x(t)x(t+\tau)\,dt$

$$=\frac{1}{T_0}\int_0^T x_0^2\sin(\omega t+\phi)\sin[(\omega t+\tau)+\phi]\,dt$$

令 $\omega t+\phi=\theta$，则 $dt=\dfrac{d\theta}{\omega}$

$$R_x(\tau)=\frac{x_0^2}{2\pi}\int_0^{2\pi}x_0^2\sin\theta\sin(\theta+\omega\tau)\,d\theta=\frac{x_0^2}{2}\cos\omega\tau$$

正弦函数的自相关函数是一个余弦函数，在 $\tau=0$ 时，具有最大值，随 τ 增加而衰减至"零"，它保留了原信号的幅值和频率信息，而丢失了初始相位信息。

2. 典型信号的自相关函数

典型信号的自相关函数如图 6-4 所示。

(1) 正弦波的自相关函数　具有与正弦波一样的频率，仍为周期函数，但是相角却消失了。

(2) 宽带随机信号的自相关函数　在 $\tau=0$ 处出现峰值，并且很快衰减到 μ_x^2（若 $\mu_x=0$，则衰减到 0）。

(3) 正弦信号+随机信号的自相关函数　不难看出正弦波+随机振动的自相关函数就是正弦与随机振动各自的自相关函数之和，当 $\tau\to\infty$ 时，随机振动的自相关函数 $R_x(\tau)=0$，仅留下正弦波的

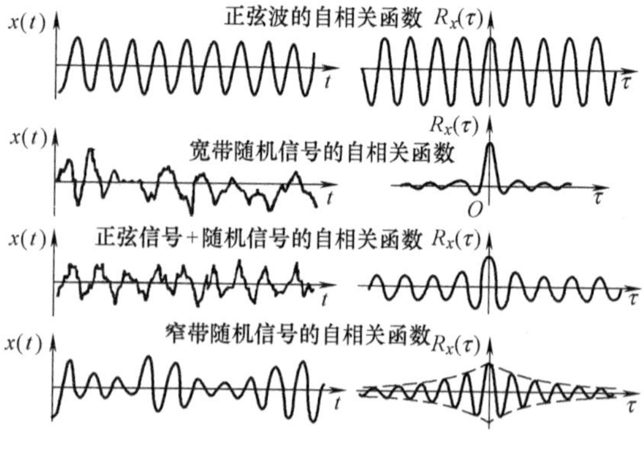

图 6-4　典型信号的自相关函数

自相关函数，即正弦分量被分离出来了。

(4) 窄带随机信号的自相关函数　窄带随机振动的自相关函数（自相关图），呈正弦波自相关图的衰减状。

3. 自相关函数的作用

由图 6-4 分析，可得到自相关函数的用途之一是它能从噪声背景下检出正弦（周期）信号。

例 6-2　$y(t)=x(t)+n(t)$，其中 $x(t)$ 为正弦信号，$n(t)$ 为噪声，$x(t)$ 和 $n(t)$ 互相独立，则

$$R_y(\tau)=R_x(\tau)+R_n(\tau)$$

当 τ 很大时，$R_n(\tau)\to 0$

因此 $\lim\limits_{\tau\to\infty}\dfrac{R_x(\tau)}{R_y(\tau)}=1$

这样正弦信号就被识别出来了。

例 6-3　用传感器检测齿轮箱某齿轮转速，如图 6-5 所示。由于存在干扰信号，使得实测信号不容易辨识。对其做自相关处理后，可提取周期性转速。

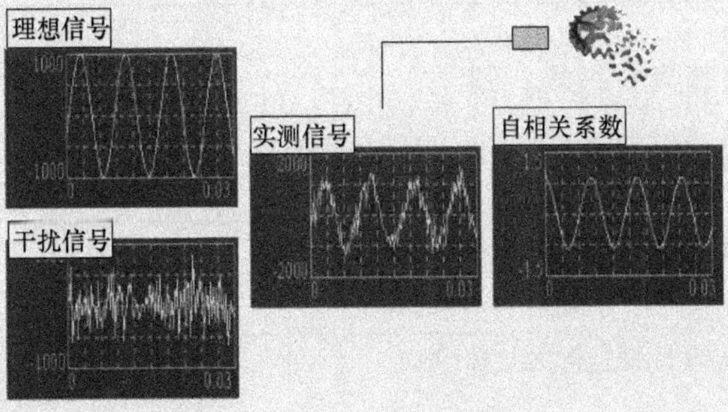

图 6-5　齿轮箱齿轮转速检测

例 6-4　某一机械加工后的表面粗糙度的波形，经自相关分析后如图 6-6 所示。

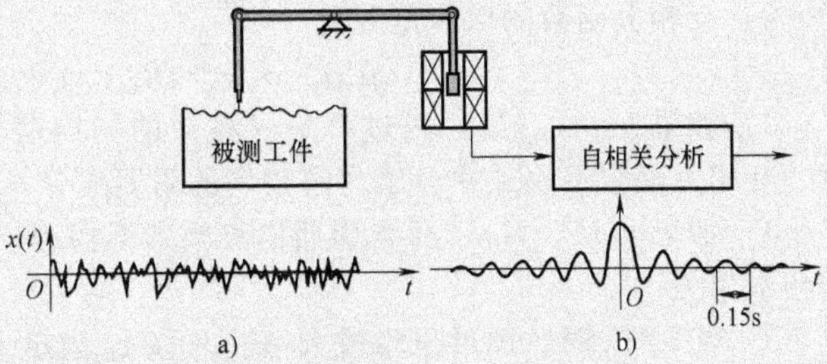

图 6-6　表面粗糙度检测

由于 $x(t)$ 的波形（见图 6-6a）比较杂乱，难以辨识和分析，对其做自相关处理，从自相关图（见图 6-6b）可看出 $x(t)$ 包含频率 $f=1/0.15\text{Hz}=9.5\text{Hz}$ 的周期性信号成分，进一步可分析造成表面粗糙的原因。

例 6-5　某燃气轮机在 A、B 两点都存在噪声，先对测得的噪声信号 $x_A(t)$、$x_B(t)$ 各自做自相关，自相关函数 $R_{xA}(\tau)$、$R_{xB}(\tau)$ 都含有周期为 0.18ms 的周期信号，说明两噪声具有同一噪声源。

燃气轮机噪声源检测如图 6-7 所示。

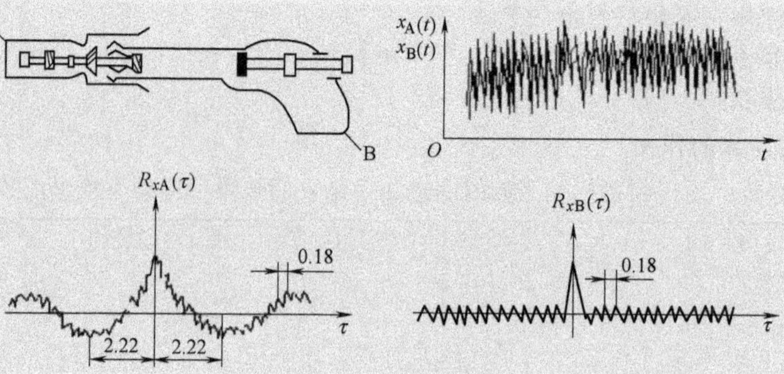

图 6-7 燃气轮机噪声源检测

6.1.3 互相关函数

两个各态历经过程的随机信号 $x(t)$、$y(t)$ 的互相关函数 $R_{xy}(\tau)$ 定义为

$$R_{xy}(\tau)=E[x(t)y(t+\tau)]$$

则

$$\rho_{xy}=\frac{E[(x(t)-\mu_x)(y(t+\tau)-\mu_y)]}{\sigma_x\sigma_y}=\frac{E[x(t)y(t+\tau)]-\mu_x\mu_y}{\sigma_x\sigma_y}$$

如果用时间平均代替集合平均，则

$$R_{xy}(\tau)=\lim_{T\to x}\frac{1}{T_0}\int_0^T x(t)y(t+\tau)\mathrm{d}t$$

一般信号的互相关函数波形如图 6-8 所示。

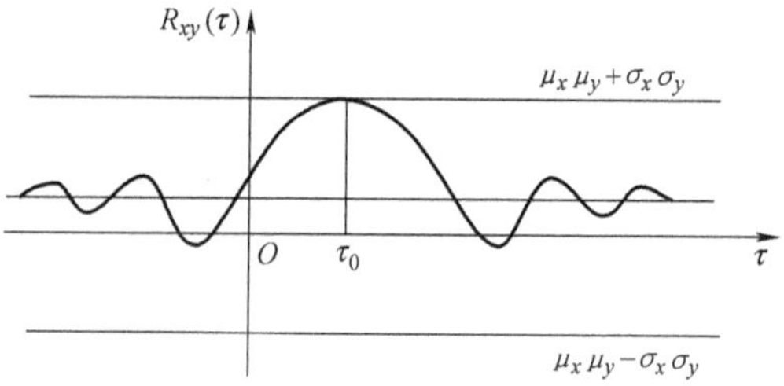

图 6-8 一般信号的互相关函数波形

互相关——复杂管路传递途径识别

1）如果 $x(t)$、$y(t)$ 完全无关，即

$$\rho_{xy}(\tau)\underset{\tau\to\infty}{\longrightarrow}0,\text{则}R_{xy}(\tau)\underset{\tau\to\infty}{\longrightarrow}\mu_x\mu_y$$

2）互相关函数的取值范围是

$$\mu_x\mu_y-\sigma_x\sigma_y\leqslant R_{xy}(\tau)\leqslant\mu_x\mu_y+\sigma_x\sigma_y$$

3）如果 $x(t)$、$y(t)$ 两过程是同频率的周期信号或者包含同频的周期成分，则 $\tau\to\infty$ 时，互相关函数不收敛并会出现同频率的周期成分，称“同频相关”。

4）如果 $x(t)$、$y(t)$ 所含周期信号频率不相等，则 $\tau\to\infty$ 时，互相关函数为零，称“不同频不相关”。

5）当 $\tau=\tau_0$ 时，图形呈现最大值。时移 τ_0 表示 $y(t)$ 和 $x(t)$ 之间的时间滞后。

例 6-6 已知 $x=x_0\sin(\omega t)$，$y=y_0\sin(\omega t-\phi)$，求其互相关函数。

解： $R_{xy}(\tau)=\lim\limits_{T\to\infty}\int_0^T x(t)y(t+\tau)\mathrm{d}t=\lim\limits_{T\to\infty}\int_0^{T_0}x_0\sin(\omega t)y_0\sin[\omega(t+\tau)-\phi]\mathrm{d}t$

$$=\frac{1}{2}x_0y_0\cos(\omega t-\phi)$$

说明：同频周期信号，其互相关函数中仍保留了信号的频率、幅值和相位差。

例 6-7　已知 $x=x_0\sin(\omega_1 t)$，$y=y_0\sin(\omega_2 t-\phi)$，求其互相关函数。

解：因为信号的频率不相等（$\omega_1\neq\omega_2$），因此不具备共同的周期。

$$R_{xy}(\tau)=\lim_{T\to\infty}\int_0^T x(t)y(t+\tau)\,\mathrm{d}t$$

$$=\lim_{T\to\infty}\int_0^{T_0} x_0\sin(\omega_1 t)y_0\sin[\omega_2(t+\tau)-\phi]\,\mathrm{d}t$$

据正（余）弦函数的正交性可知

$$R_{xy}(\tau)=0$$

可见两个不同周期的信号不相关。

6.1.4　相关性的工程应用

6-2 齿轮箱相关

1. 滞后时间的测量

如果要确定一个信号通过某给定线性系统需要多少时间，只要测量系统的输入和输出之间的互相关就可直接得到滞后的时间差。即，互相关中时差 τ 等于信号通过系统所需要的时间值时，互相关图上就会出现峰值。

图 6-9 为埋在地下的输油管，输油管在破损处出现漏油。漏油处为一振动源，向管道两侧传播声音。可首先大概确定漏油范围，即某段范围内漏油，然后在两侧打一通道，分别放置传感器 1 和传感器 2，因为放探测器的两点距破损处不相等，则漏油的音响传至传感器存在时差，对两个传感器测得的信号 x_1 和 x_2 做互相关，当 $R_{x1x2}(\tau)$ 达最大值处的 τ_{m} 就是时差。故由 τ_{m} 就可以确定漏损的位置，即

$$s=\frac{1}{2}v\tau_{\mathrm{m}}$$

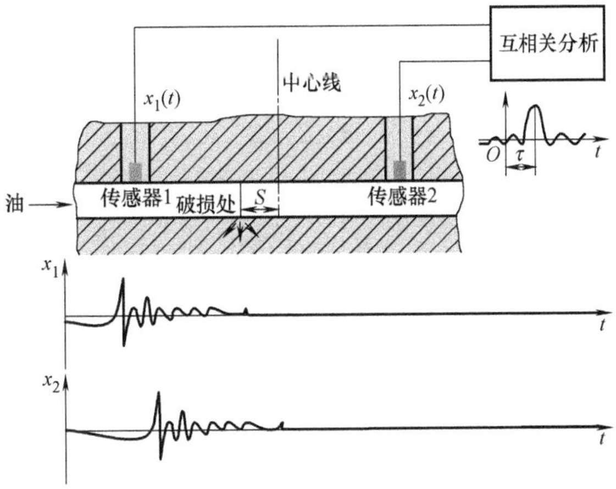

图 6-9　确定输油管破损处的位置示意图

式中，s 为两传感器中心点到破损处的距离；v 为漏油的声响在输油管内传输的速度。

2. 相关测速

工程中常用两个间隔一定距离的传感器进行非接触测量运动物体的速度。图 6-10 为非接触测量热轧钢带运动速度的示意图。测试系统由性能相同的两组光电池、透镜、可调延时器和相关器组成。当运动的热轧钢带表面的反射光经透镜聚焦在相距为 d 的两个光电池时，反射光通过光电池转为电信号，经可调延时器延时，再进行相关处理。当可调延时 τ 等于钢带上某点在两测点之间所需的时间 τ_{d} 时，互相关函数达最大值，所测钢带的运动速度为 $v=d/\tau_{\mathrm{d}}$。

利用相关测速的原理，在汽车前、后轴上安装传感器，可以测量汽车行驶时，车轮滚动加滑动的速度。

3. 传递通道的相关测定

图 6-11 为车辆振动传递途径的识别示意图。在发动机、驾驶人座位、后桥位置上放置三个加速度传感器，对输出并放大的信号进行相关分析。可以看到，发动机与驾驶人座位振动的相关性较差，而后桥与驾驶人座位振动的互相关较大，因此可以认为，驾驶人座位的振动主要是汽车后桥的振动造成的。

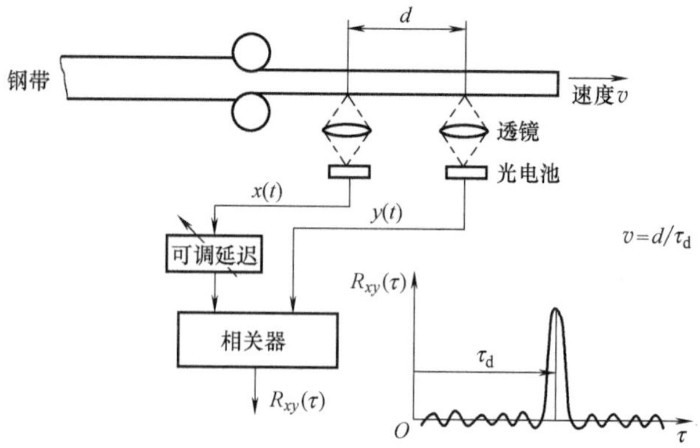

图 6-10　相关分析测速

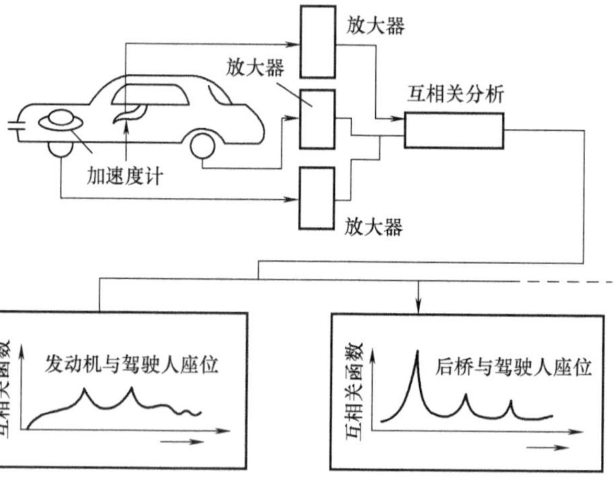

图 6-11　车辆振动传递途径的识别示意图

6-3 互相关在故障诊断中的应用

6.2 功率谱分析及其应用

6.2.1 自功率谱密度函数

6-4 自谱与自相关分析

如果互相关函数 $R_x(\tau)$ 满足傅里叶变换条件 $\int_{-\infty}^{\infty} |R_x(\tau)| \mathrm{d}\tau < \infty$，定义

$$S_x(f) = \int_{-\infty}^{\infty} R_x(\tau) \mathrm{e}^{-\mathrm{j}2\pi f t} \mathrm{d}\tau$$

$S_x(f)$ 为 $x(t)$ 的自功率谱密度函数，简称自谱或自功率谱。因为 $R_x(\tau)$ 为实偶函数，所以 $S_x(f)$ 也为实偶函数。因此定义 $x(t)$ 的单边功率谱（单边谱和双边谱如图 6-12 所示）为

$$G_x(f) = 2S_x(f)$$

因为 $$R_0(\tau)=\lim_{T\to\infty}\int_0^T x^2(t)\,\mathrm{d}t=\int_{-\infty}^{\infty} S_x(f)\,\mathrm{d}f$$

即，$S_x(f)$ 所包含的面积为信号 $x(t)$ 的平均功率，所以 $S_x(f)$ 也为 $x(t)$ 的自功率谱密度函数。

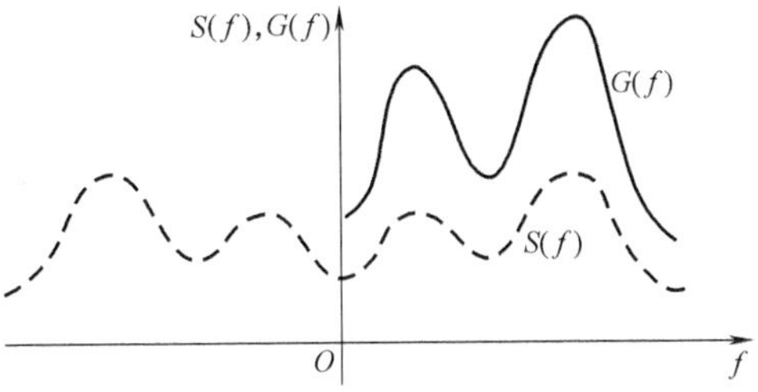

图 6-12 单边谱和双边谱

6.2.2 巴塞伐尔定理

巴塞伐尔定理：在时域中的信号总能量等于频域中的信号总能量，即

$$\int_{-\infty}^{\infty} x^2(t)\,\mathrm{d}t=\int_{-\infty}^{\infty} |X(f)|^2\mathrm{d}f$$

证：由频率卷积定理

$$x(t)x(t)=X(f)*X(f)$$

即 $$\int_{-\infty}^{\infty} x^2(t)\mathrm{e}^{-\mathrm{j}2\pi ft}\mathrm{d}t=\int_{-\infty}^{\infty} X(q)X(f-q)\,\mathrm{d}q$$

令 $f=0$，得

$$\int_{-\infty}^{\infty} x^2(t)\,\mathrm{d}t=\int_{-\infty}^{\infty} X(q)X(-q)\,\mathrm{d}q$$

因为 $X(-q)=\overline{X(q)}$（共轭关系），所以

$$\int_{-\infty}^{\infty} x^2(t)\,\mathrm{d}t=\int_{-\infty}^{\infty} |X(f)|^2\mathrm{d}f$$

因此，自谱和幅值谱的关系为

$$S_x(f)=\lim_{T\to\infty}\frac{1}{T}|X(f)|^2$$

即，自谱是幅值谱的二次方，自谱的谱峰比幅值谱更陡峭，如图 6-13 所示。这对于识别信号中的周期成分及提高频率分辨力很有用。因此，在实际信号的谱分析中，自谱比幅值谱应用得更广。

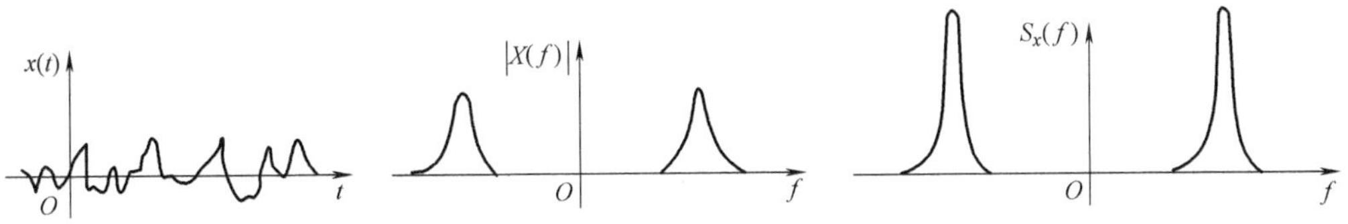

图 6-13 幅值谱和自谱

6.2.3 互功率谱密度函数

如果互相关函数 $R_{xy}(\tau)$ 满足傅里叶变换条件 $\int_{-\infty}^{\infty} |R_{xy}(\tau)|\,\mathrm{d}\tau<\infty$，定义

$$S_{xy}(f)=\int_{-\infty}^{\infty} R_{xy}(\tau)\mathrm{e}^{-\mathrm{j}2\pi f\tau}\mathrm{d}\tau$$

$S_{xy}(f)$ 为信号 $x(t)$ 和 $y(t)$ 的互功率谱密度函数，简称互谱。

6.2.4 功率谱在工程上的应用

6-5 功率谱分析

1）一个线性系统，若输入为 $x(t)$，输出为 $y(t)$，系统的频率响应函数为 $H(f)$。则

$$Y(f)=H(f)X(f)$$

$$S_y(f)=|H(f)|^2S_x(f)$$

由于自相关函数失去了信号的相位信息，因此，自谱也失去了相位信息。

2）对于理想的单输入、单输出线性系统，可证

$$S_{xy}(f)=H(f)S_x(f) \qquad H(f)=S_{xy}(f)/S_x(f)$$

6-6 路谱记录及实验室复现

因此从输入的自谱，输入、输出的互谱便可得到系统的频率响应函数。因为互相关函数包含相位信息，上式得到的 $H(f)$ 不仅含有幅频特性，还包含相频特性。

例 6-8 一个测试系统受外界干扰，如图 6-14 所示，$n_1(t)$ 为输入噪声，$n_2(t)$ 为加在系统中间环节的噪声，$n_3(t)$ 为加在系统输出端的噪声。系统的输出

$$y(t)=x'(t)+n'_1(t)+n'_2(t)+n_3(t)$$

式中，$x'(t)$、$n'_1(t)$、$n'_2(t)$ 分别为系统对 $x(t)$、$n_1(t)$、$n_2(t)$ 的响应。

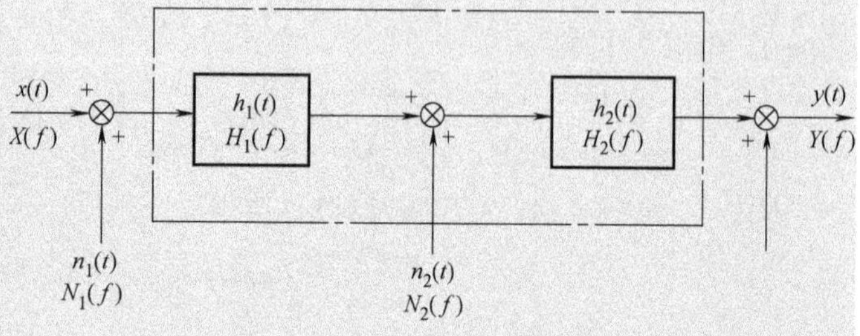

图 6-14 例 6-8 图

输入 $x(t)$ 和输出 $y(t)$ 的互相关函数为

$$R_{xy}(\tau)=R_{xx'}(\tau)+R_{xn'_1}(\tau)+R_{xn'_2}(\tau)+R_{xn_3}(\tau)$$

由于输入 $x(t)$ 和噪声 $n_1(t)$、$n_2(t)$、$n_3(t)$ 是独立无关的，互相关函数 $R_{xn'_1}(\tau)$、$R_{xn'_2}(\tau)$、$R_{xn_3}(\tau)$ 均为零，所以

$$R_{xy}(\tau)=R_{xx'}(\tau)$$

$$S_{xy}(f)=S_{xx'}(f)=H(f)S_x(f)$$

式中，$H(f)=H_1(f)H_2(f)$，为系统频率响应函数。

可见，互谱的作用之一是排除系统噪声的影响。

6.3 相干函数分析及其应用

6.3.1 相干函数的定义

若信号 $x(t)$ 和 $y(t)$ 的自谱和互谱分别为 $S_x(f)$、$S_y(f)$、$S_{xy}(f)$，则定义 $x(t)$ 和 $y(t)$ 的相干函数为

$$\gamma_{xy}^2(f)=\frac{|S_{xy}(f)|^2}{S_x(f)S_y(f)}$$

6.3.2　相干函数的物理含义

相干函数是频域内反应两信号相关程度的指标。例如，在一测试系统中，为了评价其输入信号与输出信号间的因果性（即输出信号的功率谱有多少是由输入信号所引起的），就可以使用相干函数。

因为互相关函数 $R_{xy}(\tau)$ 并非偶函数，$S_{xy}(f)$ 具有实部、虚部，所以

$$|S_{xy}(f)|^2\leqslant S_x(f)S_y(f)$$

所以

$$\gamma_{xy}^2(f)=\frac{|S_{xy}(f)|^2}{S_x(f)S_y(f)}\leqslant 1$$

6.3.3　相干分析应用

1. 系统因果性检验

在处理测试的输出信号之前，使用相干函数鉴别该信号是否真是被测信号的线性响应。

2. 鉴别物理结构的不同响应信号间的联系

图 6-15 是为柴油机润滑油泵压油管振动和压力脉冲间的相干分析。

润滑油泵转速为 $n=781\text{r/min}$，油泵齿轮的齿数为 $z=14$。测得油压脉动信号 $x(t)$ 和压油管振动信号 $y(t)$，压油管压力脉动的基频为 $f_c=nz/60=182.24\text{Hz}$。

当 $f=f_0=182.24\text{Hz}$ 时，$\gamma_{xy}^2(f)\approx 0.9$；

当 $f=2f_0=361.12\text{Hz}$ 时，$\gamma_{xy}^2(f)\approx 0.37$；

当 $f=3f_0=546.54\text{Hz}$ 时，$\gamma_{xy}^2(f)\approx 0.8$；

当 $f=4f_0=722.24\text{Hz}$ 时，$\gamma_{xy}^2(f)\approx 0.75$。

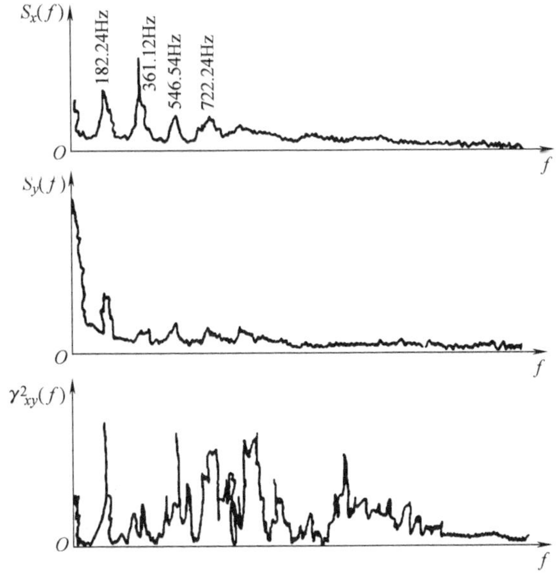

图 6-15　柴油机润滑油泵压油管振动分析

齿轮引起的各次谐波对应的相干函数值都比较大，而其他频率对应的相干函数值很小，由此可见，油管的振动主要是由油压脉动引起的。

6-7
倒频谱
讲解及分析

6.4　倒频谱分析及其应用

6.4.1　倒频谱的定义

倒频谱是因语音分析的需要而出现的，但近年来在其他领域也得到越来越多的应用。倒频谱的定义分两类：一是功率倒频谱；二是复倒频谱。

1. 功率倒频谱

若时域信号 $x(t)$ 的自谱为 $S_x(f)$，则定义功率倒频谱为

$$C(\tau)=|F[\lg S_x(f)]|^2$$

式中，F 表示傅里叶变换。

工程上，常取其正二次方根作为信号 $x(t)$ 的有效幅值倒频谱，即

$$C_a(\tau)=\sqrt{C(\tau)}=|F[\lg S_x(f)]|$$

倒频谱实际上是对自功率谱再做一次谱分析。

2. 复倒频谱

信号 $x(t)$ 的复倒频谱定义为

$$C_c(\tau)=F^{-1}|\lg S_x(f)|$$

式中，F^{-1}表示傅里叶反变换。

倒频谱自变量 τ 称倒频率，量纲与自相关函数自变量相同，即时间量纲（一般取 ms）。

6.4.2 倒频谱与卷积

工程上的波动、噪声信号往往不是振源信号本身，而是振源信号 $x(t)$ 经过传递系统 $h(t)$ 到达测试点的输出信号 $y(t)$。

对于线性系统，三者满足卷积公式

$$y(t)=\int_0^{\infty}x(\tau)h(t-\tau)\mathrm{d}\tau$$

频域中

$$Y(f)=X(f)H(f)$$

功率谱

$$S_y(f)=S_x(f)S_h(f)$$

然而，频谱图上也难以区分源信号与系统响应，故需取对数

$$\lg S_y(f)=\lg S_x(f)+\lg S_h(f)$$

进行傅里叶变换，得到幅值倒频谱为

$$C_{ay}(\tau)=C_{ax}(\tau)+C_{ah}(\tau)$$

倒频谱包括高倒频率 τ_2（形成波峰）和低倒频率 τ_1，如图 6-16 所示。前者表示源信号，后者表示系统响应，各自在倒频谱上占有不同的倒频率范围。可见，倒频谱可提供清晰

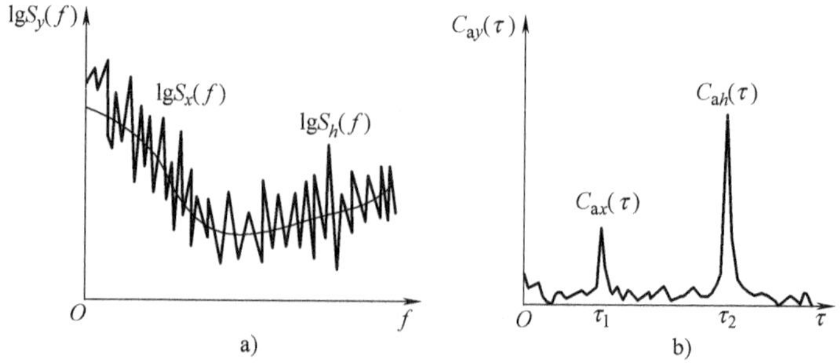

图 6-16 倒频谱的组成

的分析结果。

6.4.3　倒频谱的分析应用

1. 倒频谱与自相关函数

自相关函数虽能检测出周期分量，但对于混合有不用簇的谐波的复杂信号是无能为力的，而倒频谱却能很方便地将其区分出来。

例如一对工作中的齿轮，在实测得到的振动或噪声信号中，包含着一定数量的周期分量。如果齿轮产生缺陷，则其振动或噪声信号还将产生大量的谐波分量及边带频率成分。

设在该旋转机械中有两个频率 ω_1 和 ω_2 存在，在这两频率激励下，机械振动响应呈现出周期性秒冲的拍，也就是呈现其振幅以差频（$\omega_2-\omega_1$，设 $\omega_2>\omega_1$）进行幅度调制的信号，从而形成拍的振形。例如调幅波起源于齿轮啮合频率（齿数×轴转速）ω_0 的正弦载波，其幅值由于齿轮的偏心影响成为随时间变化的某一函数 $S_m(t)$，于是输出

$$y(t)=S_m(t)\sin(\omega_0t+\phi)$$

假设齿轮轴转动频率为 ω_m，则

$$y(t)=A(1+m\cos\omega_mt)\sin(\omega_0t+\phi)$$

式中，m 为常数。齿轮轴波形如图 6-17a 所示，看起来像一周期函数，但实际上并非周期函数，除非 ω_0 和 ω_m 成整倍数关系。继续简化 $y(t)$ 得

$$y(t)=A\sin n(\omega_0t+\varphi)+\frac{mA}{2}\sin[(\omega_0+\omega_m)t+\varphi]+\frac{mA}{2}\sin[(\omega_0-\omega_m)t+\varphi]$$

即，$y(t)$ 是 ω_0、$\omega_0+\omega_m$、$\omega_0-\omega_m$ 三个不同的正弦波之和，如图 6-17b 所示。$\omega_0+\omega_m$、$\omega_0-\omega_m$ 通称为边带频率。

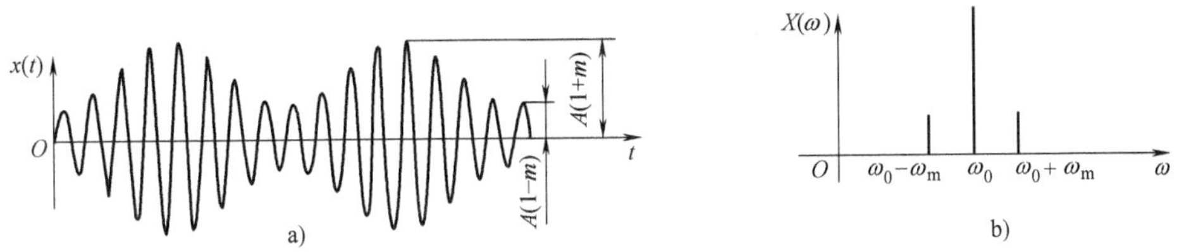

图 6-17　齿轮轴波形及频谱

实际上，如果齿轮缺陷严重或多种故障存在，以致许多机械中常出现不对中、松动、非线性刚度等原因，边带频率将大量增加。图 6-18a 为一减速箱频谱图，图 6-18b 为其倒频谱图。从倒频谱图中可清楚地看出，信号有两个主要频率分量：117.6Hz 和 48.8Hz。

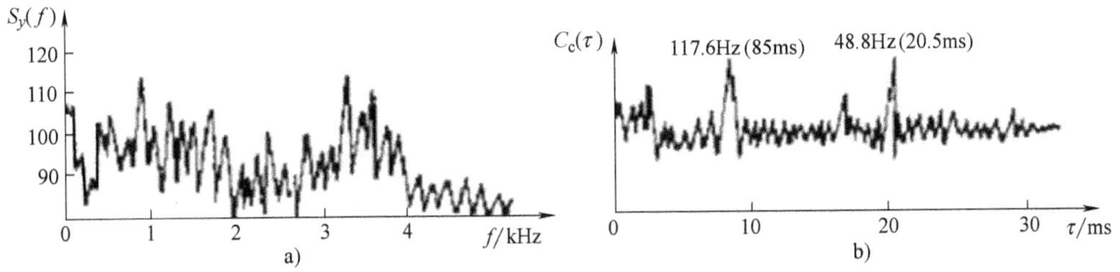

图 6-18　减速箱频谱图及倒频谱图

倒谱变换与自相关函数相比较，其特点在于变换之前要对功率谱密度取对数。一般情况下，系统输出信号 $y(t)$ 受传递路径的影响，其功率谱密度为

$$G_{yy}(f)=G_{xx}(f)\,|H_{xy}(f)|^2$$

式中，$G_{xx}(f)$ 为输入自功率谱，$H_{xy}(f)$ 为系统频响函数。两边取对数得

$$\lg G_{yy}(f)=\lg G_{xx}(f)+2\lg H_{xy}(f)$$

做傅里叶反变换得

$$F^{-1}\{\lg G_{yy}(f)\}=F^{-1}\{\lg G_{xx}(f)\}+F^{-1}\{2\lg H_{xy}(f)\}$$

说明，输入和传递途径的影响表现为倒频谱的相加。由于输入和传递途径的倒频谱相差很大，它们在倒频谱中是分开的，很容易被区分出来，这一结果也表明，用倒频谱来分析信号时，测量位置的选择一般影响不大。

2. 倒频谱与功率谱

倒频谱是频谱的频谱。它能分析出复杂频谱图上的周期结构，分离和提取频谱中的周期成分。对于某一边带间隔相等的变频族，在倒频谱中将集中为某一倒频谱分量，其高度为频谱中所有该族变频分量高度的平均，其倒频值 τ 为边带间距的倒数。图 6-19 所示为一有缺陷的齿轮在运行时测得的功率谱，它含有大量的边频带频谱分量。我们只能大致估计其变频间距为 10Hz。但是，在其倒频谱图上，可精确地找到其倒频率 $\tau=99.5\text{ms}$，对应频率 $1/\tau=10.4\text{Hz}$。图中还注明了 28.1ms 的谱线，其对应频率为 35.6Hz，这个频率是齿轮轴的旋转频率。

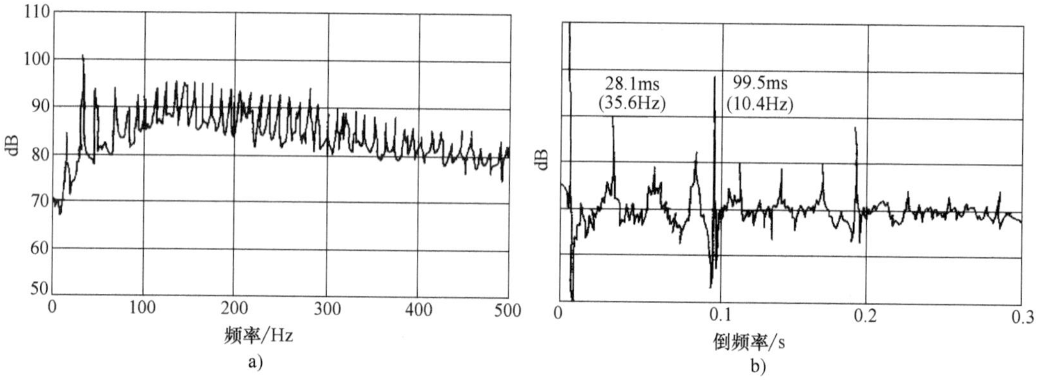

图 6-19　有缺陷的齿轮在运行时测得的功率谱和倒频谱

在功率谱密度图上，边频间距的分辨率受分析带宽的限制，分析带宽越宽，分辨率越差，甚至使某变频信号不易分辨。如果为了提高分辨率而采用局部选带放大技术（即 ZOOM 技术），又将丢失某些边带信号。如果采用基带分析虽不会丢失边带信号，但分辨率差。而倒频谱变换能在整个功率谱范围内求取边频带的平均间距，因而既不会漏掉边频信号，又能给出非常精确的间距结果。

图 6-20 所示为一齿轮箱的振动（0~20kHz）基带功率谱密度，其上①、②、③注明的谱峰分别对应于齿轮啮合频率（4.3kHz）及两个高阶谐振频率。在该图中，由于分辨率差，很难分辨边频带；在图中采用 7.5~9.5kHz 选带分析，分辨率得以改善，可看做②轴转速形成的边频带，但它将①、③两个谱频区排除在分析频带之外；图 6-20c 为该振动信号的倒频

谱，图中 A_1、A_2 等是周期为 11.8ms（对应于轴的回转频率 85Hz）的谐波谱；B_1、B_2 等是周期为 20ms（对应于另一轴的回转频率 50Hz）的谐波谱。该图十分精确地显示出对应于两个轴的回转频率的倒频分量。

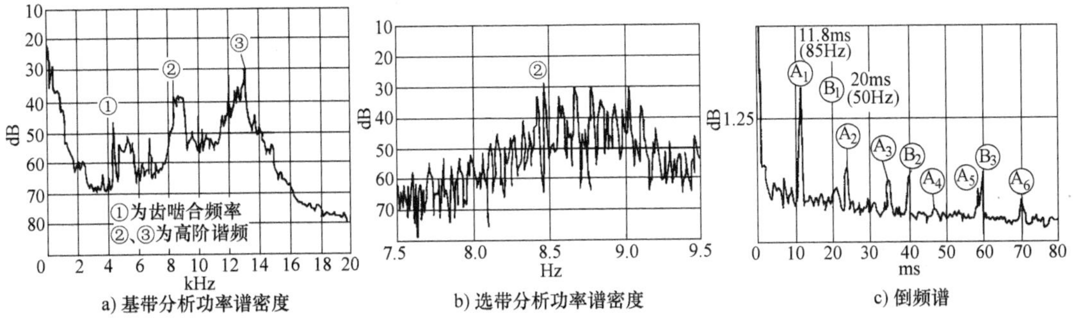

图 6-20　齿轮箱振动信号的选带及倒频谱分析

例 6-9　齿轮传动箱做振动试验，主动轴转速 $n=1500\text{r/min}$，轴频 $f_1=25\text{Hz}$，$z_1=30$；中间轴轴频 $f_2=19.7\text{Hz}$，$z_2=38$，啮合频率 $f_c=f_1z_1=f_2z_2=750\text{Hz}$，其振动频谱如图 6-21 所示。

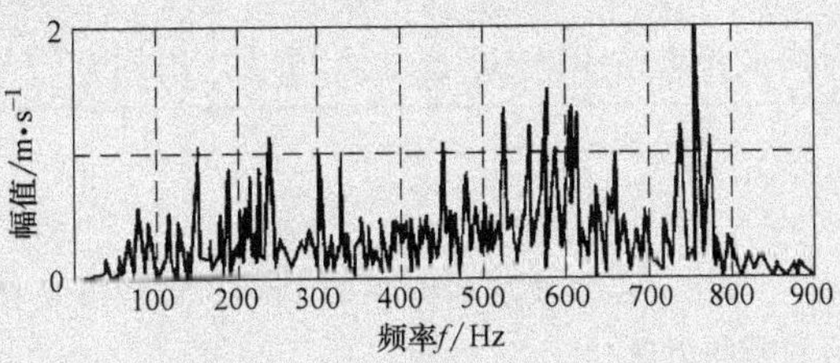

图 6-21　振动信号的幅频谱

从图 6-21 中可以看出，在 755Hz 附近有尖峰出现。

对采集数据做倒频谱分析，如图 6-22 所示。

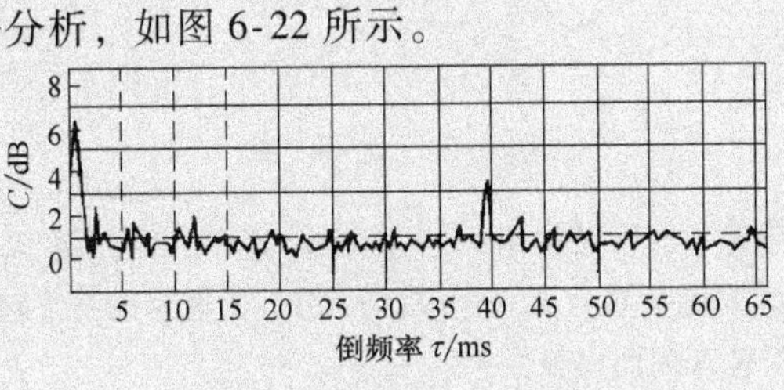

图 6-22　振动信号的倒频谱

由图 6-22 可见，在 $\tau=40\text{ms}$ 处有一峰值出现，其对应频率为 25Hz。与主动轴转频一致，由此可以推断，齿轮箱中间轴振动谱的边带主要是由主动轴转频调制而成的。说明故障主要发生在主动齿轮上，故障有两种可能：①齿轮加工分度误差大；②载荷波动而引起齿面剥落。又幅值谱在 750Hz 附近出现尖峰，在其附近进行细化谱分析，发现一族调制边带为（755±25）Hz 的峰值比较突出，由此可验证主动齿轮是主要的调制源。

本章知识点

不同信号间或信号不同时刻间的相互关联性可通过分析其相关性得到。

1）相关系数含义：两个对象之间的线性关系（因果关系，关联性）；取值为[-1，+1]。

2）自相关函数：横坐标是时间间隔 τ；是偶函数。

3）自相关函数特点：周期函数自相关是周期函数，保留幅值、频率，丢失相位。

4）自相关函数作用：去掉周期信号中的随机干扰。

5）互相关函数：在 $\tau=\tau_0$ 时刻达到最大，表示 y 相对 x 的时间滞后。

6）互相关函数特点：同频相关，不同频不相关。

7）互相关函数作用：去掉系统中的随机干扰。

8）若时域信号 $x(t)$ 的自谱为 $S_x(f)$，则定义功率倒频谱为

$$C(\tau)=\left|F[\lg S_x(f)]\right|^2$$

信号 $x(t)$ 的复倒频谱定义为

$$C_c(\tau)=F^{-1}\left|\lg S_x(f)\right|$$

9）混合有不同族的谐波的复杂信号可通过倒频谱找出周期信号。

本章习题

6-1 测得两个同频正弦信号的相关函数波形如图 6-23 所示。该波形是自相关函数还是互相关函数，为什么？从波形中可获得信号的哪些信息？

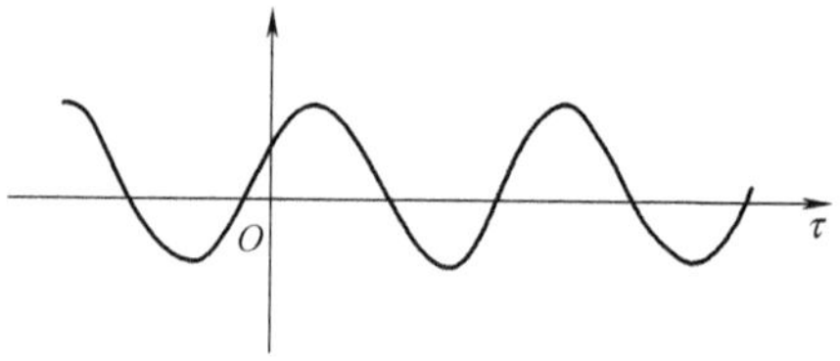

图 6-23 题 6-1 图

6-2 某一系统的输入信号为 $x(t)$，若输出 $y(t)$ 与输入 $x(t)$ 相同，输入的自相关函数 $R_x(\tau)$ 和输入—输出的互相关函数 $R_{xy}(\tau)$ 之间的关系为 $R_x(\tau)=R_x(\tau+T)$，试说明该系统起什么作用。

6-3 如何确定信号中是否包含周期成分？

6-4 测量系统输出与输入的相关系数小于 1，可能原因是什么？

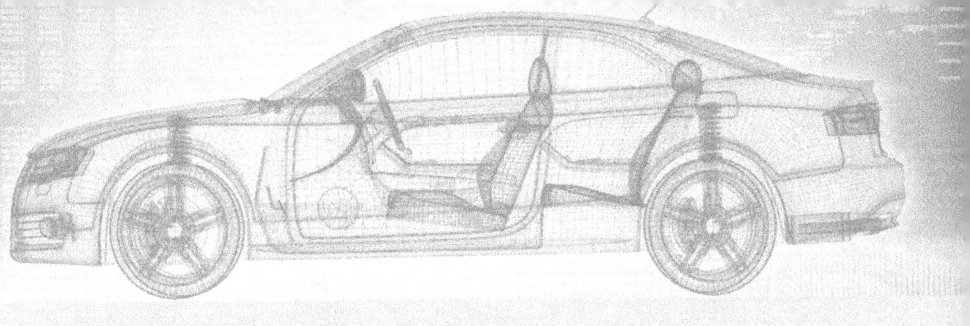

第7章 数字信号处理基础

7.1 信号数字化的基本原理

7.1.1 采样和采样定理

1. 采样

采样是在模-数转换过程中以一定时间间隔对连续时间信号进行取值的过程。如图 7-1 所示。采样过程是将采样脉冲序列 $g(t)$ 与信号 $x(t)$ 相乘。

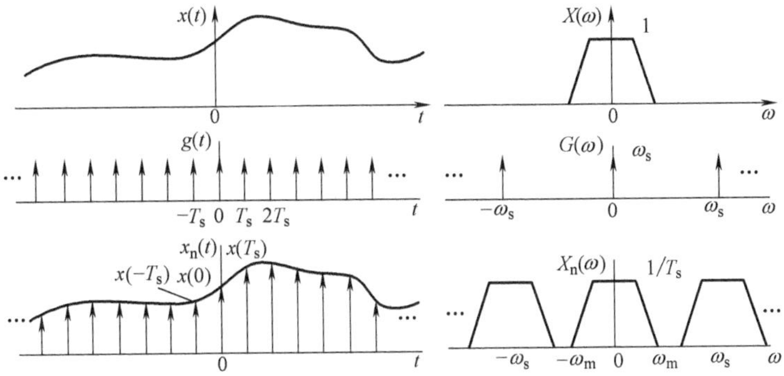

图 7-1 采样过程

$$x_n(t) = x(t) * g(t)$$

$$g(t) = \sum_{-\infty}^{\infty} \delta(t - nT) \quad (n = 0, \pm 1, \pm 2, \cdots)$$

采样间隔太大（采样频率低），可能会丢失有用信息。图 7-2a 为原始信号，由于采样点间隔大，按采样结果重建的波形（见图 7-2b）出现了失真。图 7-3a 中，采样频率等于信号频率，正弦信号离散后得到直流信号；图 7-3b 中，采样频率等于信号频率的 2 倍，正弦信号离散后得到三角信号；图 7-3c 中，

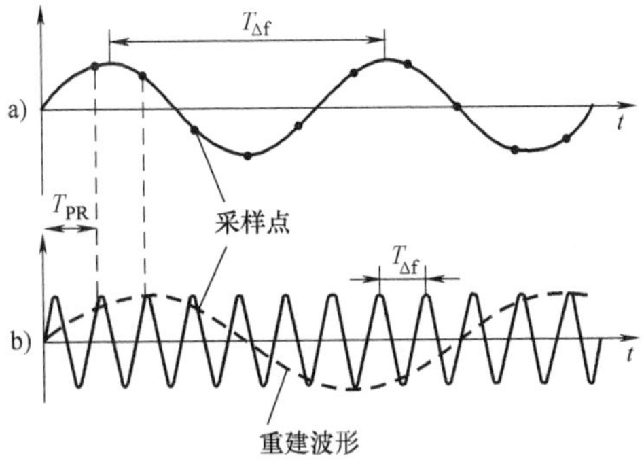

图 7-2 采样频率过低

采样频率小于信号频率的 2 倍，正弦信号离散后得到频率较低的正弦信号。

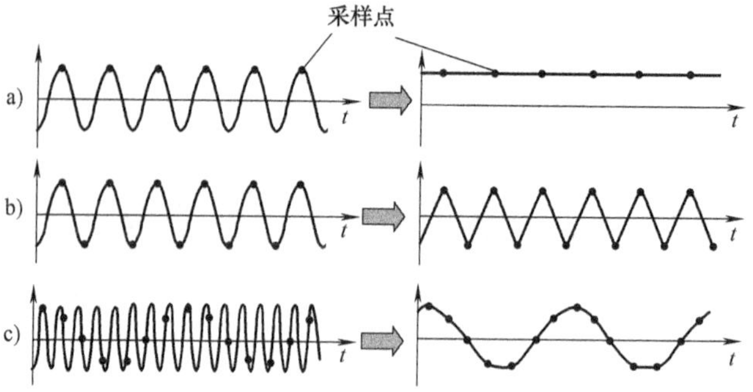

图 7-3　不同采样频率下的采样波形

采样混叠

2. 混叠

采样序列信号相当于一些脉冲信号的叠加，采样过程相当于原始信号发生频移（傅里叶变换的频移特性）。如果采样频率过低，则频移距离过小，移至各采样脉冲对应序列点的频谱就会有一部分互相交叠，这种现象称为混叠，如图 7-4 所示。发生混叠后，原来频谱的部分幅值交叠，这样就不能正确地从采样信号中还原原始信号。

3. 采样定理

为保证采样后信号能真实地保留原始模拟信号信息，信号采样频率必须至少为原始信号中最高频率成分的 2 倍。这是采样的基本法则，称为采样定理，也叫香农定理。

需要注意的是，在对信号进行采样时，满足了采样定理，保证不发生频率混叠，同时保证对信号的频谱做傅里叶反变换时，可以完全变换为原时域采样信号，而不能保证此时的采样信号能真实地反映原始信号。工程实际中采样频率通常大于信号中最高频率成分的 3~5 倍。

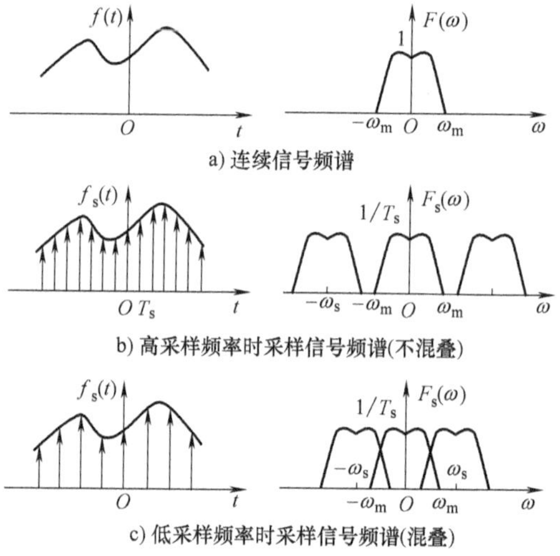

图 7-4　混叠现象

7.1.2　窗函数的选择

1. 信号的截断、能量泄漏

用计算机进行测试信号处理时，不可能对无限长的信号进行测量和运算，而是取其有限的时间片段进行分析，这个过程称为信号截断，如图 7-5 所示。为便于数学处理，对截断信号做周期延拓，得到虚拟的无限长信号。

但周期延拓后的信号与真实信号是不同的，如图 7-6 所示。采用整周期截断可解决此问题，如图 7-7 所示。但实际信号周期无法预知，所以此方法很难实现。

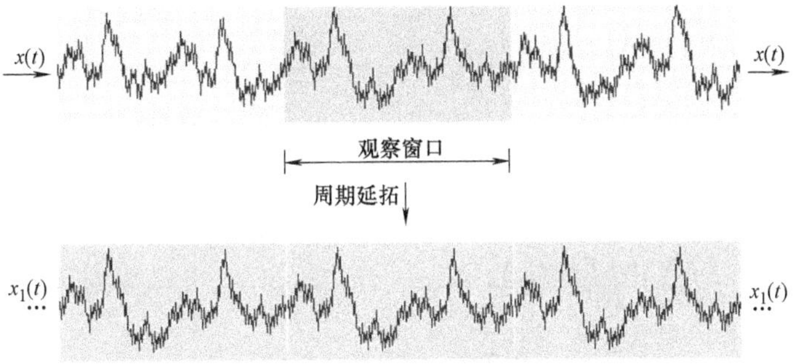

图 7-5　信号截断

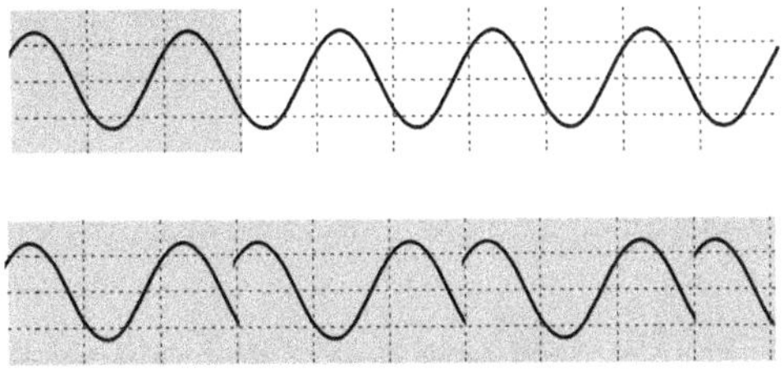

图 7-6　非整周期截断

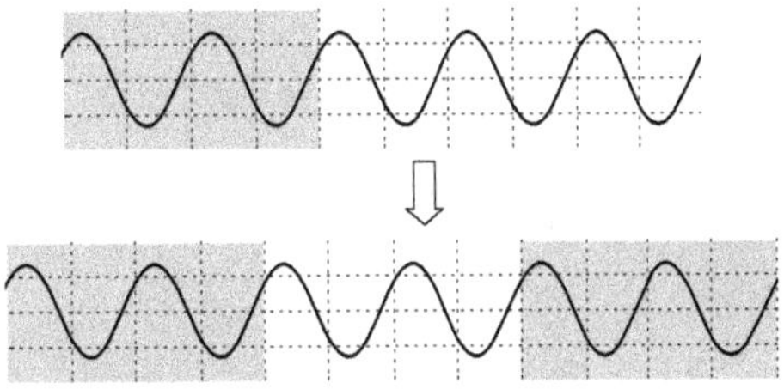

图 7-7　整周期截断

一般情况下，周期延拓后的信号与真实信号是不同的，下面从数学的角度来看这种处理带来的误差情况。设有余弦信号 $x(t)$ 在时域分布为无限长（$-\infty$，∞），当用矩形窗函数 $w(t)$ 与其相乘时，得到截断信号 $x(t)T(t)=x(t)w(t)$。余弦信号的频谱 $X(\omega)$ 是位于 ω_0 处的 δ 函数，而矩形窗函数 $w(t)$ 的谱为 $\text{sinc}(\omega)$ 函数，按照频域卷积定理，则截断信号 $x(t)T(t)$ 的谱 $X_T(\omega)$ 应为

$$X_T(\omega)=\frac{1}{2\pi}X(\omega)*W(\omega)$$

7-2

能量泄漏

将截断信号的谱 $X_T(\omega)$ 与原始信号的谱 $X(\omega)$ 相比较可知，它已不是原来的两条谱线，而是两段振荡的连续谱。这表明原来的信号被截断以后，其频谱发生了畸变，原来集中在 f_0 处的能量被分散到两个较宽的频带中去了，这种现象称为频谱能量泄漏（Leakage）。

信号截断以后产生的能量泄漏现象是必然的，因为窗函数 $w(t)$ 是一个频带无限的函数，所以即使原信号 $x(t)$ 是有限带宽信号，而在截断以后也必然成为无限带宽的函数，即信号在频域的能量与分布被扩展了。又从采样定理可知，无论采样频率多高，只要信号一经截断，就不可避免地引起混叠，因此信号截断必然导致一些误差，这是信号分析中不容忽视的问题。

2. 窗函数

为了减少频谱能量泄漏，可采用不同的截取函数对信号进行截断，如图 7-8 所示。信号截断相当于信号乘以有限宽的窗函数。“窗”是指通过窗口能够看到原始信号的一部分，窗以外的部分均为零。窗函数就是对时域信号取样时采用的截断函数。泄漏与窗函数频谱的两侧旁瓣有关，如果两侧旁瓣的高度趋于零，而使能量相对集中在主瓣，就可以较为接近于真实的频谱，为此，在时间域中可采用不同的窗函数来截断信号。

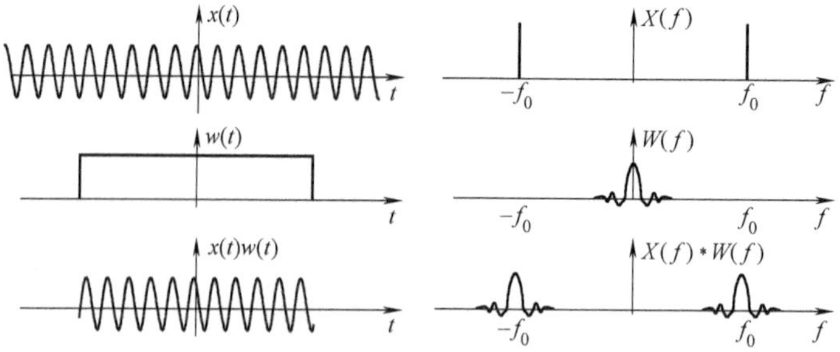

图 7-8 窗函数的作用

3. 常见窗函数

一般要求，主瓣尽量窄，以提高频率分辨率；旁瓣尽量低，以减少泄漏。这两个要求往往不能同时满足，需要根据实际对象选取合适的窗函数。实际应用的窗函数，可分为以下主要类型：

(1) 幂窗 采用时间变量某种幂次的函数，如矩形、三角形、梯形或其他时间的高次幂。

(2) 三角函数窗 应用三角函数，即正弦或余弦函数等组合成复合函数，例如汉宁窗、汉明窗等。

(3) 指数窗 采用指数时间函数，如 e^{st}形式，例如高斯窗等。

下面介绍几种常用窗函数的性质和特点。

(1) 矩形窗

$$w(t)=\begin{cases}1 & |t|\leqslant T\\ 0 & |t|>T\end{cases},\qquad W(\omega)=2\frac{\sin(\omega T)}{\omega T}$$

矩形窗（见图 7-9）使用最多，习惯上不加窗就是使信号通过了矩形窗。这种窗的优点是主瓣比较集中，缺点是旁瓣较高，并有负旁瓣，导致变换中带进了高频干扰和泄漏，甚至出现负谱现象。

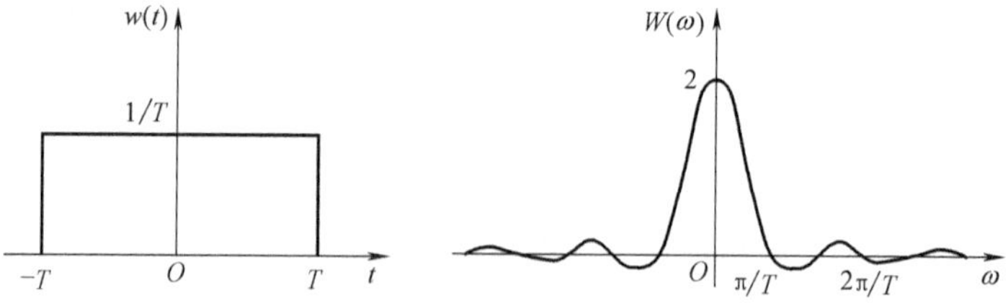

图 7-9 矩形窗及频谱

(2) 三角窗

$$w(t)=\begin{cases}\dfrac{1}{T}\left(1-\dfrac{|t|}{T}\right) & |t|\leqslant T\\ 0 & |t|>T\end{cases},\qquad W(\omega)=\left(\frac{\sin(\omega T/2)}{\omega T/2}\right)^2$$

三角窗（见图 7-10）与矩形窗比较，主瓣宽约等于矩形窗的两倍，但旁瓣小，而且无负旁瓣。

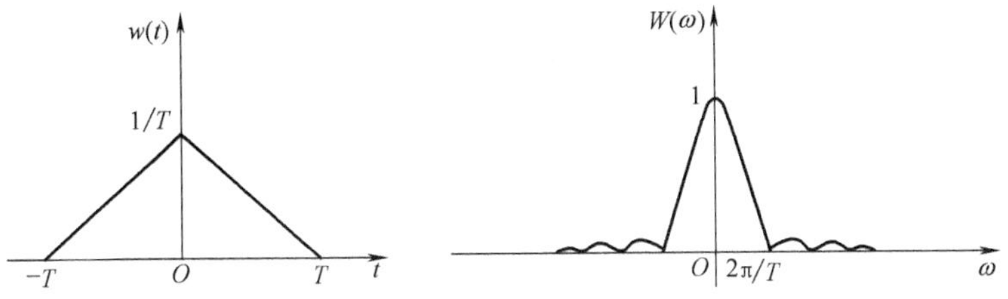

图 7-10　三角窗及频谱

（3）汉宁窗

$$w(t)=\begin{cases}\dfrac{1}{2T}+\dfrac{1}{2T}\cos\left(\dfrac{\pi t}{T}\right) & |t|\leqslant T\\ 0 & |t|>T\end{cases}$$

$$W(\omega)=Q(\omega T)+0.5[Q(\omega T+\pi)+Q(\omega T-\pi)]\quad Q(C)=\frac{\sin C}{C}$$

汉宁窗（见图 7-11）是三个矩形窗函数的叠加。与矩形窗对比，汉宁窗主瓣加宽并降低，旁瓣则显著减小。汉宁窗的旁瓣衰减速度也较快。比较可知，从减小泄漏观点出发，汉宁窗优于矩形窗。但汉宁窗主瓣加宽，相当于分析带宽加宽，频率分辨力下降。

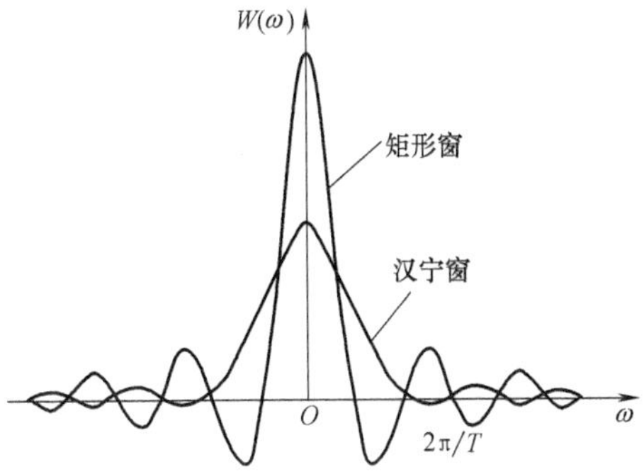

图 7-11　汉宁窗及频谱

（4）汉明窗　汉明窗也是余弦窗的一种，又称改进的升余弦窗。

$$w(t)=\begin{cases}\dfrac{1}{T}\left(0.54+0.46\cos\dfrac{\pi t}{T}\right) & |t|\leqslant T\\ 0 & |t|>T\end{cases}$$

$$W(\omega)=1.08Q(\omega T)+0.46[Q(\omega T+\pi)+Q(\omega T-\pi)]\quad Q(C)=\frac{\sin C}{C}$$

汉明窗和汉宁窗都是余弦窗，只是加权系数不同。汉明窗的加权系数能使旁瓣达到最小。主瓣应该尽量窄，能量尽量集中在主瓣内，从而在谱分析时获得较高的频率分辨力，在滤波器设计中获得较小的过渡带；尽量减小窗谱最大旁瓣的相对幅度，也就是使能量尽量集中于主瓣，这样可使肩峰和波纹减小，增大阻带的衰减。

4. 窗函数的频域性能指标

常见窗函数对比如图 7-12 所示。不同窗函数的性能可通过三个频域指标进行比较，如图 7-13 所示。

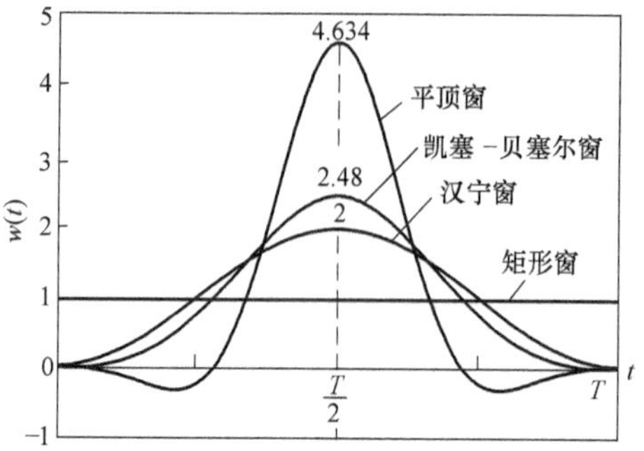

图 7-12　常见窗函数对比

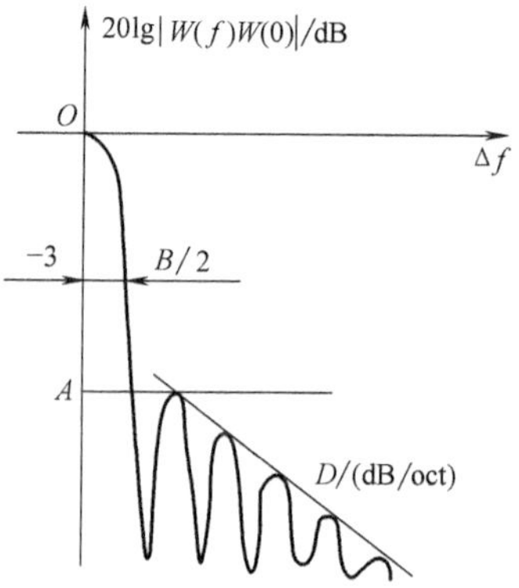

图 7-13　窗函数频域指标

1）-3dB 带宽 B。它是主瓣归一化幅值 $20\lg|W(f)W(0)|$ 下降到-3dB 时的带宽。当时间窗的宽度为 T，采样间隔为 T_s 时，对应于 N 个采样点。其最大频率分辨率可达到 $1/(NT_s)=1/T$，令 $\Delta f=1/T$，则 B 的单位可以是 Δf。

2）最大旁瓣峰值 A（dB）。A 越小，由旁瓣引起的谱失真就越小。

3）旁瓣谱峰渐进衰减速度 D（dB/oct）。

一个理想的窗函数应该有最小的 B 和 A，最大的 D。

不同窗函数性能对比如图 7-14 所示，在同一指标下用四种窗口设计的低通滤波器频率特性如图 7-15 所示。可见，矩形窗设计的过渡带最窄，但阻带最小衰减也最差；布莱克曼窗设计的阻带最小衰减最好，但过渡带最宽，约为矩形窗设计的三倍。

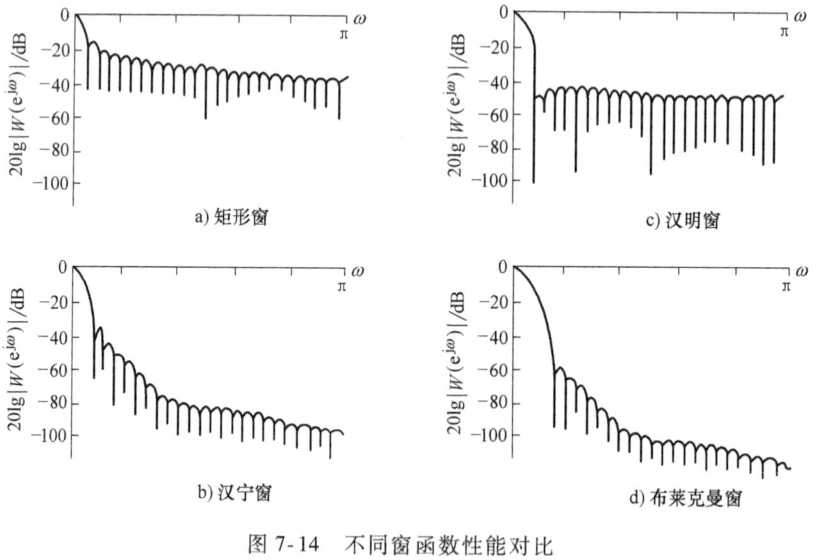

图 7-14　不同窗函数性能对比

几种窗函数的具体性能比较见表 7-1。

如果检测两个频率相近幅度的信号，用布莱克曼窗；

如果被测信号是随机或未知的，选择汉宁窗；

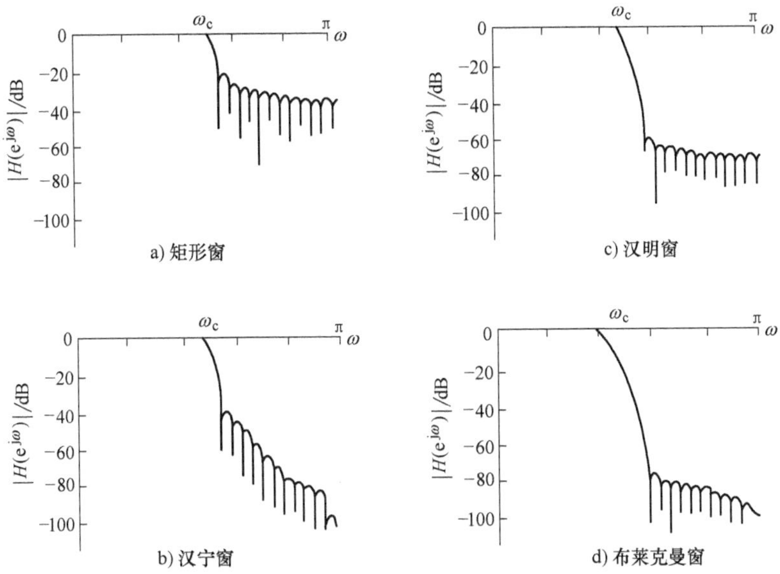

图 7-15　在同一指标下用四种窗口设计的低通滤波器频率特性

随机信号分析

表 7-1　几种窗函数的具体性能比较

窗类型	主瓣宽度	B	A	D
矩形窗	$4\pi/N$	0.89	-13	20
三角窗	$8\pi/N$	1.2	-25	20
汉宁窗	$8\pi/N$	1.44	-31	60
汉明窗	$8\pi/N$	1.30	-41	20
布莱克曼窗	$12\pi/N$	1.68	-57	20

如果测试目的更多的是关注某周期信号频率点的能量值，那么幅度的准确性则更加重要，可选择一个主瓣稍宽的窗。激励信号加窗是为了减小干扰，而响应信号加指数窗是为了减小泄漏；

如果测试中可保证不会有泄漏发生，不需要任何窗函数；

如果测试信号有多个频率分量，频率十分复杂，且测试的目的更多关注频率点而非能量大小，需要一个主瓣足够宽的窗函数，汉宁窗是一个很好的选择。

7.2　快速傅里叶变换原理

7.2.1　离散的傅里叶变换

对信号 $x(t)$ 进行傅里叶变换（FT）或傅里叶反变换（IFT）运算时，无论在时域或频域都需要进行包括（$-\infty$，$+\infty$）区间的积分运算，若在计算机上实现这一运算，则必须做到：①把连续信号（包括时域、频域）改造为离散数据；②把计算范围收缩到一个有限区间；③实现正、反傅里叶变换运算。

在这种条件下所构成的变换对称为离散傅里叶变换对。其特点是：在时域和频域中都只取有限个离散数据，这些数据分别构成周期性的离散时间函数和频率函数。

1. 离散傅里叶变换的定义

对连续时间信号进行离散傅里叶变换，一般可概括为三个步骤，整个过程如图 7-16 所示。

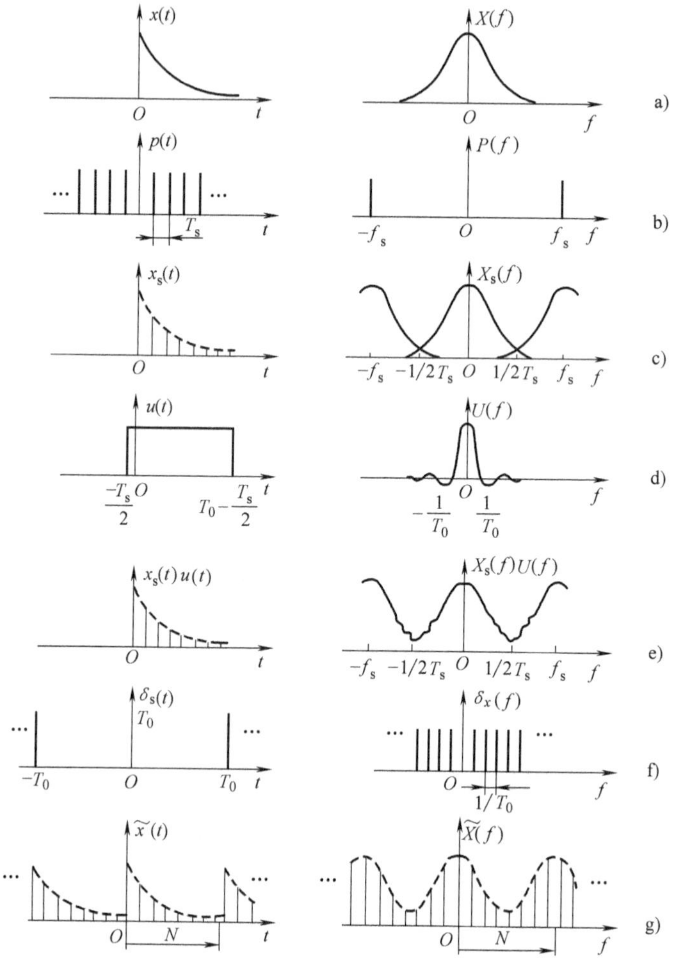

图 7-16　离散傅里叶变换的图解分析

(1) 时域采样（采样间隔 T_s）

$$x_s(t)=x(t)p(t)=x(t)\sum_{n=-\infty}^{\infty}\delta(t-nT_s)=\sum_{n=-\infty}^{\infty}x(nT_s)\delta(t-nT_s)$$

$$\Rightarrow X_s(f)=X(f)*P(f)=f_s\sum_{n=-\infty}^{\infty}X(f-nf_s)$$

(2) 时域截断

$$x_s(t)u(t)=\sum_{n=-\infty}^{\infty}x(nT_s)\delta(t-nT_s)=\sum_{n=0}^{N-1}x(nT_s)\delta(t-nT_s)$$

式中，N 为采样点数。

截断后信号的频谱出现皱波，是矩形截断函数突变阶跃点作用的结果。减小措施有：加长矩形函数的宽度；选取旁瓣较弱的窗函数。

(3) 频域采样 令频率采样脉冲序列为 $\delta_1(f)$，根据频域采样定理$\left(f_0 \leqslant \frac{1}{2t_m}\right)$，选取采样间隔 $f_0 = 1/T_0$（时域截断信号分布区间为 T_0，相当于 $2t_m$）。又根据傅里叶变换的对称性，得

$$\delta_1(t) = T_0 \sum_{r=-\infty}^{\infty} \delta(t - rT_0)$$

被 $\delta_1(f)$ 采样后的频域采样信号

$$\widetilde{X}(f) = X_s(f) * U(f)\delta_1(f)$$

DFT 正变换

$$X(k) = \mathrm{DFT}[x(n)] = \sum_{n=0}^{N-1} x(n) \mathrm{e}^{-\mathrm{j}\frac{2\pi}{2}nk} = \sum_{n=0}^{N-1} x(n) W_N^{nk} \quad 0 \leqslant k \leqslant N-1$$

DFT 反变换

$$x(n) = \mathrm{IDFT}[X(k)] = \frac{1}{N}\sum_{k=0}^{N-1} X(k) \mathrm{e}^{\mathrm{j}\frac{2\pi}{2}nk} = \frac{1}{N}\sum_{k=0}^{N-1} X(k) W_N^{-nk} \quad 0 \leqslant n \leqslant N-1$$

$$W = \mathrm{e}^{-\mathrm{j}2\pi/N}$$

DFT 正变换和 DFT 反变换说明：$x(n)$ 可分解成 N 个谐波复指数序列，每个谐波分量的频率为 kf_0，复振幅为 $(1/N)X(k)$；$X(k)$ 可分解成 N 个复指数序列之和，每个分量的频率为 nf_0，复振幅为 $x(n)$。

例 7-1 已知 $x(n) = \cos(n\pi/6)$ 是一个长度 $N = 12$ 的有限长序列，求它的 N 点 DFT。

解： 由 DFT 定义，得

$$X(k) = \sum_{n=0}^{11} \cos\frac{n\pi}{6} W_{12}^{nk} = \sum_{n=0}^{11} \frac{1}{2}(\mathrm{e}^{\mathrm{j}\frac{n\pi}{6}} + \mathrm{e}^{-\mathrm{j}\frac{n\pi}{6}})\mathrm{e}^{-\mathrm{j}\frac{2\pi}{12}nk} = \frac{1}{2}\left[\sum_{n=0}^{11} \mathrm{e}^{-\mathrm{j}\frac{2\pi}{12}n(k-1)} + \sum_{n=0}^{11} \mathrm{e}^{-\mathrm{j}\frac{2\pi}{12}n(k+1)}\right]$$

$$0 \leqslant k \leqslant 11$$

利用复指数序列的正交特性，再考虑到 k 的取值区间，可得

$$X(k) = \begin{cases} 6 & k = 1, 11 \\ 0 & \text{其他} \end{cases}$$

有限长序列及其 DFT 如图 7-17 所示。

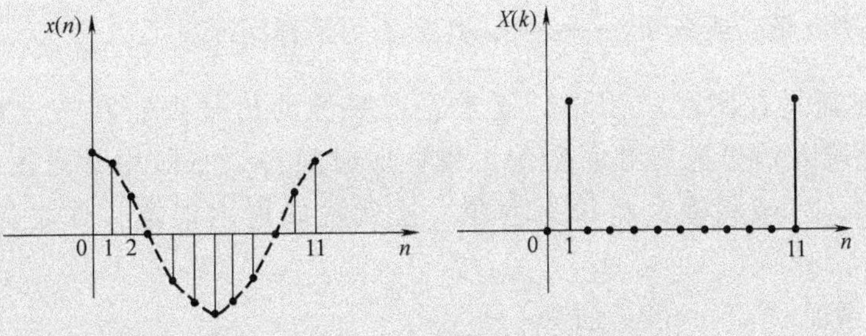

图 7-17 有限长序列及其 DFT

2. DFT 的物理意义

DFT 与序列傅里叶变换的关系为

$$\begin{cases} X(k)=X(\mathrm{e}^{\mathrm{j}\omega})\big|_{\omega=\frac{2\pi}{N}k}=X(\mathrm{e}^{\mathrm{j}k\omega_{\mathrm{N}}}) \\ \omega_{\mathrm{N}}=\dfrac{2\pi}{N} \end{cases}$$

说明 $X(k)$ 也可看做序列 $x(n)$ 的傅里叶变换 $X(\mathrm{e}^{\mathrm{j}\omega})$ 在区间 $[0,\ 2\pi]$ 上的 N 点等间隔采样，其采样间隔为 $\omega_{\mathrm{N}}=2\pi/N$，这就是 DFT 的物理意义，如图 7-18 所示。

注：DFT 的变换区间长度 N 不同，表示对 $X(\mathrm{e}^{\mathrm{j}\omega})$ 在区间 $[0,\ 2\pi]$ 上采样间隔和采样点数不同，故 DFT 的变换结果也不同。

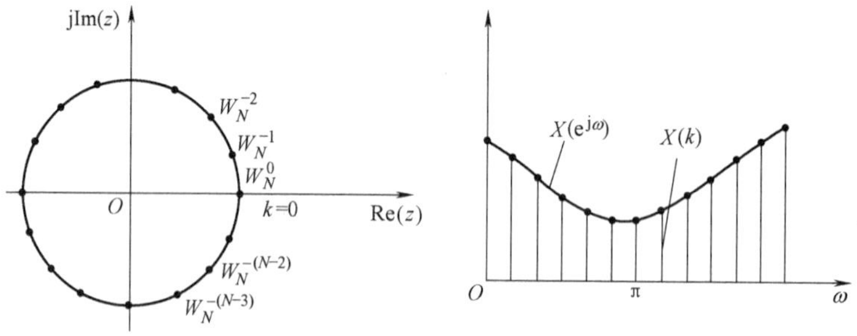

图 7-18　DFT 与序列傅里叶变换、z 变换的关系

例 7-2　有一频谱分析用的 FFT 处理器，其抽样点数必须是 2 的整数幂。假定没有采用任何特殊的数据处理措施，已知：频率分辨率为 $\leqslant 10\mathrm{Hz}$，信号的最高频率 $\leqslant 4\mathrm{kHz}$，试确定以下参量：(1) 最小记录长度 T_0；(2) 抽样点间的最大时间间隔 T；(3) 在一个记录中的最小点数 N。

解：(1) 最小记录长度：$T_0=1/F_0=1/10=0.1\mathrm{s}$，$T_0\geqslant 0.1\mathrm{s}$。

(2) 最大抽样时间间隔：$T=1/f_{\mathrm{s}}=1/f_{\mathrm{h}}=1/(2\times4\times10^3)=0.125\times10^{-3}\mathrm{s}$，$T\leqslant 0.125\mathrm{ms}$。

(3) 最小记录点数：$N\geqslant 2f_{\mathrm{h}}/F_0=2\times4\times10^3/10=800$，取 $N=1024$。

3. 用 DFT 计算连续时间信号的 FT 可能造成的误差

(1) 混叠　为避免混叠，由采样定理可知，须满足 $f_{\mathrm{s}}\geqslant 2f_{\mathrm{h}}$。其中，$f_{\mathrm{s}}$ 为采样频率；f_{h} 为信号的最高频率分量；或者 $T=\dfrac{1}{f_{\mathrm{s}}}\leqslant\dfrac{1}{2f_{\mathrm{h}}}$，其中 T 为采样间隔。

(2) 频谱泄漏　在实际应用中，通常将所观测的信号限制在一定的时间间隔内，也就是说，在时域对信号进行截断操作，或称加时间窗，亦即用时间窗函数乘以信号，由卷积定理可知，时域相乘，频域为卷积，这就造成拖尾现象，称之为频谱泄漏，如图 7-19 所示。

改善方法：增加 $x(n)$ 长度；加窗。

(3) 栅栏效应　用 DFT 计算频谱时，能计算频率 $F_0=1/T_0$ 的整数倍处的频谱。在两个

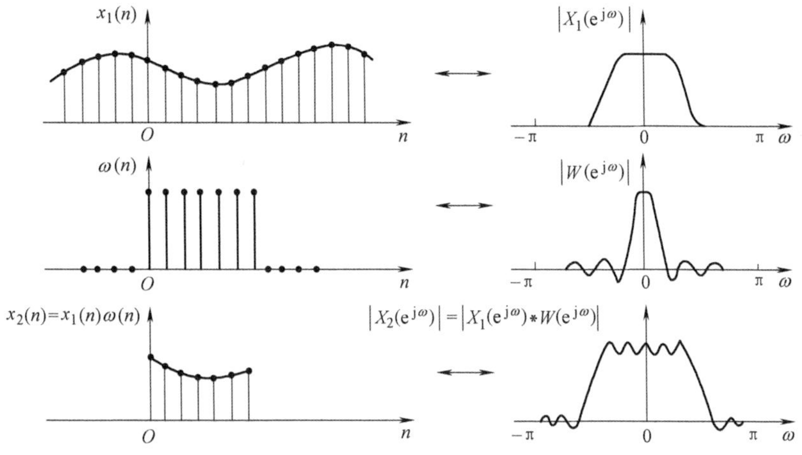

图 7-19　频谱泄漏

谱线之间的频谱无法确定，这相当于通过一个栅栏观察景象一样，故称做栅栏效应，如图7-20所示。

解决方法：增加频域采样点数 N（时域补零），使谱线更密。补零即加大周期 T_0，可使 F_0 变小来提高分辨力，以减少栅栏效应。

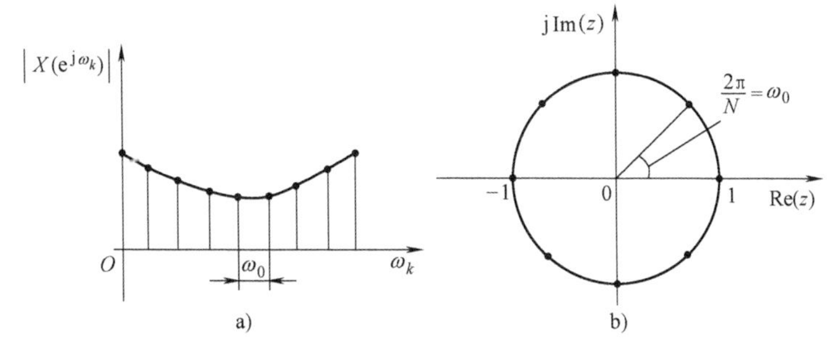

图 7-20　栅栏效应

4. 频域采样不失真的条件

（1）抽样 z 变换—频率采样定理　时域抽样：对一个频带有限的信号，根据抽样定理对其进行抽样，所得抽样信号的频谱是原带限信号频谱的周期延拓，因此，完全可以由抽样信号恢复原信号。

频域抽样：对一个有限长序列进行 DFT 所得 $X(k)$ 就是序列傅里叶变换的采样，所以 DFT 就是频域抽样。

（2）频域采样不失真的条件　对于 M 点的有限长序列 $x(n)$，频域采样不失真的条件是频域采样点数 N 要大于或等于时域采样点数 M（时域序列长度），即满足 $N\geqslant M$，则

$$x_N(n)=\tilde{x}_N(n)R_N(n)=\sum_{r=-\infty}^{\infty}x(n+rN)R_N(n)=x(n)\qquad N\geqslant M$$

说明：点数为 N（或小于 N）的有限长序列，可用它的 z 变换在单位圆上的 N 个等间隔点上的采样值精确地显示。

(3) 信号最高频率与频率分辨率之间的矛盾

1）要增加信号最高频率 f_h，则 f_s 要增加，当采样点数 N 给定时，F_0 必增加，分辨率下降。

2）要提高频率分辨率，即 F_0 变小，则信号记录长度 $T_0=1/F_0$ 要增加，当 N 给定的时候，则记录长度 T 增加，采样频率减小，但要不产生频率混叠，f_h 必须变小。同时提高信号最高频率和频率分辨率，需增加采样点数 N。

5. 时域圆周移位定理

(1) 序列的圆周移位 一个长度为 N 的有限长序列 $x(n)$ 的圆周移位定义为

$$x_m(n)=(x(n+m))_N R_N(n)$$

圆周移位的过程如下：

1）将 $x(n)$ 以 N 为周期进行周期延拓得到周期序列 $\tilde{x}(n)=(x(n))_N$。

2）将 $\tilde{x}(n)$ 加以移位，得到 $(x(n+m))_N=\tilde{x}(n+m)$。

3）对移位的周期序列 $\tilde{x}(n+m)$ 取主值区间（$n=0$ 到 $N-1$）上的序列值，即 $(x(n+m))_N R_N(n)$。

显然一个有限长序列 $x(n)$ 的圆周移位序列 $x_m(n)$ 仍然是一个长度为 N 的有限长序列，如图 7-21 所示。

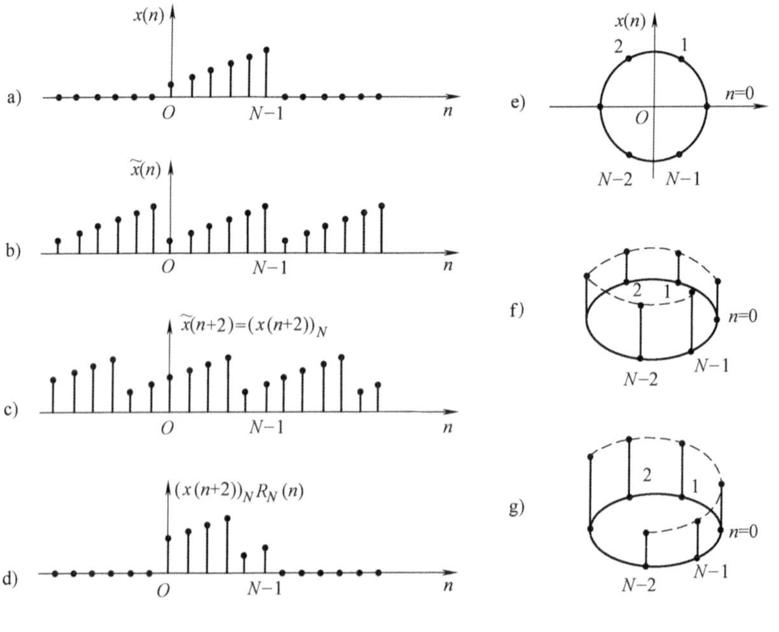

图 7-21 圆周移位过程示意图

由图7-21a～d可见，由于是周期序列的移位，故只观察 $0 \leqslant n \leqslant N-1$ 主值区间，某一采样从该区间的一端移出时，与其相同值的采样又从该区间的另一端循环移进。因而，可以想象 $x(n)$ 是排列在一个 N 等分的圆周上，序列 $x(n)$ 的圆周移位，就相当于 $x(n)$ 在此圆周上旋转，如图7-21e～g所示，因而称为圆周移位。若将 $x(n)$ 向左圆周移位时，此圆是顺时针旋转；将 $x(n)$ 向右圆周移位时，此圆是逆时针旋转。此外，如果围绕圆周观察几圈，那么看到的就是周期序列 $\tilde{x}(n)$。

(2) 时域圆周移位定理　设 $x(n)$ 是长度为 N 的有限长序列，$x_m(n)$ 为 $x(n)$ 圆周移位，即

$$x_m(n)=(x(n+m))_N R_N(n)$$

则圆周移位后的DFT为

$$X_m(k)=\mathrm{DFT}[x_m(n)]=W_N^{-mk}X(k)$$

对于频域有限长序列 $X(k)$，也可看成是分布在一个 N 等分的圆周上，所以对于 $X(k)$ 的圆周移位，利用频域与时域的对偶关系，可以证明以下性质：

若 $X(k)=\mathrm{DFT}[x(n)]$；

则 $\mathrm{IDFT}[(x(k+l))_N R_N(k)]=W_N^{nl}x(n)=\mathrm{e}^{-\mathrm{j}\frac{2\pi}{N}nl}x(n)$。

这就是调制特性。它说明，时域序列的调制等效于频域的圆周移位。

7-4

FFT分析

7.2.2　傅里叶变换的快速算法（FFT）

虽然频谱分析和DFT运算很重要，但由于DFT运算量太大，在很长一段时间里它并没有得到真正的运用。直到1965年美国IBM公司的库利和图基这两位科学家首次提出DFT运算的一种快速算法以后，情况才发生了根本变化。人们开始认识到DFT运算的一些内在规律，从而很快地发展和完善了一套高速有效的运算方法——快速傅里叶变换（FFT）算法。FFT的出现，使DFT的运算大大简化，运算时间缩短1～2个数量级。需要强调的是，FFT并不是一种新的频域特征获取方式，而是DFT的一种快速实现算法。

1. DFT的运算量

有限长序列 $x(n)$ 进行一次DFT运算所需的运算量：

$$X(k)=\mathrm{DFT}[x(n)]=\sum_{n=0}^{N-1}x(n)W_N^{nk}\quad 0 \leqslant k \leqslant N-1$$

$$\begin{pmatrix} X(0) \\ X(1) \\ \vdots \\ X(N-1) \end{pmatrix}=\begin{pmatrix} W^0 & W^0 & W^0 & \cdots & W^0 \\ W^0 & W^{1\times 1} & W^{2\times 1} & \cdots & W^{(N-1)\times 1} \\ \vdots & \vdots & \vdots & \cdots & \vdots \\ W^0 & W^{1\times(N-1)} & W^{2\times(N-1)} & \cdots & W^{(N-1)\times(N-1)} \end{pmatrix}$$

一般 $x(n)$ 和 W_N^{nk} 都是复数，$X(k)$ 也是复数，计算一个 $X(k)$ 值需 N 次复数相乘和 $(N-1)$ 次复数相加，以及需计算 N 点 $X(k)$ 值需 N^2 次复数相乘和 $N(N-1)$ 次复数相加。

在这些运算中，乘法比加法运算复杂，尤其是复数相乘，每个复数相乘包括 4 个实数相乘和 2 个实数相加，又因每个复数相加包括 2 个实数相加，所以，每计算一个 $X(k)$ 要进行 $4N$ 次实数相乘和 $2N+2(N-1)=2(2N-1)$ 次实数相加，因此，整个 DFT 运算需要 $4N^2$ 实数相乘和 $2N(2N-1)$ 次实数相加。因此，N 较大时，运算量十分可观。例：计算 $N=10$ 点的 DFT，需要 100 次复数相乘，而 $N=1024$ 点时，需要 1048576（一百多万）次复数乘法，如果要求实时处理，则要求有很高的计算速度才能完成上述计算量。反变换 IDFT 与 DFT 的运算结构相同，只是多乘一个常数 $1/N$，二者的计算量相同。

2. DFT 的运算特点

系数 $W_N^{nk}=\mathrm{e}^{-\mathrm{j}\frac{2\pi}{N}nk}$ 是一个周期函数，具有如下性质：

(1) 周期性

$$W_N^{nk}=W_N^{n(N+k)}=W_N^{k(N+n)}$$

(2) 对称性

$$(W_N^{nk})^*=W_N^{-nk}=W_N^{(N-n)k}=W_N^{(N-k)n}$$

(3) 可约性

$$W_N^{nk}=W_{mN}^{mnk}=W_{N/m}^{nk/m}$$

特殊点

$$W_N^0=1,\quad W_N^{N/2}=-1,\quad W_N^{n(k+N/2)}=-W_N^{nk}$$

以 $N=4$ 为例，W_4^{nk} 的矩阵形式为

$$\begin{pmatrix} W^0 & W^0 & W^0 & W^0 \\ W^0 & W^1 & W^2 & W^3 \\ W^0 & W^2 & W^4 & W^5 \\ W^0 & W^3 & W^6 & W^9 \end{pmatrix} \overset{\text{周期性}}{\Longleftrightarrow} \begin{pmatrix} W^0 & W^0 & W^0 & W^0 \\ W^0 & W^1 & W^2 & W^3 \\ W^0 & W^2 & W^0 & W^2 \\ W^0 & W^3 & W^2 & W^1 \end{pmatrix} \overset{\text{对称性}}{\Longleftrightarrow} \begin{pmatrix} W^0 & W^0 & W^0 & W^0 \\ W^0 & W^1 & W^0 & W^1 \\ W^0 & W^0 & W^0 & W^0 \\ W^0 & W^1 & W^0 & W^1 \end{pmatrix}$$

利用以上特性可减少运算量。因为 DFT 的计算量正比于 N^2，N 小计算量也就小。因此可以把长度为 N 点的大点数的 DFT 运算依次分解为若干个小点数的 DFT 来运算。

3. 按时间抽取（DIT）的 FFT 算法

为了保证 N 点 DFT 的运算分解，首先假设 N 是 2 的整幂次方，即 $N=2^M$，M 是正整数。如不满足，补零。

将序列 $x(n)$ 按 n 的奇、偶分解为两组。

$$\begin{cases} x_1(r)=x(2r) & \text{偶数项组} \\ x_2(r)=x(2r+1) & \text{奇数项组} \end{cases} \quad r=0,1,\cdots,\frac{N}{2}-1$$

则可用 $N/2$ 点 $X_1(k)$ 和 $X_2(k)$ 表示序列 $x(n)$ 的 N 点 DFT，即

$$\begin{aligned} X(k)=\mathrm{DFT}[x(n)] &= \sum_{n=0}^{N-1} x(n)W_N^{nk} = \sum_{\text{偶数},n=0}^{N-2} x(n)W_N^{nk} + \sum_{\text{奇数},n=1}^{N-1} x(n)W_N^{nk} \\ &= \sum_{r=0}^{N/2-1} x(2r)W_N^{2rk} + \sum_{r=0}^{N/2-1} x(2r+1)W_N^{(2r+1)k} \end{aligned}$$

$$\Rightarrow \sum_{r=0}^{N/2-1} x(2r) W_{N/2}^{rk} + \sum_{r=0}^{N/2-1} x(2r+1) W_N^k W_{N/2}^{rk} \quad (\text{因为 } W_{NMn}^{2rk} = W_{N/2}^{rk})$$

$$= \sum_{r=0}^{N/2-1} x_1(r) W_{N/2}^{rk} + W_N^k \sum_{r=0}^{N/2-1} x_2(r) W_{N/2}^{rk}$$

$$= X_1(k) + W_N^k X_2(k) \qquad k = 0, 1, \cdots, \frac{N}{2}-1$$

$X_1(k)$ 和 $X_2(k)$ 均以 $N/2$ 为周期，即

$$X_1\left(k+\frac{N}{2}\right) = X_1(k),\ X_2\left(k+\frac{N}{2}\right) = X_2(k)$$

因为 $W_N^{n(k+N/2)} = -W_N^{nk}$，所以

$$X\left(k+\frac{N}{2}\right) = X_1(k) - W_N^k X_2(k)$$

可见，一个 N 点的 DFT 被分解为前后两个 $N/2$ 点的 DFT，这两个 $N/2$ 点的 DFT 再合成为一个 N 点 DFT。

$$\begin{cases} X_1(k) + W_N^k X_2(k) \\ X\left(k+\dfrac{N}{2}\right) = X_1(k) - W_N^k X_2(k) \end{cases} \quad k = 0,\ 1,\ \cdots,\ \frac{N}{2}-1$$

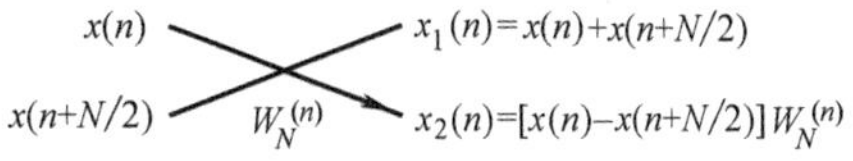

图 7-22 蝶形运算符号

上式可用专用蝶形图表示，如图 7-22 所示。

$X_1(k)$ 和 $X_2(k)$ 可再按奇、偶项继续分解下去，一直到最后分解成两点的 DFT 为止。

例 7-3 $N=8$ 按时间抽取的 DFT 分解过程。

$N=8$ 点按时间抽取 FFT 运算流图如图 7-23 所示。由于这种方法每一步分解都是按输入序列是属于偶数还是奇数来抽取的，所以称为“按时间抽取的 FFT 算法”。

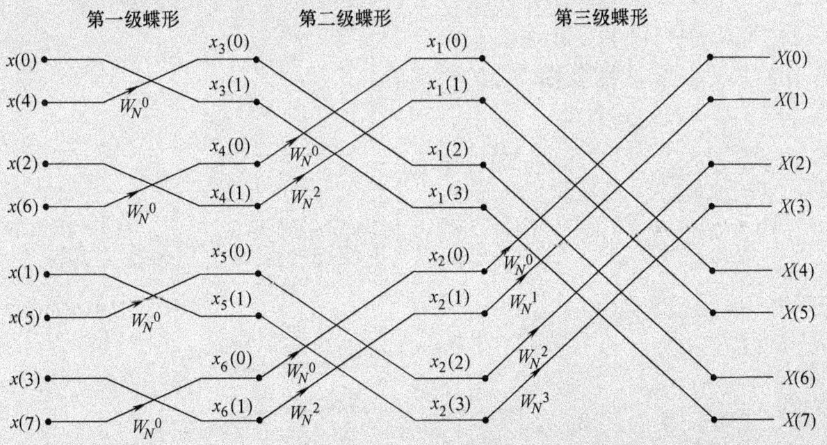

图 7-23 $N=8$ 点按时间抽取 FFT 运算流图

4. 按频率抽取的 FFT

与按时间抽取 FFT 算法类似，但抽取的是 $X(k)$，即将 $X(k)$ 分解成奇数、偶数序号的两个序列。

设 $N=2^M$，M 是正整数。如不满足，补零。先将 $x(n)$ 按 n 的顺序分为前、后两半。

$$
\begin{aligned}
X(k) &= \sum_{n=0}^{N-1} x(n) W_N^{nk} = \sum_{n=0}^{N/2-1} x(n) W_N^{nk} + \sum_{n=N/2}^{N-1} x(n) W_N^{nk} \\
&= \sum_{n=0}^{N/2-1} x(n) W_N^{nk} + \sum_{n=0}^{N/2-1} x\left(n+\frac{N}{2}\right) W_N^{\left(n+\frac{N}{2}\right)k} \\
&= \sum_{n=0}^{N/2-1} \left[x(n) + W_N^{nk/2} x\left(n+\frac{N}{2}\right)\right] W_N^{nk} \\
&= \sum_{n=0}^{N/2-1} \left[x(n) + (-1)^k x\left(n+\frac{N}{2}\right)\right] W_N^{nk} \qquad (\text{因为 } W_N^{nk/2}=-1)
\end{aligned}
$$

将 $X(k)$ 分解成偶数组与奇数组，当 k 取偶数（$k=2r$，$r=0, 1, \cdots, N/2-1$）时

$$X(2r) = \sum_{n=0}^{N/2-1} \left[x(n) + x\left(n+\frac{N}{2}\right)\right] W_N^{2rn} = \sum_{n=0}^{N/2-1} \left[x(n) + x\left(n+\frac{N}{2}\right)\right] W_{N/2}^{rn}$$

$$X(2r+1) = \sum_{n=0}^{N/2-1} \left[x(n) - x(n+\frac{N}{2})\right] W_N^{(2r+1)n} = \sum_{n=0}^{N/2-1} \left\{\left[x(n) - x\left(n+\frac{N}{2}\right)\right] W_N^{n}\right\} W_{N/2}^{rn}$$

令

$$
\begin{cases}
x_1(n) = x(n) + x(n+\frac{N}{2}) \\
x_2(n) = \left[x(n) - x(n+\frac{N}{2})\right] W_N^n
\end{cases}
$$

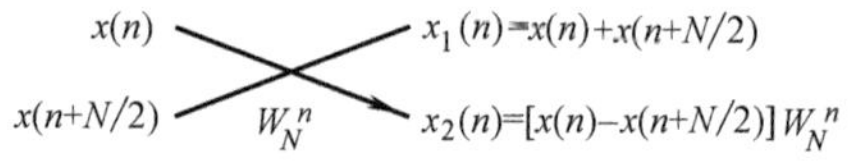

图 7-24 频率抽取 FFT 蝶形图

用蝶形图表示，如图 7-24 所示。

例 7-4 $N=8$ 点 DIF-FFT 运算流图

$N=8$ 点 DIF-FFT 运算流图如图 7-25 所示。

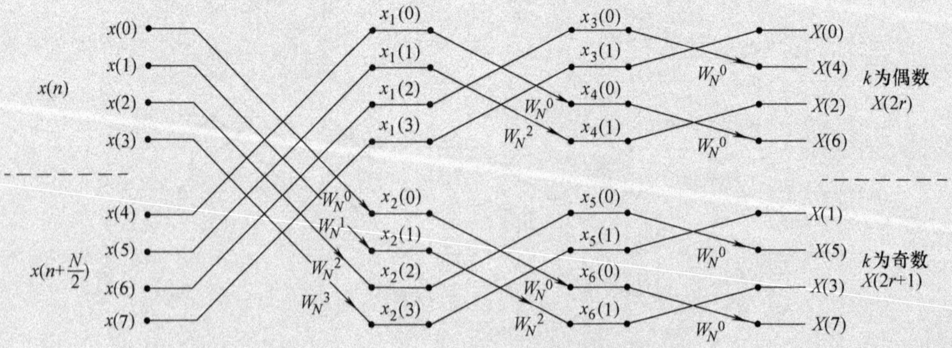

图 7-25 $N=8$ 点 DIF-FFT 运算流图

5. DIT 与 DIF 的比较

(1) DIT 与 DIF 的相同点　DIT-FFT 和 DIF-FFT 算法均可采用原位计算；$N=2^M$ 时，共有 M 级运算，每级共有 $N/2$ 个蝶形，DIT 与 DIF 算法的运算次数相同，即复数乘次数为 $M\times(N/2)=(N/2)\times\log_2 N$；复加次数为 $2\times(N/2)\times M=N\times\log_2 N$ 。

(2) DIT 与 DIF 的不同点　DIF-FFT 算法的输入序列为自然序列，输出为倒序序列。因此，在 M 级运算完成后，需对输出数据进行倒序才能得到自然顺序的 $X(k)$。

蝶形运算符号不同：DIT-FFT 蝶形是先相乘，后加/减；而 DIF-FFT 蝶形是先加/减，后相乘，如图 7-26 所示。

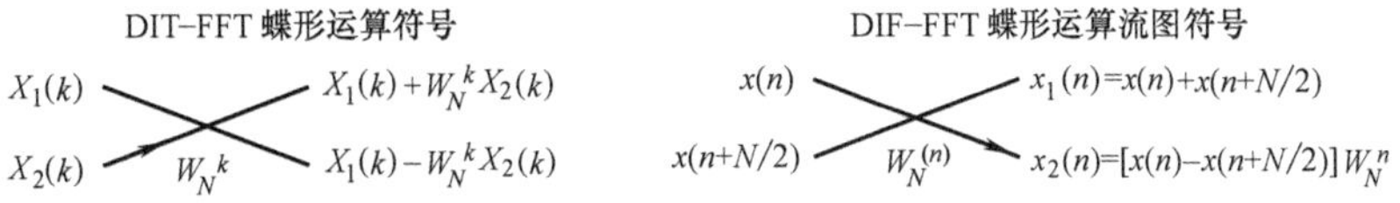

图 7-26　DIT-FFT 和 DIF-FFT 蝶形图区别

6. FFT 运算结果分析

若采样频率为 F_s，信号频率为 F，采样点数为 N，则 FFT 结果是 N 点复数，每个点对应一个频率点。该点的模就是该频率下的幅值特性。假设原始信号峰值为 A，则 FFT 结果第一个点是直流分量，其模是直流分量的 N 倍，其余每个点的模是 A 的 $N/2$ 倍。而每个点的相位就是该频率下信号的相位。第一个点对应频率为 0Hz，最后一个点 N 的再下一个点（实际不存在，假设的）表示采样频率 F_s。中间被 $N-1$ 个点平均分成 N 等分，每个点频率依次增加。即第 n 点对应频率为 $(n-1)F_s/N$。例如，采样频率为 1024Hz，采样点为 1024 点，则可分辨到 1Hz，即 1s。如果采样 2s 信号，结果可分析到 0.5Hz。

例 7-5　$x(t)=2+3\cos(100\pi t-\pi/6)+1.5\cos(150\pi t+\pi/2)$，以 $F_s=256$Hz 的采样率进行信号采样，共采样 $N=256$ 点。

```
fs=256;
N=256;
n=0：N-1;
t=n/fs;
x=2+3*cos(2*pi*50*t-pi/6)+1.5*cos (2*pi*75*t+pi/2);
X=fft (x, N);
mag=abs (X);
f=n*fs/N;
plot (f, mag);
```

如图 7-27 所示，第 1、51、76 个点值较大，对应于 0Hz、50Hz、75Hz，即 $x(t)$ 包含的 3 个频率成分。第 1、51、76 个点及附近值见表 7-2。

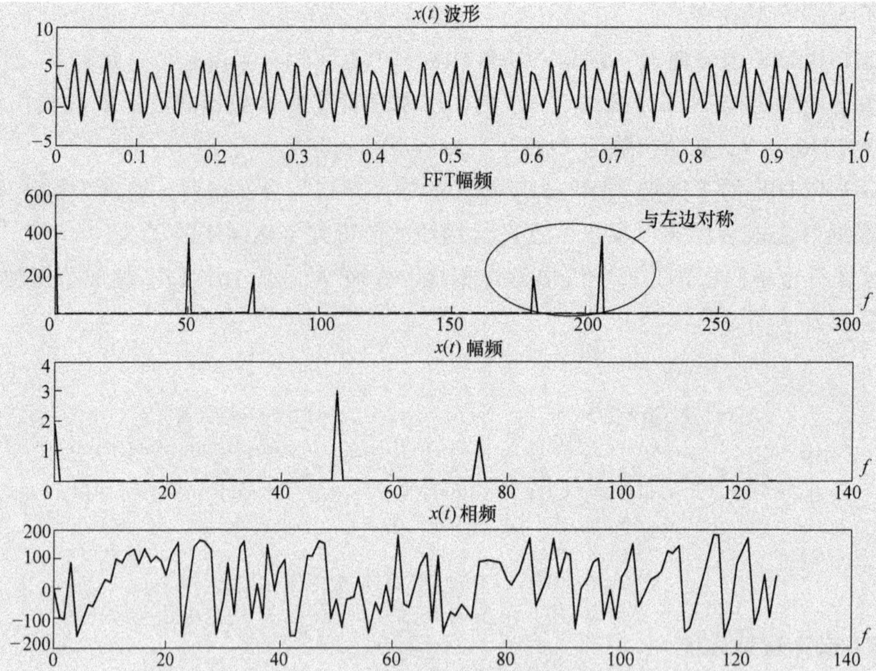

图 7-27 例 7-5 图

表 7-2 例 7-5 特征点数据

序号	值	模	幅值换算	相角/(°)
1	512	512	512/256=2	0
2	-2.6195e-014 -1.4162e-013i	1.4402e-013≈0	≈0	-100.4792
3	-2.8586e-014 -1.1898e-013i	1.2237e-013≈0	≈0	-103.5097
50	-6.2076e-013 -2.1713e-012i	2.2583e-012≈0	≈0	-105.9550
51	3.3255e+002 -1.9200e+002i	384	384/128=3	-30
52	-1.6707e-012 -1.5241e-012i	2.2614e-012≈0	≈0	-137.6271
75	-2.2199e-013 -1.0076e-012i	1.0317e-012≈0	≈0	-102.4250
76	3.4386e-012 +1.9200e+002i	192	192/128=1.5	90
77	-3.0263e-014 +7.5609e-013i	7.5670e-013≈0	≈0	92.2921

例 7-6 $x(t)=0.5\sin 30\pi t+2\cos 80\pi t$，$f_s=100\text{Hz}$，绘制幅频图。

（1）数据个数 $N=32$，FFT 所用的采样点数 $N_{FFT}=32$；

（2）数据个数 $N=32$，FFT 所用的采样点数 $N_{FFT}=128$；

（3）数据个数 $N=136$，FFT 所用的采样点数 $N_{FFT}=128$；

（4）数据个数 $N=136$，FFT 所用的采样点数 $N_{FFT}=512$。

```
clf; fs=100; %采样频率
Ndata=32; %数据长度
```

```
N=32; %FFT 的数据长度
n=0: Ndata-1; t=n/fs;      %数据对应的时间序列
x=0.5*sin (2*pi*15*t) +2*sin (2*pi*40*t);      %时间域信号
y=fft (x, N);      %信号的 Fourier 变换
mag=abs (y);        %求取振幅
f= (0: N-1) *fs/N; %真实频率
subplot (2, 2, 1), plot (f (1: N/2), mag (1: N/2) *2/N); %绘出 Nyquist 频率之前的振幅
xlabel ('频率/Hz'); ylabel ('振幅');
title ('Ndata=32 Nfft=32'); grid on;
Ndata=32;      %数据个数
N=128;         %FFT 采用的数据长度
n=0: Ndata-1; t=n/fs;      %时间序列
x=0.5*sin (2*pi*15*t) +2*sin (2*pi*40*t);
y=fft (x, N);
mag=abs (y);
f= (0: N-1) *fs/N; %真实频率
subplot (2, 2, 2), plot (f (1: N/2), mag (1: N/2) *2/N); %绘出 Nyquist 频率之前的振幅
xlabel ('频率/Hz'); ylabel ('振幅');
title ('Ndata=32 Nfft=128'); grid on;
Ndata=136;      %数据个数
N=128;          %FFT 采用的数据个数
n=0: Ndata-1; t=n/fs; %时间序列
x=0.5*sin (2*pi*15*t) +2*sin (2*pi*40*t);
y=fft (x, N);
mag=abs (y);
f= (0: N-1) *fs/N;      %真实频率
subplot (2, 2, 3), plot (f (1: N/2), mag (1: N/2) *2/N); %绘出 Nyquist 频率之前的振幅
xlabel ('频率/Hz'); ylabel ('振幅');
title ('Ndata=136 Nfft=128'); grid on;
Ndata=136;      %数据个数
N=512;      %FFT 所用的数据个数
n=0: Ndata-1; t=n/fs; %时间序列
x=0.5*sin (2*pi*15*t) +2*sin (2*pi*40*t);
```

```
y=fft (x, N);
mag=abs (y);
f= (0: N-1) *fs/N;      %真实频率
subplot (2, 2, 4), plot (f (1: N/2), mag (1: N/2) *2/N); %绘出 Nyquist 频率之前的振幅
xlabel ('频率/Hz'); ylabel ('振幅');
title ('Ndata=136 Nfft=512'); grid on;
```

分析：如图 7-28 所示。

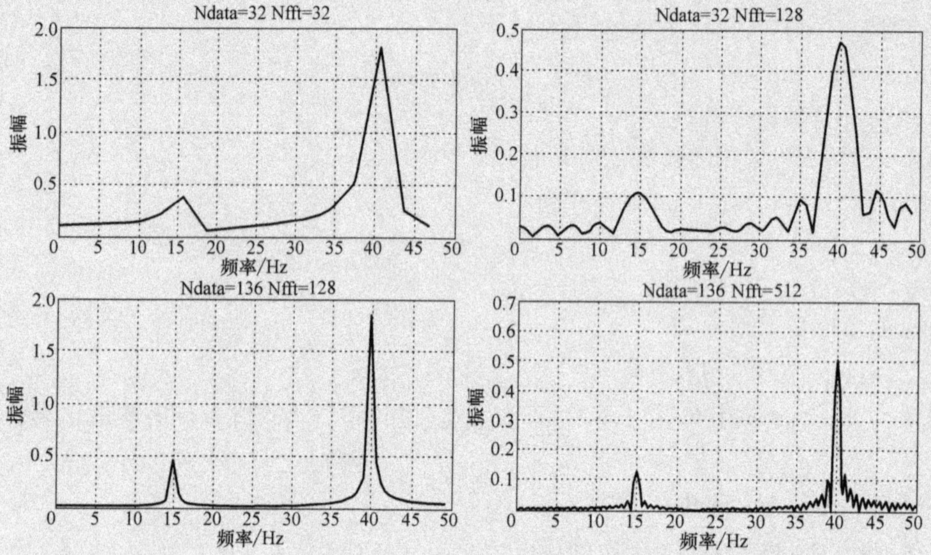

图 7-28　例 7-6 图

1）当数据个数和 FFT 采用的数据个数均为 32 时，频率分辨率较低，但没有由于添零而导致的其他频率成分。

2）由于在时间域内信号加零，致使振幅谱中出现很多其他成分，这是加零造成的。其振幅由于加了多个零而明显减小。

3）FFT 程序将数据截断，这时分辨率较高。

4）也是在数据的末尾补零，但由于含有信号的数据个数足够多，FFT 振幅谱也基本不受影响。

对信号进行频谱分析时，数据样本应有足够的长度，一般 FFT 程序中所用数据点数与原含有信号数据点数相同，这样的频谱图具有较高的质量，可减小因补零或截断而产生的影响。

例 7-7　x=cos (2*pi*0.24*n) +cos (2*pi*0.26*n)

分析：如图 7-29 所示。

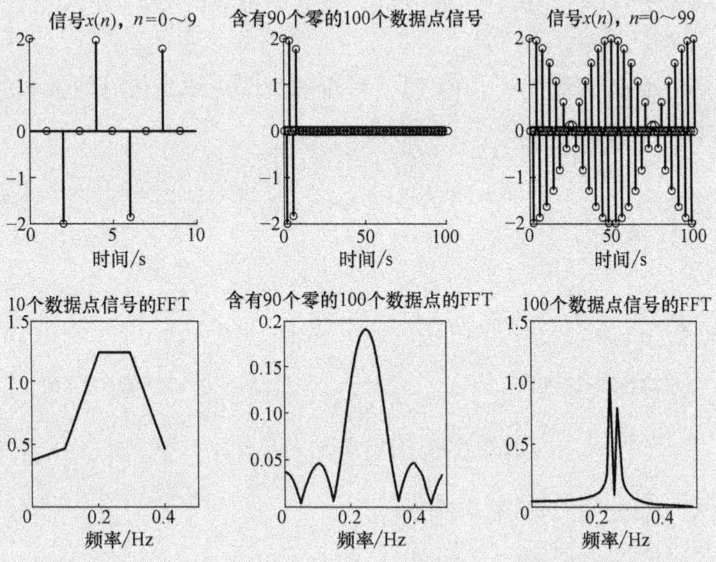

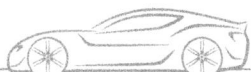

图 7-29　例 7-7 图

1）数据点过少，几乎无法看出有关信号频谱的详细信息。

2）中间的图是将 $x\ (n)$ 补 90 个零，幅度频谱的数据相当密，称为高密度频谱图。但从图中很难看出信号的频谱成分。

3）信号的有效数据很长，可以清楚地看出信号的频率成分，一个是 0.24Hz，另一个是 0.26Hz，称为高分辨率频谱。

可见，采样数据过少，运用 FFT 变换不能分辨出其中的频率成分。添加零后可增加频谱中的数据个数，谱的密度增高了，但仍不能分辨其中的频率成分，即谱的分辨率没有提高。只有数据点数足够多时才能分辨其中的频率成分。

7.3　快速傅里叶反变换

7.3.1　IFFT 算法一

按时间抽取的 FFT 算法以及按频率抽取的 FFT 算法是 DFT 的两种快速算法，这些算法同样可以用于 IDFT，称为快速傅里叶反变换（IFFT）。IDFT 公式与 DFT 公式对比如下：

$$\begin{cases} X(k) = \mathrm{DFT}[x(n)] = \sum_{n=0}^{N-1} x(n)\mathrm{e}^{-\mathrm{j}\frac{2\pi}{2}nk} = \sum_{n=0}^{N-1} x(n)W_N^{nk} & 0 \leqslant k \leqslant N-1 \\ x(n) = \mathrm{IDFT}[X(k)] = \frac{1}{N}\sum_{k=0}^{N-1} X(k)\mathrm{e}^{\mathrm{j}\frac{2\pi}{2}nk} = \frac{1}{N}\sum_{k=0}^{N-1} X(k)W_N^{-nk} & 0 \leqslant n \leqslant N-1 \end{cases}$$

时间抽取或频率抽取的 FFT 运算均可直接用于 IFFT 运算。但需将系数 W_N^{nk} 改为 W_N^{-nk}，每级乘以系数 $1/N$。

按时间抽取的 FFT 变到 IFFT 时，对应的流图应该是按频率抽取的 IFFT。因为：按时间抽取的 FFT 输入变量是 $x(n)$，按奇、偶分解；按频率抽取的 IFFT 输入变量是 $X(k)$，按奇、偶分解。

同理，按频率抽取的 FFT 变到 IFFT 时，对应的流图应该是按时间抽取的 IFFT。

（1）输入按奇、偶分解 如图 7-30 所示。

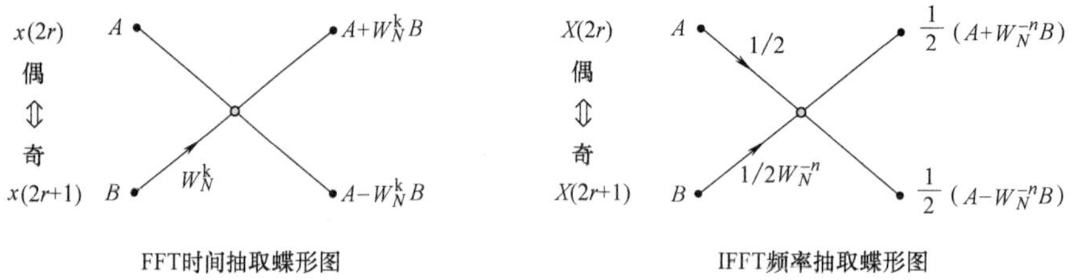

图 7-30 IFFT 算法一（一）

（2）输入按前、后分解 如图 7-31 所示。

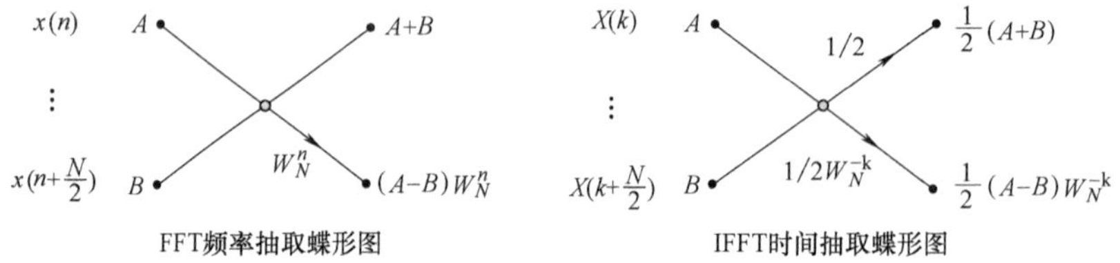

图 7-31 IFFT 算法一（二）

7.3.2 IFFT 算法二

$$x(n)=\mathrm{IDFT}[X(k)]=\frac{1}{N}\sum_{k=0}^{N-1}X(k)W_N^{-nk}=\frac{1}{N}\Big[\sum_{k=0}^{N-1}X(k)W_N^{nk}\Big]^*=\frac{1}{N}\{FFT[X^*(k)]\}^*\quad 0\leqslant n\leqslant N-1$$

按上述方法求得的 IFFT，完全不需要改动 FFT 程序，FFT 和 IFFT 可以共用一个程序。

IFFT 计算分为三步，如图 7-32 所示。

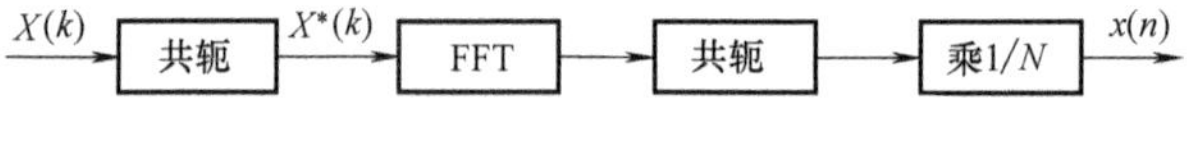

图 7-32 IFFT 算法二

本章知识点

1）采样定理：为保证采样后信号能真实地保留原始模拟信号信息，信号采样频率必须至少为原始信号中最高频率成分的 2 倍。

2）信号截断：用计算机进行测试信号处理时，不可能对无限长的信号进行测量和运算，而是取其有限的时间片段进行分析。

3）信号截断会造成能量泄漏。克服方法之一：信号整周期截断。

4）栅栏效应：对信号实行采样，就是“摘取”采样点上的函数值。而点间部分相当于一条条遮挡，它挡去的频率成分有可能是重要的或具有特征的成分，以至于整个处理丧失意义，这种现象称为栅栏效应。

5）常见窗函数：矩形窗、汉宁窗、三角窗。

6）窗函数的频域性能指标包括：-3dB 带宽、最大旁瓣峰值、旁瓣谱峰渐进衰减速度。

7）离散傅里叶变换步骤包括：时域采样、时域截断、频域采样。

8）时域圆周移位定理：时域序列的调制等效于频域的圆周移位。

9）FFT 算法分：按时间抽样、按频率抽样。

10）FFT 计算过程可用蝶形图描述。

本章习题

7-1 频率混叠是怎么产生的？有什么解决办法？

7-2 什么是窗函数？窗函数的频域指标是什么？

7-3 简要说明窗函数对谱分析的影响。

7-4 什么是泄漏？是怎么产生的？如何减少泄漏？

7-5 什么是栅栏效应？如何减少栅栏效应的影响？

7-6 已知一信号最高频率含量为 2kHz，记录长度 $T=20$s，现对该模拟信号进行数字化处理，已知采样频率为 4kHz，采样点数为 2048 点，试问：（1）所得数字信号有无功率泄漏现象？为什么？（2）所得数字信号有无频率混叠现象？为什么？

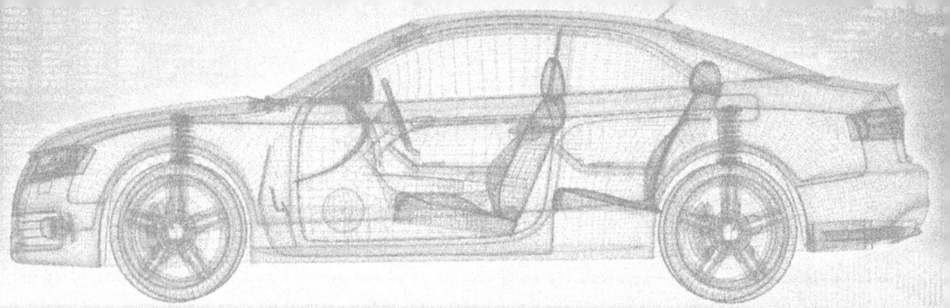

第8章 汽车常见物理量的测量

8.1 振动的检测

在汽车行业，评论噪声和振动时，常采用一个词，即 NVH（Noise Vibration Harshness）。人的耳朵是一个非线性结构，对不同频率噪声的听觉是不一样的。人体对振动的敏感度是与频率、姿势和方向有关的。噪声和振动能让乘客直接感受到车是否舒适。

汽车噪声振动与发动机转速和车速有关，不同的噪声振动源具有不同的频率范围。低速时，发动机是主要噪声和振动源；中速时，轮胎和地面的摩擦是主要噪声和振动源；高速时，车身与空气间的摩擦是主要噪声和振动源。低频时，发动机是主要噪声和振动源，路面与轮胎摩擦和车身与空气摩擦的影响随频率增加而增加；中频时，变速箱和风激励噪声占主导成分；高频时，主要考虑说话和听话的声音是否清晰，即所谓声音品质问题。

振动对人体的影响分为全身振动和局部振动。对人体最有害的振动其频率是与人体某些器官固有频率相吻合（共振）的频率。人体各部位的共振频率，全身为 6Hz，腹腔为 8Hz，胸腔为 2～12Hz，头部为 17～25Hz。人体系统对振动的效应，最主要的部件是“胸—腹”系统。而“胸—腹”系统对频率为 3～8Hz 的振动有明显的共振响应。所以频率为 3～8Hz 的振动对人体影响和危害最大。因此，汽车在设计过程中，其固有频率必须避开这些频率范围。

振动也不全是危害。比如为了保持汽车具有良好的行驶平顺性，车身振动的固有频率应为人体步行时所习惯的身体上、下运动的频率，即 1～1.4Hz。

发动机是汽车最主要的振动和噪声源。发动机的噪声与振动是由许多不同的阶次分量组成的。与它连接的系统或者部件的振动和噪声都与阶次有关，比如进气系统中进气口的噪声、排气系统中尾管的噪声、发动机隔振器中振动的传递等。

车身是噪声与振动的传递通道。各种噪声与振动源都会通过车身传入车内。与车身有关的噪声与振动问题都涉及车身模态、车身结构的振动传递和声传递灵敏度、结构噪声的传递、空气噪声的传递和风激励噪声。

动力子系统包括装置隔振系统、传动轴系、进气系统和排气系统，是汽车非常重要的噪声振动源。

汽车噪声和振动的评价指标取决于三个因素：第一是顾客的要求，来源于市场调查；第二是对竞争对手的车辆进行评估，然后决定自己要开发的汽车在未来的市场上占据什么位置；第三是根据公司的技术水平来寻求最佳的声音效果。

汽车噪声与振动评价包括三方面内容：

1）车内噪声评价。它是从顾客的角度来评价一部车的噪声和振动的大小，也称顾客层次的评价。车内噪声评价反映了一部汽车整体的噪声与振动水准，也叫整车评价，是汽车产品开发的核心。

2）系统和零部件的评价。汽车所有系统和零部件的开发是以车内指标为中心进行的。

3）通过噪声。政府法规规定了当汽车通过街道时，一定距离内噪声不得超过的标准。

汽车噪声和振动评价包括主观评价和客观评价。客观评价是通过分析和测量的方法得到噪声和振动的参数来评价车内噪声和振动的大小和好坏。主观评价是顾客对车内噪声振动的直观感觉。比如，多数顾客喜欢车内安静和舒适，而运动车顾客喜欢车内声音听起来马力十足、驾驶时给人动感。

8.1.1　振动检测的基本原理

惯性式振动测量仪可简化为一单自由度阻尼振动系统，如图 8-1 所示。设测量仪所测载体的绝对位移为 x_1，测量仪中惯性元件的绝对位移为 x_0；设 m——惯性元件质量，k——弹簧刚度，c——阻尼系数。

考虑相对运动 $x=x_0-x_1$，则质量 m 的物体，其运动方程为

$$m\frac{d^2x_0}{dt^2}+c\frac{dx}{dt}+kx=0$$

$$\Rightarrow m\frac{d^2x}{dt^2}+c\frac{dx}{dt}+kx=-m\frac{dx_1^2}{dt^2}$$

设载体做简谐运动，即 $x_1(t)=x_{1m}\sin\omega t$，则有

$$m\frac{d^2x}{dt^2}+c\frac{dx}{dt}+kx=m\omega^2x_{1m}\sin\omega t$$

令 $\omega_0=\sqrt{k/m}$，$2\xi=c/m$，则

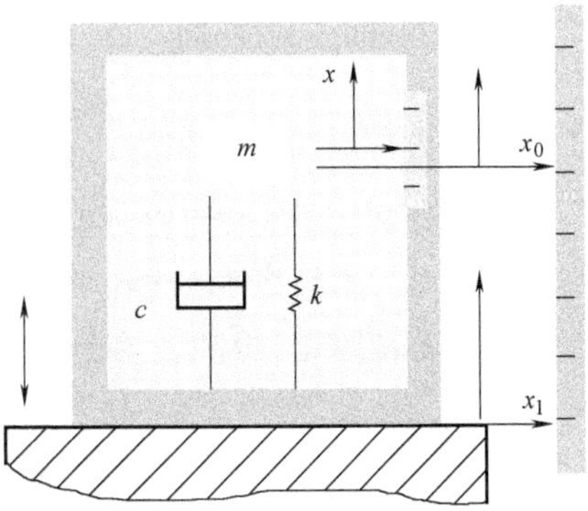

图 8-1　惯性式振动测量仪的力学模型

$$\frac{d^2x}{dt^2}+2\xi\frac{dx}{dt}+\omega_0^2x=\omega^2x_{1m}\sin\omega t$$

解得稳态受迫振动为

$$x=A\sin(\omega t-\theta)$$

其中

$$A=\frac{m\omega^{w}}{k}\beta$$

$$\beta=\frac{1}{\sqrt{\left(1-\left(\frac{\omega}{\omega_0}\right)^2\right)^2+\left(2\frac{\xi\ \omega}{\omega_0\omega_0}\right)^2}}$$

$$\frac{A}{x_{1m}}=\frac{(\omega/\omega_0)^2}{\sqrt{\left(1-\left(\frac{\omega}{\omega_0}\right)^2\right)^2+\left(2\frac{\xi\ \omega}{\omega_0\omega_0}\right)^2}}$$

1. 当$\frac{\omega}{\omega_0}<<1$时，$\beta\to1$，$A\approx\frac{1}{\omega_0^2}x_{1m}\omega^2$。

相对运动的振幅A与振动物体加速度的振幅成正比，可用作加速度传感器。

2. 当$\omega/\omega_0\approx1$时，$A\approx\frac{1}{2\xi}x_{1m}\omega=\frac{m}{c}x_{1m}\omega$。

相对运动的振幅A与振动物体速度的振幅成正比，可用作速度传感器。

3. 当$\omega/\omega_0>>1$时，$A\approx x_{1m}$。

相对运动的振幅A与振动物体位移的振幅成正比，可用作位移传感器。

由载体引起的加速度、速度和位移响应分别如图 8-2、图 8-3 和图 8-4 所示。

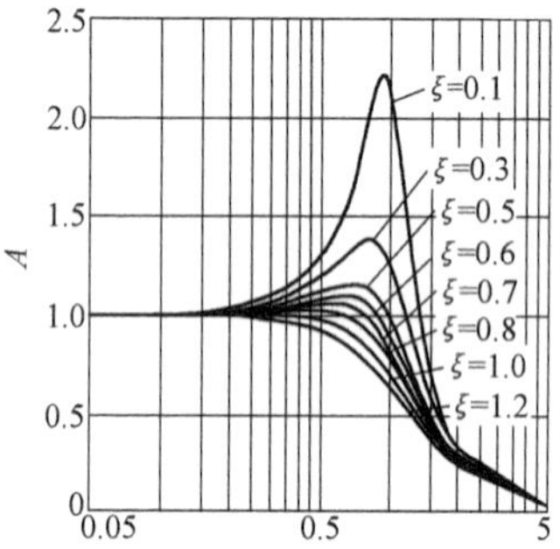

图 8-2　由载体引起的加速度响应

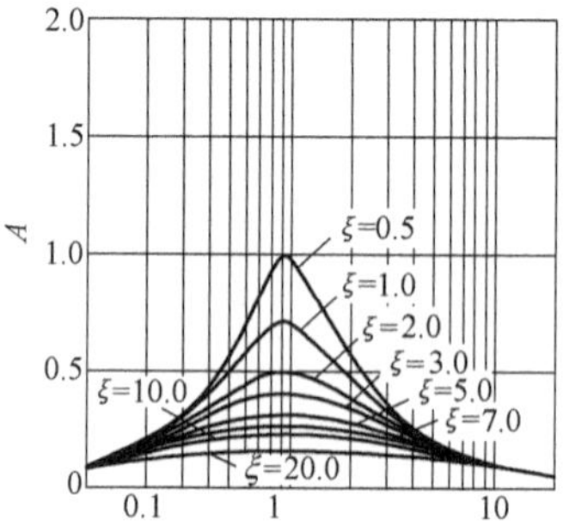

图 8-3　由载体引起的速度响应

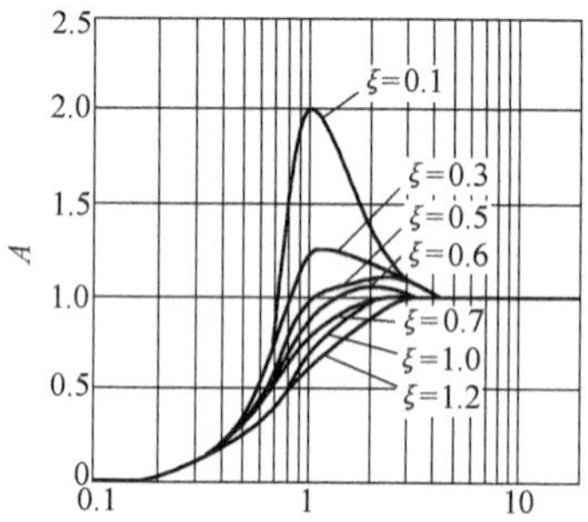

图 8-4　由载体引起的位移响应

对位移计和加速度计而言，当ξ取值在 0.6~0.8 范围内时，幅频特性曲线有最宽广平坦的曲线段，此时，相频特性曲线在很宽的范围内也几乎是直线；对速度计而言，阻尼比越大，可测量的频率范围越宽，因此，在选用速度计测量时，往往使其在很大的过阻尼状态下工作。

8.1.2　激振器

8-1 激振试验

激振器是对试件施加某种预定要求的激振力，使试件受到可控的、按预定要求振动的装置。为了减少激振器质量对被测系统的影响，应尽量使激振器体积小、重量轻。表 8-1 列举了部分常用的激振器。

表 8-1　常用激振器对比

名称	工作原理	适用范围及优缺点
永磁式电动激振器	装置于永磁体磁场中的驱动线圈与支承部件固联，线圈通电产生电动力驱动固联于支承部件的试件产生周期正弦波振动	频率范围宽，振动波形好，操作调节方便
励磁式电动激振器	利用直流励磁线圈来形成磁场，将置于磁场气隙中的线圈与振动台体相连，线圈通电产生电动力使振动台体做机械振动	频率范围宽，激振力大，振动波形好，设备机构较复杂
电磁式电动激振器	交变电流通至电磁铁的激振线圈，产生周期性的交叉吸力，作为激振力	非接触激振，频带宽，简单，振动波形差，激振力难控制
电液式激振器	小型电动式激振器带动液压伺服油阀以控制液压缸，液压缸驱动台产生周期正弦振动	激振力大，频率低，易自控和多台激振，设备复杂
脉冲锤	锤体和锤头之间装力传感器，检测被测系统所受敲击力大小，用于向被测对象施加脉冲激励	激励频率由接触面刚度决定，锤头越硬，上限频率越高

8.1.3　振动传感器的技术指标

（1）**频率特性**　包括幅频特性和相频特性。

（2）**灵敏度**　电信号输出与被测振动输入之比。

（3）**动态范围**　可测量的最大振动量与最小振动量之比。

（4）**幅值线性度**　理论上在测量频率范围内传感器灵敏度为常数，即输出信号与被测振动成正比。实际传感器只在一定幅值范围保持线性特性，偏离比例常数的范围称非线性，在规定线性度内可测幅值范围称线性范围。

（5）**横向灵敏度**　实际传感器除了感受测量主轴方向的振动，对于垂直于主轴方向的横向振动也会产生输出信号。横向灵敏度通常用主轴灵敏度的百分比来表示。横向灵敏度越小越好，一般要求小于3%~5%。

8.1.4　测振传感器的合理选择

测振传感器的选择应注意以下几个问题：

1. 直接测量参数的选择

振动的被测量是位移、速度或加速度。它们是 ω 的等比数列，能通过微积分来实现它们之间的换算。考虑到低频时加速度的幅值和高频时位移的幅值有时可小到与测量噪声相当的程度。因此如果用加速度计测量低频振动的位移，会因低信噪比使测出量不稳定且增大测量误差，比如直接用位移传感器更合理；用位移传感器测高频位移有类似情况发生，对于微积分放大器，因它的输入饱和量随频率变化，带有二次积分网络的电荷放大器，其加速度、速度、位移的可测量程和频率范围随积分次数的增加而减小，使用中要充分注意这一点。

传感器在选择时还应力图使最重要的参数能以最直接、最合理的方式测得。例如，考查惯性力可能导致的破坏和故障时，宜做加速度测量；考查振动环境时，宜做振动速度的测量；考查位置变化时，宜选用电涡流或电容式传感器。

2. 要综合考虑传感器的频率范围、量程、灵敏度等指标

各种测振传感器受结构的限制，而有各自适用的频率范围。对于惯性式传感器，一般质量大的上限频率低，灵敏度高；质量小的传感器频率高，灵敏度低。

8-2
振动噪声试验室

8.1.5　振动分析方法

由于运用数字方法处理进行振动测试的方法日益被广泛应用，振动信号的处理一般是通过 A-D 接口和软件在计算机上进行的，也可以把振动信号送到数字处理器进行各种谱分析和估计。具体可见前面章节。

1. 一般谱分析

在采样前应经抗混叠滤波，并根据采样定理选择采样频率。一般先估计信号中感兴趣的最高频率，根据抗混叠滤波器的截止频率，而后确定采样频率。通过自功率谱的分析，最终可得到信号频谱结构的全貌。

2. 激振频率同频成分的提取

用相关滤波或 FFT 算法都可以实现这种要求。对于 FFT，为了防止泄漏误差和栅栏效应，应使 FFT 谱线落在参考信号的频率上。为此截取的信号时长应等于参考信号周期的整数倍。

3. 宽带激励下系统传输特性的求法

这时分析的两个信号记录应该是同时发生的，不允许有时差；两个通道应该使用相同的采样频率和时长；频谱分析使用相同的窗函数和分析程序。一般采用多段记录分析，将其进行平均，以提高测试的精度。

8.1.6 常用位移传感器

表 8-2 列出了常用位移传感器的主要特点和使用性能。

表 8-2 常用位移传感器的主要特点和使用性能

类型			测量范围	准确度	线性度	特点
电阻式	滑线式	线位移	1~300mm	±0.1%	±0.1%	分辨率较好，可用于静态或动态测试，机械机构不牢固
		角位移	1~360°	±0.1%	±0.1%	
	变阻器	线位移	1~1000mm	±0.1%	±0.1%	结构牢固，寿命长，分辨力差，电噪声大
		角位移	1~360°	±0.5%	±0.5%	
应变式	普通		±0.3%应变	±0.5%	±0.5%	结构牢固，使用方便，需温度补偿和高绝缘电阻
	半导体		±0.25%应变	±0.1%	±0.1%	
电感式	自感变气隙型		±0.2mm	±1%	±3%	只适于微小位移的测量
	螺旋管式		1.5~2mm	—	1.5~1%	测量范围较宽，动态性较差
	差动变压器		±0.8~75mm	±0.5%	±0.5%	分辨率好，受磁场干扰时需屏蔽
	电涡流式		±2~250mm	±1~3%	<3%	分辨率好，受被测物材料影响
电容式	变面积式		0.01~100mm	±0.05%	±1%	介电常数受环境湿度、温度影响
	变间距		0.01~100mm	±1%	±1%	分辨率好，但测试范围很小

8.1.7 汽车加速度传感器

8-3 探秘汽车碰撞测试

美国 AD 公司生产的 ADXL50 是已经产品化的最典型的电容式加速度微传感器，它采用多晶硅加工工艺制作出敏感元件，在芯片上集成有检测电路的传感器芯片。

ADXL50 采用了一对梳状电极结构，通过采用多对平行电极，可在有限的空间内提高电容值，进而提高加速度传感器的灵敏度，其工作原理如图 8-5 所示。敏感元件是差动电容 C_{s1} 和 C_{s2}，它由两片固定的外侧极板和可移动的中央极板组成。中央极板受到加速度的作用而左右移动。

ADXL50 内部集成电路原理如图 8-6 所示，电容检测原理如图 8-7 所示。在传感器的固定极板上加上来自振荡器的 1MHz 的脉冲信号，并且两个固定极板上脉冲信号的相位是相反的，这样中央动极板输出的信号为 C_{s1} 和 C_{s2} 两串联电容组成分压器的中央电压。C_{s1} 和 C_{s2} 相等（无加速度时），加到中央动极板上的脉冲信号由于相位相反而互相抵消，输出一恒定值（见图 8-8a）。当受到加速度作用而使 C_{s1} 和 C_{s2} 之间存在差值时，加在两固定极板上的两脉冲信号的相位不再相反，中央动极板的输出电压为图 8-8b 所示的脉冲信号。利用 1MHz 的同步脉冲信号对输出电压信号进行解调，当加速度为正方向时，解调器输出正电压，反之为负电压。如此，把梳状电极间电容量的变化转换为相应的直流电压输出。

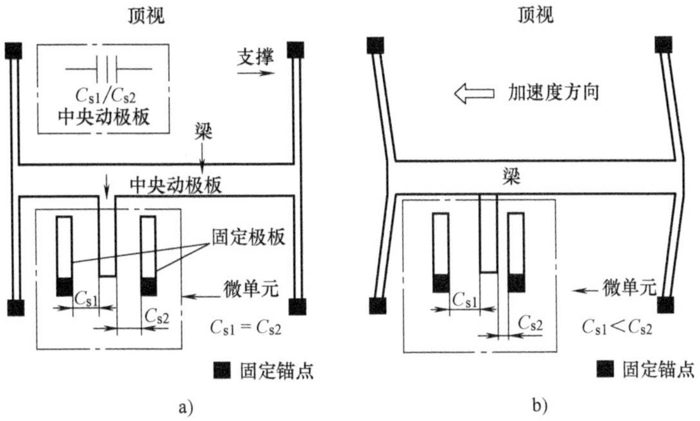

图 8-5　ADXL50 加速度传感器的工作原理

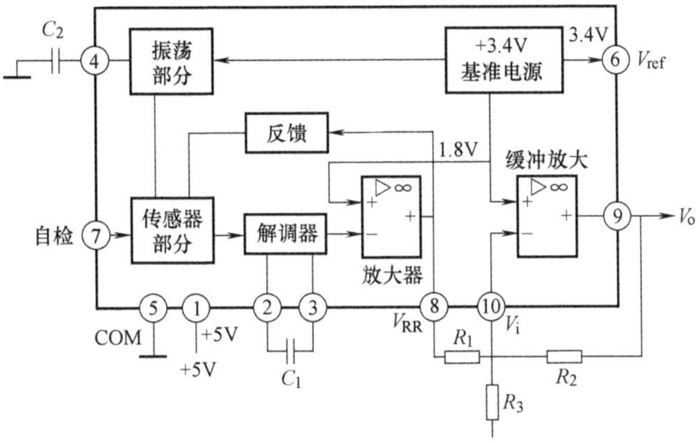

图 8-6　ADXL50 内部集成电路原理

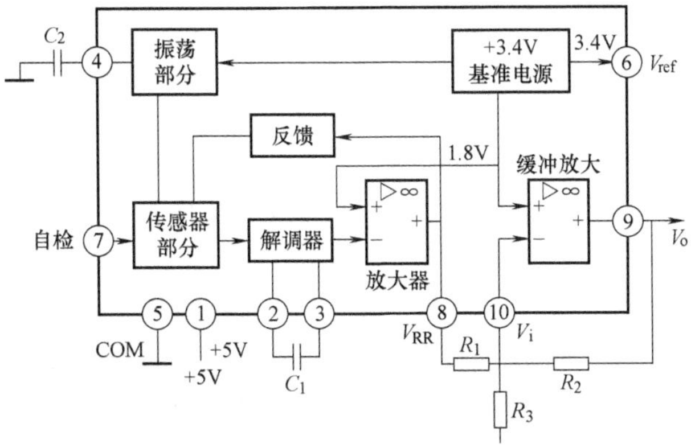

图 8-7　ADXL50 电容检测原理

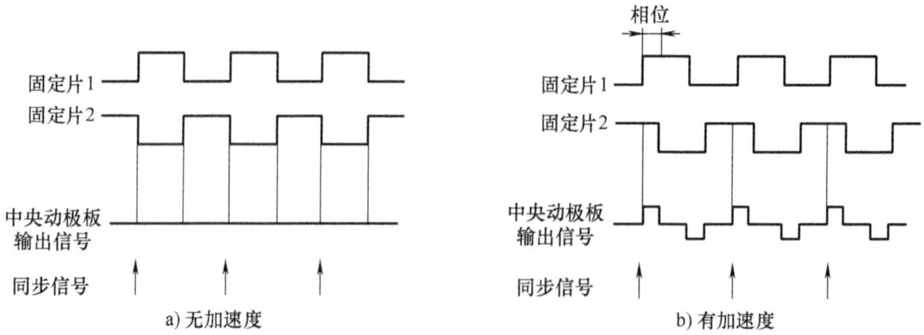

图 8-8　ADXL50 加速度传感器信号

8.1.8　汽车爆燃传感器

爆燃传感器主要感应发动机各种不同频率的振动，并将振动转化成不同的电压信号。当发动机发生爆燃时，爆燃传感器感应到此变化并产生较大的振幅电压信号。如图 8-9 所示，它检测到爆燃信号并作为点火提前角的反馈信号输入 ECU，实现 ECU 对点火提前角的修正，使其保持最佳，从而实现点火提前角的闭环控制。

按发动机缸体振动频率的检测方式不同，爆燃传感器分共振型和非共振型，共振型爆燃传感器的显著特点是传感器的共振频率与发动机爆燃的频率一致，并且共振体的共振频率与爆燃频率协调一致。优点是输出电压高，不需要滤波器。由于机械共振体的频率特性尖且频带窄，无法响应发动机条件变化引起的爆燃频率变化，所以只适用于特定发动机。非共振型爆燃传感器的突出优点是适用于所有的发动机，装车自由度大，但输出电压较低，频率特性平且频带宽，需要配用带通滤波器，只需调整滤波器的过滤频率就可用于不同发动机上。这里只介绍非共振型爆燃传感器。

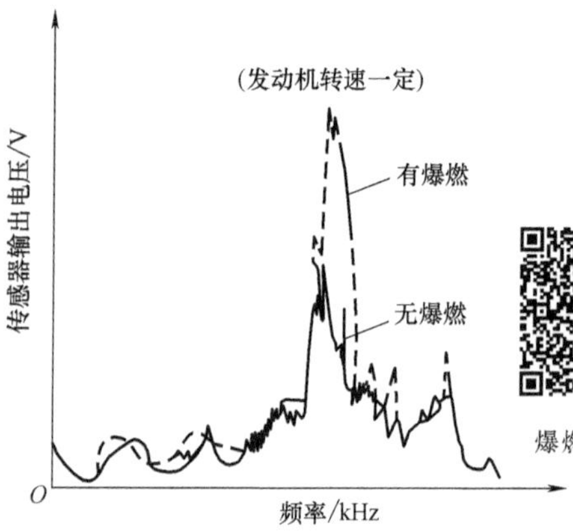

图 8-9　爆燃传感器的检测频率与输出电压

8-4
爆燃传感器

非共振型爆燃传感器由配重（平衡重）、压电晶体、壳体、电气连接组成，一般安装在气缸体上，如图 8-10 所示。两个压电晶体同极性相向对接，配重由螺钉固定在壳体上。当发动机发生爆燃时，安装在缸体上的爆燃传感器内部配重受振动的影响而产生加速度，配重将此加速度惯性力转变为作用在压电晶体上的力，压电晶体受到此加速度惯性压力后产生电信号输出，输出电压由两个压电晶体的中央取出，经电路输给 ECU。发动机爆燃时，由于这种传感器输出电压不大，具有平缓的输出特性，如图8-11 所示，因此需要将发动机输出电压信号送到识别爆燃的滤波器中，判别是否有爆燃产生的信号。

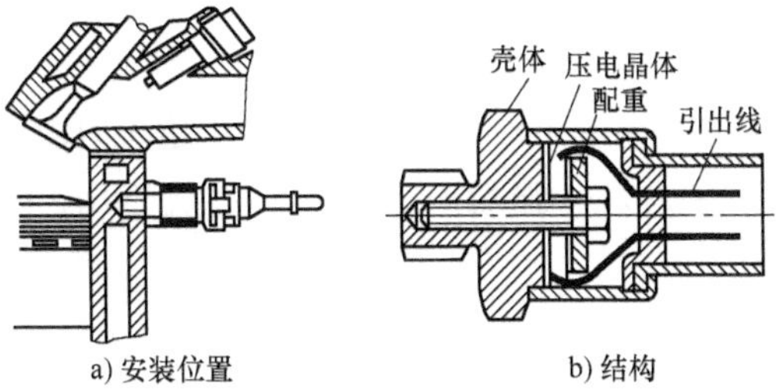

图 8-10　非共振型爆燃传感器的安装位置及结构

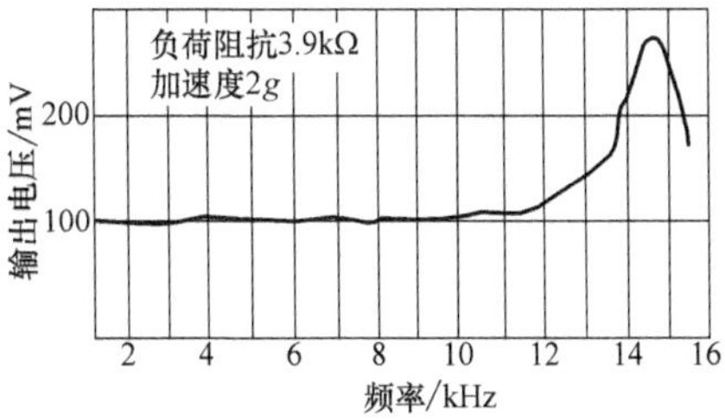

图 8-11　非共振型爆燃传感器输出电压与频率关系

8.2　噪声的测量

噪声是一种声音，声音是由物体的机械振动而产生的。振动的物体称为声源，它可以是固体、气体或液体。声音可以通过介质（空气、固体或液体）进行传播，形成声波。当声波到达人耳时，人们就听到了声音，声波在传播过程中可能会产生反射、绕射、折射和干涉。

声波的幅值随时间的变化图称为声波的波形。如果波形是正弦波，则称为纯音。如，1000Hz 声音就是指频率为 1000Hz 的纯音。如果波形是不规则的，或随机的，则称为噪声。如果噪声的幅值对时间的分布满足正态（高斯）分布曲线，则称为“无规噪声”。如果在某个频率范围内单位频带宽度噪声成分的强度与频率无关，也就是具有均匀而连续的频谱，则此噪声称为“白噪声”。如果每单位频带宽度噪声的强度以每升高一倍频程下降 3dB 而变化，则此噪声称为“粉红噪声”，粉红噪声是在等比带宽内能量分布相等的连续谱噪声。

在通常情况下，往往把那些不希望听见的声音称为噪声，如环境噪声、交通噪声等。钢琴声是乐声，但对于正在学习或睡觉的人就成了扰人的噪声。

8.2.1　噪声的客观评价指标

1. 声压与声压级

声音有强弱之分，并用声压 p 来表示其大小，单位是 Pa（帕）（$1\text{Pa}=1\text{N/m}^2$），一个大气压等于 1.013×10^5Pa。声压可以用峰值、平均值和有效值表示。声压的有效值是瞬时声压的二次方在一段时间平均数的二次方根，又称方均根值，它直接与声波的能量有关，所以用得最多，以下除非另外说明，所论声压均指有效值。

由于声压变化的范围很大，例如人耳刚能听到的最小声压为 2×10^{-5}Pa（称为听阈声压），而喷气式飞机附近的声压可达数百帕，两者相差数百万倍；同时考虑人耳对声音强弱反应的（对数）特性，用对数方法将声压分为百十个级，称为声压级。

声压级的定义是：声压与参考声压之比的常用对数乘以 20，单位是 dB（分贝），即

$$L_p = 20\lg\frac{p}{p_0}$$

式中，p 为声压（Pa）；$p_0=2\times10^{-5}$Pa，为人耳刚刚可听到的声音的声压。

2. 声强与声强级

衡量声音强度的还有声强和声功率。声强是在垂直于声波传播方向上，单位时间内通过单位面积的声能，以 I 表示，单位是 W/m^2（瓦/米^2）。声强与声压的二次方成正比，对于平面波声场，声强 I 和声压 p 的关系为

$$I=\frac{p^2}{\rho c}$$

式中，ρ 为介质密度；c 是声速，ρc 称为介质的特性阻抗。

声强级的定义是

$$L_I=10\lg\frac{I}{I_0}$$

式中，I 为声强；$I_0=10$W/m^2，称为基准声强。

3. 声功率和声功率级

声源在单位时间内辐射的总声能，称声源的声功率，用 P 表示，单位是 W（瓦），它等于包围声源的一个封闭面上的声强总和。

在自由声场中，声波无反射地自由传播，点声源向四周辐射球面波，其声功率为

$$P=I_r4\pi r^2$$

式中，I_r 为距声源距离 r 处的声强。

所以有$\frac{I_1}{I_2}=\frac{r_2^2}{r_1^2}$，即两点的声强和它们各自与声源距离的二次方成反比。

声功率级的定义为

$$L_W=10\lg\frac{W}{W_0}$$

式中，W 为声功率；$W_0=10$W，称为基准声功率。

8.2.2 噪声的频谱

声音（噪声）的频率成分往往是较复杂的。主要成分在 1000Hz 以上的噪声称高频噪声；主要噪声频率在 500Hz 以下的噪声称低频噪声；主要频率成分在 500~1000Hz 范围内的噪声称中频噪声。声音的频谱能清楚地表明声音在不同频率范围内强度的分布状况，声音中含有哪些频率成分，各频率成分的强弱，以及哪些频率成分占主导地位。因此，测量声音的频谱往往是噪声测量的重要组成部分。

噪声的强度用声压表示；噪声的频率成分用频谱表示。但是把每一个声音的所有频率成分的声音的声压一一分析出来，虽然技术上可以办得到，但并没有太大必要。为了方便，并根据人耳对声音频率变化的反应，把可听到的频率范围分成数段，按每段内的声音强度进行分析。可以使用滤波器把一段一段的频率成分选出来进行测量，这种滤波器只能允许一定范围的频率成分通过，其他频率成分被衰减掉。

在声学测量中常常使用的是带通滤波器，带通滤波器只允许一定频率范围（通带）内的信号通过，高于或低于这一频率范围的信号不能通过。倍频程和 1/3 倍频程滤波

器是常用的恒带宽比滤波器。在噪声控制工作中，了解噪声源的频谱很重要，不同频率成分噪声的处理所采用的控制方法及选用的声学材料也不一样。对症下药，才能有效合理地降低噪声。

8.2.3　噪声的主观评价

人耳对声音的感觉，不仅和声压有关，也和频率有关。一般对高频声音感觉灵敏，对低频声音感觉迟钝，声压级相同而频率不同的声音听起来可能不一样响。为了既考虑到声音的物理量效应，又考虑到声音对人耳听觉的生理效应，把声音的强度和频率用一个量统一起来，人们仿照声压级引出了一个响度级的概念。

使用等响实验方法，可以得到一簇不同频率、不同声压级的等响度曲线。实验时用1000Hz的某一强度（例如40dB）的声音为基准，用人耳试听的办法与其他频率（例如100Hz）声音进行比较，调节此声音的声压级，使它与1000Hz声音听起来响度相同，记下此频率的声压级（例如50dB）。再用其他频率试验并记下它们与1000Hz声音响度相等的声压级，将这些数据画在坐标上，就得到一条与1000Hz、40dB声压级等响的曲线。这条曲线用1000Hz时的声压级数值来表示它们的响度级值，单位为方，这里就是40方。同样以1000Hz其他声压级的声音为基准，进行不同频率的响度比较，可以得出其他的等响度曲线。经过大量试验得到的并由国际标准化组织（ISO）推荐为标准的等响度曲线如图8-12所示。

1）当响度级比较低时，低频段等响度曲线弯曲较大，也就是不同频率的响度级（方值）受声压级（dB值）影响较大，例如同样40方响度级，对1000Hz声音来说声压级是40dB，对100Hz声音是50dB，对40Hz声音是70dB，对20Hz声音是90dB。

2）当响度级高于100方时，等响度曲线变得比较平坦，也就是声音的响度级主要取决于声压级，与频率关系不大。

3）人耳对高频声音，特别是3000～4000Hz的声音最敏感，而对低频声音则频率越低越不敏感。

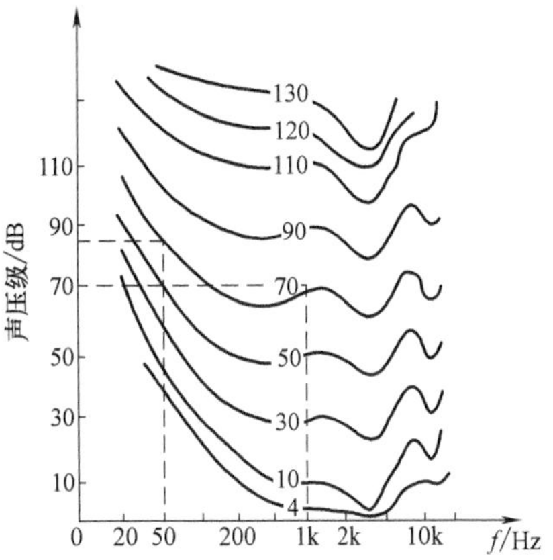

图8-12　等响度曲线

响度级虽然定量地确定了响度感觉与频率和声压级的关系，但是却未能确定这个声音比那个声音响多少。例如一个80方的声音比另一个50方的声音究竟响几倍？为此人们引出了响度的概念。1947年国际标准化组织采用了一个新的主观评价量：宋，并以40方为1宋。响度级每增加10方，响度增加一倍，如50方为2宋，60方为4宋等。其表示式为

$$S=2^{\frac{L_N-40}{10}}$$

式中，S 为响度（宋）；L_N 为响度级（方）。

此式只适用于纯音和窄带噪声，对于一般的宽带噪声则要采用响度指数的计算方法，或

者利用史蒂文斯响度指数表来查找倍频带或1/3倍频带声压级对应的响度指数。

噪声往往由多个频率成分组成。在计算噪声总响度时，先测出噪声的频带声压级，然后从响度指数曲线（见图8-13）中查出频带的响度指数，再按下式计算总响度：

$$S_0 = 0.7S_{max} + F\sum S$$

式中，S_{max}为频带中最大的响度指数；$\sum S$为所有频带的响度指数之和；F的值规定如下：

$$F=\begin{cases}0.3 & \text{倍频程滤波器}\\ 0.2, & \text{1/2 倍频程滤波器}\\ 0.15 & \text{1/3 倍频程滤波器}\end{cases}$$

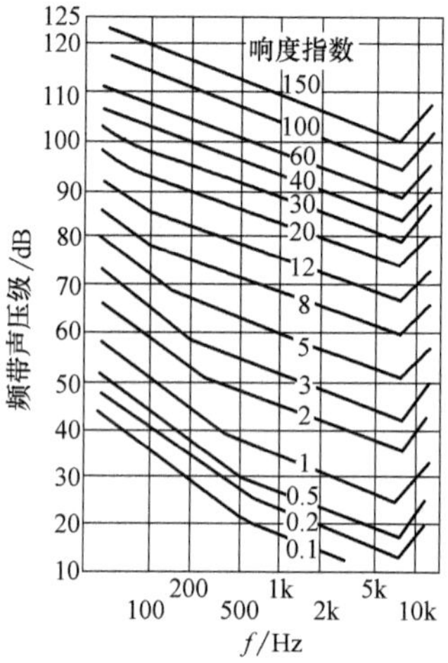

图8-13 响度指数曲线

例8-1 用倍频程分析仪测量，其频带中心频率对应的声压级和响度指数见表8-3，求总响度。

表8-3 例8-1倍频程分析仪测量结果

中心频率	31.5	63	125	250	500	1000	2000	4000	8000
声压级	75	79	82	85	85	87	82	75	78
响度指数	3.0	6.2	10.5	15.3	18.7	26.5	23.0	17.5	13.5

答：总响度为

$$S_0 = 0.7S_{max} + F\sum S$$
$$= 0.7\times26.5 + 0.3\times(3.0+6.2+10.5+15.3+18.7+26.5+23+17.5+13.5)\text{宋}$$
$$= 58.81\text{宋}$$

8.2.4 声级与声级计

声压级只反映声音强度对人响度感觉的影响，不能反映声音频率对响度感觉的影响。响度级和响度解决了这个问题，但是用它们来反映人们对声音的主观感觉过于复杂，于是又提出了计权声压级的概念。计权声压级就是用一定频率计权网络测量得到的声压级，简称声级。

在声学测量仪器中，通常根据等响度曲线，设置一定的频率计权网络，使接收的声音按不同程度进行频率滤波，以模拟人耳的响度感觉特性。一般设置A、B和C三种计权网络，其中A计权网络是模拟人耳对40方纯音的响度，当信号通过时，其低、中频段（1000Hz以下）有较大的衰减。B计权网络是模拟人耳对70方纯音的响度，它对信号的低频段有一定衰减。而C计权网络是模拟人耳对100方纯音的响度，在整个频率范围内有近乎平直的响应。A、B、C 计权的频率响应曲线（计权曲线）已由国际电工委员会（IEC）定为标准，如图 8-14 所示。

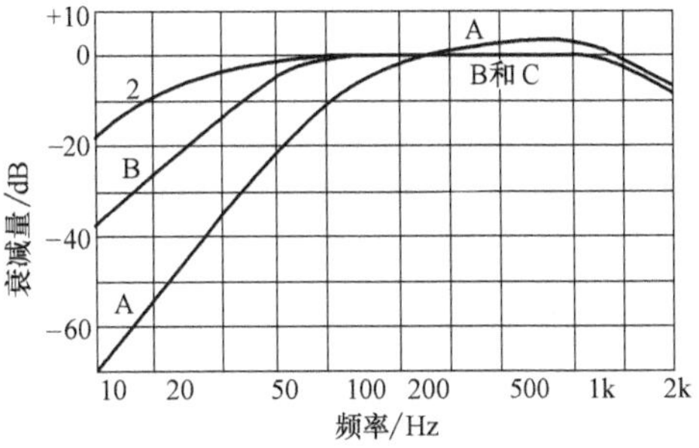

图 8-14 A、B、C 计权的频率响应曲线

1. 声级计的组成

声级计是测量声压的主要仪器。它是用一定频率和时间计权来测量噪声的一套仪器。声级计的工作原理（见图 8-15）是：声波被传声器转换成电压信号，该电压信号经衰减器、放大器以及相应的计权网络、滤波器，或者输入记录仪器，或者经过检波器直接推动指示表头。

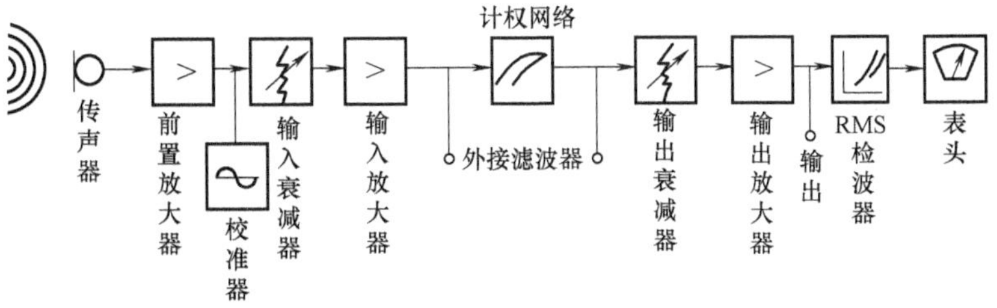

图 8-15 声级计工作框图

声级计结构、使用与功能

1）传声器：俗称麦克风，将声压转换成电压。应用最多的是电容传声器。

2）放大器：多采用两级放大器，即输入放大器和输出放大器。它的作用是将微弱的电信号放大。

3）衰减器：将接收到的信号予以衰减，以便表头指针指在适当位置。它分为输入和输出两部分。输入放大器使用的衰减器调节范围为测量低端，输出放大器使用的衰减器调节范围为测量高端。

4）滤波器：让一部分频率成分通过，其他频率成分衰减掉。

5）检波器：将迅速变化的电压信号转变为较慢变化的直流电压。它分为峰值检波器、平均值检波器和方均根值检波器。峰值检波器能给出一定时间间隔内的最大值；平均值检波器能在一定时间间隔中测量其绝对平均值；方均根值检波器能在一定时间间隔中测量其方均根值。多数的噪声测量采用方均根值检波器。

2. 声级计的分类

按测量精度，声级计分为以下三种：

1）精密型声级计（一级）。除了包含 A、B、C 计权网络外，还有外接滤波器插口，可进行倍频程或 1/3 倍频程滤波分析；

2）普通型声级计（二级）。它具有 A、B、C 计权网络。

3）普及型声级计（三级）。它只具有 A 计权网络。

8.2.5 噪声测量的注意事项

产生噪声的原因是多种多样的，噪声测量的环境和要求也不相同。能否获得精确的结果，不但与测量方法、仪器有关系，而且与测量过程中的时间、环境、部位等也有关系。

1. 测量部位的选取

传声器与被测机械噪声源的相对位置对测量结果有显著影响，在进行数据比较时必须表明传声器离开噪声源的距离。根据我国噪声测量规范，一般测点选在距机械表面 1.5m，并离地面 1.5m 的位置。若机械本身尺寸很小（如小于 0.25m），测点应距所测机械表面较近，如 0.5m，但应注意测点与测点周围反射面相距在 2~3m 以上。

如果研究噪声对操作人员的影响，可把测点选在工作人员经常活动的位置，以人耳的高度为标准选择若干个测点。

对于一般噪声源，测点应在所测机械规定表面的四周均布，且不少于 4 点。如相邻测点测出声级相差 5dB 以上，应在其间增加测点，噪声声级应取各测点的算术平均值。如果噪声不是均匀地向各方向辐射，除了找出 A 声级最大的一点作为评价该机器噪声的主要依据外，同时还应当测出若干个点（一般多于五点）作为评价的参考。

2. 测量时间的选取

测量各种动态设备的噪声，当测量最大值时，应取起动时或工作条件变动时的噪声，当测量正常平均噪声时，应取平稳工作时的噪声，当周围环境的噪声很大时，应选择环境噪声最小时（比如深夜）测量。

3. 本底噪声的修正

所谓本底噪声，是指被测定的噪声源停止发声时，其周围环境的噪声。测量时，应当避免本底噪声对测量的影响。在存在本底噪声的环境里，被测对象的噪声无法直接测出，可采取从测到的合成噪声中减去本底噪声的方法（消去法）。

N 个噪声压级相同（L 分贝）的声源，在离声源距离相同的一点所产生的总声压级为

$$L_{合}=L+10\lg N$$

当有两个不同噪声压级 L_1 和 L_2 同时作用时（$L_1>L_2$），总噪声压级为

$$L_{合}=L_1+\Delta L$$

$$\Delta L=10\lg[1+10^{-(L_1-L_2)/10}]$$

ΔL 可根据图 8-16 所示曲线查得。

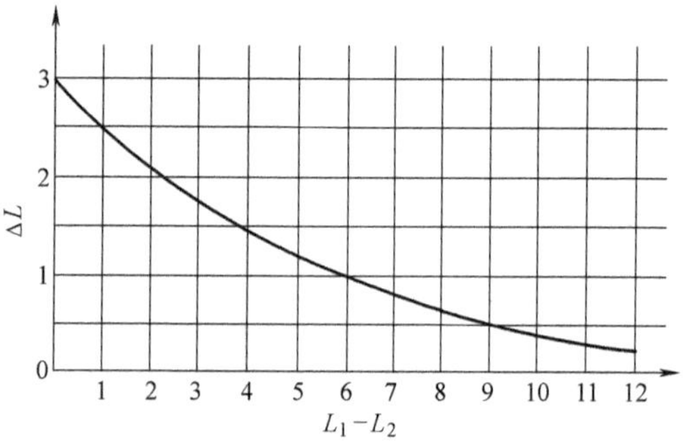

图 8-16　分贝差与声压级增量关系

例 8-2　考察声源时，测得某点的声压级为 93dB，而所考察的声源不发声时，测得该点的声压级为 86dB。求声源在该点的声压级。

答：测得声压级和背景噪声的级差为　　$\Delta L=93\text{dB}-86\text{dB}=7\text{dB}$

由图 8-16 得　　$L_{合}-L_1=0.95$

所以，声源在该点的声压级为　　$L_1=93\text{dB}-0.95\text{dB}=92.05\text{dB}$。

4. 干扰的消除

进行噪声测量时，要避免气流的影响。若在室外测量，最好选择无风天气，风速超过四级以上时，可在传声器上戴上防风罩或包上一层绸布。在管道里测量时，在气流大的部位（如管口）也应如此。在空气动力设备排气口测量时，应避开风口和气流。

测量时，还应注意反射所造成的影响，应尽可能地减少或排除噪声源周围的障碍物，在不能排除时要注意选择测点的位置。

8-6
车外噪声测量

8.2.6　汽车噪声的测量

1. 车外噪声的测量

（1）汽车定置噪声的测量（见图 8-17、图 8-18）　汽车定置噪声是指车辆不行驶，发动机处于空载运行状态时的噪声。汽车定置噪声测量按 GB/T 14365—1993《声学 机动车辆定置噪声测量方法》的规定进行。

1）测量条件。测量场地应为开阔的，由混凝土、沥青等坚硬材料构筑的平坦地面，其边缘距车辆外廓至少 3m。除测量人员和驾驶人外，测量现场不得有影响测量的其他人员。背景噪声应比所测车辆噪声至少低 10dB（A）。测量时，变速器应挂空档，拉紧驻车制动器，离合器接合。

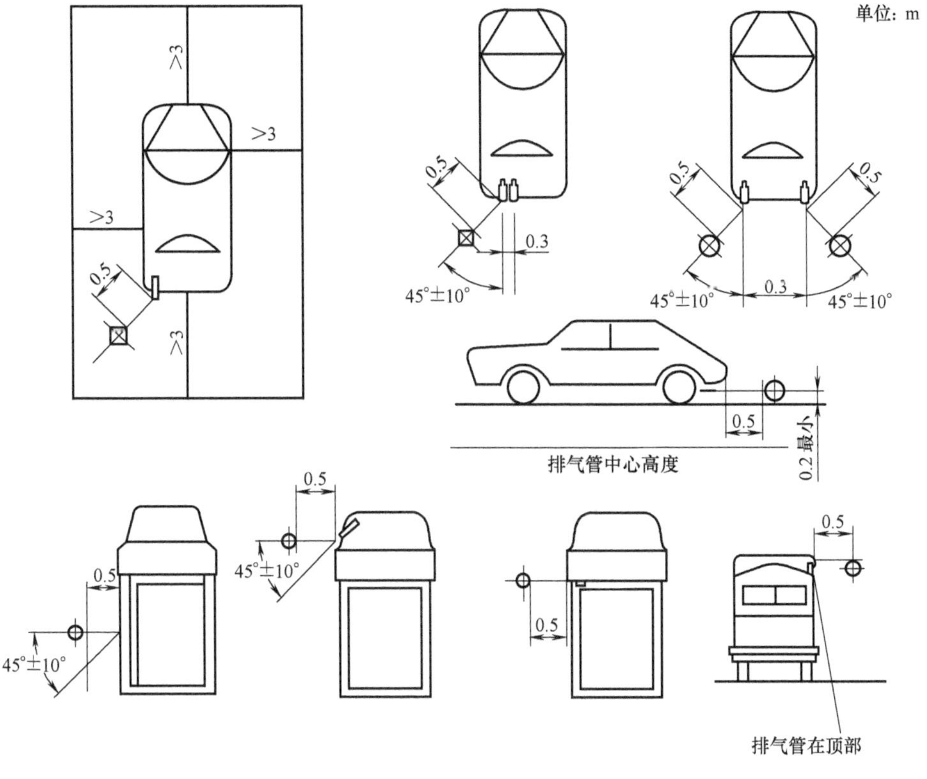

图 8-17　汽车定置排气噪声测量场地及传声器位置（一）

2）测量场地应平坦而空旷，在测试中心以 25m 为半径的范围内，不应有大的反射物，如建筑物、围墙等。

3）测试场地跑道应有 20m 以上平直、干燥的沥青路面或混凝土路面。路面坡度不超过 0.5%。

4）本底噪声（包括风噪声）应比所测车辆噪声至少低 10dB。并保证测量不被偶然的其他声源所干扰。

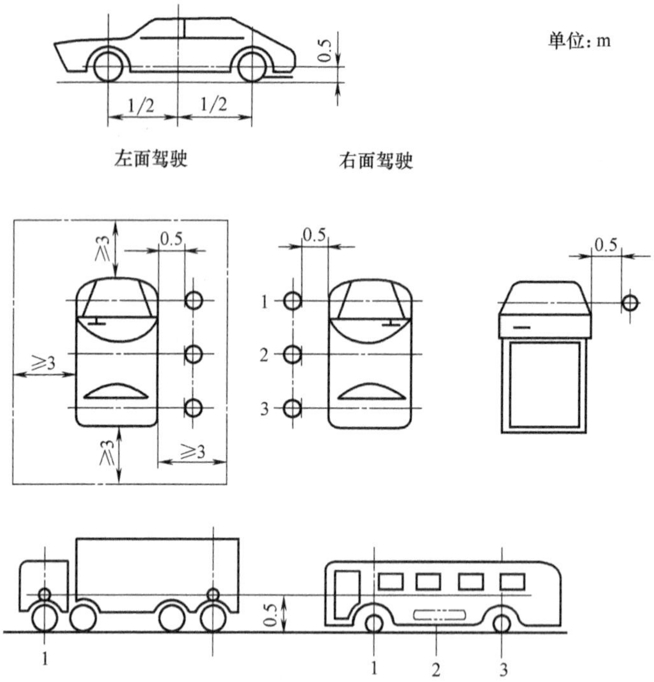

图 8-18 汽车定置排气噪声测量场地及传声器位置（二）

1—前置发动机 2—中置发动机 3—后置发动机 ⊕—传声器位置

5）为避免风噪声干扰，可采用防风罩，但应注意防风罩对声级计灵敏度的影响。

6）声级计附近除测量者外，不应有其他人员，如不可缺少时，则必须在测量者背后。

7）被测车辆不载重，测量时发动机应处于正常使用温度，车辆带有其他辅助设备亦是噪声源，测量时是否开动，应按正常使用情况而定。

（2）测量场地和测点位置 测试传声器位于 20m 跑道中心点两侧，各距中心线 7.5m，距地面高度 1.2m，用三脚架固定，传声器平行于路面，其轴线垂直于车辆行驶方向，如图 8-19 所示。

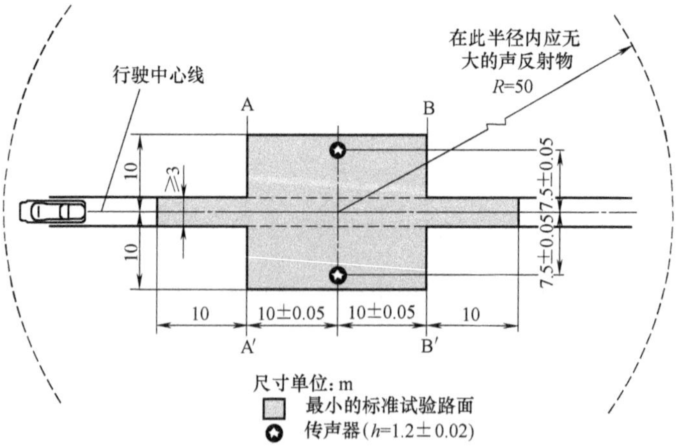

图 8-19 车外噪声测量场地及测量位置

(3) 加速行驶车外噪声测量方法

1）车辆须按规定条件稳定地到达始端线，前进档位为 4 档以上的车辆用第 3 档，前进档位为 4 档或 4 档以下的用第 2 档，发动机转速为其标定转速的 3/4。如果此时车速超过了 50km/h，那么车辆应以 50km/h 的车速稳定地到达始端线。对于自动变速器的车辆，使用在试验区间加速最快的档位。辅助变速装置不应使用。在无转速表时，可以控制车速进入测量区，即以所定档位相当于 3/4 标定转速的车速稳定地到达始端线。

2）从车辆前端到达始端线开始，立即将加速踏板踏到底或节气门全开，直线加速行驶，当车辆后端到达终端线时，立即停止加速。车辆后端不包括拖车以及和拖车连接的部分。要求被测车在后半区域发动机达到标定转速，如果车速达不到这个要求，可延长距离为 15m，如仍达不到这个要求，车辆使用档位要降低一档。如果车辆在后半区域超过标定转速，可适当降低到达始端线的转速。

3）声级计用 A 计权网络、“快”档进行测量，读取车辆驶过时的声级计表头最大读数。

4）同样的测量往返进行 1 次。车辆同侧两次测量结果之差，应不大于 2dB，并把测量结果记入规定的表格中。取每侧 2 次声级平均值中最大值作为检测车的最大噪声级。若只用 1 只声级计测量，同样的测量应进行 4 次，即每侧测量 2 次。

(4) 匀速行驶车外噪声测量方法

1）车辆用常用档位，加速踏板保持稳定，以 50km/h 的车速匀速通过测量区域。

2）声级计用 A 计权网络、“快”档进行测量，读取车辆驶过时声级计表头的最大读数。

3）同样的测量往返进行 1 次，车辆同侧两次测量结果之差不应大于 2dB，并把测量结果记入规定的表格中。若只用 1 个声级计测量，同样的测量应进行 4 次，即每侧测量 2 次。

2. 驾驶室噪声的测量

8-7

发动机运转车室噪声测量

(1) 测量条件

1）测量跑道应有足够试验需要的长度，应是平直、干燥的沥青路面或混凝土路面。

2）测量时风速（指相对于地面）应不大于 3m/s。

3）测量时车辆门窗应关闭。车内带有其他辅助设备是噪声源，测量时是否开动，应按正常使用情况而定。

4）车内本底噪声比所测车内噪声至少低 10dB，并保证测量不被偶然的其他声源所干扰。

5）车内除驾驶人和测量人员外，不应有其他人员。

(2) 测点位置

1）车内噪声测量通常在人耳附近布置测点，传声器朝车辆前进方向。

2）驾驶室内噪声测点的位置如图 8-20 所示。

3）载客车室内噪声测点可选在车厢中部及最后一排座的中间位置，传声器高度参考图 8-20。

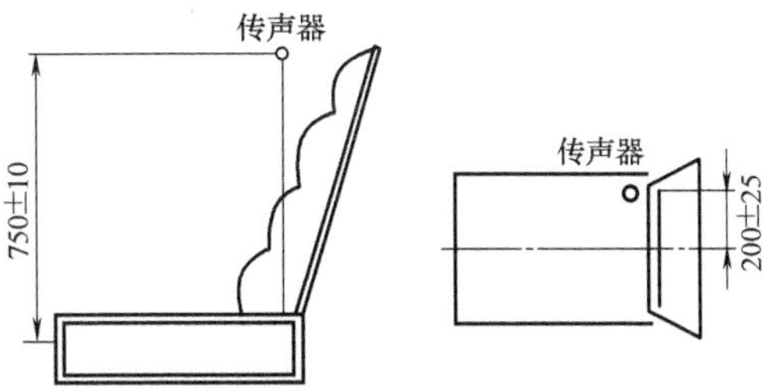

图 8-20　驾驶室内噪声测点的位置

（3）测量方法

1）车辆以常用档位、50km/h 以上的不同车速匀速行驶，分别进行测量。

2）用声级计“慢”档测量 A、C 计权声级，分别读取表头指针最大读数的平均值，测量结果记入规定的表格中。

3）做车内噪声频谱分析时，应包括中心频率为 31.5Hz、63Hz、125Hz、250Hz、500Hz、1000Hz、2000Hz、4000Hz 和 8000Hz 的倍频带。

8.3 空气流量测量

空气流量传感器是电控燃油喷射发动机上最重要的传感器之一，它安装在发动机的进气道上，如图 8-21 所示。在工作过程中计算进入气缸的空气量，并将此信号发给发动机 ECU，ECU 以此为依据，结合其他传感器的信息，计算最佳喷油量，以控制发动机的空燃比。空气流量传感器是决定发动机电喷系统控制精度的重要部件之一。当规定空燃比控制精度为±1.0 时，对应的空气流量传感器的允许误差为±(2%~3%)。

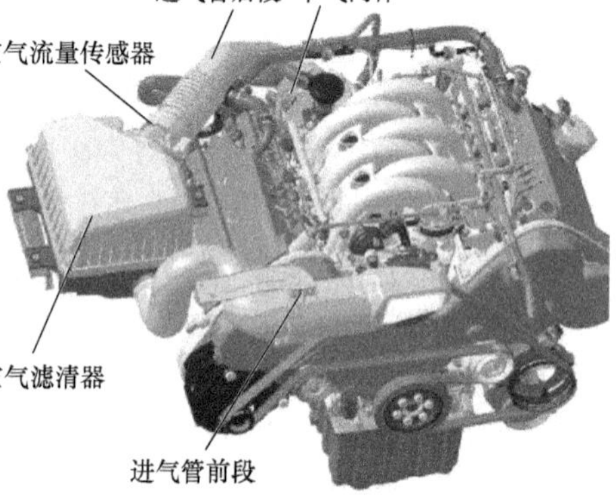

图 8-21 空气流量传感器的安装位置

8.3.1 流量测量的概念

1. 流量

流量通常指单位时间内流经管道某截面的流体的数量，即瞬时流量。在某一段时间内流体的总和，称总量或累计流量。

2. 体积流量

以体积表示的瞬时流量用 q_v 表示，单位是 m^3/s；以体积表示的累计流量用 Q_v 表示，单位是 m^3。

$$q_v = \int_A v\mathrm{d}A = \bar{v}A,\ Q_v = \int_0^t q_v \mathrm{d}t$$

3. 质量流量

以质量表示的瞬时流量用 q_m 表示，单位是 kg/s；以质量表示的累计流量用 Q_m 表示，单位是 kg。

$$q_m = \rho q_v,\ Q_m = \rho Q_v$$

式中，ρ 为流体的密度。

4. 标准状态下的体积流量

由于气体是可压缩的，流体的体积会受工况的影响，为了便于比较，工程上通常把工作状态下测得的体积流量换算成标准状态（20℃，一个标准大气压）下的体积流量，用 q_{vn} 表示，单位是 $N \cdot m^3/s$。

5. 黏度

黏度表征流体的流动阻力，如图 8-22 所示。

流体层间切应力为

$$\tau = \eta \frac{\mathrm{d}v}{\mathrm{d}y}$$

式中，η 为动力黏度。

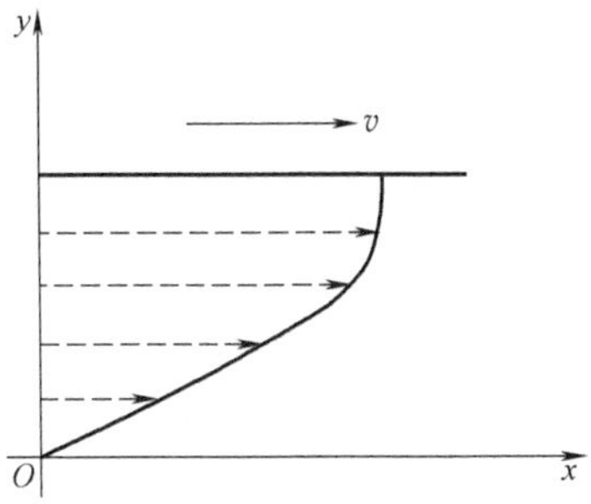

图 8-22　黏度

6. 层流和紊流

流体在细管中有两种流动形式。

层流：流体沿直线顺着与管道平行的流线规律运动。

紊流：流体质点的运动是紊乱的。

7. 雷诺数

流动状态由流体密度、管道直径、流速和流体黏度决定，即

$$Re = \frac{\rho v d}{\eta}$$

利用雷诺数可判断流动的形式。

$Re<2000$：层流；$Re>2000$：紊流。

8.3.2　空气流量传感器

1. 动片式空气流量传感器

动片式空气流量传感器又称翼片式或活门式空气流量传感器。它包括空气流量计和电位计，其结构如图 8-23 所示，原理如图 8-24 所示。空气滤清器吸入的空气冲向动片，动片转动到进气量与回位弹簧的位置处停止，动片的开度与进气量成正比。动片转动轴上装有电位计，电位计的滑动臂与动片同步转动，利用滑动电阻的电压降把测量片的开度转换成电压信号，然后输入控制电路。阻尼片与阻尼室起阻尼作用，当发动机吸入的空气量急剧变化时，使动片转动平稳，减小动片脉动。

8-8
动片式空气流量传感器

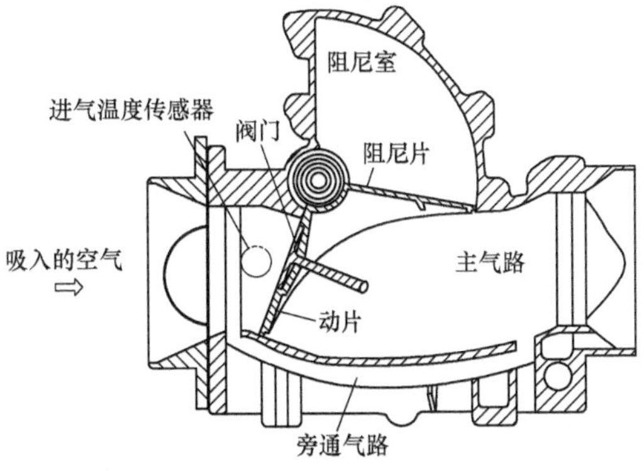

图 8-23　动片式空气流量传感器结构

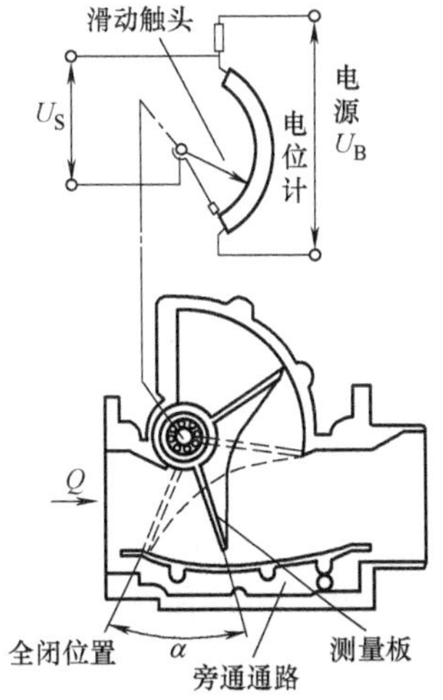

图 8-24　动片式空气流量传感器原理

设空气流量为 Q，有

$$Q=\alpha A\sqrt{2g\,\frac{(p_1-p_2)}{\rho}}$$

式中，α 为流量系数；A 为动片开口面积；g 为重力加速度；ρ 为空气密度；p_1、p_2为动片上、下游的压力。

当回位弹簧的弹簧系数很小时，p_1-p_2可看做一定值，此时，Q 正比于 A。

此外，动片开口面积与打开角度对应，即与电位计的输出电压 U_S 相关，所以在设定电位计时应保证 Q 与 U_S 满足 $Q\propto(1/U_S)$。而且为了消除蓄电池电压 U_S 变化对测试值的影响，将 U_S/U_B 作为空气流量传感器的输出。同时采用进气温度传感器热敏电阻修正空气密度随温度的变化，采用大气压传感器对高原行车引起的变化加以修正。

2. 超声波卡曼涡旋空气流量传感器

野外的架空电线被风吹会嗡嗡地发生声响，风速越高声音频率越高，这是因为气流流过电线后形成涡旋所致。如图 8-25 所示，管路中设置了圆柱体，形成涡旋。若两列平行的涡旋相距 h，同一列中先后出现的两个涡旋间距为 l，当 $h/l=0.281$ 时，所形成的涡旋是稳定且周期性的。根据流体的连续性，$S_1v_1=Sv$；式中，S_1为柱状体两侧流通面积；S 为管道整个流通面积；v 为管道内流体的平均速度。

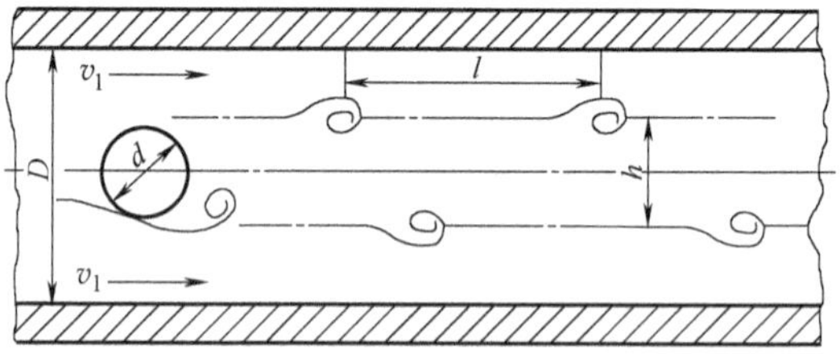

图 8-25　卡曼涡旋形成原理

卡曼涡旋空气流量传感器

设流通面积之比为 n，则

$$n=S_1/S=v/v_1$$

所以，单侧涡旋的产生频率为

$$f=Stv_1/d=Stv/nd$$

式中，v_1 为柱状体两侧的流速（m/s）；d 为柱状体迎流面的最大宽度（m），St 的量纲为 1，在柱状体形状确定后，在一定的雷诺数范围内为常数，称斯特劳哈尔数。

对于直径为 D 的管道，其容量为

$$q_v=\frac{\pi D^2}{4}v=\frac{\pi}{4}D^2\,\frac{nd}{St}f$$

在管道尺寸和柱状体尺寸确定之后，涡旋频率与容量成正比，即 $q_v=Kf$。

超声波卡曼涡旋空气流量传感器的结构如图 8-26 所示。传感器上分别设有一个主空气道和一个旁通空气道。涡旋发生器设在主空气道上，旁通空气道是为了调节空气道的流量。对于排量不同的发动机，通过改变旁通空气道截面积的大小，可使用通一规格的流量传感器来满足流量检测的要求。主通道上的三角柱和数个涡旋放大板构成了卡曼涡旋发生器。

超声波流量测量原理

超声波卡曼涡旋空气流量传感器的流量检测原理如图 8-27 所示。当有卡曼涡旋发生时，伴有速度及压力的变化，流量检测的基本原理就是利用其速度的变化。当发动机运转并吸入一定气体时，超声波发生器不断向接收器发出一定频率（40kHz）的超声波。当超声波通过进气气流到达接收器时，由于受到气流移动速度及涡旋数量变化的影响，接收到的超声波信号的相位及相位差会发生变化：进气量越大，涡旋越多，移动速度越快，接收到的超声波信号的相位及相位差越大。反之越小。控制电路根据超声波信号的相位和相位差的变化就可计算出涡流的频率并将其输入ECU，ECU根据输入的进气涡旋信号计算出进气量。

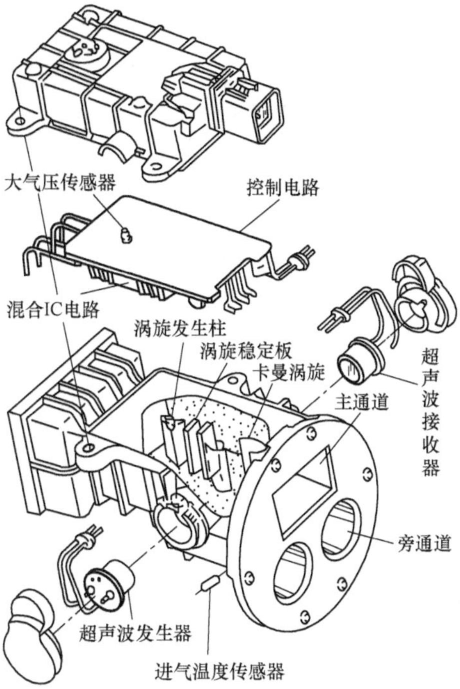

图 8-26　超声波卡曼涡旋空气流量传感器的结构

3. 热线式空气流量传感器

热线式空气流量传感器属质量型流量传感器，能直接测量发动机吸入空气的流量，不需要温度传感器进行修正，所以精度更高；且能在短时间内反映空气的流量，响应速度快，无运动组件，进气阻力小，不易磨损，测量范围大，因此应用广泛。

主流量测量式热线式空气流量传感器的组成如图 8-28a 所示。热线是一直径约为 0.07mm 的铂金丝，装在采样管内支撑环

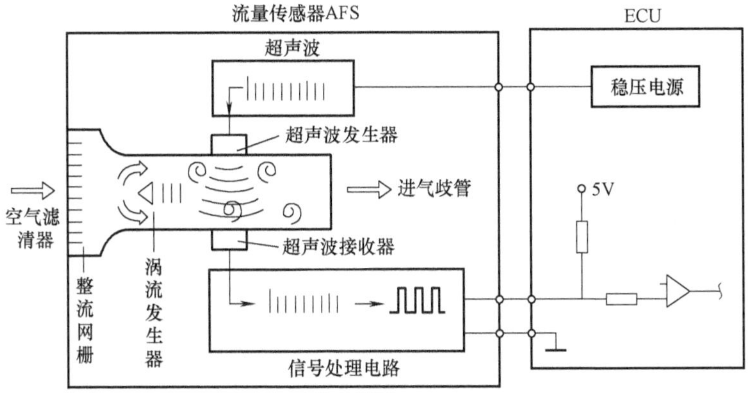

图 8-27　流量检测原理框图

8-11
热线式空气流量计

上，阻值随温度变化。传感器工作时，可被加热到 120℃左右。温度补偿电阻（冷线）安装在热线附近靠近进气口一侧，其工作时受控制电路控制温度始终低于热线约 100℃，这样冷线温度起参考标准作用，使进气温度的变化不会影响热线测量精度。

旁通测量式热线式空气流量传感器与主流量测量式热线式空气流量传感器的主要区别在于，把铂金热线和温度补偿电阻（冷线）安装在旁通气道上，且热线和冷线缠绕在陶瓷螺旋管上，如图 8-28b 所示。

热线式空气流量传感器的工作原理如图 8-28c 所示。在进气道上放置热线 R_H，当空气

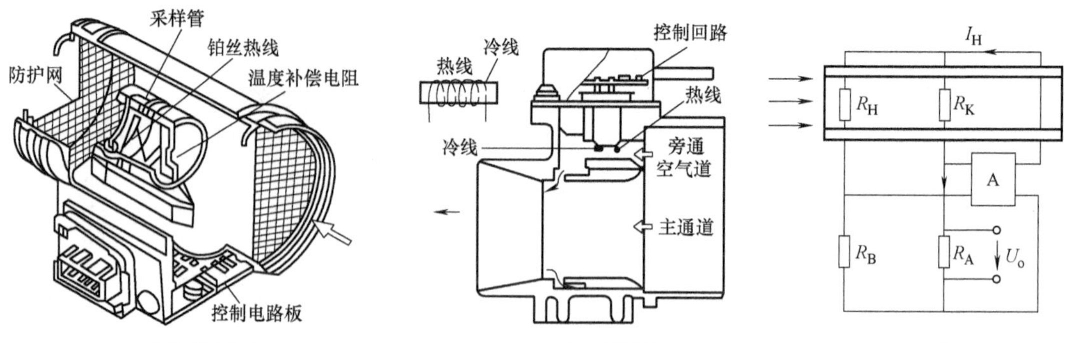

a) 主流量测量式　　b) 旁通测量式　　c) 工作原理

图 8-28　热线式空气流量传感器

流经热线时，热线的热量被空气带走，使其冷却。热线周围流过的空气质量越大，被带走的热量越多。当空气质量增大时，由于空气带走的热量增多，为保持热线温度，电路使热线通过的电流增大，反之减小。如此，通过热线的电流随空气质量流量的增大而增大，反之，随空气质量的减小而减小。

热线电流 I_H 在 50~100mA 之间变化，大小取决于空气质量流量。热线加热电流给出输出信号，大小为通过电桥中精密电阻 R_A 的电压降。

在电桥的另一端的电阻 R_B 用于减小电能损耗，所以阻值较高，温度补偿电阻 R_K 用于测量进气温度。

由于流量传感器基于热线表面与空气的热传导，铂金热线上的任何污染都会造成测量误差，因此控制电路设有“自动除污”功能。每当发动机熄火后的 4s 内，控制电路自动提供自净电流，使热线温度上升到 1000℃ 并持续 1s，将表面粘着的污染物清除干净。

4. 热膜式空气流量传感器

热膜式空气流量传感器是热线式空气流量传感器的改进产品，其结构如图 8-29 所示，其工作原理与热线式空气流量传感器基本相同，但由于发热体采用了金属铂固定在薄的树脂膜上形成的热膜，阻值较大，所以电流较小，使用寿命也较长。热膜电阻不直接承受空气流产生的压力，增加了发热体的强度，提高了传感器的可靠性，误差较小。由于发热元件表面有一层绝缘保护薄膜，因此热响应性稍差。

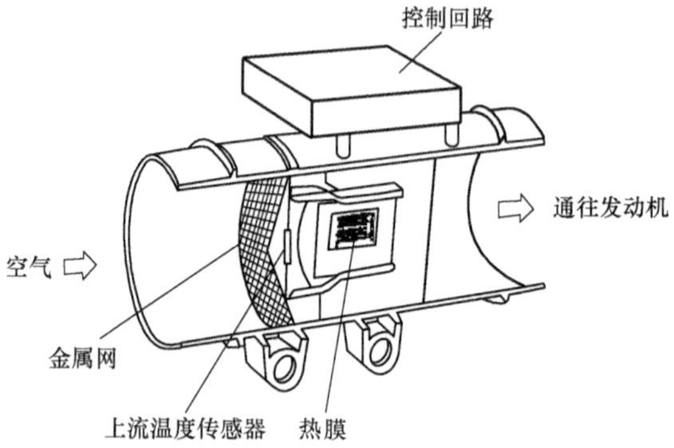

图 8-29　热膜式空气流量传感器

5. 各种空气流量传感器的比较

(1) 输出特性　动片式、卡曼涡旋式、热丝式空气流量传感器的输出特性如图 8-30 所示。动片式和热丝式是非线性输出，因此还需要进行线性处理。

(2) 减速时的流量测试能力　配有涡轮增压机特别是装有中间冷却器的进气系统上，因为节气门上游的管路比较长，所以在急减速时，因水锤现象产生气柱振动。在急减速时进气管压力传感器与热丝式空气流量传感器的输出变化如图 8-31 所示。在节气门上游产生的气柱的影响下，热丝式将有 10Hz 的振动输出，此振动输出一般持续 2～5s。因此，上游管道设置的空气流量传感器无法测定这类减速时的进气量。另一方面，设置在节气门下游的进气压力传感器可输出对应于发动机减速运转时的信号。

(3) 加速时的响应特性 动片式的可动部分有惯性，响应性就是由这些惯性决定的。卡曼涡旋空气流量传感器是靠气流的自身形成卡曼涡旋的，基本无滞后。总体来讲，响应特性方面，卡曼涡旋式和热丝式优于动片式。

(4) 怠速时流量的测定精度 评价空气流量传感器的工作稳定性时，特别对怠速时的测量精度有要求，以及发动机罩下温度较高的工作区域。所以，温度特性难以补偿的空气流量传感器的怠速测试精度较低。从原理上讲，利用热量的热丝式空气流量传感器容易受到热的影响。

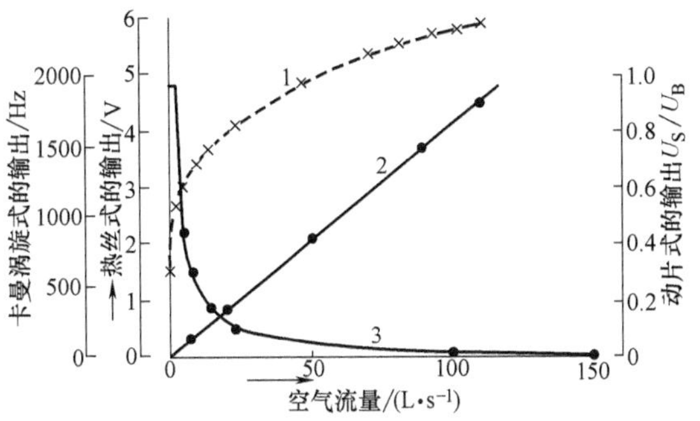

图 8-30 空气流量传感器的输出特性

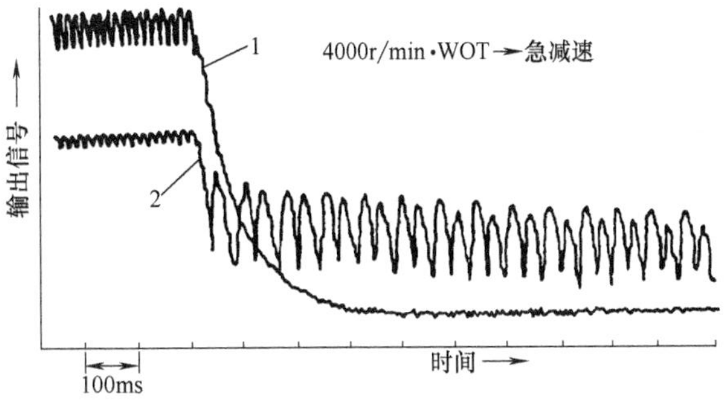

图 8-31 空气流量传感器的输出变化

(5) 脉动气流的测定功能 发动机在节气门全开状态下运转时，进气是脉动气流。要想精确地测定脉动气流，传感器的响应性能要好。经试验证明，在进气为脉动气流时，卡曼涡旋式及热丝式空气流量传感器都能正常工作。当 4 缸发动机出现进气倒流的激烈脉动气流时，都不可能进行精确的测定，因为热丝式没有识别正、反向气流的功能，卡曼涡旋式没有测定反向气流的功能，动片式无法跟踪方向变换的正、反向气流。

不同空气流量传感器的对比见表 8-4。

表 8-4 不同空气流量传感器的对比

性能 \ 传感器	动片式	卡曼涡旋式	热线式
输出方式	与进气容积成反比的模拟电压	与进气容积成正比的频率	与进气量 4 次方根成正比的模拟电压
检测精度(%)	±3	±3	±3(±4)
节气门全开时脉动区的检测能力	差～一般	差～一般	差～一般
通道阻力	一般	小	很小
系统控制精度	好	好	好
优点	保有量大	数字量输出，处理方便，耐环境性好	可检测质量流量
缺点	体积大，可动部分会老化	需进行大气压修正	受污染老化，装车受流速分布等限制

8.4 位置测量

位置传感器检测不同形式的行程位置和角度位置。它是汽车传感器中应用最广泛的。这里只讨论测量较大行程（>1mm）或较大角度（>1°）的传感器。

8.4.1 节气门位置传感器

节气门位置传感器是汽车电控系统中最重要的传感器之一，主要用于发动机电子燃油喷射系统和电控自动变速器系统。节气门位置传感器将节气门开度及节气门开度变化的快慢，转变为电信号输入发动机 ECU；用于判别发动机的各种工况，从而控制不同的喷油量和点火正时。在装备电子控制自动变速器的汽车上，节气门位置传感器的信号是变速器换档和变速器锁止的主要信号。在新型智能电器节气门控制系统中，节气门开启角度不再由加速踏板拉索直接控制，而是由节气门伺服电动机根据 ECU 信号驱动。

节气门位置传感器按结构大致可分为触点开关式、电位器式、复合式和霍尔式四种，其中触点开关式输出的是简单的开关信号，可以用于判断发动机的怠速、大负荷等几个简单的工况点；电位器式输出的是连续的电压信号，可以用于判断发动机负荷的连续变化情况；组合式则同时输出开关信号和连续的电压信号，既可以判断简单的工况点，又可以判断负荷的连续变化。

1. 触点开关式节气门位置传感器

触点开关式节气门位置传感器主要由节气门轴、怠速触点（IDL）、大负荷触点（又称功率触点 PSW）及随节气门轴转动的凸轮等组成，其结构、电路及所产生的信号如图 8-32 所示。

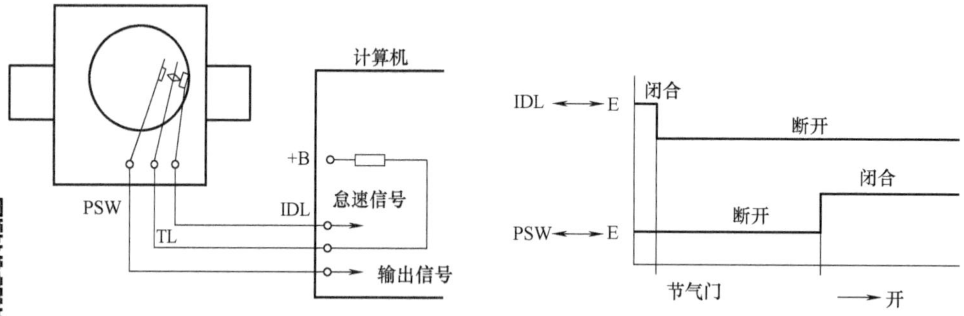

图 8-32 触点开关式节气门位置传感器的电路及信号

8-12
节气门位置传感器

当 IDL 信号和 PSW 信号分别为“1”“0”时，ECU 判定节气门处于怠速位置，因而对发动机进行怠速方面的控制，包括：正常冷却液温度低怠速、低冷却液温度高怠速、开空调高怠速、强制怠速断油等。当 IDL 信号和 PSW 信号分别为“0”“1”时，ECU 判定发动机处于大负荷状态，因而对发动机进行大负荷加浓控制，即适当增大喷油量，以提高发动机的功率。

2. 复合式节气门位置传感器

复合式节气门位置传感器包括电位器式传感器和怠速触点两个部分，主要由电位器、滑动触点、节气门轴、怠速触点及传感器壳体等组成，其结构、电路原理及输出的信号如图 8-33 所示，其电位器制作在传感器底板上，一端由 ECU 提供 5V 工作电源（V_C 脚），另一端通过 ECU 搭铁；电位器的滑臂与信号输出端子 V_{TA} 相连，并随节气门轴一同转动；怠速触点的一端由 ECU 提供 5V（或 12V）的信号参考电压（IDL 端子），另一端也通过 ECU 搭铁。

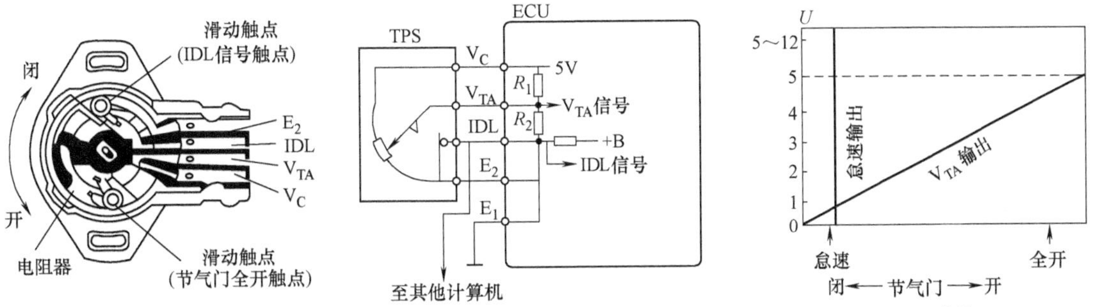

a) 结构　b) 电路　c) 信号

图 8-33　复合式节气门位置传感器

节气门开度变化时，滑臂上的触点在电位器上滑动，从而从电位器上获得分压电压，并作为节气门开度信号输送给 ECU。由于该传感器可以检测到节气门开度的连续变化情况，因而 ECU 可以实现更多的控制功能。传感器中的怠速触点专门用于判断发动机的怠速状态，部分汽车则取消了怠速触点，通过电位器式传感器信号的阈值来判断怠速状态，从而简化了节气门位置传感器的结构。

3. 霍尔式节气门位置传感器

霍尔式节气门位置传感器的结构与工作原理与霍尔式加速踏板位置传感器相同。为确保较好的工作可靠性，两套信号系统都有各自独立的电路，如图 8-34 所示。

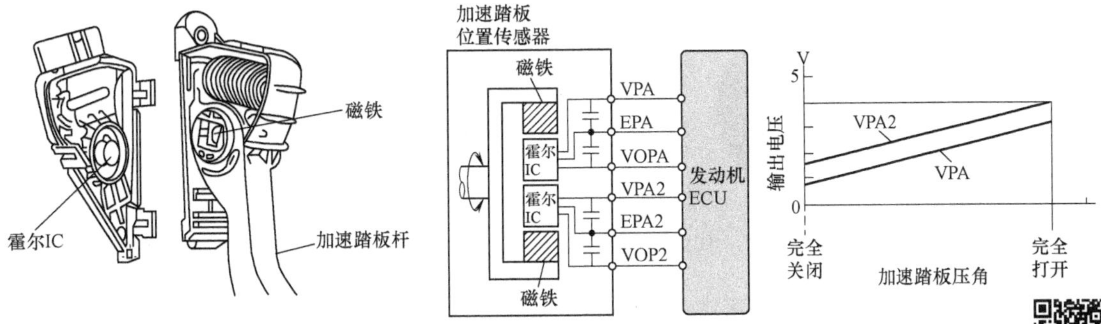

图 8-34　霍尔式节气门位置传感器

8-13
踏板位置
传感器

8.4.2　加速踏板位置传感器

许多现代汽车发动机都采用了全电子节气门，此时，在驾驶人的脚下还需要另外增设一个加速踏板位置传感器，发动机 ECU 利用该传感器的信号来控制全电子节气门的开度。加速踏板位置传感器有两种，分别为电位器式和霍尔式。为了确保其工作的可靠性，此传感器往往有两个不同特性的输出信号。电位器式加速踏板位置传感器如图 8-35 所示，其结构与工作原理与电位器式节气门位置传感器相同。

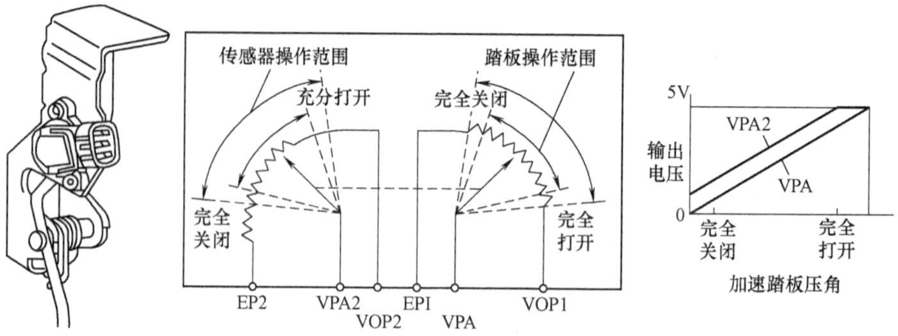

图 8-35 加速踏板位置传感器

8.4.3 曲轴位置传感器

曲轴位置传感器也称曲轴转角传感器，是发动机电控系统中最主要的传感器之一，其作用是检测上止点信号、曲轴转角信号和发动机转速信号。发动机 ECU 根据这些信号按气缸的点火顺序发出最佳点火时刻指令。曲轴位置传感器一般安装在曲轴带轮或链轮侧面，有的也安装在凸轮轴前端或变速器壳体上。

8-14 曲轴位置传感器

1. 磁电式曲轴位置传感器

磁电式曲轴位置传感器上集成了感应线圈和永久磁铁，当目标轮转动时，齿尖与齿缺交替变换，使永久磁铁通过极柱的磁通密度不断变化，从而影响到在极柱外面线圈中的磁场变化，使线圈感应出交变电压，并在线圈两端输出。磁电式传感器示意图如图 8-36a 所示。

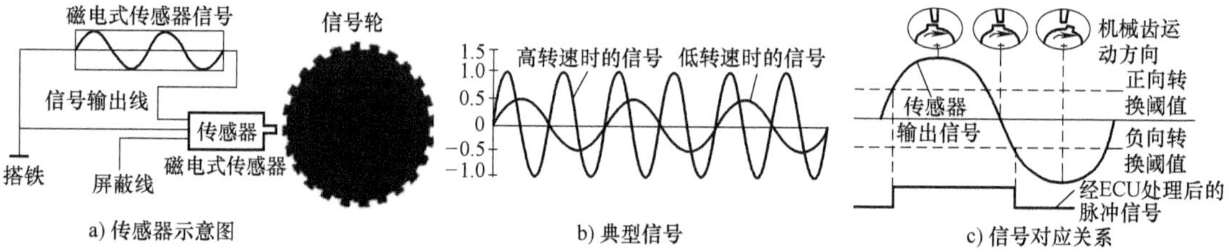

图 8-36 磁电式曲轴位置传感器

当传感器匝数确定后，感应电压的频率和幅值与目标轮转速成正比。图 8-36b 为磁电式传感器的典型信号。在齿尖或齿缺中间，无磁通量变化，输出电压为 0。通常 ECU 的零点信号转换阈值包含一定的过零点滞后值，以在一定程度上防止齿尖或齿缺过宽、振动或其他噪声引起的误转换，但不过零转换将引起相位精度集体往一个方向偏移。进入磁场时电压增大，为正脉冲；离开磁场时电压减小，为负脉冲。

磁电式曲轴位置传感器结构简单，坚固耐用，耐温较高，对装配要求较低，为旋转不敏感安装。但信号易受干扰，ECU 需设计相关信号处理电路，精度较低，不适用于带 VVT（可变气门正时系统）的发动机。

2. 霍尔式曲轴位置传感器

霍尔式曲轴位置传感器上集成了被永久磁铁偏置的动态差分霍尔 IC 芯片，当目标轮传感器前部敏感区域旋转时，IC 芯片探测到由于齿尖和齿缺交替通过而产生的磁场变化，并将其通过施密特触发器转换为方波数字信号输出给 ECU。霍尔式传感器工作示意图如图 8-37a 所示。

8-15
霍尔式曲轴位置传感器

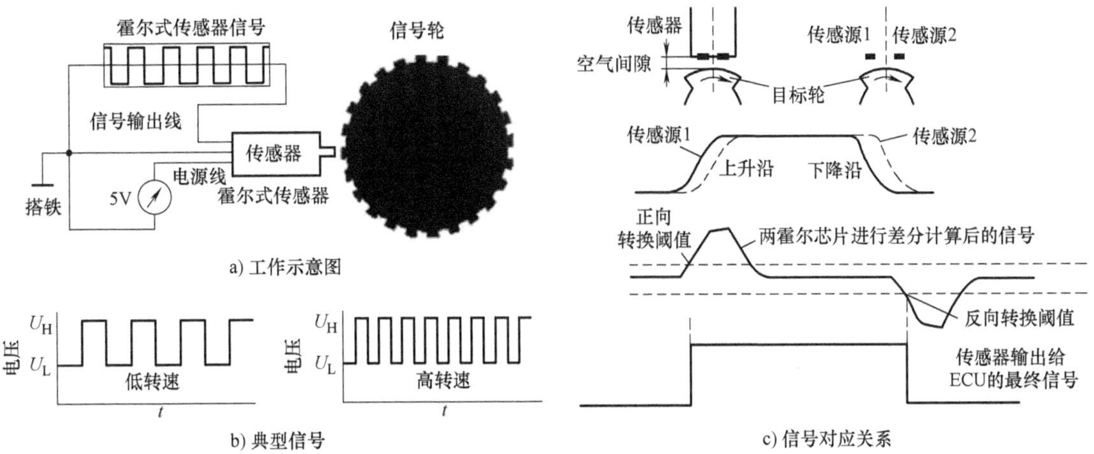

图 8-37　霍尔式曲轴位置传感器

当传感器设计完成后，霍尔电压的大小取决于磁场强度的大小，仅频率与目标轮转速成正比。图 8-37b 为霍尔式曲轴位置传感器的典型信号。曲轴位置传感器通常为双霍尔传感器，其中集成了两块霍尔芯片，信号齿需一前一后经过双霍尔芯片，两霍尔信号进行差分运算后，再进行阈值转换，输出方波信号给 ECU。所以双霍尔传感器无零转速功能，即要产生信号，信号轮必须有一定的转速。图 8-37c 为霍尔传感器信号的对应关系。

霍尔式曲轴位置传感器输出为数字信号，精度高。缺点是：对装配要求较高，为旋转敏感性安装，且集成有电器元件，有 EMC 要求。

8.4.4　转向盘转角传感器

转向盘转角传感器主要用在车辆稳定控制系统、电子助力转向系统和电子悬架系统中，用于检测转向盘的中间位置、转动方向、转动角度和转动速度等转向信息，从而使用相关控制单元实施不同的控制策略。早期的转向盘转角传感器主要安装在转向管上，现今的转向盘转角传感器一般与时钟弹簧集成安装。

8-16
转角传感器测试系统

1. 光电式转向盘转角传感器

光电式转向盘转角传感器是通过光栅原理来实现的。它由光栅、编码盘、光学传感器和计数器组成，如图 8-38a 所示。编码盘由一个绝对环和一个增量环构成，每个环由两个传感器进行扫描。

当光源被遮住时，传感器输出 0V 电压，如图 8-38b 所示；当光透过缝隙照射到传感器上时，传感器输出 1V 电压，如图 8-38c 所示。如果移动蔽光框，就会产生两个不同的电压，如图 8-39 所示。增量传感器传送一个均匀的信号，这是因为间隙是均匀分布的；绝对传感

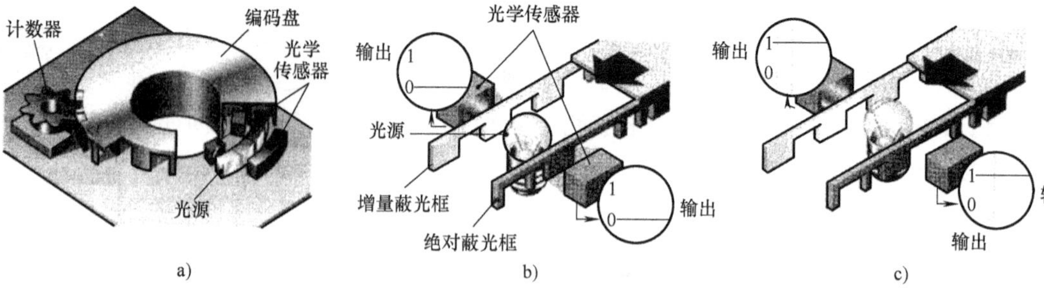

图 8-38　光电式转向盘转角传感器

器传送一个不均匀信号，这是因为间隙是不均匀分布的。系统通过比较这两个信号，就可计算出蔽光框移动的距离，于是就确定了绝对部件运动的起始点。

2. 霍尔式转向盘转角传感器

霍尔式转向盘转角传感器是利用遮蔽转向盘旋转时遮蔽或通过磁场，使霍尔元件产生和不产生霍尔电压的方法来计量转向角度的大小，其原理与使用遮蔽板的霍尔式曲轴位置传感器相似。

转向盘信号以两个方波信号（见图 8-40）传给 ECU。两个霍尔式传感器从相位上错开，能够确定转向盘的旋转方向。转向时，ECU 根据信号和信号的相对位置确定旋转方向，其检测方法同光电式转向盘转角传感器。

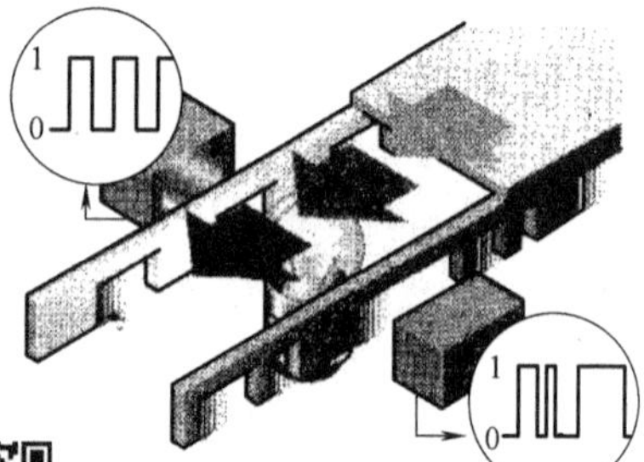

图 8-39　光电式转向盘转角传感器的工作原理

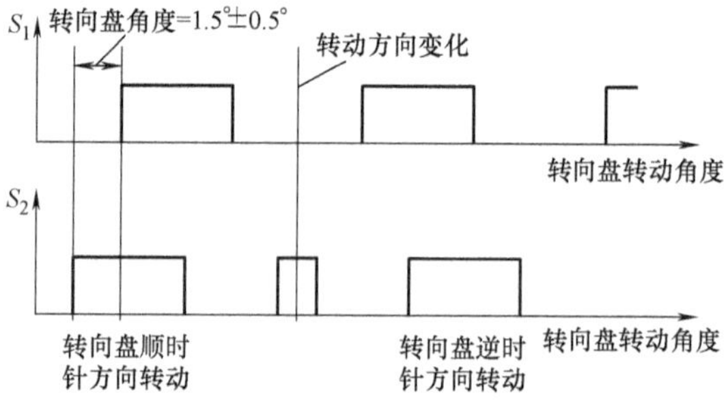

图 8-40　光电霍尔式转向盘转角传感器输出脉冲信号

8-17
车轮多轴力测试

8.5　扭矩测量

扭矩测量按其工作原理可分为两大类：一类是根据牛顿第三定律作用力和反作用力相等的原理设计的，多用于测量静态或稳态时的扭矩；另一类是通过测量轴受扭后产生的扭转角或应变确定扭矩大小，适用于转速变化时扭矩的精确测量。

8.5.1　应变式扭矩测量

当受扭矩作用时，轴表面有最大切应力 τ_{max}。轴表面为纯切应力状态，与轴线成 45°的

方向上有最大正应力 σ_1 和 σ_2，其值为 $|\sigma_1|=|\sigma_2|=\tau_{max}$。相应的应变为 ε_1 和 ε_2。测量应变即可算出 τ_{max}。测量时应变片沿与轴线成45°的方向粘贴。

若测定沿45°的方向应变为 ε_1，则相应的切应力 $\tau=\dfrac{E\varepsilon_1}{1+\mu}$。

于是，轴的扭矩 $T=\tau W_n=\dfrac{E\varepsilon_1}{1+\mu}W_n$。

对于实心圆轴，$W_n=\pi D^3/16$。

测扭矩时，电阻应变仪须沿主应变 ε_1 和 ε_2 的方向（与轴线成45°及135°夹角）。应变片的布置及组桥方式应考虑灵敏度、温度补偿及抵消拉、压及弯曲等非测量因素干扰的要求。

测量扭矩时应变片的布置和组桥方式如图8-41所示。

1）双片集中轴向（横八字）布置，应变片 R_1 及 R_2 互相垂直，组成电桥的相邻两臂。贴片及引线较为简单，但不能完全抵消弯曲的影响，可用于轴体不受弯曲的场合。

2）双片集中径向对称（竖八字）布置，应变片 R_1 及 R_2 互相垂直，组成电桥的相对两笔，可用于轴体不受弯曲的场合。

3）四片径端对称的双横八字布置，互相垂直的两个应变片的中心共线，四片可组成半桥或全桥，两种都可抵消拉（压）及弯曲的影响。

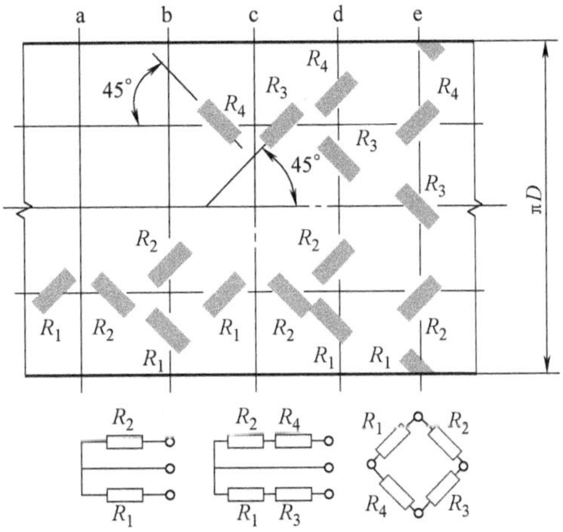

图8-41　测量扭矩时应变片的布置和组桥方式

4）四片径端对称的双竖八字布置。应变片分别处于同一截面同一直径两个端点的邻近部位。

5）四片均布的双竖八字布置。4）和5）可组成全桥或半桥方式，可抵消拉（压）及弯曲的影响。

8.5.2　磁电式扭矩传感器

磁电式扭矩传感器如图8-42所示。

铁磁材料的转轴受扭矩作用时，磁导率发生变化。压磁式扭矩传感器中铁心的开口端与转轴表面保持1~2mm空隙，当A-A线圈通入交流电时，形成过转轴的交变磁场。当转轴不受扭矩时，磁力线和B-B线圈不交链；转轴受扭矩作用时，转轴材料的磁导率变化，沿正

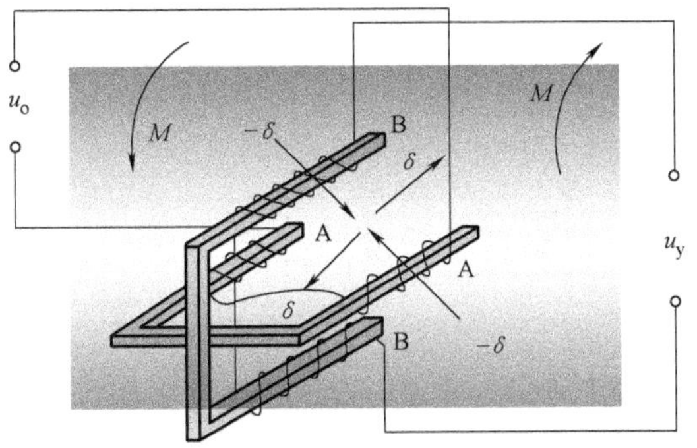

图8-42　磁电式扭矩传感器

应力方向磁阻减小，沿扭转角负方向磁阻增大，从而使磁力线分布改变，使部分磁力线与B-B线圈交链，在B-B线圈中产生感应电动势。

8.5.3 磁电感应式扭矩传感器

磁电感应式扭矩传感器（见图8-43）中，在转轴上固定材质、尺寸、结构相同的两个齿轮1和2。永久磁铁和线圈组成的磁电式检测头3和4对着齿轮安装，两线圈输出信号相同，相位差不为零，且随两齿轮所在的横截面之间相对扭转角的增大而加大，其大小与相对扭转角、扭矩成正比。

8.5.4 光电式扭矩传感器

光电式扭矩传感器（见图8-44）在转轴4上固定两只圆盘光栅3，在不承受扭矩时，两光栅的明暗区正好互相遮挡，光源1的光线没有透过光栅照射到光敏元件2，无输出信号。当转轴受扭矩后，转轴变形将使两光栅出现相互转角，部分光线透过光栅照射到光敏元件上产生输出信号，扭矩越大，扭转角越大，透过光栅的光通量越大，输出信号越大。通过两光栅间的相对扭转角来测量扭矩。

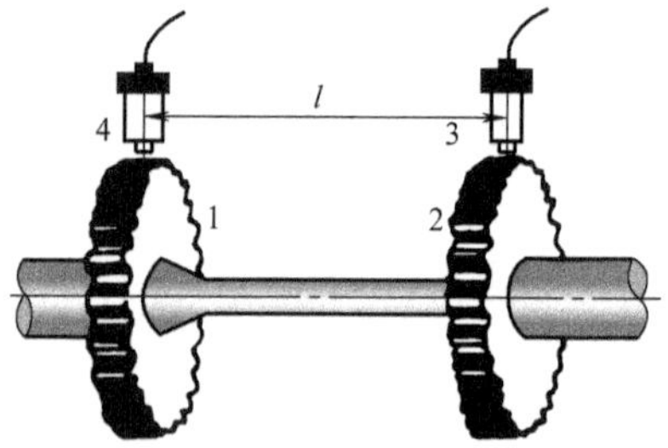

图8-43 磁电感应式扭矩传感器

1、2—齿轮 3、4—磁电式检测头

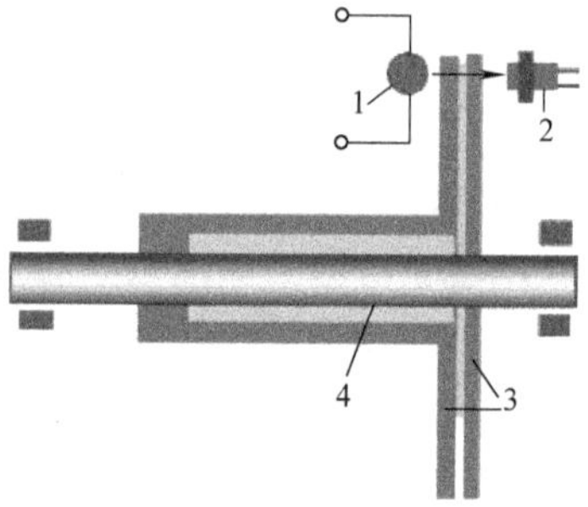

图8-44 光电式扭矩传感器

1—光源 2—光敏元件 3—光栅 4—转轴

8.6 汽车角速度测量

角速度传感器是用于检测车体转弯时旋转角速度的一种传感器，VSC、VSA、VDC、ASC等汽车新技术中是不可缺少的。

8.6.1 振动型角速度传感器

振动着的金属柱旋转时，按其旋转速度的大小会产生哥氏力。哥氏力指旋转坐标内具有速度的物体所受到的力，力的大小既与旋转轴垂直，也与物体的速度方向垂直，力的大小和物体的速度与系统的转速成正比。振动型角速度传感器就是通过检测哥氏力的大小来测量角速度的。

图8-45为振动型角速度传感器的工作原理示意图。在振动型角速度传感器上，贴有起

驱动和检测作用的压电元件，当电压加到压电元件上时，就会使振子振动，当将旋转又加到振动着的金属柱上时，按其转速就会产生哥氏力。当检测出通过压电元件的电流时，也可检测出包含振动成分和哥氏成分的输出信号，测取相邻两面压电元件的输出信号之差，测出的就是哥氏力信号，将此信号变换成电压信号，得到与旋转角速度大小相应的输出信号。

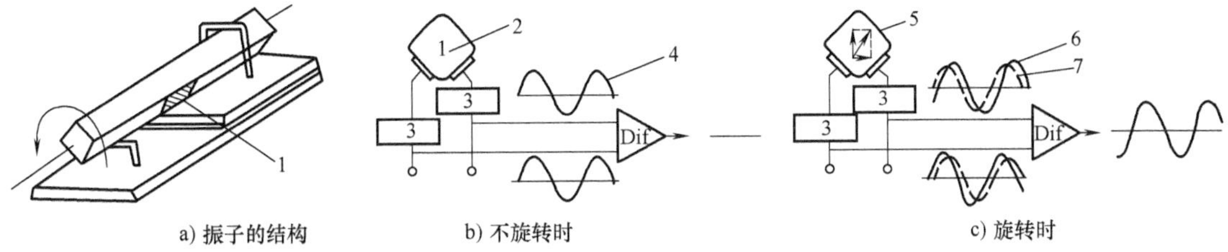

图 8-45　振动型角速度传感器的工作原理示意图

1—驱动与检测压电元件　2—振子的振动成分　3—电流检测　4—输入输出信号
5—旋转形成的哥氏力成分　6—输出信号　7—输入信号

8.6.2　音叉型角速度传感器

音叉型角速度传感器的作用是检测车辆垂直轴周围的旋转角速度，它是车辆稳定控制系统中不可缺少的重要部件之一。振子由振动和检测两部分组成，两者方向上差 90°。音叉上粘有压电陶瓷片（PZT），当电压加到各振子上时，PZT 产生形变，反之，使之变形产生电压。在振子部位加上交流电时会产生振动，便在振子周围产生哥氏力，根据哥氏力引起压电陶瓷的变形量与方向就可以测出角速度。当将交流电压加到振子的激振 PZT 时，检测 PZT 也总是在左右方向（*V* 方向）上振动，在这种状态下车辆转弯（ω 方向）时，在哥氏力作用下，在与激振方向垂直的方向（*F* 方向）上有力作用在检测 PZT 上，因此检测 PZT 输出交流电压信号。此电压再经放大，与激振信号一起进入同步检波电路。检测出旋转方向与量的大小，再经过整形电路后，作为角速度传感器的线性信号输出，如图 8-46 所示。

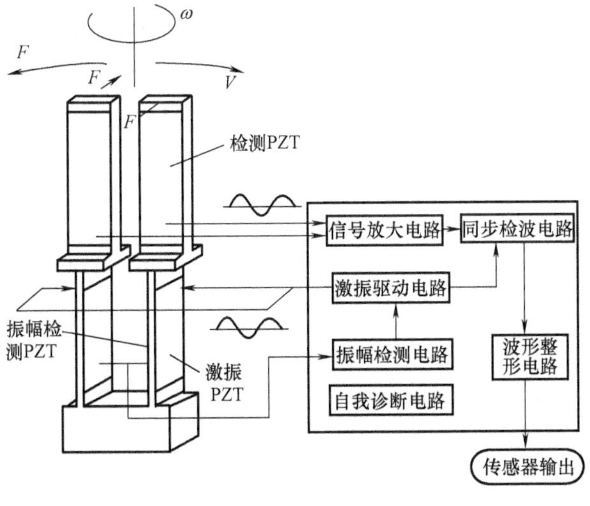

图 8-46　音叉型角速度传感器的结构与原理

8.7 汽车转速测量

转速传感器

转速传感器用于检测轴的转速。在车辆上，用作测量发动机的转速，以及测量车轮转速，再依次推算车辆速度，根据发动机转速表得到转速信息，因为还要用于车速表、ABS、发动机控制等，所以要把转速信号转为电信号。

8.7.1 磁电式转速传感器

这种传感器用于柴油机，结构如图 8-47 所示。永久磁铁周围绕有线圈，当铁材齿轮在永久磁铁附近旋转时，通过线圈的磁力线发生变化，在线圈中会产生感应电压。

柴油机用转速传感器装在喷油泵的飞锤齿轮处。当柴油发动机的喷油泵工作时，传感器的齿轮旋转，在信号线圈中就会产生交流电压。交流电压的频率与发动机的转速成正比。

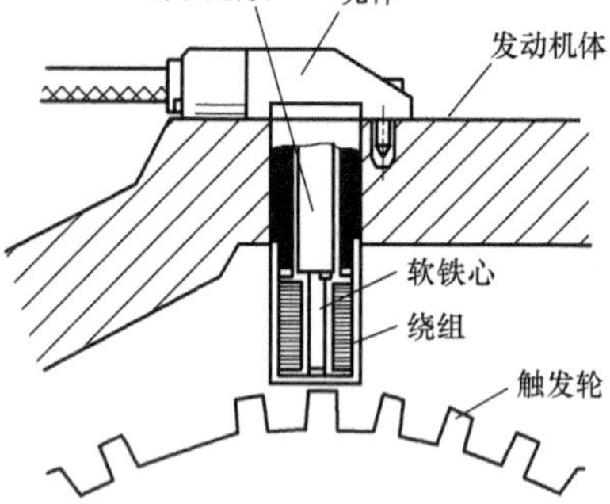

图 8-47 磁电式转速传感器

8.7.2 光电式转速（曲轴角度）传感器

这种传感器设置在分电器内，它由信号发生器和带缝隙及光孔的信号盘组成（见图 8-48a）。信号盘安装在分电器轴上，其圆周方向均布有 360 条光孔，用于产生 1°曲轴转角信号；外围的圆周方向均布有 6 个光孔，用于产生 120°曲轴转角信号，其中较宽的光孔用于产生与发动机一缸上止点对应的 120°曲轴转角信号，如图 8-48b 所示。信号发生器安装于分电器壳体上，由光源（即发光二极管）、光接收器（即光敏二极管）和波形电路组成，如图 8-48c 所示。当发光二极管的光束照射到光敏二极管上时，光敏二极管感光而导通；当发光二极管的光束被遮挡时，光敏二极管截止。信号发生器输出的脉冲电压信号送至电子电路放大整形后，即向电控单元输送曲轴转角 1°信号和 120°信号。因信号发生器安装位置的关系，120°信号在活塞上止点前 70°输出。发动机曲轴每转 2 圈，分电器轴转 1 圈，则 1°信号发生器输出 360 个脉冲，每个脉冲周期高电位对

光电传感器

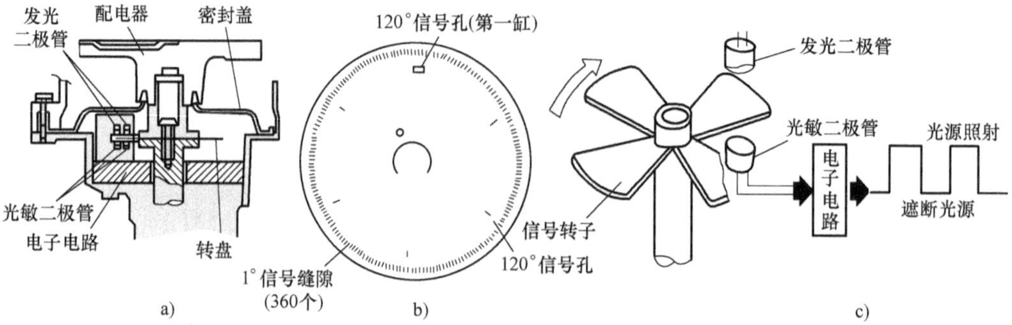

图 8-48 光电式转速（曲轴角度）传感器

应1°，低电位亦对应1°，共表征曲轴转角720°。与此同时，120°信号发生器共产生6个脉冲信号，以计算发动机转速、确认活塞上止点位置，进而控制发动机的点火时刻及喷油时刻。

8.8　汽车车速测量

汽车上一般都装有发动机控制、自动控制、ABS、TRC、主动悬架、导向系统、电子仪表灯装置，这些装置都需要汽车车速信号。车速传感器就可以产生所需要的信号。带齿的转子就设置在传感器的旋转轴上，与齿轮的凹凸相应产生输出信号，由此可测出回转体的转速、加减速状态。

8.8.1　舌簧开关式车速传感器

图8-49所示为舌簧开关式车速传感器的结构。舌簧开关式车速传感器安置在车速表转子附近，当车速表驱动软轴回转时，永久磁铁也回转，磁铁的N、S极将靠近或远离舌簧开关的触点。

8.8.2　电磁感应式车速传感器

图8-50所示为电磁感应式车速传感器，由永久磁铁和电磁感应线圈组成。它被固定安装在变速器输出轴附近的壳体上，输出轴上的驻车锁定齿轮为感应转子。当变速器输出轴转动时，驻车锁定齿轮的凸齿，不断地靠近或离开车速传感器，使线圈内的磁通量发生变化，从而产生交流电，车速越高，输出轴转速也越高，感应电压脉冲频率也越高，电控组件根据感应电压脉冲的频率计算汽车行驶的速度。

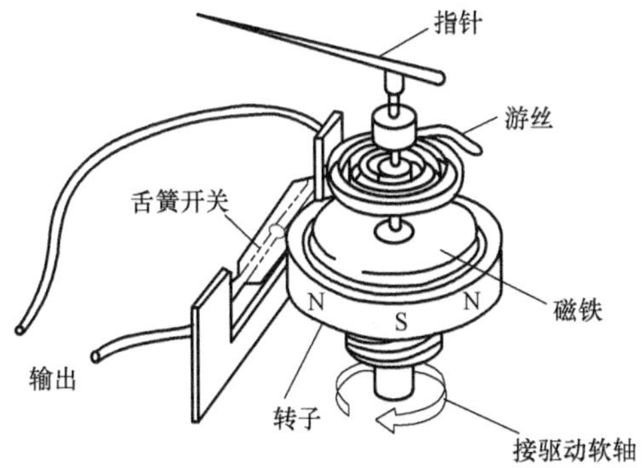

图8-49　舌簧开关式车速传感器

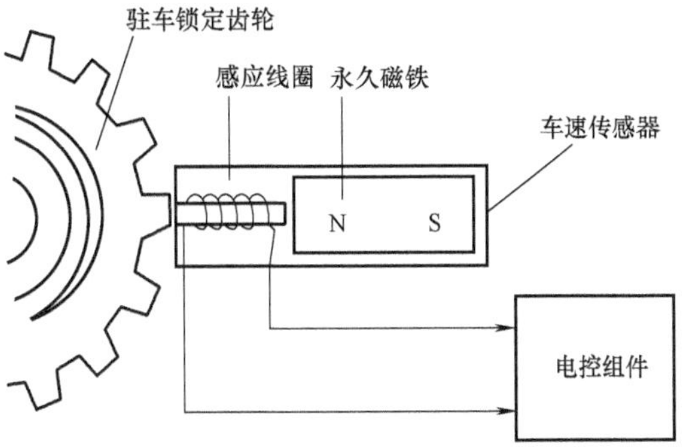

图8-50　电磁感应式车速传感器

8.8.3　磁阻元件式车速传感器

这种传感器采用了元件电阻随磁场而变化的磁阻元件（其性质见图8-51），以磁阻元件来检测车速。磁阻效应是指某些金属或半导体的电阻值随外加磁场变化而变化的现象。在检测速度表及变速器等装置的转速时，可以把这种传感器直接装在变速器上，这样就可以取消仪表的电缆。磁阻元件式车速传感器的工作原理示意图如图 8-52 所示。

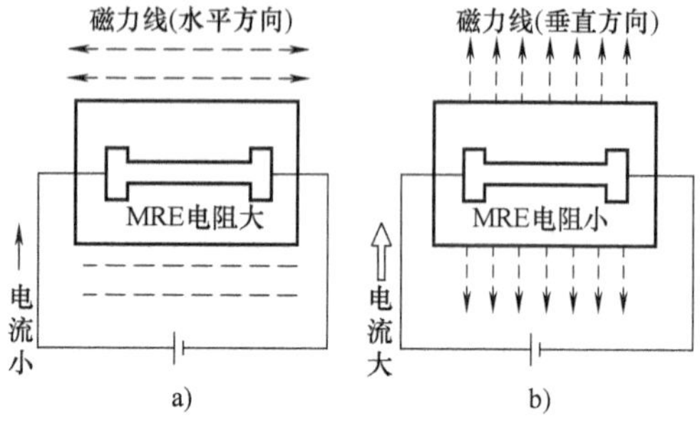

图 8-51　磁阻元件性质

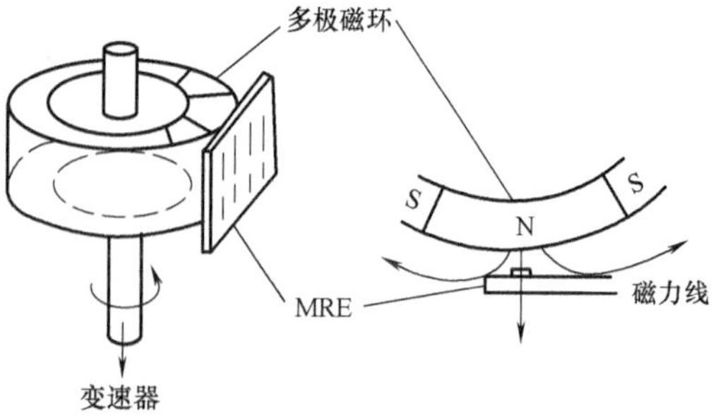

图 8-52　磁阻元件式车速传感器的工作原理示意图

可变磁阻式车速传感器具有两个主要部件：磁环和内装磁阻元件的混合集成电路。当多极磁环绕其轴旋转时，使靠近磁环的混合集成电路内的磁阻元件处的磁场变化，从而使磁阻元件的电阻发生变化。混合集成电路在磁阻元件的电阻变化时，输出与多极磁环旋转速度相对应的脉冲信号。磁阻元件式车速传感器的电路及输出波形如图 8-53所示。

8-20 霍尔式车速传感器

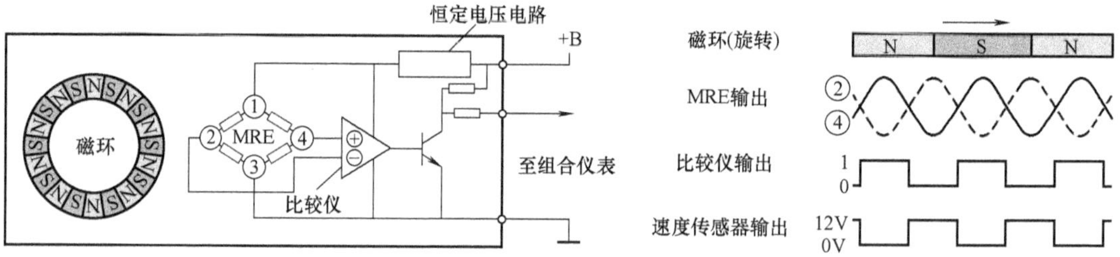

图 8-53　磁阻元件式车速传感器的电路及输出波形

8.8.4　霍尔式车速传感器

霍尔式车速传感器的结构、原理与曲轴或凸轮轴光电式位置传感器基本相同，检测方法类似。霍尔式车速传感器是一种基于霍尔效应的磁电式传感器，它主要由特定磁极对数的永久磁铁（一般为 4 或 8 对）、霍尔元件、旋转机构及输入/输出插件等组成。如图 8-54 所示，当齿圈转到两个齿都与霍尔元件对正时，永磁体传到霍尔元件的磁力线分散，磁场 B 较弱，输出的霍尔电压较小；当齿圈转到一个齿与霍尔元件对正时，永磁体传到霍尔元件的磁力线集中，磁场较强，输出的霍尔电压较大。齿圈转动过程中，使得通过霍尔元件的磁力线密度发生变化，从而引起霍尔电压的变化，霍尔元件将输出一准正弦波电压，此信号由电子电路转换成表中的脉冲电压。

霍尔式车速传感器具有以下优点：输出信号电压幅值不受转速的影响；频率响应高，其响应频率可高达 20kHz，相当于车速为 1000km/h 时所检测的信号频率；抗电磁波干扰能力强；还具有对磁场敏感度高、输出信号稳定、结构简单、使用方便等特点。

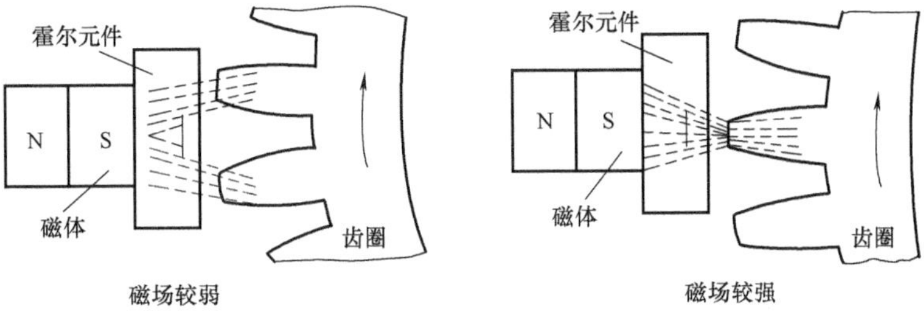

图 8-54 霍尔式车速传感器

自动驾驶

8.9 车辆周围识别用传感器

无人驾驶汽车是通过车载传感系统感知道路环境，自动规划行车路线并控制车辆到达预定目标的智能汽车。它是利用车载传感器来感知车辆周围环境，并根据感知所获得的道路、车辆位置和障碍物信息，控制车辆的转向和速度，从而使车辆能够安全、可靠地在道路上行驶。需要准确地识别车辆周围的状况，其关键是车辆周围识别用传感器。

8.9.1 超声波传感器

超声波传感器

测量距离的传感器可以分为采用三角法测距的光学式传感器和超声波传感器两种，汽车一般采用超声波传感器。超声波传感器的成本较低，很早以前已经批量生产作为倒车传感器及转向传感器使用，主要用来检测近距离的障碍物。

1. 短距离用超声波传感器

短距离用超声波传感器用于检测 50cm 之内有无物体，它采用了发射兼接收的工作方式。在要发射超声波时，因交流电压加到压电陶瓷振子上，产生了机械振动，所以就能发出超声波；反之，在接收时，障碍物产生的反射波将机械振动加在压电陶瓷振子上，产生交流电压，经前置放大器放大后输出，利用微机检测从发射到接收所用的时间，就可以算出到障碍物的距离。图 8-55 是使用这种传感器检测车辆四周障碍物的转向声纳系统，其检测范围如图 8-56 所示。

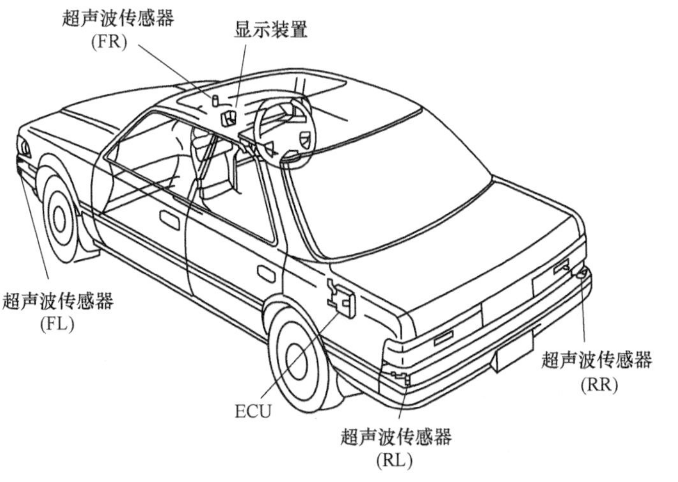

图 8-55 转向声纳系统

2. 中距离用超声波传感器

中距离用超声波传感器用于检测2m之内有无障碍物，其工作原理与短距离超声波传感器的完全相同。图8-57是使用这种传感器检测后方障碍物的系统（倒车声纳）构成图，图8-58所示是其检测范围。

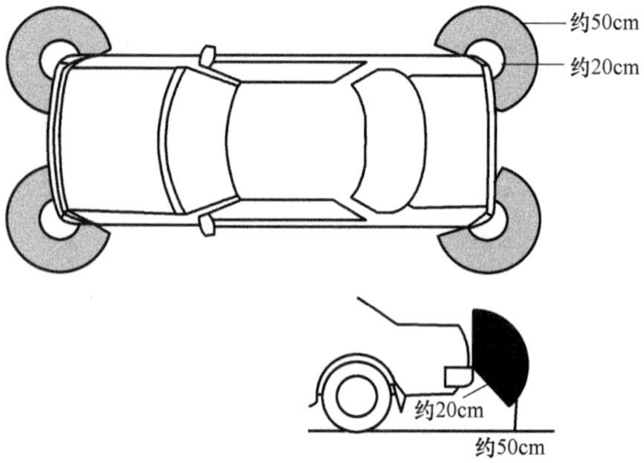

图8-56 短距离超声波传感器检测范围

3. 采用超声波传感器的后、侧方报警系统

图8-59为一个后、侧方报警系统实例，图8-60为其构成。此系统可将后、侧方10m之内（包括邻车道上的死角）存在车辆的信息通知司机，根据需要发出报警信号，防止车辆变道及左转弯时与后、侧方车辆发生碰撞。

该报警装置上采用了脉冲雷达式传感器，可以在时速100km/h的车辆上检测后方10m的车辆。传感器上设有静电电容型变换器，随着传感器的高灵敏化，为了滤去干扰将2个变换器设置成一对，以使发射、接收的相位相反。

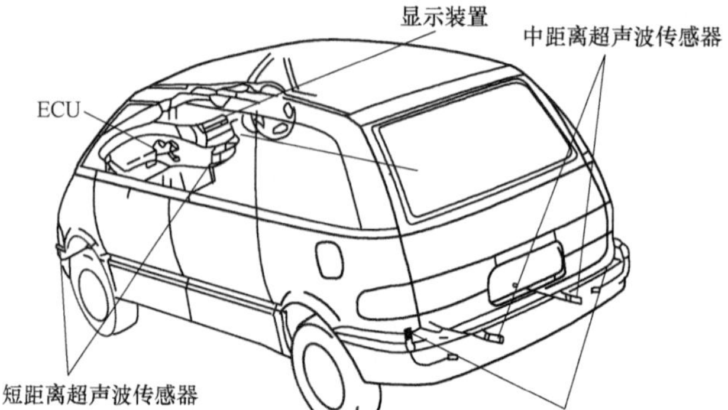

图8-57 倒车声纳系统

8.9.2 激光雷达

激光雷达是以激光作为载波，以光电探测器作为接收器件，以光学望远镜作为天线的雷达。激光雷达工作时，发射机向空间发射一串重复周期一定的高频窄脉冲。如果在电磁波传播的途径上有目标存在，那么激光雷达就可以接收到由目标反射回来的回波。由于回波信号往返于雷达与目标之间，它将滞后于发射脉冲一个时间，如图8-61所示。距离$R=ct_r/2$。测量的精度和分辨率与发射信号带宽（或处理后的脉冲宽度）有关。脉冲越窄，性能越好。

8-23 激光器

为了识别多台车，采用了扫描式激光雷达，这样不仅可以测量至前车的距离，而且可以检测横向位置。如图 8-62 所示，激光雷达逆时针扫描。以激光发射器为原点建立坐标系，x 轴定义为水平向右，y 轴定义为水平向前，z 轴是按照右手原则确定。一次扫描可以采集 n 个激光反射信息（距离、角度和强度信息）。再通过距离和角度，即可定位每个激光反射点的位置。

汽车激光雷达防撞系统要探测的目标是地面上运动着的车辆及物体，不但需要测量出目标的距离，而且需测量出目标与自车的相对速度（即径向相对速度），从而探测出目标的实际速度。该系统是依据多普勒频移原理实现测距的。只要能够测量出多普勒频移，就可以确定目标与雷达站之间的相对速度，也就是自车与前车或障碍物的相对速度，从而根据自车的速度计算出前车的速度。

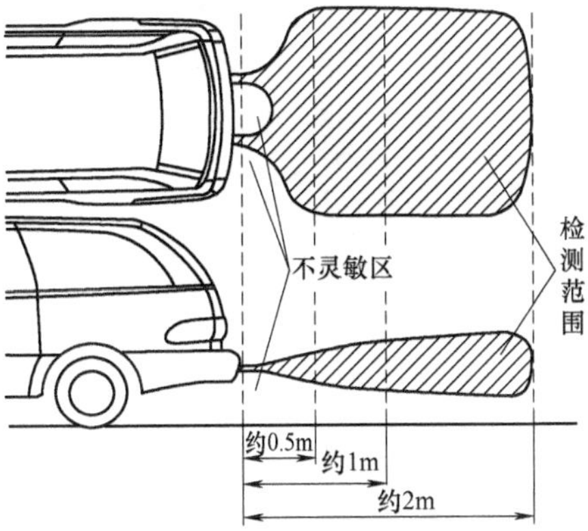

图 8-58　中距离用超声波传感器检测范围

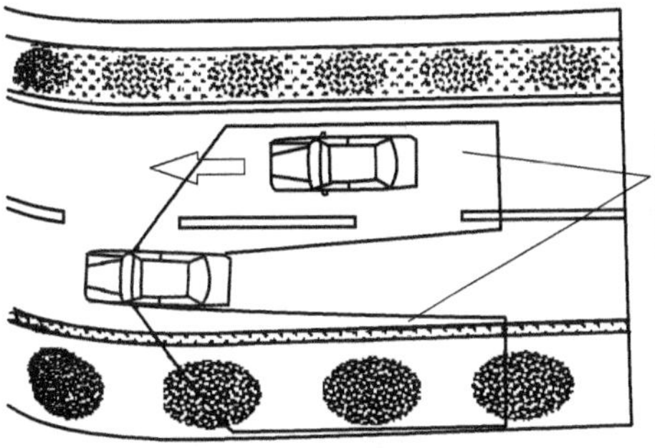

图 8-59　后、侧方报警系统检测范围

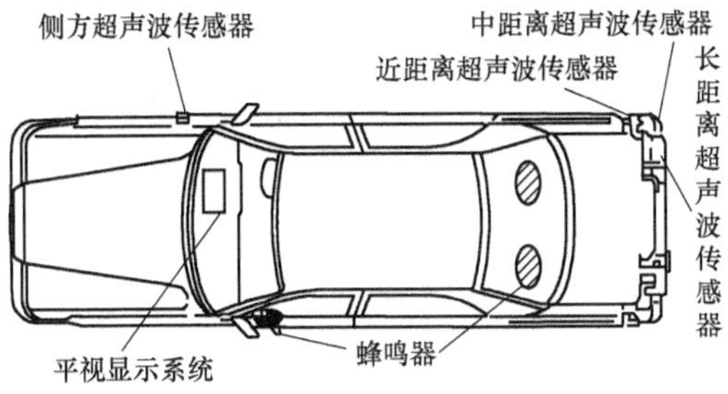

图 8-60　后、侧方报警系统组成

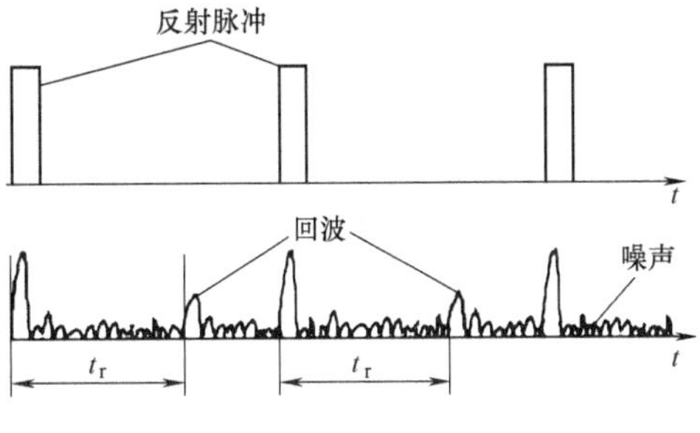

图 8-61　激光雷达测距原理

为了检测后、侧方的车辆，在车后保险杠的左右两端设有激光雷达，此雷达的特点是可把图 8-63 所示的细窄光束在水平方向 270℃ 的范围内进行扫描，并测量物体上反射光的返回时间，然后再检测出至激光光束发出方向物体的距离，此外，因为光学系统的自身是可以旋转的，检测角度范围可以任意设定，所以，可以检测出横向角度数据及识别物体的形状。通过装设两个这样的雷达，时刻都可以检测车辆后、侧方大致整个区域的车辆及障碍物。

8.9.3　CCD 图像识别

CCD 是 Charge Coupled Device（电荷耦合器件）的缩写，是一种金属氧化物半导体

（MOS）集成电路器件。它由许多以百万像素为单位的感光单元组成，能把光线转变成电荷，再通过模-数转换器芯片转换成数字信号。由于其具有灵敏度高、抗强光、畸变小、体积小、寿命长和抗振动等优点而得到广泛应用。当景物光照射到 CCD 表面时，景物的图像经过镜头聚焦至其芯片上，并迅速将其按照光信号强弱的不同转换为高低不同的电信号，矩阵高速开关电路逐行逐点地将每点的电信号按顺序输出（将信号读出），便可完整地将整幅景物电信号扫描出来。

8-25 CCD

8-24 激光雷达

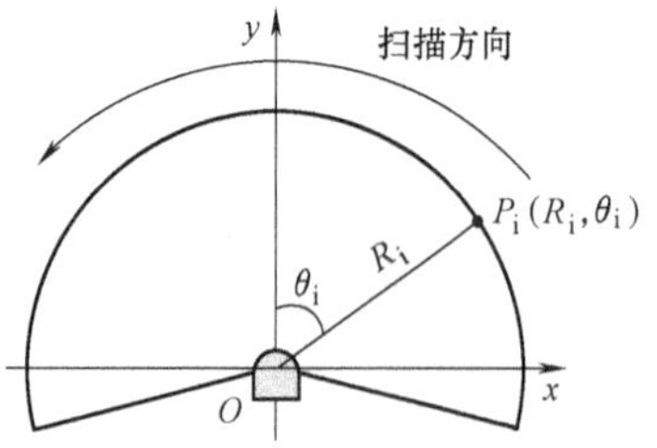

图 8-62　激光雷达扫描示意图

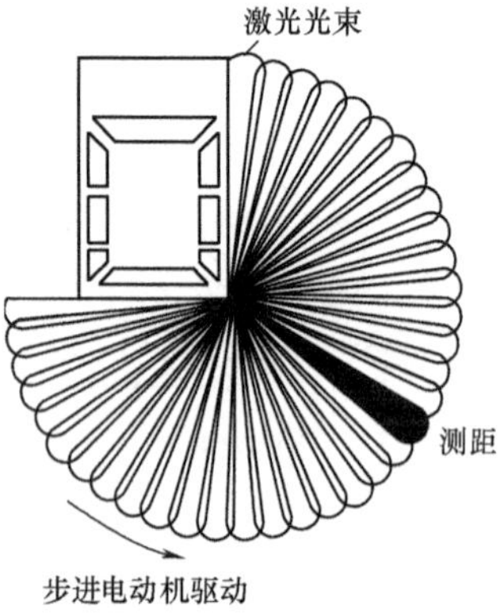

图 8-63　检测范围及动作方法

利用双 CCD 立体摄像技术进行障碍物测距，是模仿人类用双眼来观察客观世界而产生距离远近的原理。它基本上类似于用双 CCD 摄像头同时拍摄两幅图像组合而成。由于物距远大于透镜焦距，因此，此模型可以用小孔成像原理代替透镜成像。故而，基于双 CCD 立体摄像头测距可以简化为图 8-64 所示的平面模型。

虽然 CCD 摄像头拍摄的是空间立体三维图像，但是，可以把两个 CCD 和障碍物简化为三个点，三点确定一个平面，故而是一个二维平面图形。其中，物距为 L，焦距为 f，两 CCD 之间距离为 b，成像点偏移 CCD 中心的距离和夹角分别如图 8-65 所示。

根据三角形相似原理，有

$$\frac{L}{L+f}=\frac{b}{X_1+X_2+b}$$

$$L=\frac{bf}{X_1+X_2}=\frac{bf}{f\tan\theta_1+f\tan\theta_2}=\frac{b}{\tan\theta_1+\tan\theta_2}$$

这种方法属于无源探测，因此它与检测对象的反射特性等物理性质无关，还可以识别经图像处理后的物体。但是，采用 CCD 摄像机时，需要根据周围的亮度调整摄像机的灵敏度，在夜间，需要对被检测物体加上照明，或物体自身能够发光。此外，水平方向的检测角度与摄像机的水平视场角有关，当视场角大时，所摄图像的周围失真增大，检测精度下降，所以，不能将检测范围加得太宽。另外，CCD 摄像机的像素数是有限的，检测角度增大时，可能检测的距离会变短。

对车道线、道路边界以及车辆之外的障碍物可以采用普通的识别方法，但若提高对环境的识别，就需要采用图像传感器进行立体识别。

立体摄像法也叫区域基础法，其做法是将画面的纵向按 50、横向按 150 分成小的单元区，按各单元分别求出距离，形成一个整体的按距离分布的图像，各单元是由 4×4 的像素构成的，设左、右摄像机之间的间隔为 B，摄像机焦距为 f，图像上两者的位置偏离为 Z，则左、右摄像机到所摄对象的距离 $L=Bf/Z$。

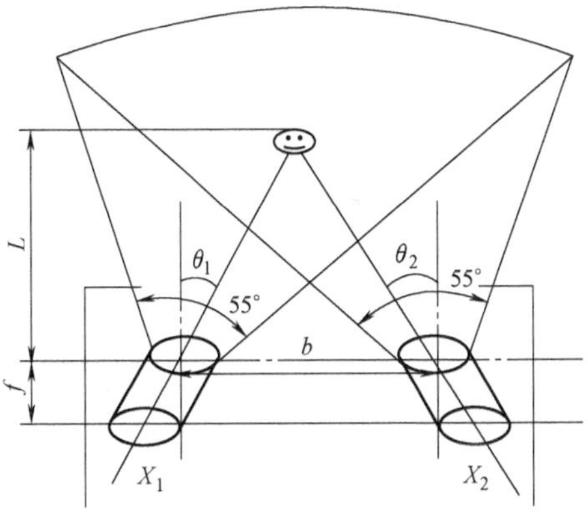

图 8-64　CCD 摄像头测距模型图

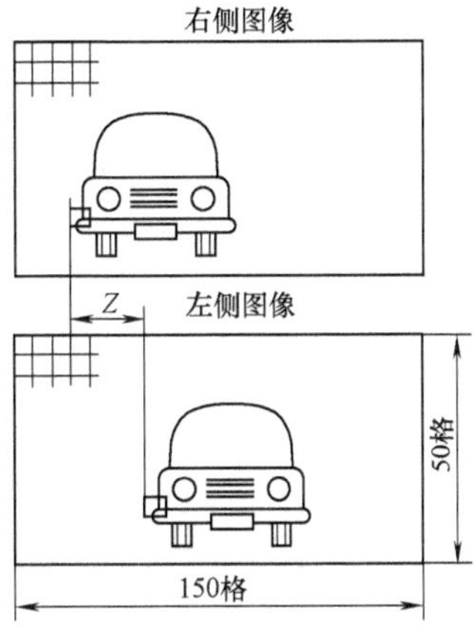

图 8-65　立体摄像原理

相对于标准摄像机（这里是左摄像机）图像中的一个单元，找出参照摄像机（这里是右摄像机）的图像上一致的区域，一致的程度可用“市区间距离”来评定。

$$C=\sum|I_{Rn}-I_{Ln}|$$

式中，I_{Rn}、I_{Ln}分别是右、左单元区中第 n 个元素的辉度；对单元内的 16 个像素加以综合，C 值为最小时左、右单元的偏离为 Z。

这样就可以得出距离分布图像，近处地方比较亮，远处比较暗。从这种图像中抽出道路表面及立体物等就很简单了，它们属于二维图像。以道路表面的范围为窗口，其中伸向远处的（变暗的部分）是自线，由此就可以确定道路表面，在其表面上，如能选出可汇总在一起的辉度（距离），就可以确定立体物。

8.10　EMC 检测

8.10.1　EMC 简介

对于电磁兼容 EMC（Electro Magnetic Compatibility），国家标准 GB/T 4365—2003 定义为设备或系统在其电磁环境中能正常工作且不对该环境中任何事物构成不能承受的电磁骚扰的能力。

由于汽车是移动的并暴露在各种各样来源且强度非常不同的电磁辐射中，在 EMC 方面出现的问题不断增加。虽然固定的无线电发射机具有非常强的功率，但它们离道路有一定的距离，因此车辆并不暴露在特别高的场强中。最大的问题常常出现在移动的发射机上，虽然功率不是非常强，但它们装在车辆上，在车辆周围将形成非常高的场强。

车辆上电场强度 E（单位为 V/m）与发射机的功率 P（单位为 W）及从发射机天线到车辆的距离（单位为 m）有关，用公式表示为

$$E=\frac{\sqrt{30P}}{r}$$

例如，50kW 的广播发射机离车辆 1km 将产生 1.2V/m 的电场强度，而安装在警车上的只有 25W 功率的发射机（距离约为 0.9m），对车辆将产生约 30V/m 的电场强度。因此在车辆上小心地安装移动发射设备是非常重要的。车辆制造商通常规定安装收音机和蜂窝电话的位置，如果遵循这些规定，将不会出现问题。但由不合格的人员不正确地安装移动发射设备可能导致对其他车辆系统的干扰。

8.10.2 电磁兼容

电磁兼容性包括电磁干扰（EMI）和电磁耐受性（EMS）。电磁干扰是指机器本身在执行应有功能的过程中所产生的不利于其他系统的电磁噪声，设备在正常运行过程中对所在环境产生的电磁干扰不能超过一定的限值；电磁耐受性是指机器在执行应有功能的过程中不受周围电磁环境影响的能力，要求设备对所在环境中存在的电磁干扰有一定程度的抗扰性，即电磁敏感性。

在设计电磁兼容（EMC）之前，必须知道电磁干扰会如何影响电子元件，同时元件的放射电磁如何影响其他电子元件。电磁干扰传播方式有传导方式、辐射方式、传导辐射。

（1）传导方式传播 传导方式传播（见图 8-66）是干扰源通过线束将电磁干扰传播到被影响的设备上。

图 8-66 传导方式传播

1）由于通电的导线和电缆可视为等效天线，因此汽车电子设备的线束辐射干扰非常严重。

2）线束中互相平行的导线由于距离近，导线间存在很大的寄生电容和电感，这些都是导致串扰的主要原因。

3）线束连接的设备搭铁电位不同，还有可能通过线束的屏蔽层引进搭铁线干扰。

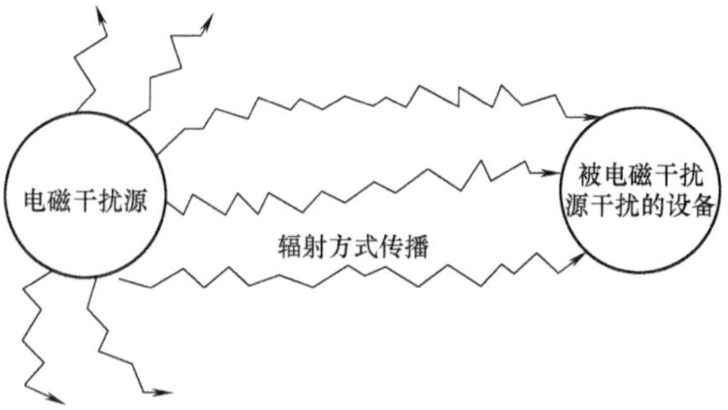

图 8-67 辐射方式传播

（2）辐射方式传播 辐射方式传播（见图 8-67）是干扰源通过自由空间（空气）将电磁干扰传播到被影响的设备上。

（3）传导辐射传播 如图 8-68 所示，干扰源通过连接线路对被影响的设备产生传导方式的电磁干扰，是连接线路上辐射的电磁干扰又产生辐射方式（见图 8-69）的干扰。

8.10.3　汽车电子系统的电磁环境及其测试

汽车天线安装在不同位置，电磁辐射也不同，为此，以下将讨论将天线放置在不同位置时对电磁辐射强度的测量，所提及的数据均由试验得以验证。

1. 测试方法

汽车内部的电磁强度等级由许多因素决定，其中最主要的因素是汽车的体积大小。为了使测试具有较好的代表性，选用中等体积的汽车做试验。电磁源选择100W调频发射机，选用5个频率，即25.04MHz、35.04MHz、39.04MHz、51.20MHz和144.50MHZ，如图8-70所示，发射天线被安放在机车外表面四个不同的地点。发射机安放在乘客座位，通过同轴电缆和辐射天线相连。所有车门均关闭，发动机怠速运转。用电磁辐射测试仪在汽车内部15个不同位置测量电磁辐射强度，如图8-71所示。在每个测试点，电磁辐射强度沿天线的平行方向和垂直方向各测量一次。

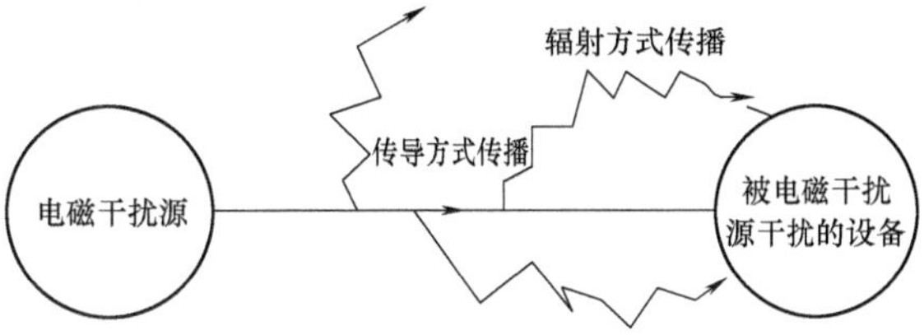

图8-68　传导辐射传播1

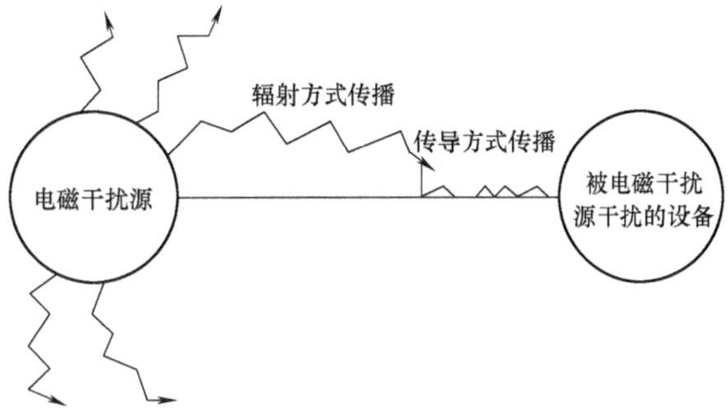

图8-69　传导辐射传播2

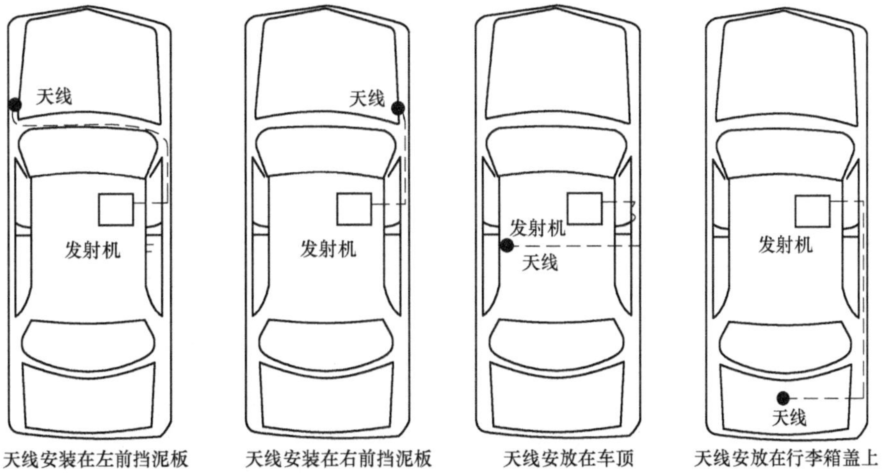

图8-70　天线位置和同轴电缆布线

2. 测试设备

测试汽车内部电磁辐射的主要设备如下：

1）电磁场强测试仪。型号为EFS-1，测试频率范围为10kHz~220MHz。

2）发射机。发射机采用摩托罗拉调频发射机，90/100W 功率放大器，频率为 4 个频段。

① 频率 25.04MHz，100W；② 频率 35.04MHz，100W；

③ 频率 39.04MHz，100W；④ 频率 51.20MHz，100W。

3）德雷克 UV-3 调频收发机，160W 功率放大器，频率为 144.50MHz、100W。

电磁辐射仪安装在汽车内部的 15 个测试位置如图 8-71 所示。

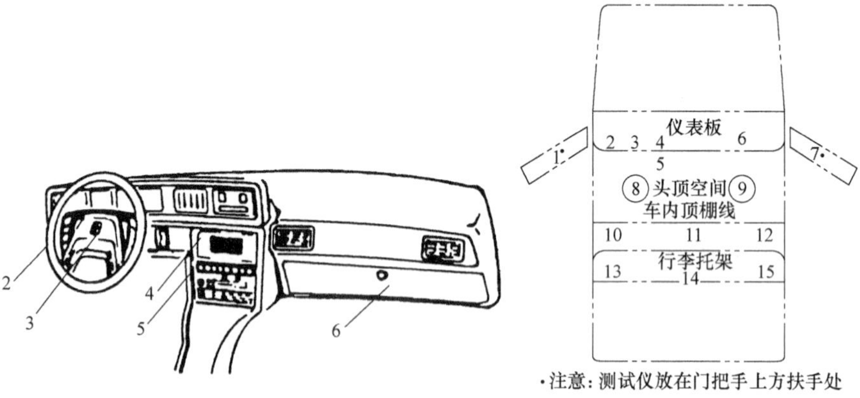

图 8-71　电磁辐射仪安装在汽车内部的 15 个测试位置

1—左侧门　2—仪表板左下方　3—转向盘　4—仪表板中央　5—仪表板中央下方　6—汽车仪表板下方的杂物箱　7—右侧门把手　8—车顶左侧　9—车顶右侧　10—天窗后部左侧　11—天窗后部中央　12—天窗后部右侧　13—行李托架左侧　14—行李托架中央　15—行李托架右侧

3. 电磁兼容性的测试

汽车电子系统的电磁兼容性测试，通常是在一个完整的原型车上安装所有的电子系统，放在电磁兼容性测试室内完成，如图 8-72 所示。

8-26 电磁兼容实验室

图 8-72　EMC 测试室

EMC 测试室是一个大的无线电屏蔽室，室的内壁装有吸收无线电波的泡沫材料锥状物，能使试验在同样的条件下完成。转鼓试验台和排气抽取设施能提供发动机、变速器、ABS 和 TCS 电子系统在实车环境下电磁兼容性的测试。

为了完成 EMC 测试，原型车被小心地放在室内，发射机和天线用来将车辆暴露在电磁辐射频率为 1~2000MHz、场强为 50V/m 的电磁环境中。为了安全，在测试期间技术人员不允许进入室内，采用许多封闭电路的 TV 摄像机和电压、电流的探头来检测干扰。如果发现任何问题，则必须弄清损坏的准确原因并修理相关的电路或导线。

本章知识点

1）惯性式振动测量仪可简化为一单自由度阻尼振动系统，利用惯性元件瞬时受力引起加速度变化来测量。

2）根据被测量频率范围选择正确的振动传感器。

3）噪声客观评价指标：声压、声压级、声强、声强级、声功率、声功率级；噪声主观评价指标：响度、响度级。

4）声压 p 与声压级 L_p 之间的关系式为 $L_p=20\lg(p/p_0)$，声强 I 与声强级 L_I关系式为 $L_I=10\lg(I/I_0)$，声功率 W 与声功率级 L_W 关系式为 $L_W=10\lg(W/W_0)$。

5）n 个 p（单位为 dB）的噪声合在一起后为 $p+10\lg n$dB。

6）频率计权网络有 A、B、C 三种。A 类能反映人耳对噪声的感觉，C 类最接近真实声音，B 类模拟人耳对 70 方纯音的感觉。

7）声级计分：调查用的声级计（三级），它只有 A 计权网络；普遍声级计（二级），它具有 A、B、C 计权网络；精密声级计（一级），它除了 A、B、C 计权网络外，还有外接滤波器插口，可进行倍频程或 1/3 倍频程滤波分析。

8）不同流量传感器的工作原理。

9）节气门位置传感器、曲轴位置传感器、转向盘转角传感器的工作原理。

10）扭矩测量传感器的工作原理。

11）汽车角速度测量传感器的工作原理。

12）汽车中转速测量传感器的工作原理。

13）车速测量传感器的工作原理。

14）超声波、雷达、CCD 传感器的工作原理。

15）EMC 基本检测方法。

本章习题

8-1 简述加速度传感器的工作原理。

8-2 一应变式加速度传感器，应变变化规律为 $\varepsilon(t)=A\cos 5t+B\cos\left(50t+\frac{2}{3}\pi\right)$（$A$、$B$ 是只与被测加速度量值大小有关的参数），用电阻应变片接成四臂全桥。已知电桥激励电压 $U_i=U_m\sin 1000t$，试求电桥的输出电压和频谱。

8-3 简述电磁式流量传感器的工作原理。

8-4 简述超声波式流量传感器的工作原理。

8-5　考察声源时，测得某点的声压级为93dB；而所考察的声源不发声时，测得该点的声压级为86dB。求声源在该点的声压级。

8-6　某声源振动信号为 $x(t)=\left(\frac{A}{2}\sin\omega_0 t-\frac{A}{4}\sin2\omega_0 t+\frac{A}{5}\sin6\omega_0 t\right)$ Pa，（$\omega_0=80$，$A=10$），采用倍频程声级计进行测量，声级计中心频率 $f_0=282.84$Hz，放大倍数为2。

（1）画出 $x(t)$ 频谱图。

（2）画出声级计输出幅频谱。

（3）声级计测量结果为多少分贝？

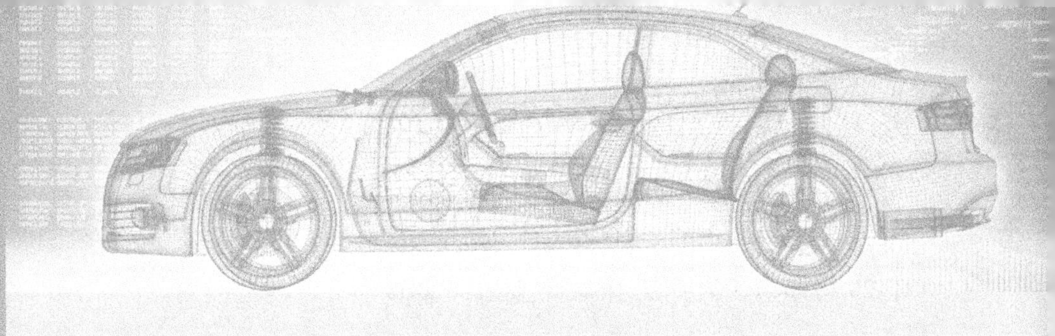

附录

附录 A 传感器应用实例

选用传感器时，需要根据第 2 章介绍的传感器使用原则，综合考虑各种因素，进行选型。安装好传感器后还需对传感器进行标定，以保证传感器测量结果准确，或者满足实际使用要求。

1. 悬架性能测试传感器选型

使用 Motec 数据采集仪表作为数据记录、处理器，通过它连接轮速传感器、悬架位移传感器来采集并记录某车四个车轮的轮速以及四个减振器行程，通过 Motec 仪表 CAN 总线传输到输出口输出。同时使用相关计算对加速度、轮速、悬架位移进行分析得出直接反映悬架性能的侧倾角刚度、车轮载荷等参数。

(1) 直线位移传感器选型 因为所测量的对象是减振器压缩量，属于直线位移，故选用位移传感器。选用位移传感器型号时，根据实际需要主要考虑以下因素：

1）行程：传感器的行程必须大于减振器的行程，这样才能在测量范围内测出弹簧的最大压缩量。减振器行程为±63mm，故传感器的行程选定为±70mm。

2）线性度：为了更加精确地反映弹簧压缩量，尽量选择较高的线性度。因此相对线性精度选定为±0.1%。

3）重量：重量越轻性能越好，因此选择重量为 70g 的传感器。

4）实际安装：为了整体外观的美观大方、安装便捷以及测量方便，选择非接触微型铰接式直线位移传感器。综上所述，选用 KPM-75mm 铰接式直线位移传感器，如图 A-1 所示，其有效行程为 75mm，两端均有 1.5mm 缓冲行程，精度为 0.5%～0.08%FS；外壳表面阳极处理，防腐蚀；内置塑料合成工程顺滑导轨，无温漂，寿命长。密封等级为 IP67，有直接出线和五芯插头插座输出两种选择，可以适用于大多数通用场合，特别适用于安装空间狭小、本体无法固定、运动有摆动的场合，无须对中；允许极限运动速度：垂直安装时为 5m/s，水平安装时为 2m/s，同时采用双鱼眼轴承自动纠偏的连接装置，完全符合使用要求。详细参数见表 A-1。

(2) 轮速传感器选型 轮速传感器用于采集轮速，选用传感器型号时，根据实际需要主要考虑以下因素：

1）采样频率：车极速一般可以达到150km/h以上，使用最小的轮胎半径为8in（即203.2mm），因此采样频率要在320Hz以上。

2）质量：整车质量越轻车辆动态性能越好。

3）安装：为了实现轻量化，使用10寸（1寸=0.0333m）轮辋、轮辋内部结构非常紧凑，要尽可能选取较小且方便安装并固定可靠的传感器。

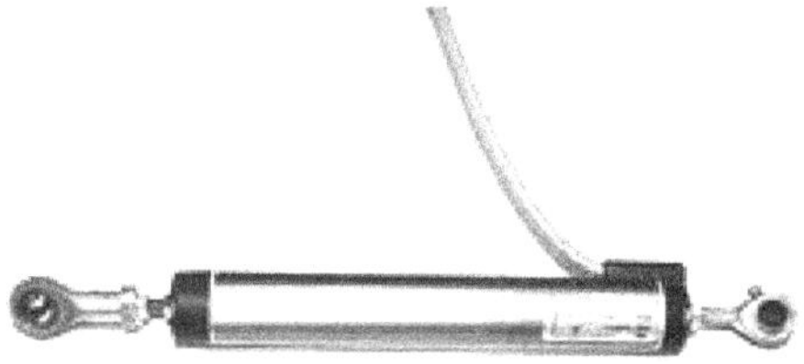

图 A-1　KPM-75mm 铰接式直线位移传感器

表 A-1　KPM 铰接式直线位移传感器详细参数

类　别	参数	类　别	参数
有效行程/mm	75	机械行程/mm	有效行程+7
阻值/kΩ	5.0(有效行程)×(1±10%)	线性精度/(%FS)	0.08(有效行程)
重复线精度/mm	0.01	最大工作速度/(m/s)	5
温度范围/℃	-20~1500	生命周期	>10×10^6 次
温漂系数/(PPM/℃)	≤1.5	抗振系数/g	IEC 68-2-6:1982 20
湿度范围	≤90%	冲击系数/g	IEC 68-2-29:1968 50

4）工作电压：发电机输出电压为12V，所以传感器工作电压必须小于12V。

综上所述，使用Honeywell公司的1GT101DC齿轮效应传感器，其外形如图A-2所示。该传感器属于霍尔感应式，其信号输出类型是数字量，采用铁金属齿圈作为致动器，使用导线引线端子，工作频率介于2Hz~100kHz之间，工作电压介于4.5~24V之间，可在-40~150℃范围内工作。它还对齿圈尺寸做出明确的规定，方便设计齿圈。同时该传感器体积小、功耗低、可靠性高。传感器之间配合工作时还具有非常好的协调性，不需要额外的校正就可以进行替换。因此该传感器完全满足使用要求。

图 A-2　1GT101DC 齿轮效应传感器

（3）悬架位移传感器安装　由于使用非接触式传感器，故采用平行式位移测量，即将直线位移传感器放置于与减振器平行的位置，用两根固定杆作为支架，再将传感器两端的圆孔插放于支架上。将两根固定杆分别安装在后悬架减振器弹簧部件左右两端的圆孔内，实车安装效果如图A-3所示。

图 A-3　位移传感器实际安装效果图

传感器按以下要求进行安装：

1）安装直线位移传感器时，应该将余量均匀留在两端，未确定极限位置之前不要锁紧固定支架螺钉，待调整行程后才能锁紧电子尺固定支架螺钉。

2）拉杆式直线位移传感器的拉球万向头允许半径 1mm 的对中性偏差，规格越短，建议对中偏差越小。

3）固定直线位移传感器后，将拉杆缩回时，拉球万向头的圆柱本体应能在四个径向方位有空隙，否则，调整万向头安装位或调整靠近伸出端的安装支架位。

4）在拉杆拉出时如有很大的不对中，应调整靠近插头那端的安装支架。

5）拉球万向头安装杆与拉杆允许有角度为±120°的倾斜。但如果安装时对中偏差和倾斜偏差同时都很大将会影响电子尺的稳定性和使用寿命，要进一步调整。

（4）轮速传感器的安装 由于轮速传感器要与齿圈配合装在立柱上，这样就需要自己设计传感器支架和齿圈。齿圈设计为 18 齿，其中齿高 5.06mm，齿宽 2.54mm，齿间距 10.16mm，齿厚 6.35mm，这都由传感器确定。实车装配图如图 A-4 所示。

传感器安装注意事项：

1）保证传感器前端面与齿顶间的距离（1GT101DC 齿轮效应传感器要求前端面与齿顶间距大于 1.02mm，小于 2.03mm），可以在传感器支架处加垫片调节间隙。

2）齿圈中心平面尽量与传感器中心平面重合，由于齿圈使用螺纹连接在轮毂上，故可以旋转齿圈实现调节。

图 A-4　轮速传感器实车装配图

3）齿圈使用螺纹胶或者销钉进行放松。

4）齿圈后加装油封，防止轴承中的润滑油飞溅到齿圈上对轮速采集产生干扰。

（5）传感器标定 用人工抬举法将车轮按相等位移间隔逐步抬起，同时通过数据采集系统分别记录下每一次抬举时位移传感器所采集到的数据。分别对四个车轮进行试验，反复试验三次取平均值，最后进行线性拟合，得出轮心跳动量与位移传感器即减振器压缩量的关系。对轮心跳动量的测量采用自制直尺测量，对于位移传感器压缩量采用单片机测量。测量过程如图 A-5、图 A-6 所示。

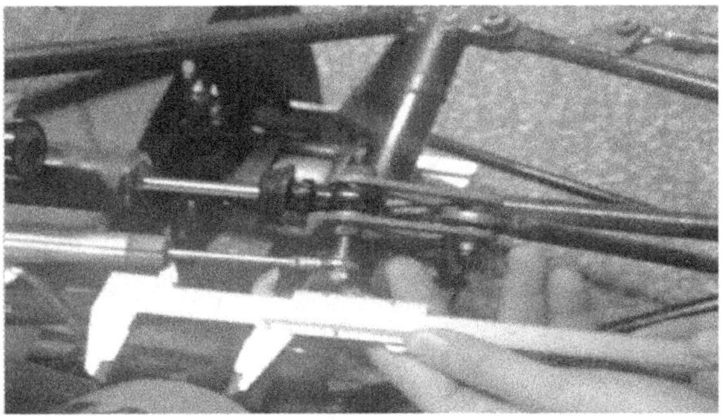

图 A-5　测量立柱上跳动量

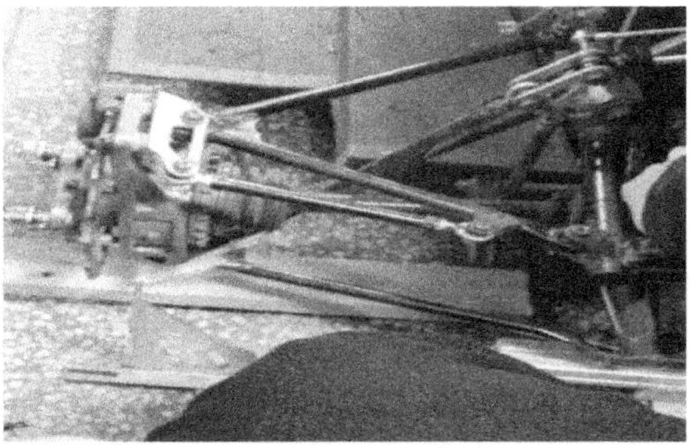

图 A-6　通过游标卡尺测量行程

前、后轮标定数据见表 A-2、表 A-3、图 A-7。

表 A-2 前轮标定数据

立柱上升值/mm	立柱上升量/mm	减振器压缩量/mm	分辨率
145	0	0	0.083425414
153	8	7.21	0.083425414
⋮	⋮	⋮	⋮

表 A-3 后轮标定数据

立柱上升值/mm	立柱上升量/mm	减振器压缩量/mm	分辨率
130	0	0	0.083425414
138	8	7.14	0.083425414
⋮	⋮	⋮	⋮

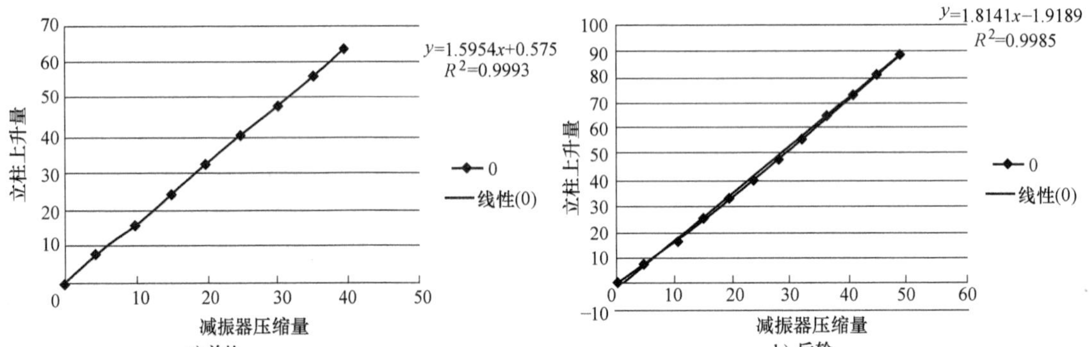

a) 前轮 b) 后轮

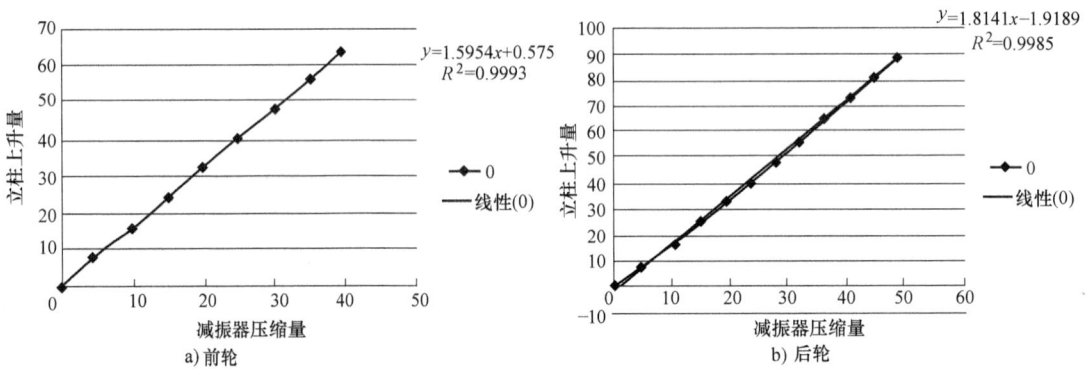

图 A-7 车轮采集量与弹簧压缩量的关系

由实验标定结果可知：传感器位移和轮心跳动量基本呈线性关系。因此悬架数据采集系统只要采集减振器弹簧压缩量便可求出轮心跳动量。其线性系数即为传递比，通过实验测得实际传递比：前轮传递比为 1.11，后轮传递比为 1.12。传感器的分辨率为 0.0834。

2. 齿轮箱振动传感器的选型

为了准确地测量齿轮箱的振动信号，参照传感器的主要性能指标，选用的传感器应满足以下基本要求：①具有宽的动态测量范围，即对低频和高频振动信号都能精确地响应；②具有较宽的频率响应范围；③在其频率响应范围内具有良好的线性度；④对环境干扰信号具有最低的灵敏度；⑤结构坚固、工作可靠，能够长时间地保持稳定的特性。目前，用于旋转机械状态检测及故障诊断的振动传感器主要有电涡流式位移传感器、磁电式速度传感器和压电式加速度传感器三类。

电涡流式位移传感器的频率响应范围一般为 0~10000Hz，其输出为较为直观的位移信号，低频特性好，其缺点是需要有电源供电与前置放大器，对环境的要求较高，而现场的工作条件有限，布线比较困难，安装调试及维护不方便。

速度传感器的频率响应范围一般为 10~2000Hz，其低、高频特性均不是很好，频率响应范围有限，故近年来应用较少。

加速度传感器是近年来被普遍采用的振动传感器，其频率响应范围最高可以达到

40kHz，高频特性好，这对于轴承振动信号的获取有着非常重要的意义（如轴承的早期磨损故障，其故障特征是在2000~4000Hz内出现大量的高频峰群），加之随着传感器技术水平的提高，传统的加速度传感器低频特性较差的弱点正在得到解决。此外，体积小、安装方便、不需要有专门的供电装置也是加速度传感器的主要优点。

综上所述，为了有效地获取微弱的振动特征信号，仅从低频特性好这一点来看，应选择电涡流式位移传感器，但由于齿轮箱振动存在高频成分，且频率覆盖范围广，综合考虑安装调试及维护等方面的因素，对齿轮箱测点应选取合适的低频特性好的加速度传感器。其测点分布如图A-8所示的1~4处（图A-8中V为垂直方向，H为水平方向，A为轴向）。

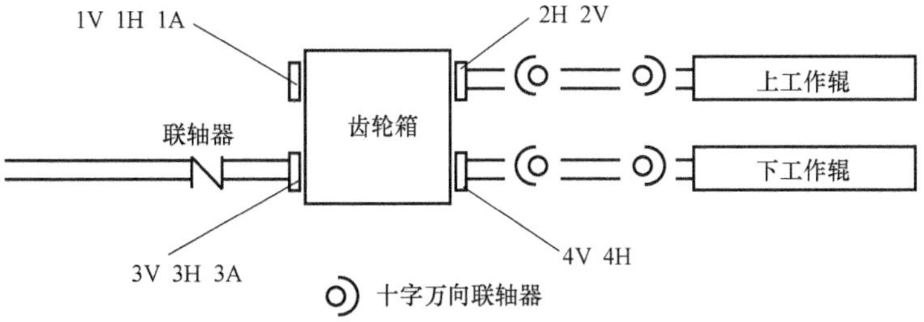

图A-8　传感器测点分布

M625B02型传感器是美国PCB公司生产的工业用环状陶瓷剪切低阻抗电压输出型低频加速度传感器，灵敏度为$51m/s^2$，在误差范围±5％时的频率响应范围为0.5~2000Hz，除能满足基本的测量要求外，其最大优点是测量信号质量好、噪声小、抗外界干扰能力强和适合远距离测量，再加上新型的数据采集系统很多已配备恒流电压源。因此，该传感器能与数据采集系统直接相连而不需要任何其他二次仪表，使得测量误差更小，非常适用于现场复杂的环境。

在满足测试要求的前提下，将M625B02型传感器通过粘接在轴承座上的安装座固定于齿轮箱的测点处。当采样频率设为256Hz，齿轮转速为96r/min时，其测得的振动信号通过RH2000数据采集器放大、滤波、A-D转换后，经上位机分析得出测点1处V向的时域波形和频谱图，如图A-9所示。

从时域图中振动速度v值的变化可以看出，在工作过程中主传动齿轮箱处有规律明显的冲击信号，而频谱图中在低频段可以清楚地看到齿轮的转频f_r=1.625Hz及其倍频3.252Hz、4.913Hz，说明轴承有游隙存在。与估算值45.5Hz接近的45.831Hz处则是齿轮的啮合频率f_c，但幅值A很小，表明齿轮有轻微的啮合不良。

3. 节气门位置传感器标定

节气门位置传感器实际上是一个电位计，由节气门轴带动其滑动端子。当节气门位置变化时，信号端与信号地及5V电源之间的阻值发生变化，即信号端的电压发生变化，其输出的电压信号即代表了节气门位置。节气门位置传感器输出的电压信号与节气门位置成正比，节气门位置可根据电压通过比例算出，故仅需标定节气门关闭时的电压和节气门全开时的电压，即可标定节气门位置传感器。当ECU与传感器线路接好后，将ECU与计算机连接，计算机显示器即可实时显示各传感器信号。当节气门全闭时，ECU记录当前参数U_1；当节气

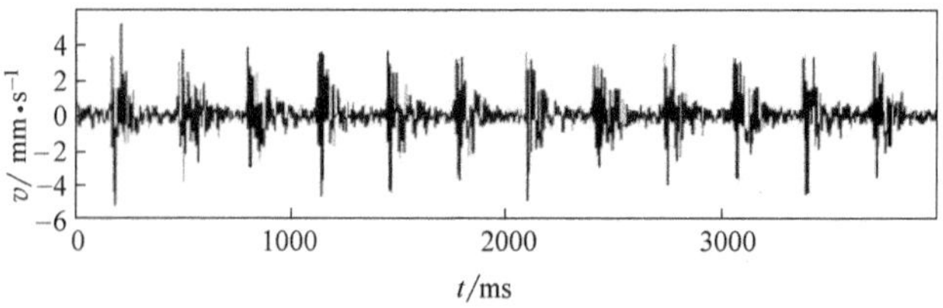

时域图

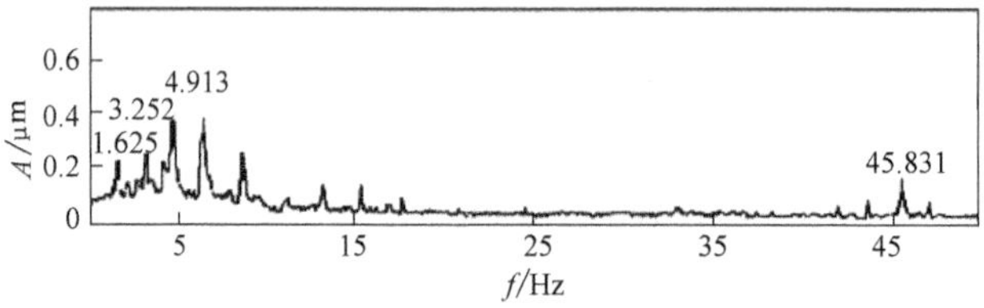

频谱图

图 A-9　测点 1 波形

门全开时，ECU 记录当前参数 U_2。两次参数记录后，即完成了标定。

标定之后，如果实际测量电压为 U，则测定节气门开度为（U_1-U_2）（$U-U_2$）。

若要提高传感器检测精度，可增加标定点，如节气门关闭、开启 25%、开启 50%、开启 75%和开启 100%共 5 个标定点。

附录 B　车用排气消声系统模态测试

1. 测试地点

在 NVH 模态测试实验室进行，测试件为某车用排气消声系统，消声系统悬挂在两个支架上，在常温常压下测试，如图 B-1 所示。

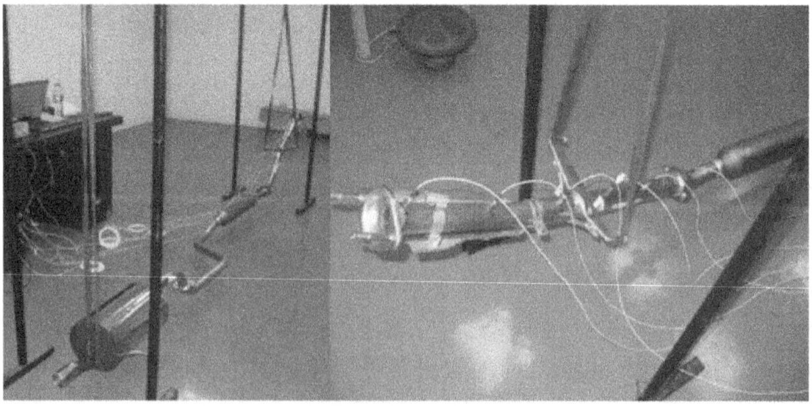

图 B-1　测试现场

2. 试件名称和规格

名称：某车用排气消声系统。

规格：总长 3500mm 左右。

3. 测试设备

激励系统：力锤（LMS 086C03）。

谱采集与模态分析系统：LMS SCM05 前端，Impact Testing FRF 采集软件和 TIME-MDOF 和 POLYMAX 模态分析软件。

4. 测试目的

1）分析系统第一阶垂向弯曲模态。

2）分析系统第一阶横向弯曲模态。

3）找到系统的节点和反节点位置。

5. 测试方法

选取某车用排气消声系统（包括前级、主副消声器）作为试验对象。根据测试要求，本次实验采用自由悬挂，固定力锤激励点多点拾振的方式采集数据，在排气系统的横向布置 21 个测试点（见图 B-2），并使用力锤给予系统横向的激励。各测点横坐标见表 B-1。

数据处理：实验中用力锤产生激励信号，通过力锤自带力传感器采集力信号，同时通过 PCB 加速度传感器（ICP 333B33）采集固定测点的加速度值，然后输入 TEST-LAB 数据采集与分析系统，最后用 POLYMAX 模块做模态后处理，找出其振型和对应的模态频率。

参数设置：带宽选择 1024Hz，谱线条数为 1024，频率分辨率为 1Hz。

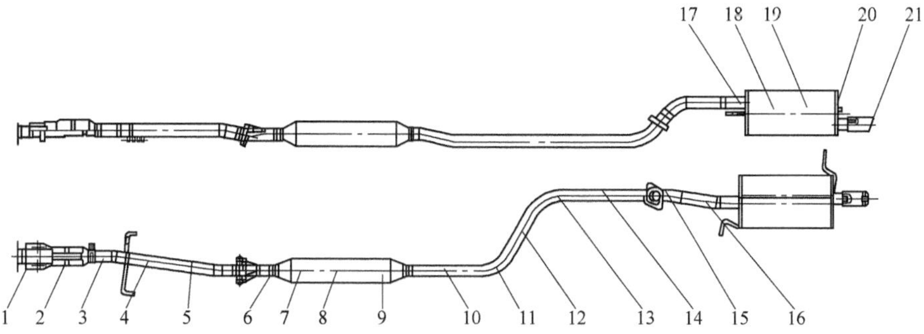

图 B-2　测试时测点的布置位置

表 B-1　各点的 X 坐标

点序号	1	2	3	4	5	6	7	8	9	10	11
X	30	200	365	530	700	900	1110	1290	1470	1650	1830
点序号	12	13	14	15	16	17	18	19	20	21	—
X	1960	2030	2180	2360	2520	2660	2840	3020	3200	3380	—

6. 试验过程

(1) 安装　车用排气消声系统通过两个支架，用软橡胶条自由悬挂。

(2) 标点标线　在排气消声系统上标记好要测试的垂向和横向点（加速度计安装点、激励点），把连接信号线做上标记。

(3) 连接前端 安装好传感器和力锤，并把传感器和前端正确地连接起来。

(4) 采集数据 使用 Test-Lab 的 Impact Testing 模块进行数据的采集并进行相关的在线处理。

(5) 分析模态 使用 TIME-MDOF 和 POLYMAX 模块进行模态数据选取及模态分析。

7. 模态测试结果及分析

(1) 系统垂向弯曲模态频率及阶次 由垂向布置的 21 个测点的数据采集并进行后处理得出消声系统在前 100Hz 以内共有 7 阶频率，其模态频率和阻尼见表 B-2，其中第一阶垂向弯曲模态振型图如图 B-3 所示。

表 B-2 垂向模态频率阶次及阻尼列表

阶次	频率	阻尼
1	9.978Hz	0.32%
2	14.734Hz	0.14%
3	32.806Hz	0.14%
4	53.790Hz	0.14%
5	58.421Hz	0.01%
6	75.552Hz	0.08%
7	94.476Hz	0.60%

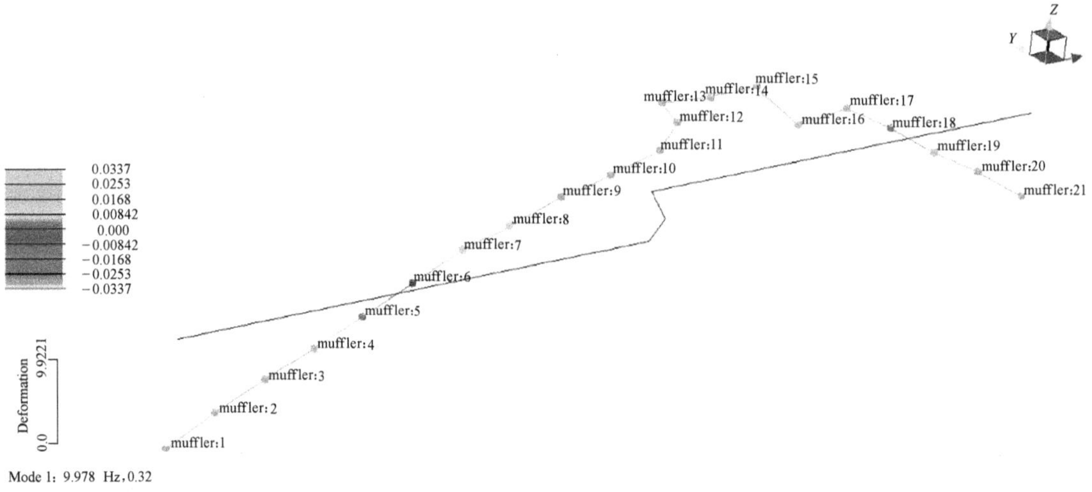

图 B-3 第一阶垂向弯曲模态振型图（9.978Hz）

(2) 系统横向弯曲模态频率及阶次 由横向布置的 21 个测点的数据采集并进行后处理得出消声系统在前 100Hz 以内共有 7 阶频率，其模态频率和阻尼见表 B-3，其中第一阶横向弯曲模态振型图如图 B-4 所示。

(3) 系统的节点和反节点位置 根据消声系统的模态振型，可以发现消声系统的各阶模态节点和反节点的位置见表 B-4，图 B-5 是节点和反节点对应的示意图。

表 B-3 横向模态频率阶次及阻尼列表

阶次	频率	阻尼
1	14.742Hz	0.13%
2	26.087Hz	1.29%
3	33.887Hz	0.20%
4	53.753Hz	0.12%
5	58.496Hz	0.10%
6	75.551Hz	0.09%
7	94.674Hz	0.74%

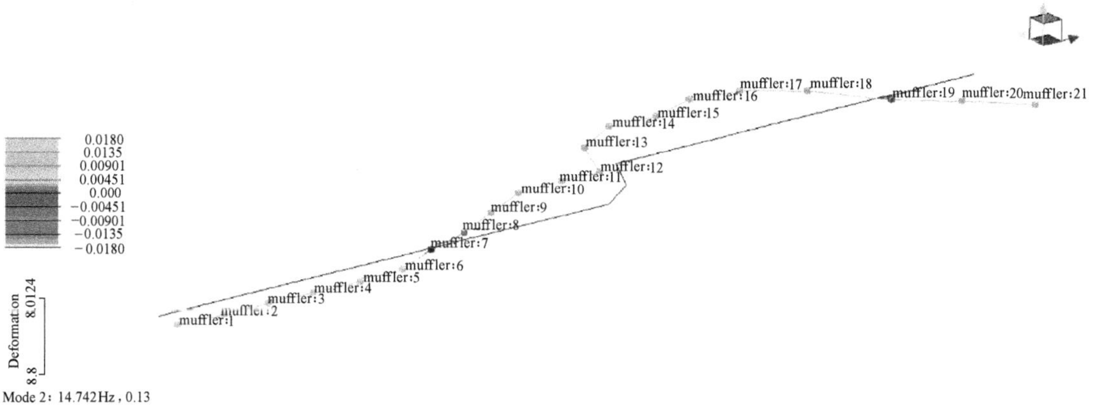

图 B-4 第一阶横向弯曲模态振型图（14.742Hz）

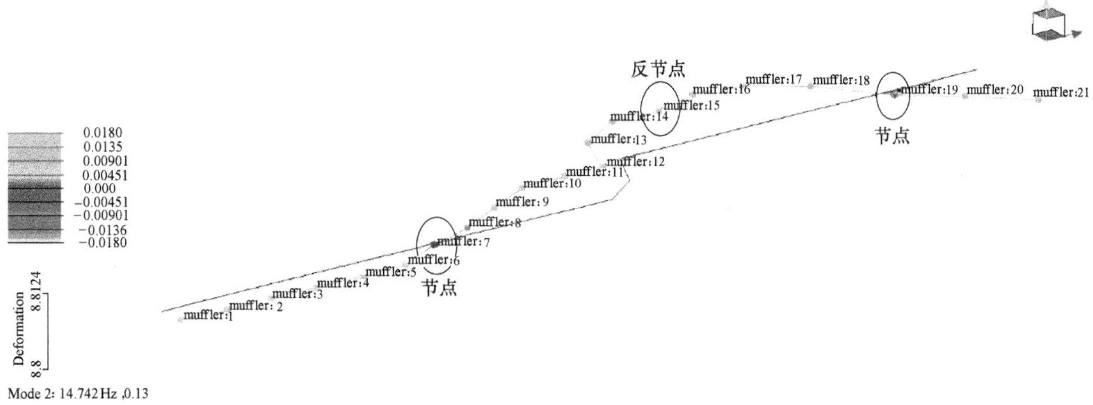

图 B-5 系统节点与反节点

（注明：节点和反节点表示时使用的数字对应测试时测点的位置。）

表 B-4 各阶模态节点和反节点的位置

阶数	频率	节 点	反节点
1	9.97	18 和 19 间,距离 18 约 3cm;5 和 6 间,距离 6 约 8cm	12
2	14.7	19 和 20 间,距离 19 约 9cm;6 和 7 间,距离 7 约 4cm	13
3	25.7	19;12 和 11 间,距离 12 约 8cm;3 和 4 间,距离 3 约 9cm	6,14,17
4	32.8	2 和 3 间,距离 3 约 9cm;19 和 20 间,距离 19 约 10cm	6,12
5	53.8	19 和 20 间,距离 20 约 4cm;15 和 16 间,距离 15 约 7cm;8 和 9 间,距离 9 约 7cm;3 和 4 间,距离 3 约 9cm	5,13,17
6	58.4	19 和 20 间,距离 19 约 8cm;15 和 14 间,距离 15 约 3cm;7 和 8 间,距离 7 约 10cm;2 和 3 间,距离 3 约 4cm	5,13,17
7	75.6	3 和 4 间,距离 3 约 9cm;12 和 13 间,距离 13 约 6cm;16 和 17 间,距离 17 约 4cm;19 和 20 间,距离 19 约 9cm;20 和 21 间,距离 20 约 4cm	10,15
8	94.5	19 和 20 间,距离 19 约 7cm;15 和 16 间,距离 16 约 3cm;11 和 12 间,距离 11 约 7cm;4 和 5 间,距离 4 约 4cm;1 和 2 间,距离 1 约 5cm	4,9,14,18

参 考 文 献

[1] 王伯雄. 测试技术基础［M］. 北京：清华大学出版社，2003.

[2] 曾光奇，胡均安. 工程测试技术基础［M］. 武汉：华中科技大学出版社，2002.

[3] 蔡共宣，林富生. 工程测试与信号处理［M］. 2版. 武汉：华中科技大学出版社，2011.

[4] 王建，等. 汽车现代测试技术［M］. 北京：国防工业出版社，2013.

[5] 冯俊萍，等. 汽车测试技术及传感器［M］. 重庆：重庆大学出版社，2009.

[6] 陈华玲. 机械工程测试技术［M］. 北京：机械工业出版社，2002.

[7] 李晓莹. 传感器与测试技术［M］. 北京：高等教育出版社，2009.

[8] 卢艳军. 传感与测试技术［M］. 北京：清华大学出版社，2012.

[9] 樊继东，等. 汽车电子控制技术［M］. 西安：西安交通大学出版社，2015.

[10] 李德葆，等. 工程振动试验分析［M］. 北京：清华大学出版社，2004.

[11] 庞剑，等. 汽车噪声与振动——理论与应用［M］. 北京：北京理工大学出版社，2008.

[12] 卢文祥，杜润生. 机械工程测试·信息·信号分析［M］. 2版. 武汉：华中科技大学出版社，2013.

[13] 熊诗波，黄长艺. 机械工程测试技术基础［M］. 3版. 北京：机械工业出版社，2013.

[14] 卢文祥，杜润生，等. 工程测试与信息处理［M］. 2版. 武汉：华中科技大学出版社，2000.

[15] 赵庆海. 测试技术与工程应用［M］. 北京：化学工业出版社，2005.

[16] 姚科业. 图解汽车传感器识别·检测·拆装·维修［M］. 北京：化学工业出版社，2013.

[17] 姜立标. 汽车传感器及其应用［M］. 北京：电子工业出版社，2010.

[18] 董辉. 汽车用传感器［M］. 北京：北京理工大学出版社，2009.

[19] 全新实用电路集粹编辑委员会. 全新实用电路集粹［M］. 北京：机械工业出版社，2006.

[20] 胡长海，魏镜弢，兰芳. 轧机主传动齿轮箱振动传感器的选型分析［J］. 机械工程与自动化，2008（5）：56-58.

[21] 孙传友，张晓斌，张一. 感测技术与系统设计［M］. 北京：科学出版社，2004.